Die Wildnis in mir

Monika Flückiger Schüepp

Mit Drogenabhängigen in den Wäldern Kanadas

PRAKTISCHE ERLEBNISPÄDAGOGIK
Fachverlag Dr. Sandmann

Die Deutsche Bibliothek - CIP-Einheitsaufnahme

Flückiger Schüepp, Monika:
Die Wildnis in mir : mit Drogenabhängigen in den Wäldern
Kanadas / Monika Flückiger Schüepp. [Hrsg. Werner Michl ... Fotos
Jörg Eichhorn]. - 1. Aufl. - Alling : Sandmann, 1998
(Themenhefte Praktische Erlebnispädagogik)
ISBN 3-929221-43-8

Verlag	Dr. Jürgen Sandmann Germannsberg 4, 82239 Alling 1. Auflage 1998
Herausgeber	Prof. Dr. Werner Michl, Annette Reiners, Prof. Dr. Jürgen Sandmann
Graphik und Layoutgestaltung	Susanne Stumpf Köhnstraße 44, 90478 Nürnberg
Fotos	Jörg Eichhorn Riehenstraße 129, 4058 Basel
Druck und buchbinderische Verarbeitung	Kessler Verlagsdruckerei Michael-Schäffer-Straße 1 86399 Bobingen

Gedruckt auf Recystar matt (100% Altpapier, "Blauer Engel")

Meinem Mann Stephan,
der nie in Versuchung fiel,
mich zähmen zu wollen.

Die Wildnis in mir

Vorwort

Ich schreibe das Buch im Sinne eines Ausgleichs in der weiblichen Form und mute dir liebe Leserin und dir lieber Leser eine etwas fremde Leseform zu. Die Orthografie und auch die Wortwahl ist wohl eine Mixtur aus hochdeutschen und schweizerdeutschen Regeln und Wortverständnissen. Wir sind hier Kompromisse eingegangen und hoffen so, überall im deutschsprachigen Raum verstanden zu werden. Damit keine Nachteile für die Teilnehmerinnen entstehen, sind ihre Namen und ein Teil der persönlichen Daten sinngemäss verändert worden. Die Fotografien sind nicht nur aus BigTrail 94, sondern wurden während drei Wildnisprojekten aufgenommen.

Mein bevorzugter Arbeitsplatz hat sich in den letzten Jahren vermehrt unter den freien Himmel verlagert. Wie also komme ich zu der verrückten Idee, mich an den Computer zu setzen und ein Buch zu schreiben?

In den acht Jahren ambulanter Arbeit auf der Jugend-, Eltern- und Drogenberatungsstelle in Bern, hielt ich immer wieder Ausschau nach Methoden, Techniken und Therapieformen, die diesen jungen Menschen entsprechen könnten. Je näher die neunziger Jahre rückten, desto häufiger begegnete mir der Begriff „Erlebnispädagogik". Er fing an, mich in seinen Bann zu ziehen.

1991 entschied ich mich kurzfristig, in einem viermonatigen erlebnispädagogischen Wildnisprojekt, dem Trek in Basel, mitzuarbeiten. Ich suchte ich in Buchhandlungen und Bibliotheken nach handfesten Erfahrungen mit dieser Arbeitsmethode. Ich fand wenig unterstützende Literatur. Die Arbeit mit den jungen Menschen in der Wildnis Kanadas war mühselig und spannend und stimmte mich hoffnungsvoll.

1992 arbeitete ich für den Verein Plus, Schweizer Jugendschiff zur See, mit einer Therapiegruppe während neun Monaten. Sechs Monate davon lebten wir auf einem alten Segelschiff. Wieder suchte ich nach Büchern mit praktischem Wissen. Ich fand spannende Ideen und generelle Aussagen, die die Methode entweder vergötterten oder kritisierten. Was mir fehlte, waren Hinweise dazu, was alles zu berücksichtigen ist, um in einem Langzeitprojekt wirksam arbeiten zu können. Wir hatten in den langen Monaten viele Probleme zu bewältigen und hohe Klippen zu umschiffen. Die Arbeit war ausgesprochen kräfteraubend. Das Resultat konnte sich sehen lassen und versöhnte uns mit dem persönlichen Aufwand. Einmal mehr stimmte es mich zuversichtlich.

1994 erhielt ich durch den Verein Plus die Möglichkeit, zusammen mit Jörg Eichhorn, meinem geschätzten Teamkollegen bei Trek, ein eigenes Projekt zu verwirklichen. Wir tauften es BigTrail. Mit Barbara Kilchenmann gelang es uns, eine kompetente Mitarbeiterin mit Erfahrungen in der Anschlussarbeit, für unser Team zu gewinnen. Bei der Konzeptentwicklung konnten wir alle unsere Erfahrungen nutzen und Neues einplanen. Wir hatten zusätzlich die komfortable Situation, mit einem beachtlich professionellen Team starten zu können. Gleichzeitig investierte der Verein Plus viel Energie für die Weiterentwicklung der Anschlussphase. Die ganze Therapie dauerte fünfzehn Monate. Wir übernahmen die Therapiegruppe während den ersten sechs Monaten. Die Arbeit war trotz den guten Startbedingungen oft zum Verzweifeln, manchmal wunderschön und täglich eine Herausforderung. Zum ersten Mal kam ich normal belastet aus einem Projekt zurück. Die Entwicklungen der Jugendlichen stimmten mich fast schon euphorisch. Langsam entstand die Idee, ein Buch zu schreiben.

Daneben arbeitete ich in Kurzzeitprojekten. Mein hier bevorzugtes Medium ist das Klettern. Zusammen mit Häns Müller, einem pädagogisch talentierten Bergführer, leitete ich prozessorientierte Gruppen aus therapeutischen Institutionen und aus dem Ausbildungsbereich. Dieses Buch entstand auf dem Hintergrund all dieser Erfahrungen. Es ist ein Buch aus der Praxis. Es soll eine Unterstützung sein für Menschen, die in diese Arbeit einsteigen wollen. Es soll einen Einblick geben in die Gefahren, Chancen und Grenzen dieser Arbeit. Es soll aufzeigen, was alles auf ein Team zukommen kann, wenn es eine Gruppe junger, mehrfach gescheiterter Menschen in Obhut nimmt. Es soll Mut geben und Illusionen nehmen. Ich möchte auch Eltern einen Einblick geben, wohin sie ihre Sorgenkinder geben und was dabei für Entwicklungsschritte geschehen können. Ich möchte die Behörden ermutigen, trotz der schwierigen finanziellen Situation Kostengutsprachen zu befürworten.

Der Bann ist ungebrochen. Der Ansatz der Erlebnispädagogik ist mir zu einem Anliegen geworden. Für mich braucht er keine Legitimation. Es ist einfach eine speziell geeignete Arbeitsmethode in der Therapie mit Jugendlichen in der heutigen Phase der Zivilisation. Sie wachsen in einer Zeit der Reizüberflutung auf, bei einer gleichzeitigen Verarmung an Erlebnismöglichkeiten. Es handelt sich um kein Allheilmittel in ausweglosen Situationen. Eine respektable Professionalität ist nötig, um wirksam zu sein. Bei einer Arbeit, die sechs Monate rund um die Uhr dauert, gibt es viele Chancen und einige Fallstricke. Beides muss im rechten Moment erkannt, genutzt oder vermieden werden. Professionalität hat ihren Preis. Es ist weniger Geld für gescheiterte Menschen vorhanden und Billigangebote machen das Rennen. Mit andern Worten: „Ich möchte, dass die Erlebnispädagogik in einer guten Qualität überleben wird."

Ich danke allen Jugendlichen, die ich in den verschiedenen Projekten kennenlernte, dass sie den Mut hatten, den Schritt in die Therapie zu wagen und für das Vertrauen, das sie uns damit geschenkt haben. Ich habe mit ihnen viel gelernt und ohne sie wäre das Buch nie entstanden. Danke auch für die Erlaubnis, Fotografien veröffentlichen zu dürfen.

Ich danke herzlich: Dem Verein Plus und besonders Jürg Sauter, die möglich machten, dass BigTrail entstehen konnte. Jörg Eichhorn für die tolle Zusammenarbeit in all den Jahren, für die Fotos und für sein sanftes Drängen, dieses Buch jetzt endlich zu schreiben. Barbara Kilchenmann für ihre Mitarbeit. Fitzgerald Crain, Ruth Kammmermann und Michelle von Wattenwyl für die Begleituntersuchung von BigTrail 94, die nebenbei spannendes Material für das Buch ergab. Fitzgerald Crain für die wertvollen Fachgespräche über all die Jahre, für seine ermutigenden Rückmeldungen zum Manuskript und für seine Bereitschaft, ein Nachwort zu schreiben. Michael Gass für sein Vorwort. Ueli Balsiger und Marianne Neuhaus für die erste Lesung und ihre dramaturgischen und sprachlichen Hinweise. Werner Michl und Jürgen Sandmann für ihr Interesse an meinem Manuskript, als erst einige Seiten vorlagen. Werner Michl für die zügigen Korrekturen und die motivierenden Kommentare, die mich bei der Stange hielten. Ruedi Hämmerli für seine umfassende Korrektur und die vielen Gespräche rund um Therapie und Bücher. Daniela Jost für die Überprüfung des Glossars. Bernhard Kilchenmann und Felice Buschor für die Bereitschaft zu einer Korrekturlesung. Bernhard Buser für den heissen Draht bei Computerproblemen. Anton Lehmann von der Sportschule Magglingen für seine Unterstützung. Stephan Schüepp für seine umfassende Unterstützung. Meinen Eltern und allen meinen Freundinnen und Bekannten, die durch ihre unermüdlichen Fragen nach dem Buch meine Motivation pflegten und alle ihren Teil zu seinem Gelingen beigetragen haben.

Michael Gass

Erlebnistherapie - Grundlagen, Zusammenhänge und Wirkungen

(übersetzt von Michael Rehm)

Erlebnistherapeutische Programme zeichnen sich in Nordamerika durch unterschiedliche Erfolge aus. Während es bereits einzelne Pilotprojekte mit erlebnistherapeutischen Inhalten vor 1960 gab (vgl. Berman & Berman 1994), kann die eigentliche Geburt der Erlebnistherapie um 1970 mit dem Transfer von Lehr- und Lernmethoden außerhalb des Bereiches der Outward Bound - Schulen gesehen werden.
Dabei ist ganz klar zu beachten, daß in den meisten Fällen erlebnistherapeutische Methoden nicht benutzt werden, um andere therapeutische Interventionen und Praktiken zu ersetzen. Statt dessen werden sie genutzt, um etablierte Behandlungsmethoden zu intensivieren und um eine reichere therapeutische Umgebung für Verhaltensänderungen zu erzeugen, also um die Therapie erfolgreicher zu machen. Eine bedeutende Ausnahme bilden dabei einige Survival-Programme im Westen der Vereinigten Staaten, die therapeutische Abenteuerprogramme ohne ausgebildete Therapeuten durchführen. Diese Programme nehmen allerdings mehr und mehr eine Außenseiterposition ein und werden in zunehmendem Maße von gesetzlichen und auch medizinischen Organisationen daraufhin geprüft, ob eine mißbrauchende Praxis besteht (vgl. Mathews 1993).
Eine der Vorbedingungen für die zielgerichtete Integration von erlebnistherapeutischen Komponenten in bestehende Therapieprogramme ist die Absicht, die Grundidee und die Zusammenhänge des Einsatzes von Abenteuererlebnissen [1] und die therapeutische Diagnose zu verbessern, um so die Ziele der Behandlung klarer umreißen zu können. In zwei Büchern: „Adventure therapy: Therapeutic practices in mental health settings“ (Gass, 1993) und „Effective Leadership in Adventure Programming“ (Priest & Gass, 1997a) habe ich sieben Merkmale herausgearbeitet, die offensichtlich die Grundlage der meisten erlebnistherapeutischen Programme in Nordamerika sind.

[1] Abenteuer in diesem Kontext ist eine vom Therapeuten gezielt geplante Situation, die durch die subjektive Einschätzung des Teilnehmers aufgrund des Neuheits- Fremdheits- und Überraschungscharakters zum Abenteuer wird. Im Amerikanischen werden oft die Begriffe Abenteuerpädagogik / Abenteuertherapie synonym zu Erlebnispädagogik / Erlebnistherapie gebraucht (Anm.. M.R.).

Diese Prinzipien - erweitert durch zusätzliche Merkmale, die in den vergangenen vier Jahren entstanden sind - werden im folgenden im Detail aufgeführt:

1. Erlebnistherapie ist handlungsorientierte Therapie - Ein Vorteil des Einsatzes von Abenteuermethoden bei Patienten ist, daß es die handlungsarme therapeutische Analyse und Interaktion in aktive und multidimensionale Erfahrungen umkehrt. Didaktische und mündliche Prozesse, die das zentrale Medium der Interaktion in den meisten "Redetherapien" sind, werden in erlebnistherapeutischen Programmen durch konkrete physische Handlungen und Erfahrungen erweitert. Das Verhalten der Patienten wird aus einer anderen Perspektive betrachtet; sie werden dazu aufgefordert, ihr Verhalten eher „vorzuleben" als bloß "vorzuerzählen".[2] Die therapeutische Interaktion des Patienten wird hierbei zur Analyse seines Verhaltensmusters und seines Wertesystems beobachtet. Erlebnistherapie ist weiterhin sehr stark holistisch, eine Kombination von physischer, affektiver wie auch kognitiver Interaktion.
Handlungsorientierte Therapien erhöhen auch den Anteil von nonverbaler Interaktion zwischen den Patienten (Gillis & Bonney, 1986), erlauben eine authentischere Untersuchung dessen, wie Patienten wahrhaft aufeinander einwirken. Weiterhin hat Mason (1987) auch aufgezeigt, daß in einem therapeutischen Zusammenhang nonverbale Kommunikation fünfmal glaubhafter ist als verbale Kommunikation. Dies kommt zur erhöhten Authentizität der Interaktion der Patienten dazu und verstärkt die positive Veränderung. Diese ausgeweitete Perspektive stellt dem Therapeuten, basierend auf beobachtbarem Verhalten, einen multidimensionalen Blickwinkel über die Patienteninteraktion zur Verfügung, der gezielt für den therapeutischen Prozeß genutzt werden kann.

2. Ungewohnte Umgebung - Wenn Personen in die Therapie eintreten, zeigen sie oft einen starken Widerstand gegenüber der Behandlung und vor Veränderungen (z.B. homeostasis). Eines der Ziele der Erlebnistherapie ist es, die Teilnehmer aus ihren gewohnten Umgebungen zu nehmen und vor Situationen zu stellen, die neu und einzigartig sind. Dies verbessert den Therapieverlauf, weil dadurch eine Umgebung bereitgestellt wird, in der Patienten wenige vorgefestigte Erwartungen oder Vorstellungen über ihre erfolgreiche Handlung besitzen. Es schafft für die Patienten eine risikofreie Atmosphäre, in der Probleme, die sonst zu Einschränkungen führen, eher erforscht werden. Beide oben genannten Punkte führen dazu, daß selbstzerstörerisches Verhalten (z.B. funktionsgestörtes Verhalten gegenüber anderen) vermindert wird und intellektuelle und emotionale Energien für positive Anpassung und Veränderung frei werden.

[1] Vgl im englischen Sprachgebrauch das schöne Wortspiel: „walk" the „talk" (Anm. M.R.)

Ein weiterer Vorteil einer ungewohnten Umgebung ist, daß diese einfach und direkt wirkt. Durch sie werden Teilnhmer vor klare Probleme gestellt, an denen sie sich üben können (Walsh & Golins, 1976). Diese Vereinfachung schließt oft die Randprobleme oder äußere Streßfaktoren aus, die viele der Probleme verkomplizieren, mit denen die Klienten konfrontiert sind.
Ein dritter Vorteil ist, daß die ungewohnte Umgebung eine Umwelt bereitstellt, die sich sehr von der aktuellen Wahrnehmung der Wirklichkeit durch den Patienten unterscheidet, wie Walsh und Golins (1976, S.4) feststellten: „Der Kontrast wird benutzt, um jene Gemeinplätze bewußt zu machen, die bei Menschen in ihrer Alltagssituation oft übersehen werden: Dies eröffnet eine neue Perspektive gegenüber der alten Umgebung, aus welcher der Patient kommt. Der Eintritt des Patienten in eine kontrastierende Umgebung ist der erste Schritt zur Umgestaltung der Bedeutung und der Richtung seiner [sic] Erfahrungen."
Dabei ist zu beachten, daß ein Umfeld, das für die eine Person ungewohnt ist, einer anderen möglicherweise vertraut erscheint. Therapeuten, die erlebnistherapeutisch arbeiten, müssen sicherstellen, daß die Prämisse der ungewohnten Umgebung erfüllt wird, um die Ziele dieses Konzeptes zu erreichen.

3. Positives Klima für Veränderungen - Obwohl handlungsarme und handlungsorientierte Therapien nützlich sind, beinhalten sie nur eine geringe Motivation für die Patienten, sich zu verändern, wenn sie ihre funktionsgestörten Muster während der Therapie aufrechterhalten können.
Wenn die Erlebnistherapie richtig durchgeführt wird, führt sie zu Eustreß. Im Persönlichkeitssystem des Patienten verursacht dies somit Streß in einer gesunden, bewältigbaren und dennoch herausfordernden Weise (Selye, 1978). Dieser Typ von Streß bringt Individuen in Situationen, in denen der Gebrauch bestimmter positiver Problemlösefähigkeiten (z.B. Vertrauen, Zusammenarbeit, klare und gesunde Kommunikation) notwendig ist und führt so zum gewünschten Zustand eines inneren Gleichgewichts. Die Bemühungen, diesen Zustand eines Gleichgewichtes zu erlangen („adaptive Dissonanz") (z.B. Walsh & Golins, 1976), beinhalten, daß Patienten ihr Verhalten verändern müssen, um den Zustand des gewünschten Zieles erreichen zu können. Diese Anpassungsprozesse, die benutzt werden, um Veränderungen auszulösen, werden somit zu heilenden und funktionalen Prozessen und korrigieren die funktionsgestörten Verhaltensmuster des Patienten.
Es ist auch wichtig zu erkennen, daß die Erlebnistherapie ein inhärentes Motivationsniveau besitzt: Unpassendes Verhalten hat deutlich spürbare Folgen. Diese Folgen sind nicht willkürlich oder gesteuert, sondern ein getreue Widerspiegelung der Ergebnisse des Patientenverhaltens. Durch diese Art des Feedbacks werden Patienten mit anschaulichen und treffenden Antworten auf ihr positives wie auch negatives Verhalten konfrontiert.

Die subjektive Interpretation der konkreten Ergebnisse des Verhaltens durch den Patienten stellt ein mächtiges Medium dar und gleichzeitig einen wertvollen Ausgangspunkt für die Veränderung von dysfunktionalem Verhalten unter Mitwirkung des Therapeuten.

4. Diagnosemöglichkeiten - Ein Großteil der Informationen, die für die gezielte Konstruktion von Situationen für individuelle Veränderungen benötigt werden, können aus dem Verhalten der Patienten gewonnen werden, wenn diese in erlebnistherapeutischen Aktivitäten handeln. Kimball (1983) und Creal und Florio (1986) beziehen diesen Prozeß auf die psychologische Theorie der "Projektion." Diese sagt aus, daß Patienten ein klares Abbild ihrer Verhaltensmuster, ihrer Persönlichkeit, ihrer Struktur und der Eigeninterpretation ihres Verhaltens in die Abenteueraktivitäten projizieren. Dies geschieht aufgrund der ungewohnten Situation und deren Doppeldeutigkeit für den Patienten. Kimball (1983) erklärt dies so: "Wie die wohlbekannten Rorschach-Tintenkleckse haben die Herausforderungen der Wildnis eine große Doppeldeutigkeit. Der Patient muß die Herausforderungen der Aufgabenstellung wie auch seine eigene Antwort darauf interpretieren oder strukturieren. Die Herausforderungen der Wildnis-Expedition bieten eine große Breite von Antworten an.
Je größer die Breite der Herausforderung und je höher der Streß, desto wahrscheinlicher wird der Patient einzigartige und individuelle Persönlichkeitsaspekte in die "Test"-Situation hinein projizieren. Durch sorgfältige Beobachtung der Antworten des Patienten auf eine Vielzahl von "diagnostischen" Situationen - Klettern, Orientierungswanderung, Einteilung des Wasservorrats - wird der erfahrene Erlebnistherapeut lebenslang eingeprägte Verhaltensmuster identifizieren: dysfunktionale Verhaltensweisen, wie man mit Streß umgeht, intellektuelle Prozesse und Konflikte, Bedürfnisse und emotionale Ansprechbarkeit. Wenn dies richtig beobachtet, aufgezeichnet und artikuliert wird, können diese Daten die Basis für die Festlegung langzeittherapeutischer Ziele sein."

Das Material, das bei diagnostischen Abenteuersettings gewonnen wurde, ist äußerst wertvoll für die Planung von späteren Behandlungsinterventionen und weiteren Strategien. Dies ist besonders hilfreich bei der Arbeit mit Metaphern und dem Aufbau von therapeutischen Situationen in der Natur, die positive Veränderungen auslösen sollen.

Das Ablaufmodell der Diagnose
Ein Modell, das entstanden ist, um Erlebnistherapeuten zu helfen, während des Einsatzes von Outdoor-Programmen die Diagnose in einem systematischen Feststellungsmodell zu organisieren, ist das Ablaufmodell der Diagnose (Gass & Gillis, 1995a).

Es wird in sechs interaktive Schritte unterteilt, wobei der Fokus auf dem Sammeln von Informationen ist, die der Veränderung des Verhaltens dienen. (siehe Abb. 1).

Abbildung 1: Das Diagnoseablaufmodell

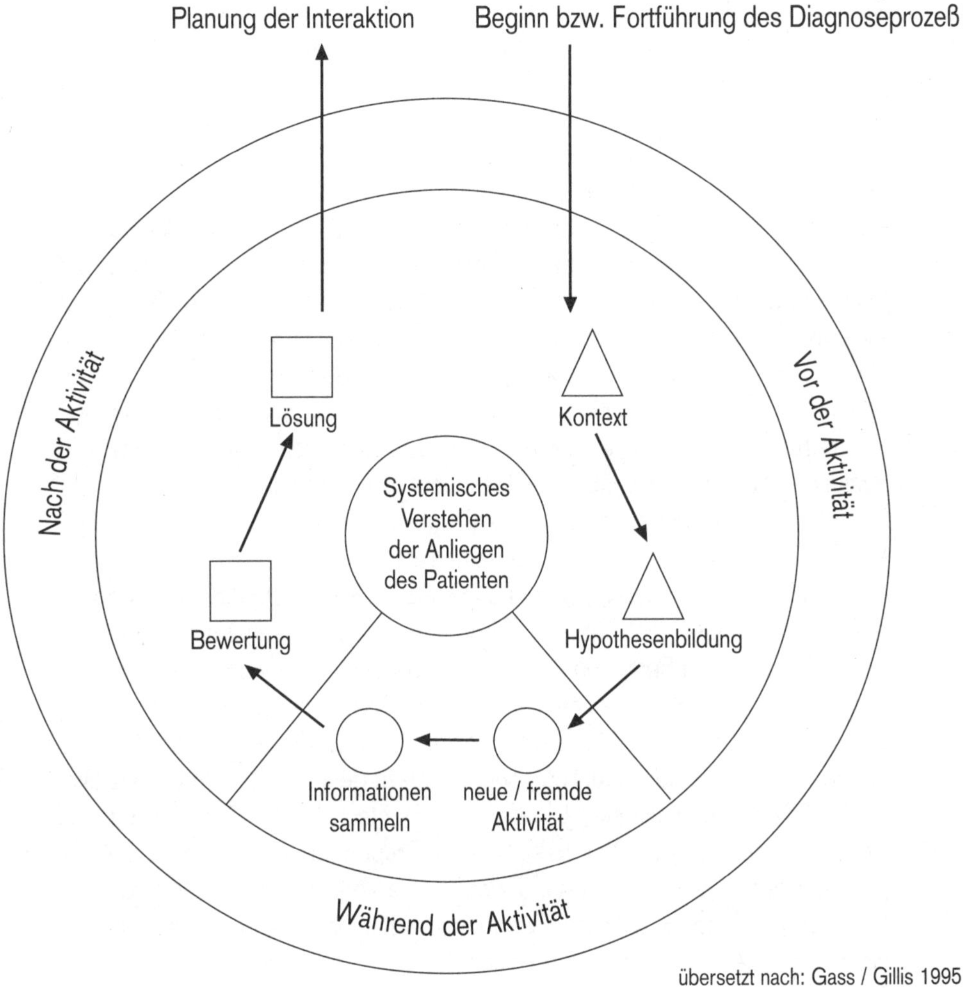

übersetzt nach: Gass / Gillis 1995

Diese sechs Schritte beinhalten: Kontext, Hypothesenbildung, Aktivität, sammeln von Informationen, Bewertung und Lösungsfindung.
Die ersten zwei Schritte liegen vor der Aktivität, die nächsten beiden geschehen während der Aktivität, und das abschließende Paar findet nach der Aktivität statt.

In der Vorbereitungsphase des therapeutischen Programmes suchen die Therapeuten mögliche Verbindungen zwischen der Abenteueraktivität und der Patientengruppe. Dazu werden Informationen benötigt zur spezifischen Patientengruppe, der geplanten Abenteuersituation sowie zu allen therapeutischen Fragen, Zeitplan, Ziele und Methoden. Die Therapeuten beziehen dann in ihrer Beurteilung vorhergehende Erfahrungen mit ähnlichen Patienten an ähnlichen Orten mit ähnlichen Problemen mit ein.

Dabei können folgende Fragen hilfreich sein: Warum ist der Patient in die Erlebnistherapie eingetreten? Wie lange wird er voraussichtlich darin verweilen? Was sind die selbstgesetzten Ziele als Gruppe oder als Individuum? Stimmt der Ausbildungsstand und die Kompetenz der Therapeuten in Bezug auf die Abenteueraktivitäten und die Arbeit mit unterschiedlichen Patientengruppen überein? Stimmen die Ziele, Kompetenzen und die Erfahrungen der Therapeuten mit den Bedürfnissen überein, die die spezielle Patientengruppe hat? Finden die therapeutischen Sitzungen im Raum oder im Freien statt? Welche Ausrüstung steht für die Abenteueraktivitäten zur Verfügung? Wie weit werden das Wetter und physische Umgebungen bestimmen, welche Aktivitäten der Therapeut einsetzen kann und welche nicht? Dann kann der Therapeut beginnen, anfängliche Arbeitshypothesen über die Gruppe und das Verhaltensmuster der einzelnen Patienten zu entwerfen. Dies geschieht u.a. durch die Beobachtung, was und in welcher Reihenfolge in der Gruppe in der Anfangsphase geschieht. Speziell werden diese Hypothesen aus den Informationen gespeist, die in Form von Aufnahmeinterviews, schriftlichen Tests und durch einfache Initiativspiele gesammelt werden. Diese Arbeitshypothesen werden mit dem Therapeutenwissen über typisches und außergewöhnliches Patientenverhalten und durch informelle Quellen erweitert. Dazu gehört z.B. auch die intuitive Analyse der Gruppenstimmung in einer bestimmten Aktivität. Dazu kommt noch die Beobachtung der physischen Fähigkeit der Gruppe, die Auswertung der Äußerungen über den emotionalen Zustand, das soziale Verhältnis in der Gruppe und ihre Erwartungshaltung. Sobald die Hypothesen feststehen, werden diese durch die Beobachtung des Verhaltens der Patienten in den Abenteueraktivitäten überprüft. Das Verhalten der Patienten wird den Hypothesen der Therapeuten entweder entsprechen oder widersprechen. Durch den Vergleich zwischen dem beobachteten tatsächlichen Verhalten mit dem vermuteten Reaktionsweisen kann der Therapeut zusätzliche Informationen erhalten. Er kann so die Patientenbedürfnisse analysieren, Arbeitshypothesen revidieren, verändern, sie bestätigt sehen oder diese ganz verwerfen. Der Einsatz erlebnistherapeutischer Elemente in dieser Weise erweitert die Gültigkeit und die Vielfalt der Diagnose und stellt einen zusätzliche Kontext für die Entwicklung möglicher Interventionen zur Verfügung.

Aktivitäten, die neu und ungewohnt sind, führen dazu, daß Patienten sich mit der Spontaneität einer Erfahrung auseinander setzen müssen. Sie wissen nicht, was von ihnen erwartet wird. Die Notwendigkeit, schnell zu handeln, verhindert, daß sie sich hinter einer Rolle verbergen können und zwingt sie, ihr wahres Verhalten zu zeigen. Durch Beobachtung kann der Therapeut seine Hypothesen wiederum bestätigt sehen oder sie angleichen. Mit dieser Information prüft der Therapeut auch, wie der Patient seinem Handeln subjektiven Sinn zuschreibt. Der Therapeut kann Informationen über das Wertesystem, das Verhaltensmuster, die religiösen Bindungen, dem Vertrauen, Grenzen und Rollen, Bündnissen, Allianzen, Kommunikation, Sprache und Authentizität des Patienten zusammentragen. Danach können diese Informationen als eine reiche Quelle für die Diagnose der Patientenbedürfnisse, der Planung von Zielen und der sinnvollsten Vorgehensweisen sowie für die Bewertung der Behandlung benutzt werden. In dieser Weise kann der Therapeut durch die Kombination von Hypothesen, die in den vorigen Schritten bestätigt wurden, ein volles und holistisches Verständnis der Patienten erreichen.
Ein anderer Weg, um Klarheit zu bekommen, liegt daran. den Verhaltensmustern "nachzuspüren". Was und in welcher Reihenfolge geschieht etwas während einer Abenteueraktivität? Ziel der Informationssammlung in dieser Phase ist der Wunsch nach einer validen Diagnose: Die Zusammenfügung bestätigter Hypothesen mit tatsächlichen Erfahrungen dient dazu, die tatsächlichen Motive für das Patientenverhalten herauszufinden. Schließlich muß der Therapeut die Informationen interpretieren, die er gesammelt hat, um ein klares Bild über die zentralen Themen und Bedürfnisse des Patienten zu bekommen. Dies führt zu einer Neubewertung und zu neuen Lösungswegen. Hierbei muß der Therapeut wiederum das Wissen integrieren, welches in den vorigen Schritten gesammelt wurde, diese Informationen dann interpretieren, um Entscheidungen über Diagnoseprozeß und Symptome treffen zu können, die Patientenmotivation identifizieren und schließlich über Interventionsmöglichkeiten entscheiden.
Mit der Diagnose und mit Hilfe des Patienten, muß der Therapeut potentielle Lösungen für die Patientenbedürfnisse finden und darauf aufbauen. Schließlich wird entschieden, welche Strategien am wirksamsten die Probleme lösen werden.

5. Entwicklung der Kleingruppe - Authentische Gemeinschaften - In der Erlebnistherapie sind die Prozesse in der Kleingruppe ein bedeutender Faktor für Verhaltensänderungen (vgl. Kerr & Gass, 1987). Die Aktivitäten sind gewöhnlich so aufgebaut, daß Konflikte in Streßsituationen entstehen. Diese können dann durch positive Gruppeninteraktion (Walsh & Golins, 1976) gelöst werden. Individuelle Wünsche werden berücksichtigt, aber sie müssen innerhalb der Bedürfnisse der Gruppe liegen. Eine systemische Perspektive wird erreicht, wenn die Gruppenmitglieder sich mit individuellen und mit Gruppenbedürfnissen auseinandersetzen müssen.

6. Zu funktionalem Verhalten ermutigen - Wie oben erwähnt, tragen funktionsgestörte Patienten ihre Symptome und frühere Mißerfolge mit sich, wenn sie die Therapie beginnen. Der Eintritt in die Therapie kann für sie daher äußerst beängstigend sein. Dies stärkt die Abwehrmechanismen und ruft den Widerstand gegenüber Veränderungen hervor. In ungewohnten Umgebungen wird Patienten die Gelegenheit gegeben, sich eher auf ihre Fähigkeiten und Stärken als auf ihre Funktionsstörungen zu konzentrieren. Diese Art der Orientierung vermindert die anfängliche Abwehrhaltung und führt zu positiven Veränderungen, wenn dies mit der erfolgreichen Bewältigung von zunehmend schwierigen und lohnenden Aufgaben kombiniert wird. Viel mehr als gegen die Therapie Widerstand zu leisten, werden Patienten herausgefordert, falsch wahrgenommene Begrenzungen zu überwinden und ungenützte Hilfsquellen und Stärken zu entdecken. Die Anstrengungen der Patienten werden von Seiten des Therapeuten verstärkt, in dem die Patienten unterstützt werden, sich auf ihr Potential der Selbstverstärkung zu konzentrieren.
Neuere Studien von Gass & Gillis (1995b) und Priest & Gass (1997b) haben ergeben, daß die zielorientierte Prozeßbegleitung in der Erlebnistherapie äußerst erfolgreich für die Unterstützung von positiven Veränderungen für funktionsgestörte Patienten ist. Diese ist sogar signifikant wirksamer als der häufig benutzte problemorientierte Ansatz, der von den meisten Erlebnistherapeuten in Nordamerika eingesetzt wird. Die positiven Veränderungen, verursacht durch das erlebnistherapeutische Arrangement, sprechen für diesen Ansatz an den Ressourcen.

7. Veränderungen in der Therapeutenrolle - Erlebnistherapie schafft mehrere Veränderungen in der Dynamik zwischen den Therapeuten und ihren Patienten, zum Beispiel die Veränderung von einer eher körperlich passiven Rolle als Therapeut zu einem mehr aktiven Partner. Die Therapeuten werden ermutigt, Abenteuersettings für die zu behandelnden Störungen des Patienten zu entwerfen. Erlebnistherapeuten bieten nicht nur eine Vielfalt von Aktivitäten an, sie benutzen diese Aktivitäten auch als Medium für Veränderungen.
Der Einsatz von Abenteuerarrangements in dieser Art hat eine offensichtliche Korrelation zur Therapie. Wie Gillis und Bonney (1986) empfehlen, soll die Erlebnistherapie einen Rahmen für die Einbindung spezifischer Verhaltensproblematiken setzen. Der Schwerpunkt liegt auf dem aktiven Problemlösungsansatz der wechselnden funktionsgestörten Verhaltensmuster.
Eine weitere Veränderung in der Dynamik zwischen Patienten und Therapeuten ist die Position des Therapeuten: Er ist sozusagen immer in erreichbarer Nähe des Patienten. Während der erlebnistherapeutischen Aktion haben Therapeuten die

Gelegenheit, in ähnliche physische Herausforderungen verwickelt zu sein. Diese Dynamik, kombiniert mit dem informellen Setting der Abenteuererlebnisse, kann viele jener Schranken wegnehmen, die die Interaktion zwischen Patient und Therapeut begrenzen, und die häufig in anderen mehr "formellen" Therapien existieren. Werden dennoch klare und angemessene Grenzen aufrechterhalten, so sind die Therapeuten erreichbarer und bewirken dadurch eine größere Interaktion mit den Patienten.

8. Zusammenfassung

Erlebnistherapie in Nordamerika gliedert sich in drei generelle Fachgebiete auf. Diese Bereiche sind:

- Wildnistherapie - die therapeutischen Programme finden in einsamen Wildnisgegenden statt. Es sind meist kleine Gruppen (8-15 Personen); solche Programme sind lang andauernd (z.B. 24 Tage) und bedeuten eine Intervention rund um die Uhr - so wie es in diesem Buch von Monika Flückiger beschrieben ist. Solange die Patienten das Programm nicht abbrechen, bleiben die Mitglieder der Gruppe während des ganzen Therapieprozesses zusammen. Wegen der oft großen Entfernung müssen die Patienten, um an diesem Programmtyp teilnehmen zu können, dorthin reisen. Daher bleibt die Therapie häufig auf diese intensive Erfahrung begrenzt und eine Fortführung mit speziellen Therapiemethoden ist oft begrenzt. Outward Bound und Programme, die die Struktur von Outward Bound übernommen haben (z.B. Santa Fe Mountain Center), waren die hauptsächlichen Erfinder dieses Typs therapeutischer Praxis.

- Erlebnisorientierte Therapie - hier vollziehen sich die therapeutischen Erfahrungen an oder sehr nah an der therapeutischen Einrichtung des Patienten (in der Tat sind vielfach Patienten der Erlebnistherapie aufgrund von Versicherungsauflagen an das Gelände der Einrichtung gebunden). Diese Programme sind häufig stationäre Behandlungen, bei denen Patienten in mehrtägiger Pflege sind und die Erlebnistherapie nur als ein Teil der therapeutischen Intervention benutzt wird. Dadurch, daß Patienten zu verschiedenen Zeitpunkten in die Therapie eintreten und entlassen werden, verändern sich diese therapeutischen Gruppen in Zahl und in der Mitgliedschaft regelmäßig. Die Abenteuererlebnisse, die benutzt werden, neigen dazu etwas künstlich und konstruiert zu sein, d.h. die Geräte sind von Spezialisten spezifisch für die Erlebnistherapie gebaut worden. Einige Beispiele hierfür sind transportable Initiativaufgaben, niedrige und hohe Seilgarten-Elemente und Kletterwände in Hallen. Während solche Programme ebenso wie die Wildnistherapie den gleichen Ursprung bei den Outward Bound Schulen haben, kann ihre Verbreitung einer Anzahl von verschieden Projekten und Vereinigungen, wie z.B. „Project Adventure“ (vgl. Schoel, Prouty, & Radcliffe, 1988), zugeschrieben werden.

- Langzeit Camps - basierend auf den in Wildniscamps immanenten Werten (vgl. Loughmiller, 1965), konzentriert sich diese Form von Langzeittherapie in der Natur darauf, straffällige Jugendliche und Erwachsene in Wildniscamps (z.B. Eckerd Foundation Camps, Salesmanship Clubs) oder auf bewegliche Lebensräume zu verpflichten (z.B. Zugwagentrails, Segelausbildung auf Schiffen), um funktionale Veränderungen zu erreichen. Diese Programme dauern oft einen längeren Zeitraum (z.B. ein Jahr). Die Teilnehmer sind oft für die grundlegenden Lebensbedürfnisse durch ihre eigenen Anstrengungen verantwortlich, so z.B. bei der Vorbereitung von Speisen, dem Bau von einfachen Gebäuden zum Leben (z.B. Blockhütten oder Zeltbaracken). Sie lernen weiterhin notwendige Fähigkeiten für das Überleben in herausfordernder Umgebung (z.B. Feuer machen, Segelausbildung). Ein Großteil des inhärenten Wertes solcher Programme liegt in der Entwicklung einer positiven Kultur von Gleichaltrigen - vgl. dazu auch Monika Flückiger! - , sowie in der Konfrontation mit Problemen, die mit dem täglichem Leben und der Auseinandersetzung mit bestehenden natürlichen Konsequenzen getroffen werden müssen.

Für mich als praktizierender Erlebnistherapeut in Nordamerika ist es aufregend zu erfahren, welche Zukunft die Erlebnistherapie in Europa hat. Ob nun die kontinentalen Erfahrungen mit der Erlebnistherapie den amerikanischen Erfahrungen gleichen und ihre Weiterentwicklung professionellen Erlebnistherapeuten in Nordamerika Anstoß zu Reflexion, Veränderung und Ausarbeitung der eigenen Konzepte gibt - zu diesem fruchtbaren Austausch kann das Buch von Monika Flückiger beitragen. Ich hoffe, daß unsere Anstrengungen hier und in Europa zum Wohle unserer Patienten sind.

Literatur

Creal, R. S. & Florio, N. (1986). The family wilderness program: A description of the project and its ethical concerns. In M. Gass & L. Buell (Eds.), Proceedings Journal for the 14th Annual AEE Conference: The season of ingenuity: Ethics in Experiential Education. Boulder, Colorado: Association for Experiential Education.

Davis-Berman, J. & Berman, D. S. (1994). Wilderness Therapy: Foundations, Theory, and Research. Dubuque, IA: Kendall/Hunt Publishing Company.

Gass, M. A. (1991). Enhancing metaphor development in adventure therapy programs. Journal of Experiential Education, 14 (2), 6-14.

Gass, M. A. (Ed.). (1993). Adventure therapy: Therapeutic practices in mental health settings. Dubuque, IA: Kendall/Hunt Publishing Company.

Gass, M.A., & Gillis, H.L. (1995a). CHANGES: An assessment model using adventure experiences. Journal of Experiential Education, 18(1), 34-40.

Gass, M.A., & Gillis, H.L. (1995b). Constructing solutions in adventure therapy. Journal of Experiential Education, 18(2), 63-69.

Gass, M. A. & McPhee, P. (1990). Emerging for recovery: A descriptive analysis of adventure therapy for substance abusers. Journal of Experiential Education, 13 (2), 29-35.

Gillis, H. L. & Bonney, W. C. (1986). Group counseling with couples or families: Adding adventure activities. Journal for Specialists in Group Work. 11 (4), 213-220.

Kerr, P. & Gass, M. (1987). Group development in adventure education. Journal of Experiential Education, 12 (3), 39-46.

Kimball, R. (1983). The wilderness as therapy. Journal of Experiential Education, 5 (3), 6-9.

Kirkpatrick, T. (1984). Outward Bound as adjunct to family therapy in the treatment of alcoholism. In T. F. Stitch (Ed.), Outward Bound in alcohol treatment and mental health. (pp. 21-34). Greenwich, CT: Outward Bound, Inc.

Mason, M. (1987). Wilderness family therapy: Experiential dimensions. Contemporary Family Therapy, 9 (1-2), 90-105.

Mathews, M. (1993). Wilderness programs offer promising alternatives for some youth: More regulation likely. In M. A. Gass (Ed.). Adventure therapy: Therapeutic practices in mental health settings. Dubuque, IA: Kendall/Hunt Publishing Company. 441-449.

Priest, S. and Gass, M. (1997a). Effective leadership in adventure programming. Human Kinetics Publishing.

Priest, S. & Gass, M. A. (1997b). An examination of problem-solving verses solution-oriented facilitation styles in a corporate setting. Journal of Experiential Education, 20 (1), 34-39.

Roland, C.; Keene, T.; Dubois, M.; Lentini, J. (1989). Experiential challenge program development in the mental health setting. The Bradford Papers Annual, Vol. III. Martinsville, In: Bradford Woods Outdoor Center.

Selye, H. (1978). On the real benefits of eustress. Psychology Today. 60 -70.

Schoel, J.; Prouty, D.; and Radcliffe, P. (1988). Islands of healing: A guide to adventure-based counseling. Hamilton, MA: Project Adventure.

Walsh, V. & Golins, G. (1976). The exploration of the Outward Bound process. Denver, CO: Colorado Outward Bound School.

Michael Gass ist Professor an der Universität New Hampshire. Er ist dort Dekan des "Department of Kinesiology / School of Health and Human Services" und Koordinator der erlebnispädagogischen Ausbildung. Er erhielt seinen Doktortitel an der Universität Colorado im Bereich "Experiential Education".
Durch eine Vielzahl von grundlegenden Veröffentlichungen während den letzten zehn Jahre hat er die Weiterentwicklung der Erlebnispädagogik in Nordamerika entscheidend mitgeprägt und auch in der deutschsprachigen Fachliteratur wird er häufig zitiert. Sein Forschungsschwerpunkt liegt vor allem im Bereich des pädagogisch-therapeutischen Einsatzes von Outdoor-Programmen.

1

Einführung

1.1 Ziele des BigTrail

Ziel des pädagogisch-therapeutischen Projekts ist es, Jugendlichen in tiefen Lebenskrisen verschiedene Lern- und Entwicklungsmöglichkeiten zu bieten, damit sie sich neu orientieren können. Im Mittelpunkt unseres Konzeptes steht das Alltagslernen, das Lernen im und für den Alltag. Es geht um die Bewältigung von konkreten Aufgaben und der damit verbundenen Herausforderungen und Schwierigkeiten. Das Medium ist eine Reise. Wir arbeiten darauf hin, dass die Jugendlichen am Ende des BigTrail fähig sind, im Schutze einer halbjährigen stationären Anschlussphase in der Schweiz ihre Zukunft zu planen und erfolgreich anzupacken. Dazu bieten wir:

- Grossen räumlichen Abstand zum gewohnten Milieu.
- Strukturierte Tagesabläufe.
- Hohe zeitliche und persönliche Präsenz durch drei erwachsene Bezugspersonen.
- Auseinandersetzungen in einer Gruppe.
- Gruppen- und Einzelgespräche.
- Reizarme und natürliche Umwelt, um wieder handlungs- und genussfähig zu werden.
- Zeit und Raum für Selbsterfahrungen und deren Verarbeitung.
- Lernen in überschaubaren Situationen mit vielen Erfolgserlebnissen.
- Häufig wechselnde Situationen, die es ermöglichen und bedingen, neue Verhaltensmuster zu lernen.

1.2 Projektbeschreibung

Einstiegsphase - Alpaufenthalt: 4 Wochen.
Praktisch alle Teilnehmerinnen, die zu uns kommen, sind schwer süchtig gewesen, unter anderem nach Heroin. Viele sind körperlich in einem trägen bis desolaten Zustand. Wir ziehen uns mit ihnen an einen abgelegenen Ort zurück, um Distanz zu Drogen und zum Drogenmilieu zu schaffen und um die Abbruchgefahr, die in dieser Zeit hoch ist, zu reduzieren. Mit angepasstem Training und regelmässigem Essen bauen wir eine Grundkondition auf. Den unterschiedlich chaotischen Lebensweisen, aus denen die jungen Menschen kommen, stellen wir klare Regeln und Tagesstrukturen entgegen. Wir beginnen mit den täglichen Gruppen- und wöchentlichen Einzelgesprächen, die sich über die sechs Monate durchziehen werden. Daneben lehren wir nötiges Wissen und Können für den Wildnisaufenthalt und setzen soviel wie möglich direkt in die Praxis um. Auf der Alp ist noch Zeit,

sich für oder gegen die Therapie zu entscheiden. Bei klarem Kopf werden die mit der Entscheidung verbundenen Konsequenzen deutlicher sichtbar. Während vier Wochen können sich die einzelnen Teilnehmerinnen gut kennenlernen und sich als Gruppe soweit entwickeln, dass sie fähig werden, zusammen eine Reise auf verschiedenen Ebenen in Angriff zu nehmen.

Ambivalenzphase - Reise nach Kanada: 2 Wochen.
Wir lassen langsam und bewusst die Schweiz und die letzte, schwierige Lebensphase hinter uns. Mit einer Fahrradtour wollen wir uns das erste Stück auf dem neuen Weg erarbeiten und als Gruppe die auftauchenden Probleme bewältigen. Die Flugreise auf den amerikanischen Kontinent ist ein wichtiger Punkt im Konzept von BigTrail. Im „I Ging", einem chinesischen Weisheitsbuch bedeutet „über das grosse Wasser gehen", sich von den Eltern und deren Fürsorge abzulösen.
Wir setzen mit der Reise auch eine alte Schweizer Tradition fort, wurden doch anfangs Jahrhundert viele gescheiterte und erfolglose Menschen auf einen anderen Kontinent geschickt. Aus einigen wurden hochverehrte „Tanten und Onkel aus Amerika". Die meisten Jugendlichen lehnen sich im Flugzeugsitz innerlich und äusserlich zurück, atmen auf und sind froh, dass sich ein Teil ihres Kampfes und ihrer Ambivalenz in den Hintergrund schiebt. Fragen wie Therapieabbruch und Rückfallgefahr verlieren an Kraft.

Wachstumsphase - Leben im Wald: 12 Wochen.
Für drei Monate leben wir in den weiten Wäldern Kanadas, fern jeglicher Zivilisation. Wir nehmen nur die nötigsten Grundnahrungsmittel mit und ernähren uns weitgehend aus der Natur. Um uns in der Wildnis zu orientieren, müssen wir Kompass lesen können. Je besser wir das lernen, desto freier können wir uns bewegen. Wissen und Können bedeutet hier sehr direkt Freiheit. Das Leben in der Natur und die Nahrungsbeschaffung bieten viele überschaubare Lern- und Wachstumsmöglichkeiten. Die Jugendlichen entwickeln beim Fischen, Bauen, Sammeln, Holzfällen, Kanufahren und beim Standhalten gegen Wind und Wetter Ausdauer und handwerkliche Fähigkeiten. Sie haben tagtäglich Erfolgserlebnisse und gewinnen Vertrauen in ihre Lernfähigkeit. Die Arbeit ist nötig, klar und einsichtig. Jede wird gebraucht. Der Arbeitseinsatz wird sofort im Kochtopf sichtbar. Die Gruppe erreicht mehr, als jede einzelne. Während drei Leute Fische fangen, können die anderen Flechten, Pilze und Beeren sammeln. In täglichen Gruppengesprächen und regelmässigen Einzeltherapiegesprächen kann mit dem laufend sichtbaren Handeln und Erleben gearbeitet werden. In der Wildnis lernt man zwangsläufig, das Leben und die persönlichen Krisen ohne Betäubung und Abschalten zu bewältigen. In der geschützten Situation wird wenig Energie für Kontrolle und Abwehr von Drogen verschwendet. Diese Energie kann für den persönlichen Wachstumsprozess eingesetzt werden. Durch den generellen Reizentzug entsteht mit der Zeit eine neue Erlebnis- und Genussfähigkeit.

Im Verlaufe eines Projekts ändert sich unser Führungsstil wesentlich. Anfangs sind wir direktiv und bestimmend und bieten viel Schutz und Sicherheit. Wir wechseln mehrmals die Gruppenzusammensetzungen und stellen zunehmend grössere Anforderungen an die Eigenverantwortung jeder einzelnen. Mit der Zeit leben die Jugendlichen mehrere Tage ohne Leitung. Sie lernen erst dann wirklich ihre eigenen Strategien entwickeln, wenn wir nicht sofort erreichbar sind. Der Wildnisaufenthalt gipfelt in einer Art „Initiation“, dem „Single“. Nach neun bis zehn Wochen Busch, wenn sie vieles gelernt und geübt haben, lebt jede mit einem Minimum an Material vier Tage mutterseelenallein im Wald. Je nachdem, wie sicher sie sich fühlen, passen wir die Distanz zum Hauptcamp an. Einzelne sind in Sichtkontakt zu uns. In diesen Tagen werden erstaunliche Entwicklungssprünge gemacht. Manche verlassen uns als Jugendliche und kommen als junge Erwachsene zurück. Oft wird erst in diesem Zeitpunkt die tiefe, innere Entscheidung getroffen, in Zukunft drogenfrei leben zu wollen.

Wir machen im Kanu eine mehrere hundert Kilometer lange Reise auf Flüssen und Seen und kommen im hohen Norden wieder in die Zivilisation zurück. In den drei Monaten lernt sich jede besser kennen. Wir verlangen viel von den Jugendlichen und sie sind zu Recht stolz auf ihre Leistung. Dieser neue Stolz, das gewachsene Selbstvertrauen und die Bilder der Wildnis begleiten sie wie eine innere Schatztruhe auf dem weiteren, noch immer steinigen Weg.

Konsolidierungsphase - Farmaufenthalt: 5 Wochen.
Um einen Zivilisationsschock zu vermeiden, verbringen wir die ersten Wochen nach dem Wildnisaufenthalt in einem selbst aufgebauten Camp, auf einer abgelegenen Farm in Kanada. Die Jugendlichen freuen sich über die Zivilisationsgüter, insbesondere die Süssigkeiten und auf die normale Arbeit. Hier ist Zeit und Ruhe, um die ersten Erfahrungen mit der erstarkten Persönlichkeit zu machen und neues Verhalten zu testen. In einem fremden Land ist das einfacher, als in der gewohnten Umgebung der Schweiz. Wir haben dazu eine uns bekannte Farm mit einer Familie

ausgesucht, die vor mehreren Jahren aus der Schweiz ausgewandert ist. Die Familie und ihre drei Kinder, die interessierten kanadischen Nachbarinnen und die neun Hunde bringen eine jetzt angebrachte, wichtige Öffnung in unsere geschlossene Gruppe. Auf der Farm arbeiten wir während regelmässigen Arbeitszeiten und lernen einen Teil der kanadischen Lebensrealität kennen. Das Farmerehepaar ist als Arbeitgeberin in das Projekt BigTrail eingebunden. Das Leben und Arbeiten in unmittelbarer Nähe einer intakten, konfliktfreudigen Familie ist befruchtend und löst Gefühle wie Sehnsucht und Hoffnung aus.

Ablösungsphase - Rückreise in die Schweiz: 2 Wochen.
Bei unserer Abreise vom Hof findet der erste grosse Abschied statt. Während einer drei Tage dauernden Bahnfahrt quer durch Kanada, gilt es Abschied zu nehmen von diesem unendlich grossen, liebgewonnen Land. Das Thema Abschied beschäftigt uns auch eingehend auf unserer zehntägigen Überquerung des Ozeans. Die umfassende Rückschau auf die vergangenen Monate verarbeiten wir in einer BigTrail-Zeitung. Wir sind die einzigen Passagiere an Bord eines riesigen Frachters und betreten in Italien nach mehr als vier Monaten wieder europäischen Boden. Mit Bahn und Bus reisen wir zurück in die Schweiz.

Alpaufenthalt - Übergang: 2 Wochen.
Die ersten zwei Wochen in der Schweiz verbringen wir in einer abgelegen, alten Mühle, die der Verein Plus gemietet hat. Hier arbeitet das Anschlussteam mit und löst uns ein paar Tage ab. Die Jugendlichen erleben vor dem endgültigen Abschied, wie es ist, wenn niemand mehr vom alten Team da ist und merken, dass das Leben ohne uns weitergeht. Sie dürfen nun telefonisch zu ihren Eltern, Verwandten und guten Freunden Kontakt aufnehmen. Die Tage sind ausgefüllt mit Arbeit, Berichte schreiben, Abschlussgesprächen und telefonieren. Es ist eine turbulente Zeit. Ein häufiger Wechsel von Wut, Trauer, Neugier, Enttäuschung und Freude sind bezeichnend für diese Phase von Abschied und Neuanfang.

1.3 Teamzusammensetzung

Unser Team bestand 1994 aus zwei Frauen und einem Mann. Mit Jörg hatte ich bereits ein solches Projekt geleitet. Barbara kannte ich beruflich und privat. Ich fragte sie für diese Arbeit an. Jörg und Barbara kannten sich nicht. Wir hatten das Glück, mit einem erfahrenen, gut ausgebildeten Team starten zu können. Unser Können wurde von unseren Teilnehmerinnen über Monate gnadenlos getestet.

Barbara Kilchenmann

Barbara hat sich nach ihrem Erstberuf als Primarlehrerin zur dipl. Sozialarbeiterin HFS ausbilden lassen. In Zusatzausbildungen hat sie sich in verschiedene pädagogische und therapeutische Bereiche vertieft und u.a. den NLP-Master erworben. Sie arbeitete längere Zeit in einem Frauengefängnis auf einer sozialpädagogischen Abteilung. Dann war sie im Schulprojekt der Jugend-, Eltern- und Drogenberatungsstelle Contact in Bern tätig. Seit 1992 arbeitete sie in der stationären Anschlussphase des Vereins Plus, für den wir BigTrail entwickelt haben. Barbara arbeitete im BigTrail-Team als Mitarbeiterin mit und war unter anderem für den Schulbereich zuständig. Nach der Arbeit im BigTrail94 arbeitete sie in der Anschlussphase des Vereins Plus weiter.

Jörg Eichhorn

Jörg ist ausgebildeter Heilpädagoge. Er verfügt über eine langjährige, pädagogische Praxis mit verschiedenen Zielgruppen. In einer Zusatzausbildung eignete er sich theoretische und praktische Kenntnisse in Erlebnispädagogik an. Seit Jahren kehrt er zu seiner Leidenschaft, der Wildnis, zurück. Er hat in abgelegenen Gebieten Kanadas verschiedenste Reisen geleitet, eigene Expeditionen unternommen und 1991 das erlebnispädagogische Unternehmen „Trek“ durchgeführt. Er besitzt ein umfassendes Fach- und Erfahrungswissen für das Leben und Sichfortbewegen in der Kanadischen Wildnis. Als passionierter Kanute sorgt er für die Sicherheit auf dem Wasser. Anschliessend an BigTrail94 leitete er ein Projekt für arbeitslose Schulabgängerinnen und BigTrail96. Er ist auf dem Weg zur Auswanderung nach Kanada. Neben der Projektarbeit mit jungen Menschen in Lebenskrisen, organisiert er Touristen- und Ausbildungsreisen in der Wildnis Kanadas.

Monika Flückiger

Ich bin dipl. Sozialarbeiterin HFS mit einer mehrjährigen Zusatzausbildung in Transaktionsanalyse. Daneben erwarb ich ein Diplom in psychologischer Astrologie und habe mich in verschiedenen therapeutischen Methoden weitergebildet. Nach acht Jahren Arbeit als Beraterin in der Jugend-, Eltern- und Drogenberatungsstelle Contact in Bern, wechselte ich in die erlebnispädagogische Arbeit. Ich leitete 1991 gemeinsam mit Jörg Eichhorn in der Wildnis Kanadas das erlebnispädagogische Projekt „Trek“. Ein Jahr später arbeitete ich für den Verein Plus, Schweizer Jugendschiff zur See, auf dem Segelschiff „Tectona“ als pädagogische Leiterin. 1994 und 1996 leitete ich mit Jörg Eichhorn das Projekt „BigTrail“ in Kanada.
Seit 1994 bin ich freiberuflich in der Beratung und Ausbildung tätig. Ich biete erlebnispädagogische Weiterbildungen und Teambildungssequenzen an und arbeite in Kurzprojekten mit Jugendlichen aus stationären Einrichtungen. Für 1998 habe ich geplant, ein weiteres Langzeitprojekt mit Jörg Eichhorn zu leiten.

1.4 Aufnahmebedingungen

- Jugendliche beiderlei Geschlechts zwischen 16 und 22 Jahren, die sich in einer schwerwiegenden Entwicklungskrise befinden.
- Motivation der Jugendlichen für eine Veränderung und sichtbares Interesse an diesem Programm und seinen Herausforderungen.
- Der Eintritt soll ihr freier Entscheid sein.
- Schriftliche Anmeldung mit Lebens- auf und Motivationsbegründung.
- Ein Informations- und Abklärungsgespräch.
- Ein ärztliches Attest über die körperliche Eignung für das BigTrail-Projekt.
- Eine zahnärztliche Bestätigung, dass die Zähne soweit saniert sind, dass während einem halben Jahr kein Zahnarzt benötigt wird.
- Drogenabhängige müssen einen zweiwöchigen Entzug in einer anerkannten Drogenentzugsinstitution machen und direkt von dort bei uns eintreten.
- Eine schriftliche Kostengutsprache d.h. eine Bestätigung der zuständigen Staatsstelle, dass sie bereit ist, für die Therapiekosten der Jugendlichen aufzukommen.

1.5 Teilnehmerinnen

Die Jugendlichen traten bei uns nach einem zweiwöchigen Drogenentzug in einer anerkannten Entzugsstation ein. Die Gruppe war zwei Wochen vor Projektstart vollzählig. Mehrere Jugendliche machten ihren Drogenentzug in der gleichen Zürcher Institution. Durch eine unglückliche Anhäufung von Problemen brachen vier Teilnehmerinnen den Entzug ab. Plötzlich war das ganze Projekt in Frage gestellt. Wir entschlossen uns, mit der kleinen Restgruppe zu starten und parallel dazu das Aufnahmeverfahren weiterzuführen. Unsere Therapiegruppe wurde aus drei jungen Frauen und sieben jungen Männern gebildet. Die Jüngste war sechzehn und der Älteste zweiundzwanzig Jahre alt. Alle hatten neben anderen Schwierigkeiten eine unterschiedlich lange Drogenkarriere hinter sich. Willy hatte sich BigTrail ganz anders vorgestellt und fühlte sich bei uns fehl am Platz. Er trat innerhalb der Einstiegsphase wieder aus der Therapie aus. Thomas meldete sich erst spät für die Therapie an und kam nach der Fahrradtour zu uns. Wir konnten schlussendlich mit neun Jugendlichen über das grosse Wasser reisen.

Peter

Peter ist 22 Jahre alt. Er ist das zweitjüngste Kind einer Bauernfamilie mit sechs Söhnen. Seine Kindheit hat er als eine glückliche Zeit in Erinnerung. Er wird von der Mutter als ein eigenwilliges Kind geschildert, das oft machte, was es wollte. Seine Beziehungen zur Familie blieben intakt. Sie setzte sich für ihn ein und versuchte ihm zu helfen. Er besuchte sechs Jahre die Primar- und vier Jahre die Sekundarschule[1]. Das freiwillige letzte Schuljahr absolvierte er in der Stadt. Dort kam er mit Drogen in Kontakt und rauchte Haschisch. Während seiner Berufslehre als kaufmännischer Angestellter machte er Erfahrungen mit LSD[2], Rohypnol[3], Valium[4], Ecstasy[5] und fing an Heroin und Kokain zu konsumieren. Daneben trank er erhebliche Mengen Alkohol. Er schloss die Berufslehre erfolgreich ab und absolvierte die Rekrutenschule[6]. Seine zweite Berufslehre als Koch musste er abbrechen, da er mehr und mehr in die Drogensucht abglitt. Nach verschiedenen gescheiterten Versuchen, den Drogenentzug zu machen, trat er in eine psychiatrische Klinik ein. Er meldete sich für die Therapie an und wartete fünf Wochen in der Klinik auf den Start von BigTrail. Peter wirkt kräftig, klar und überzeugt. Er hatte jedoch nicht die geringste Idee, was ihn in diese Schwierigkeiten gebracht haben könnte. Er wurde bei seiner Gemeinde überzeugend vorstellig und erhielt die Kostengutsprache[7] problemlos.

Alain

Alain ist 17 Jahre alt und hat eine vier Jahre jüngere Schwester. Die Beziehung zu den Eltern ist seit Jahren ausgesprochen schwierig. Sie bemühten sich alle und waren gleichzeitig überfordert. Alain besuchte fünf Jahre die Primar- und ein Jahr die Sekundarschule. In dieser Zeit tauchten Schulprobleme auf. Schwierigkeiten mit Lehrern und den Eltern führten nach einer Abklärung zu einem Wechsel in ein Schulheim. Leider wurde diese Institution ein paar Monate später geschlossen. Alain wechselte in ein Schulheim in der Nähe der Eltern. Bei einem Arbeitsunfall während einer Schnupperlehre[8] verlor er ein Stück eines Fingers und verbrachte

1 Sekundarschule: Schule, die eine Stufe höher ist als die Grundschule.

2 LSD: Abkürzung für Lysergsäure-diäthylamin. LSD ist ein Halluzinogen und wird wegen seiner bewusstseinsverändernden Wirkung konsumiert.

3 Rohypnol: Schlafmittel (Benzodiazepin-Derivat), das häufig in grossen Mengen missbraucht wird und Entzugsyndrome provoziert.

4 Valium: Beruhigungsmittel (Benzodiazepin-Derivat), führt bei Missbrauch zu körperlicher Abhängigkeit.

5 Ecstasy: oder MDMA ist eine „Partydroge“ mit aufputschender Wirkung, die sich zunehmender Beliebtheit bei jungen Leuten erfreut.

6 Rekrutenschule: Obligatorische militärische Grundschule von 17 Wochen.

7 Kostengutsprache: Staatliche Zusage, die Kosten für die Therapie zu übernehmen. Näheres siehe 4.4.6.

8 Schnupperlehre: Junge Menschen in der Berufswahlphase können für ein bis zwei Wochen in einem Betrieb arbeiten und den Beruf, der sie interessiert in der Praxis kennnenlernen.

die Genesungszeit wieder zu Hause. Alain begann eine Berufslehre als Maler, wohnte bei einer anderen Familie und begann mit dem Konsum von Drogen. Bald war er mitten in einem klassischen Absturzkarussell. Sein Vater machte sich grosse Sorgen und holte ihn mit einem „Fürsorgerischen Freiheitsentzug“[9] von der Gasse weg. Alain trat sehr fordernd, selbstsicher und manchmal zu frech auf. Er wollte ins BigTrail eintreten, war aber unsicher, ob er den Drogenentzug schaffen werde. Er wirkte charmant, temperamentvoll und starrköpfig, eine wilde Mischung, die Schwierigkeiten ahnen liess. Seine Motivation wurde auf eine harte Probe gestellt, da die Kostengutsprache Probleme ergab. Er trat termingerecht in unser Therapieprogramm ein.

Willy

Willy ist 19 Jahre alt. Er hat einen älteren Bruder. Willy ist in einer Akademikerfamilie aufgewachsen. Sein Vater ist zur Zeit arbeitslos und in einer tiefen Lebenskrise. Die Mutter engagierte sich mit aller Kraft für die Familie. Willy besuchte sechs Jahre die Primarschule und trat dann in die Sekundarschule über. Diesen Schulwechsel verkraftete er nicht. Nach einem Nervenzusammenbruch trat er in eine Privatschule ein. Nach einem Jahr Berufswahlschule[10] begann er die Lehre als Goldschmied. Willy konsumierte immer wieder Drogen verschiedener Art: LSD, Ecstasy, Rohypnol, Kokain, Heroin und machte in dieser Zeit einen Suizidversuch. Willy wirkt freundlich und unentschlossen. Die Familie war am Ende ihrer Kräfte angelangt und Willy musste etwas unternehmen. An unserem Therapiekonzept gefiel ihm das Aussergewöhnliche: Kanada und die Wildnis. Nach langem Zögern entschied er sich, in die Therapie einzutreten. Die Ablehnung seiner Kostengutsprache stürzte ihn und seine Familie in eine erneute Krise. Sie organisierten alles Erdenkliche und Willy trat bei uns ein.

9 Fürsorgerischer Freiheitsentzug: Zwangseinweisung in eine psychiatrische Klinik wegen Selbst- oder Fremdgefährdung mit dem Ziel, eine geeignete Massnahme einzuleiten.

10 Berufswahlschule: Anschliessend an die obligatorische Schulzeit kann ein Jahr in der Berufswahlschule absolviert werden mit dem Ziel, einen geeigneten Beruf und eine entsprechende Berufslehre zu finden.

Kurt

Kurt ist 18 Jahre alt. Er ist der jüngere von zwei Söhnen. Die Eltern sind geschieden, seit er etwa zehn Jahre alt ist. Er lebte bei der Mutter und pflegte einen guten Kontakt zu seinem Vater. Später zog die Mutter zu einem anderen Mann, der bald darauf starb. Kurt besuchte sechs Jahre die Primarschule, zwei Jahre die Sekundarschule und ein Jahr die Realklasse. In der Realklasse [11] machte er die ersten Erfahrungen mit Drogen. Er begann eine Lehre als Metallbauzeichner und traf in dem Betrieb auf Lehrlinge, die heroinabhängig waren. Er versuchte das Heroin und rauchte bald täglich Folien. Später spritzte er Kokain und Heroin, machte verschiedene Entzüge und landete auf der Gasse und in der Notschlafstelle. Sein Lehrmeister bot ihm an, nach einer Therapie die Lehre bei ihm weitermachen zu können. Kurt trat für den Entzug in eine psychiatrische Klinik ein, bewarb sich bei uns und wartete dort auf den Beginn der Therapie. Kurt wirkt aufrichtig, sportlich und klar. Er wollte nach der Therapie zurück zu seiner Mutter und bei der gleichen Firma die angefangene Berufslehre beenden.

Nils

Nils ist 19 Jahre alt. Er kam mit drei Monaten als Tibeter in die Schweiz und wurde von einem kinderlosen Ehepaar adoptiert. Die Adoptiveltern trennten sich später. Nils besuchte vier Jahre die Primarschule, ein Jahr eine Übergangsklasse, vier Jahre Realschule und ein weiteres Schuljahr in einem Internat. Anschliessend begann er in einem Jugendheim mit der Lehre als Mechaniker. In dieser Zeit fing er an, regelmässig Heroin zu rauchen und musste nach mehreren Entzugsversuchen die Lehre abbrechen. Ein zweiter Versuch mit einer Lehrstelle in einer Arbeitserziehungsanstalt misslang, da er wieder in die Drogensucht abglitt. Die Spirale drehte sich immer schneller. Zunächst wohnte er bei einem Kollegen, dann in der Notschlafstelle und später kam er in Untersuchungshaft. Er unterbrach den Entzug in einer psychiatrischen Klinik mit einem Ausflug in die Drogenszene und trat ein paar Tage verspätet bei uns ein. Nils wirkte beim Vorstellungsgespräch sehr schüchtern, verwirrt und sympathisch. Er teilte uns mit, dass er gerne ins BigTrail eintreten möchte. Wir waren unsicher, ob er es bis zu uns schaffen würde.

Lisa

Lisa ist 16 Jahre alt. Sie ist die älteste von drei Kindern. Ihr Bruder und ihre Schwester sind Zwillinge und vier Jahre jünger. Sie war ebenfalls ein Zwilling, das zweite Kind wurde tot geboren. Die Eltern von Lisa sind geschieden. Die Kinder

[11] Realklasse: Grundschule.

lebten bei der Mutter. Die Beziehung zwischen den Eltern ist angespannt. Dies führte in der Abklärungsphase von Lisa zu Schwierigkeiten, da die Behörden von ihrem Vater eine finanzielle Unterstützung forderten. Lisa hatte in den letzten Jahren wenig Kontakt zu ihrem Vater. Die Mutter und ein engagierter Seelsorger kümmerten sich um sie. Sie besuchte sechs Jahre die Primarschule, ein Jahr die Sekundarschule und zwei Jahre das Gymnasium. Sie begann an der Mittelschule mit Heroinkonsum und stürzte haltlos und rasant ab. Nach einem Entzug brachte die Mutter sie in eine Bergbauernfamilie. Sie fühlte sich dort wohl und lebte laut eigenen Angaben drogenfrei. Sie kämpfte ständig gegen die Lust auf Drogen und meldete sich früh für unser Therapieangebot an. Sie wollte ins BigTrail und wirkte klar in ihrer Entscheidung. Trotz einer Prise Rotznasigkeit wirkte Lisa scheu und schutzbedürftig.

Rachel

Rachel ist 19 Jahre alt. Sie hat eine acht Jahre jüngere Schwester. Das Verhältnis zu ihren Eltern war die letzten Monate spannungsgeladen. Trotz allen Schwierigkeiten hielt die Familie immer wieder zu ihr. Ihr Vater stammt aus Portugal und er liebt sie sehr. Rachel hängt an ihrer Schwester und macht sich immer wieder Sorgen um sie. Rachel besuchte sechs Jahre die Primarschule, zwei Jahre die Sekundarschule und zwei Jahre eine katholische Privatschule. Die Abschlussprüfung der zweijährigen Bürolehre bestand sie teilweise. Während der Lehrzeit kam sie mit harten Drogen in Kontakt, stürzte ab und stieg in ein Methadonprogramm ein. Sie lebte abwechslungsweise auf der Gasse und zu Hause. Eine lange Beziehung zu einem ebenfalls süchtigen Mann und traumatische Erfahrungen belasteten sie zusätzlich. Rachel hatte etliche Entzugserfahrungen hinter sich, trennte sich einmal mehr von ihrem Freund und litt zum Zeitpunkt ihrer Anmeldung bei uns an einer akuten Hepatitis. Sie brach den Entzug vor dem Projekt ab. Nach einem zweiten Anlauf, trat sie mit Verspätung bei uns ein. Rachel wirkte temperamentvoll, selbstsicher und den Leiterinnen gegenüber verhielt sie sich höflich, aber misstrauisch.

Ivan

Ivan ist 19 Jahre alt. Er hat einen sechs Jahre älteren Bruder. Ivan wurde sehr umsorgt und verwöhnt. Diese Fürsorge erlebte er manchmal bequem, manchmal erstickend. Sein Vater versuchte alles, um die Schwierigkeiten seines Sohnes zu regeln. Die Mutter leidet unter erheblichen gesundheitlichen Problemen, die sich durch die Krise ihres Sohnes eher verstärkt haben. Sie stammt aus Ungarn. In Urlaubsreisen fühlte sich Ivan dort sehr heimisch. Ivan besuchte nach der Primarschule die Sekundarschule und schloss später eine Ausbildung als Laborist ab. Er begann mit dem Rauchen von Heroinfolien und absolvierte die Rekrutenschule unter grossen Problemen. Sein ganzes Geld setzte er in Drogen um und bekam sein Leben als Sklave des Heroins langsam satt. Er wollte sich seine zukünftigen Berufschancen nicht gefährden. Ivan bewarb sich für die Therapie, ging in eine psychiatrische Klinik zum Entzug und trat mit zwei Wochen Verspätung bei uns ein. Er trat entschieden auf, wirkte verwöhnt und leicht arrogant. Der Entzug bereitete ihm grosse Angst, deshalb organisierte er sich einen Platz in einer geschlossenen Klinik.

Nicole

Nicole ist 22 Jahre alt. Sie hat einen drei Jahre jüngeren Bruder. Der Vater ist seit einem Arbeitsunfall querschnittgelähmt. Nicole hat ein gutes Verhältnis zu den Eltern. Sie machte sich immer wieder Sorgen um ihren Vater. Nach den obligatorischen Schuljahren begann sie eine Berufslehre als Friseuse. Sie mag diesen Beruf sehr. Leider schaffte sie die Lehrabschlussprüfung nur teilweise. Die neue Lehrstelle brach sie ab, da sie dort als unfähig beurteilt wurde. Sie stürzte in eine tiefe Krise, sniffte Heroin und hatte während zwei Jahren keine feste Arbeitsstelle. Sie machte Schulden. Mit ihrem ebenfalls süchtigen Freund unternahm sie mehrere Entzugsversuche, löste schlussendlich die Beziehung auf und kehrte nach Hause zurück. Nach einem Entzug im Spital, wechselte sie in ein Übergangsheim und trat von dort mit drei Wochen Verspätung bei uns ein. Nicole wirkt herzlich, vernünftig und zufrieden. Die Süchtigkeit sieht man bei ihr nicht auf den ersten Blick.

Thomas

Thomas ist 17 Jahre alt. Sein Bruder ist acht Jahre älter und beruflich sehr erfolgreich. Sein Vater stammt ursprünglich aus Spanien und die Mutter aus Schweden. Der Kontakt zur Familie ist unterstützend und herzlich. Thomas absolvierte sechs Jahre Primarschule und drei Jahre Sekundarschule. Danach begann er im gleichen Betrieb wie sein Vater mit einer Bürolehre. Er fing an harte Drogen zu rauchen und versuchte sich wieder davon zu befreien. Nach mehreren gescheiterten Versuchen informierten die Eltern den Lehrmeister, der einen Drogenentzug verlangte. Thomas riss aus, arbeitete nicht mehr und lebte zeitweise auf der Strasse. Er plante den Eintritt in ein Lehrlingsheim und arbeitete vorher für mehrere Wochen auf einem italienischen Weinbauernhof. In den Schnuppertagen im Lehrlingsheim in der Schweiz stürzte er wieder ab und ging zurück nach Italien. Er bewarb sich für BigTrail, während wir bereits auf der Fahrradtour waren und trat mit sechs Wochen Verspätung bei uns ein. Thomas wirkt gut erzogen, höflich und aufgeweckt. Er will etwas aus seinem Leben machen. Sein Vater soll stolz auf ihn sein können.

2

Big Trail

Tagebuch der erlebnispädagogischen Phase einer Langzeittherapie.

2.1 Einstiegsphase - Alpaufenthalt

Während vier Wochen leben wir in Baracken auf dem Gelände eines biologisch geführten Bauernhofs. Der Raum in den Baracken ist eng. Sie bieten wenig Komfort und sollen einen Einstieg in das zukünftige, einfache Leben in den Wäldern Kanadas bieten. Der Hof ist sehr abgelegen und kann nicht mit öffentlichen Verkehrsmitteln erreicht werden. Selten fährt ein Auto vorbei, da die Strasse keinen Durchgangsverkehr hat. Zum Hof gehört Wald, so dass wir ohne Probleme mit der Ausbildung für den Wildnisaufenthalt beginnen können. Wir werden die letzten Wochen in Kanada wieder auf einem Hof verbringen. Dadurch entsteht ein schöner Bogen über die ganze Projektzeit hinweg.

In der ersten Phase steht im Zentrum, sich kennenzulernen und zu einer reisefähigen Gruppe zusammenzuwachsen. Durch die vielen Therapieabbrüche während dem Drogenentzug, ist der Start als vollständige Gruppe leider nicht wie geplant möglich. Wir müssen über die ganze Phase Aufnahmeverfahren und Neueintritte machen. Bereits vor dem eigentlichen Projekt wird unsere Flexibilität getestet und die Arbeit zu einem Erlebnis. Unsere Tage sind ausgefüllt mit Lernen von praktischem und theoretischem Wissen und Können, mit Arbeiten auf dem Hof, mit Einzel- und Gruppengesprächen, mit Haushaltarbeiten und vielen Vorbereitungen für die nächsten Monate. Wir haben mit den ersten Jugendlichen einen Treffpunkt am Bahnhof abgemacht. Sie kommen alle in Begleitung, die meisten mit ihren Eltern.

Dienstag 24.5.94

Der Countdown läuft. Nach einer unruhigen Nacht beende ich leicht nervös die letzten Vorbereitungen. Der erste Tag eines Projekts ist jedesmal aufregend. Alles ist eingefädelt. Es gilt jetzt, vom Privatleben für ein halbes Jahr Abschied zu nehmen. Was kommt wohl dieses Mal alles auf mich zu? Werden wir die unvermeidlichen Probleme und Krisen bewältigen können? Werden es die Teilnehmerinnen bis zu uns schaffen? Ich habe mich darauf eingestellt, ein halbes Jahr vor allem zu arbeiten, rund um die Uhr und sieben Tage in der Woche. Durch die verschiedenen Entzugsabbrüche entsteht plötzlich die Möglichkeit, von einem Tag auf den anderen arbeitslos zu werden. In der erlebnispädagogischen Arbeit tauchen die Abenteuer oft an unerwarteten Stellen auf.

Ich treffe Barbara vor einem grossen Einkaufszentrum in Bern. Wir packen einen kleinen Mietwagen randvoll mit unseren Rucksäcken und mit Lebensmitteln für die nächsten Tage. Spannung herrscht auch in der Luft. Die drückend heisse und feuchte Atmosphäre entlädt sich mitten am Tag in einem heftigen Gewitter. Am Treffpunkt tauchen alle vier Jugendliche auf, die wir heute erwarten. Jörg hat Alain direkt aus einer Entzugsstation in Basel mitgebracht. Sie fahren vor mit einem

Lastauto vollgestopft mit Material für Kanada. Alain ist ein gut aussehender junger Mann mit einem athletischen Körperbau. Sein Aussehen ist ihm wichtig. Er tritt forsch auf und steht gerne im Mittelpunkt. Er ist stolz, dass er den Entzug geschafft hat. Nach einer Serie von Misserfolgen hat niemand so recht daran geglaubt. Peter und Kurt sind gemeinsam angereist. Sie haben den Entzug in einer psychiatrischen Klinik auf dem Land gemacht und sich dort kennengelernt. Peter hatte sich zuerst bei uns beworben. Er hat Kurt so blumig von BigTrail erzählt, bis dieser sich auch dafür interessierte. Beide haben mehrere Wochen in der Klinik auf den Therapieeintritt gewartet. Sie sehen gut genährt und unternehmungslustig aus. Den langweiligen Klinikalltag haben sie mit viel Essen aufgelockert. Peter ist ein grosser, kräftiger Bauernjunge. Kurt ist gross und muskulös. Sie werden von ihren Familien gebracht. Willy kommt in Begleitung seiner Mutter. Willy ist sehr gross und feingliedrig, mit einem hübschen Gesicht. Er wirkt sensibel und apathisch. Es ist ein Abschied für lange Zeit. Während sechs Monaten wird nur noch schriftlicher Kontakt möglich sein. Trauer, Tränen, Hoffnung und Freude vermischen sich.

Die Stimmung auf der Fahrt zum Hof wird zunehmend lockerer. Die Anspannung löst sich auf mit Schwatzen und Lachen. Nun steht eine unangenehme Runde bevor. Wir nehmen bei allen eine Urinprobe ab, testen sie auf Drogenkonsum und filzen die Kleider und das gesamte Gepäck. Diese Aufgabe schätzen wir Leiterinnen überhaupt nicht. Die Jugendlichen schicken sich selbstverständlicher in die Tatsachen, sie haben mehr Routine damit als wir. Es gehört zu unseren Aufnahmebedingungen, dass alle clean und ohne Drogen eintreten. Glücklicherweise tauchen bei den Tests und Kontrollen keine Drogen auf. Es muss niemand zurückgeschickt werden. Alain und Peter kochen. Es gibt Spaghetti mit Salat. Kurt bastelt mit einer Plane über unserem Hauseingang ein Dach, um ihn vor den stürmischen Regenfällen zu schützen. Alle freuen sich auf ein aktives Leben. Die Stimmung ist unternehmungslustig und fröhlich. Abends besuchen uns Peter und Irène, das junge Bauernpaar. Es entsteht ein warmherziges Gespräch. Beide sind ausserordentlich an den einzelnen Menschen und am Projekt interessiert. Wir werden vier Wochen in unmittelbarer Nachbarschaft leben. Barbara, Peter, Kurt und Alain spielen bis spät ein Kartenspiel. Willy liest in einem Buch. Der Start ist gut gelungen.

Stellen Sie sich einmal vor, Sie sind zwischen sechzehn und zwanzig Jahre alt und entscheiden sich mehr oder weniger freiwillig für eine Therapie. Sie kennen die anderen Teilnehmerinnen nicht. Die Leiterinnen haben Sie in einem Gespräch kurz kennengelernt. Mit ihren Freunden und Verwandten können Sie während sechs Monaten nur noch schriftlichen Kontakt aufnehmen. Die ganze Therapie dauert fünfzehn Monate. Sie können mitnehmen, was auf einer kargen Liste vorgeschrieben ist. Ein Walkman kommt nicht darauf vor. Alles inklusive Schlafsack muss in einem Rucksack Platz finden. Eine mutige Entscheidung!

Mittwoch 25.5.94

Wir verteilen eine Kanadakarte und einen Pin[1], gespendet von der kanadischen Botschaft. Auf der Karte verfolgen wir die geplante Reiseroute. Wir werden mehrere hundert Kilometer mit dem Kanu nordwärts paddeln. Die Kids[2] hören gebannt zu. Am Nachmittag machen wir bei strahlendem Wetter eine Wanderung nach Karte. Sämi, der Hofhund begleitet uns. Kurt führt uns mit der Karte sicher ans Ziel. Die anderen finden Kartenlesen zu komplizert und laufen einfach mit. Willy fühlt sich müde und kraftlos. Er schafft die Wanderung kaum. Zurück im Haus inventarisieren wir das ganze Material für Kanada. Die Kids bekommen ihr persönliches Material in Obhut: Kompass, wasserfeste Kartentasche, Sackmesser mit Säge, feuerfeste Wasserflasche usw. Es ist ein mühsames Geschäft. Viel Material ist nötig, um im Wald zwölf Wochen einfach leben zu können. Später spielen Alain, Peter und Kurt rund um einen improvisierten Korb Streetball. Um 21 Uhr setzen wir uns zu einem Gruppengespräch zusammen. Die meisten sind noch scheu. Alain hat seine Baseballmütze tief ins Gesicht geschoben. Während Willy ins Bett geht, schauen wir uns den Videofilm „Der Bär" von Jean-Jacques Annaud an. Der Film zeigt eine leicht kitschige Geschichte eines jungen Grizzlibären, der früh seine Mutter verliert und später von einer anderen Bärin adoptiert wird.

Donnerstag 26.5.94

In der ersten Englischstunde wird viel gelacht. Die meisten fangen nicht bei null an. Anschliessend Unterricht zu Kompasslesen und Orientierung nach der Sonne mit der Stock[3]- und mit der Uhrmethode[4]. Bei den beiden natürlichen Orientierungsmethoden braucht es Sonne, Zeit und Geduld. Bei der Uhrmethode braucht es zusätzlich eine Armbanduhr mit einem normalen Zifferblatt. Nachmittags wandern wir für zwei Stunden mit dem Kompass kreuz und quer im steilen Wald herum, über Stock und Stein, durch Bäche und Gräben. Alle übernehmen für eine Weile die Führung. Später hole ich Nils am Bahnhof ab. Seine Adoptivmutter bringt ihn. Er ist ein schmaler, grosser und scheuer Junge. Wir treffen während dem Gruppengespräch auf dem Bauernhof ein. Nils ist still, aber viel klarer als im

---

1 Pin: Ansteckknopf

2 Kids: Im Team verwendeten wir anstelle des Ausdrucks „Jugendliche" den Ausdruck „Kids". Ich bleibe auch im Buch dabei.

3 Stockmethode (Schattenmethode): Bestimmung der Himmelsrichtung mit Hilfe der Sonne. Man steckt einen Stock senkrecht in die Erde und markiert die Spitze seines Schattens. Nach einiger Zeit markiert man die Spitze des weitergewanderten Schattens. Die Linie, die beide Punkte verbindet, weist in Ost-West-Richtung. Die erste Markierung liegt immer westlich von der zweiten. Die Nord-Süd-Richtung verläuft genau senkrecht dazu. Auf der nördlichen Halbkugel der Erde liegt der Süden von der Linie aus gesehen in Richtung Stock.

4 Uhrmethode: Bestimmung der Himmelsrichtung mit Hilfe einer Uhr mit Zeiger. Man legt die Uhr auf die flache Hand, so dass der Stundenzeiger auf die Sonne zeigt. Die Winkelhalbierende des kleinen Winkels zwischen dem Stundenzeiger und der Ziffer 12 weist (auf der nördlichen Halbkugel der Erde) nach Süden. Die Winkelhalbierende des grösseren Winkels zeigt dementsprechend nach Norden.

Vorstellungsgespräch in Zürich. Seine Baseballmütze hat er tief ins Gesicht gezogen. Er findet sofort Kontakt zu Alain. Ein Gewitterregen unterbricht das späte Basketballspiel. Peter erzählt endlose Geschichten von rosaroten Pingpongbällen. Alain spielt Gitarre, Willy liest und Nils sitzt etwas verloren im Raum. Später schauen wir eine Serie Diabilder von Kanada an. Die meisten freuen sich auf diese Zeit. Gleichzeitig tauchen grosse Zweifel auf. Willy ist unsicher, ob er dieses Leben wirklich aushalten wird.

Baseballmützen. Für einige Kids bietet die Baseballmütze einen anfänglich nötigen Schutz, ein Versteck. Sie sind gestresst, wenn sie im Gruppengespräch ihre persönlichen Erfahrungen und Meinungen mitteilen müssen. Es gelingt ihnen noch nicht, direkt Augenkontakt aufzunehmen. Oft gibt der Mützenschirm wie ein Barometer Auskunft über das Wohlbefinden des Mützenträgers. Je tiefer die Mütze, desto unsicherer der Junge. Häufig sind es die Jungs, die innerhalb der Peergruppe tonangebend sind. Bei Mädchen haben wir das Phänomen nicht beobachtet. Diese verstecken sich hinter einer wilden Haarmähne oder lassen kunstvolle Zöpfchen über die Augen hängen. Wir lassen ihnen in der Anfangszeit diesen Schutz. Er gibt ihnen die nötige Sicherheit, den Anforderungen standhalten zu können.

Freitag 27.5.94
Die jungen Bauersleute heiraten an diesem Wochenende und erwarten viele Hochzeitsgäste. Wir müssen für diese Zeit die Baracken räumen und benutzen das Wochenende, um probehalber in der freien Natur zu leben. Wir brauchen viel Zeit, die Rucksäcke auf die individuellen Rückenlängen einzustellen. Endlich können wir losziehen. Zu Beginn regnet es. Die Begeisterung hält sich in Grenzen. Wir machen eine klassische Abkürzung, d.h. einen riesigen Umweg durch wegloses Gelände. Willy hat beim Laufen im unebenen Wald Probleme mit seinen Fussbändern. Er knickt dauernd ein. Gegen Abend finden wir einen Lagerplatz am Fluss. Wir richten mit Planen eine Unterkunft ein. Die Zelte haben wir aus Gewichts- und Trainingsgründen nicht dabei. Das ganze Gelände ist feucht, weil es tagelang stark geregnet hat. Trotzdem bringen wir ein Feuer zustande. Die Kids sind todmüde, so dass Barbara und ich am Feuer das Essen zubereiten. Es gibt Hirsottoeintopf. Gruppengespräch: Kurt und Peter fühlen sich wohl und es gefällt ihnen bei uns. Willy hat eine Krise. Das Lagerleben und die vielen Unbequemlichkeiten gefallen ihm nicht. Er hat sich alles völlig anders vorgestellt. Eigentlich habe er sich nicht viel dabei überlegt, als er bei uns eingetreten sei. Zudem sei er beim Aufnahmegespräch noch unter Medikamenten gestanden. Die früheren Schullager waren ihm ein Greuel. Er möchte lieber mit einem Buch an der Wärme sitzen und lesen. Er ist schwer am Zweifeln. Die anderen reagieren unterstützend und versuchen, ihn zu ermutigen. Nils ist sehr nachdenklich. Er ist unsicher, ob er das Leben in der Wildnis bewältigen kann. Er denkt jedoch nicht daran aufzugeben. Für Alain sind die Vorstellungen, drei Monate im Wald zu leben oder ein halbes Jahr in einer Therapie zu bleiben, beinahe unerträglich. Er versucht, von Tag zu Tag weiterzusehen. Die Gesprächsatmosphäre ist fröhlich und offen, trotz allem Ernst. Wir informieren über die Zuteilung der Bezugspersonen: Nils und Alain sind bei Jörg, Peter ist bei Barbara, Kurt und Willy sind bei mir. Um elf Uhr kriechen wir in unserer luftigen Unterkunft in die Schlafsäcke. Peter unterhält uns mit Witzen und Liedern bis wir einschlafen.

Alle Jugendlichen haben während der Dauer des Projekts eine feste Bezugsperson im Team. Sie ist Hauptansprechpartnerin bei Schwierigkeiten. Wöchentlich findet ein Einzeltherapiegespräch mit dieser Bezugsperson statt. Dort wird am individuellen Entwicklungsprozess gearbeitet. Die Zuteilung bestimmt das Team. Wir achten dabei auf die Persönlichkeit der Jugendlichen und der Teamerinnen, auf Sympathie und Antipathie und versuchen eine Wahl zu treffen, die Chancen hat, über die ganze Zeit zu funktionieren.

Samstag 28.5.94

Wir werden früh durch Lärm aus Frankreich geweckt. Gleich hinter dem Grenzfluss sind französische Holzfäller mit Bandsägen am Werk. Peter und Kurt haben ein Feuer gemacht. Das Müsli ohne Zucker schmeckt den Kids nicht. Wir schnitzen uns Wurfhölzer und machen Zielübungen. Mit Wurfhölzern kann man im Busch kleine Tiere jagen. Willy liest in jeder freien Minute. Wir beschäftigen uns diesen Morgen mit Theorien zu Lagerbau und Verhalten Bären gegenüber, Holz beschaffen und Wasser filtrieren . Während mittags die meisten eine Runde schlafen, fällen Nils und Alain, inspiriert durch die französischen Holzfäller, in der Nähe einen gesunden Laubbaum, einfach aus Lust am Bäumefällen. Sie sind erstaunt, dass das in der Schweiz nicht erlaubt ist. Später wandern wir dem Fluss entlang. Alain und Peter beschwatzen einen Fischer und erhalten Nylonfaden und Angelhaken. Sie versuchen zu fischen. Nils und Willy kochen auf dem Feuer ein schmackhaftes Pilzrisotto.

Das Leben in der freien Natur muss am Anfang des Projekts sorgfältig geplant werden. Es soll einen ersten Eindruck vermitteln, darf jedoch nicht zu unbequem sein, weil es sonst abschreckend wirkt. Früher wollten wir einen möglichst realitätsnahen Eindruck vermitteln. Die meisten sind jedoch einen hohen Komfort gewohnt und schrecken im ersten Moment vor Nässe, Kälte und Spinnen zurück. Natur ist gewöhnungsbedürftig und wird am besten in homöopathischen Mengen vertragen. So definierte einmal ein Junge Erlebnispädagogik: „Kalt, nass und am Boden herumliegen, das soll Therapie sein?“

Sonntag 29.5.94

Regen und das ungewohnte Liegen auf dünnen Matten verunmöglichen ein genussvolles Ausschlafen. Wir brunchen[1] ausgiebig am offenen Feuer mit Bannok[2] und Käse, packen schliesslich unsere sieben Sachen und ziehen los in Richtung Hof. Ausser Willy wollen alle auf direktem Weg durch die steilen Hänge und Gräben zurückklettern, in der Hoffnung auf ein bisschen Abenteuer. Für Willys Füsse ist das zuviel Stress. Ich nehme mit ihm die Normalroute. Unterwegs kommen wir auf seine Situation hier zu sprechen. Er weiss nicht was er will und zweifelt daran, ob er in der richtigen Therapie ist. Er möchte seine Eltern nicht enttäuschen. Seinem Vater geht es schlecht. Willy hofft, dass es seinem Vater hilft, wenn er eine Therapie macht. Als wir den Hof erreichen, sitzen alle friedlich vor dem Haus. Sie sind froh, wieder ein Dach über dem Kopf zu haben.

Der Bannokteig wird aus Mehl, Backpulver und Wasser hergestellt. Die Fladen werden in einer Bratpfanne über dem offenen Feuer gebacken. Statt Bratpfannen können ebensogut erhitzte Steinplatten benutzt werden. Diese Art Brot gehörte in Kanada und Amerika zu Zeiten der grossen Expeditionen, neben Fleisch und Fisch zu den Hauptnahrungsmitteln. Es ist behaftet mit einem leichten Duft nach Freiheit und Abenteuer. Bannok war in allen Projekten beliebt. Sogar der tägliche Genuss führte selten zum Überdruss. Zusätzlich bieten sie die Möglichkeit zu Meisterschaften im Bannokdrehen in der Luft. Jörg hat es bis zu dreifachen Saltos geschafft. Nicht selten landet ein Bannok im Sand und die Besitzerin verspeist das Mahl zähneknirschend.

Montag 30.5.94

Willy hat sich einen Zahn abgebrochen. Fieberhaft suchen wir nach einem Zahnarzt, keiner will Zeit haben. Jörg richtet mit dem Bauern einen Scheibenstand zum Pfeilbogenschiessen ein. Mit dem Traktor schleppen sie riesige Strohballen an. Am Nachmittag kommt Martin, ein Waffenexperte aus Basel. Er schenkt uns einen Schulungstag im Bogenschiessen. Die Kids sind begeistert. Alain und Nils kämpfen mit ihrer Ungeduld. Es will ihnen nicht gelingen, so schnell ins Schwarze zu treffen, wie sie es sich vorgestellt haben. Kurt und Peter sind erfolgreicher. Konkurrenz entsteht. Willy und Kurt kochen heute. Kurt ärgert sich, weil ständig Leute in der Küche herumlungern, fragen, wann es endlich zu essen gebe und tausend ungefragte Ratschläge beisteuern. Das Pouletcurry schmeckt toll. Im spannenden Gruppengespräch erzählen die Kids von Erfolg, Stress und Frust beim Bogenschiessen. Kurt berichtet über seinen Ärger in der Küche. Er fühle sich noch unsicher beim Kochen und wolle in der Küche nicht gestört werden. Es entsteht ein angeregtes Gespräch über gegenseitigen Respekt. Abends spielen die Kids Monopoli. Willy liest weiter in seinem Buch von Hermann Hesse: „Der Steppenwolf".

1 Brunch: Ein Brunch ist die Kombination von Frühstück und Mittagessen.

2 Bannok: Bannok ist ein Fladenbrot, das in einer Bratpfanne über dem offenen Feuer zubereitet wird.

Dienstag 31.5.94

Wir transportieren unsere Kanus an eine leicht gestaute Flussstelle. Die Faltkanus sind neu und müssen zuerst zusammengebaut werden. Den sommerlich heissen Tag verbringen wir mit ernsthaftem Training und viel Plausch im und auf dem Wasser. Zwei wagemutige Jungs wollen sich mit uns alten Kanufreaks messen. Heute tritt die erste junge Frau ins BigTrail ein. Wir wollen sie auf unserem Rückweg am Bahnhof abholen. Die Spannung und Neugier steigt stündlich. Lisa wird von ihrer Mutter gebracht. Sie ist die Jüngste in der Gruppe. Sie ist eine kleine, hübsche junge Frau mit einem spitzbübischen Gesichtsausdruck. Sie war fast ein Jahr in einer Bauernfamilie und hat lange auf den Therapieeintritt gewartet. Zuerst war die Finanzierung unklar. Später, als zwei Frauen den Entzug abgebrochen hatten, war ihr Eintritt bei uns gefährdet, weil sie die einzige verbleibende Frau war. Jetzt sind zwei weitere Frauen in Sicht, so dass wir die Aufnahme riskieren können. Der Abschied fällt Mutter und Tochter schwer. Lisa hat bereits einen schwierigen Abschied von der Bauernfamilie hinter sich. Sie hatte die ältere Bäuerin wie eine Grossmutter lieb gewonnen. Abends laufen bereits die ersten Balzereien um Lisa.

Mittwoch 1.6.94

Lange Fahrt in die „Mulin“, eine alte Mühle im Graubünden, in der wir in der Rückkehrphase leben werden. Im Bus ist mal wieder ausgiebig Musik angesagt. Musik und Reise machen die Kids nervös. Sie kämpfen gegen Lust auf Drogen und Ausreissen. Wichtig ist die Routenwahl. Wir vermeiden Städte wie Zürich, in denen die meisten Drogen konsumiert hatten. Schlagartig drängt sich die Hauptproblematik, die Drogensucht in den Vordergrund. Die Ruhe der letzten Tage in der Abgeschiedenheit im Jura ist wie weggeblasen. Nach der stundenlangen Hektik unterwegs erscheint uns die abgelegene Mühle im Wald wie eine Oase. Zwei Mitarbeiter des Anschlussteams empfangen uns freundlich im Haus. Der erste Eindruck gefällt den Kids.

Donnerstag 2.6.94

Fahrt nach Versam und Wanderung nach Valendas. Nach dem Picknick starten wir zu einer dreistündigen Rafttour[1] nach Trin. Da wir im Budget zuwenig Geld zur Verfügung haben, beteiligen sich die Kids mit ihrem Taschengeld an den Kosten. Die Fahrt wird zum genussvollen Plausch. Gemeinsam in einem Boot zu sitzen und dafür zu sorgen, dass es sicher durch die Wellen und neben den Hindernissen vorbeifährt, schweisst die Gruppe zusammen. Willy überwindet viele Ängste. Jörg saust im Hydrospeed[2] hinter dem Raft her. Grundsätzlich gefällt ihnen die Mulin. Gleichzeitig ist ihnen bewusst geworden, dass es nach Kanada mit dem Therapieprogramm weitergehen wird. Im Gruppengepräch wird gemeckert. Es sei völlig doof zu wandern, wenn ein Auto vorhanden sei. Es sei zuwenig Abenteuer für den bezahlten Preis geboten worden usw.. Meckern und Kritisieren von uns Leiterinnen sind Zeichen dafür, dass sich die Kids langsam bei uns wohlfühlen.

Der Besuch in der Mulin bezweckt, den Ort der Rückkehr und einige Gesichter aus dem Anschlussteam kennenzulernen. Er soll die Rückkehr erleichtern und gleichzeitig ins Bewusstsein bringen, dass der Kanadaaufenthalt nur ein der Teil der ganzen Therapie ist. Die ungewohnte Rafttour wirkte fördernd auf die Gruppenbildung und zeigte gleichzeitig, dass auch in der Schweiz Abenteuer möglich sind. Jörg probierte zum ersten Mal einen Hydrospeed aus. Er demonstrierte damit Mut und Lust am Ausprobieren von neuen Dingen, was wir von den Kids in hohem Mass erwarten.

Freitag 3.6.94

Rückfahrt in den Jura. Auf dem Dach des Buses reisen die Fahrräder für die bevorstehende Fahrradtour mit. Sie sind in einem desolaten Zustand von der Tour der letzten Gruppe. Heute tritt Rachel ins BigTrail ein. Wir nehmen sie auf dem Rückweg in Empfang. Rachel wird von ihrer Familie gebracht. Sie ist eine kleine, temperamentvolle junge Frau mit viel Charme. Sie trägt eine rassige Lederjacke und beeindruckt durch eine gestylte Frisur. Die Eltern und die kleine Schwester sind sehr traurig über den Abschied. Die Kids sind glücklich wieder „zu Hause“ zu sein. Alain macht das Rennen bei Lisa, Kurt ist traurig. Rachel kennt Willy von der Entzugstation und ist froh, auf einen Bekannten zu treffen. Sie war eine der Jugendlichen, die den Entzug abgebrochen hatte. Sie hat sich erneut angemeldet und tritt nun verspätet ein. Sie hat sich während diesem Entzug verliebt und will dieser Liebe treu bleiben. In unserer Therapie will sie keine neue Liebesbeziehung anfangen und sich ganz ihrer persönlichen Entwicklung widmen.

[1] Raft: Ein Raft ist ein grosses, stabiles Gummiboot in dem die ganze Gruppe gemeinsam einen Fluss befahren kann. Eine Person steuert und gibt Anweisungen an alle anderen, die je mit einem Paddel ausgerüstet sind. Alle sitzen im gleichen Boot und sind aufeinander angewiesen.

[2] Hydrospeed: Der Hydrospeed ist ein Brett von einem Meter Länge und fünfzig Zentimeter Breite, auf dem man sich mit dem Oberkörper festkrallt und so den Fluss hinunter saust.

Samstag 4.6.94

Zum Thema Indianer hören wir die Rede von Häuptling Seattle. Die meisten sind tief beeindruckt von seinen Worten zur Mutter Erde, zum Besitz von Land, zur Verschmutzung unserer Lebensräume wie Luft und Wasser. Daraus entstehen spannende Gespräche zum Thema Umweltverschmutzung, Konsumgier und Ausbeutung der Erde. Zu heissem Sound putzen wir die kalten Baracken. Draussen regnet es. Wir müssen die Öfen einheizen. Ich gehe mit Nils spazieren. Er hat eine Krise. Er will nicht mehr in den „alten Scheiss" zurück. Trotzdem hält er es kaum aus hier. Die vielen neuen Menschen auf kleinem Raum, wenig Rückzugsmöglichkeiten, keine Musik, das volle Programm, überhaupt alles stresst ihn. Wir besprechen Rückzugsmöglichkeiten hier. Langsam erholt er sich. Er kocht mit Peter leckere Älplermakkaroni. Die Reise durch die Schweiz in die Mulin hat einiges aufgewühlt und die Gruppe nachdenklich gestimmt. Die Einzelgespräche werden beinahe herbeigesehnt. Am Samstagabend kehrt langsam etwas Ruhe ein. Im Gruppengespräch sprechen wir intensiv über Paarbeziehungen. Im ersten Monat sind keine Paarbeziehungen erwünscht, sexueller Kontakt ist verboten. Alain und Lisa machen sich schöne Augen. Rachel steht im Mittelpunkt des Interesses von Kurt und Willy. Sie geniesst es. Wir behalten die zwei Frauen weiterhin im Leiterinnenzimmer, da die Baracken keine geeignetere Alternative bieten. Mit dem Eintritt der zwei Frauen hat sich viel an der Stimmung geändert. Vorher waren die Männer eine homogene Gruppe mit viel Interesse an Aktivitäten und Sport. Jetzt ist Erotik spürbar und die Männer sind teilweise lahmgelegt und in Konkurrenz.

Mit dem Essen läuft es ausgesprochen gut. Wir haben talentierte Köchinnen dabei. Sie bereiten ganz selbstverständlich viel Salat zu und essen ihn auch. Die Resten werden ohne viel Gemecker weiterverwertet und die Kochteams arbeiten recht eigenständig. Es scheint, dass von der Seite des Essens keine allzu grossen Torturen zu erwarten sind. Eine gute Küche während einem Langzeitprojekt macht die Arbeit entschieden angenehmer. Alle werden abwechslungsweise kochen und Ende Projekt fähig sein, sich gutes Essen zuzubereiten.

Sonntag 5.6.94

Ausgiebig ausschlafen und brunchen bis zwölf Uhr. Alain ist mies drauf. Wir machen einen schnellen Spurt in den Wald und brüllen gemeinsam so laut, wie es geht. Nach einer halben Stunde geht es ihm wieder besser. Das Wetter erschwert uns die Arbeit. Es ist kalt, nass und grau und trübt die Stimmung in der Gruppe. Am Nachmittag machen wir einen richtig klassischen, öden Sonntagsspaziergang, der im nassen, glitschigen Gelände wider Erwarten spannend und schön wird. Wir lassen die Kids abends Musik hören, weil der geplante Film nicht angekommen ist. Sie verbringen einen gemütlichen Abend zusammen. Die zwei Frauen müssen wir mehrmals rufen, bis sie sich endlich ins Bett bemühen. Besonders Rachel und Kurt suchen ständig nach Gelegenheiten zusammenzukleben.

Musik. Wir haben nur ein einfaches Radio- und Tonbandgerät dabei, das wir vor allem für die Schulung benötigen. Den Musikkonsum haben wir aus drei Gründen sehr eingeschränkt:

- *Die Musik, die die Kids gerne hören, ist oft belastet. Sie erinnert sie an ihre Drogenkarriere, vor allem an die idealisierten, lässigen Situationen. Sie weckt eine unstillbare Sehnsucht nach den Drogen und zieht sie zurück auf die Gasse. Dieser Sog ist enorm gross. Am Anfang der Therapie ist freier Musikkonsum eine Überforderung. In der Anschlussphase können sie wieder ihre Musik hören.*
- *Die Kids sind innerhalb kurzer Zeit viel aktiver und unternehmungslustiger, wenn keine Musik läuft. Sie spielen mehr und entwickeln viele Ideen. An den Abenden entstehen interessante Gespräche und wir lernen uns schneller persönlich kennen.*
- *Wir Leiterinnen leben in dieser Therapieform fast Tag und Nacht mit den Kids zusammen. Wir ertragen die Dauerberieselung schlecht, werden schneller müde oder ungeduldig. Mit der Musikeinschränkung sorgen wir auch für unser eigenes Wohlbefinden.*

Montag 6.6.94

Arbeiten auf dem Hof. Wir räumen ein Waldstück, sägen Holz und malen mit rostfreier Farbe ein Silo an. Es wird viel und gut gearbeitet. Am Nachmittag offeriert uns die Bäuerin einen leckeren Imbiss. Jürg, unser Projektleiter, kommt auf einen Blitzbesuch vorbei. Wir klären die Situation mit Willy. Er hat sich entschieden die Therapie abzubrechen. BigTrail entspricht ihm einfach nicht. Er fühlt sich in einem Wildnisprojekt völlig fehl am Platz. Trotzdem hat er Angst, eine falsche Entscheidung zu fällen. Ihm ist klar geworden, dass er eine Therapie braucht. Er will sich einen geeigneteren Platz suchen. Zudem hat er herausgefunden, dass er die Lehre als Goldschmied abschliessen möchte. Es sei der richtige Beruf für ihn. Am Abend wirkt er traurig und erleichtert. Im Gruppengespräch gibt es eine Auseinandersetzung betreffend der Nachtruhe. Wir machen unsere Bedingungen und Regeln nochmals deutlich. Anschliessend besprechen wir den Entscheid von Willy, uns zu verlassen. Die Nachricht kommt nicht überraschend. Sein Weggehen löst trotzdem grosse Betroffenheit aus. Jürg informiert über den bevorstehenden Besuch von Fitzgerald, Ruth und Michelle. Die zwei Frauen machen eine Begleituntersuchung zu unserer Arbeit. Die Kids finden das akzeptabel.

Unser Projekt wird wissenschaftlich begleitet von zwei Studentinnen des Instituts für spezielle Pädagogik und Psychologie, der Universität Basel, unter Leitung von Dr. Fitzgerald Crain. Sie erstreckt sich über die gesamte Länge der Therapie (siehe 4.4.7).

Dienstag 7.6.94

Heute stellen wir das Survivalkit zusammen. Das Survivalkit ist eine kleine Aluminiumdose oder sonst ein geeignetes Gefäss mit verschiedenen Gegenständen, die lebenswichtig werden, sollte man sich in den Wäldern verirren. Unser Survivalkit enthält folgendes:

- eine Signalpfeife.
- einen Signalspiegel, um Notsignale zu geben. Es ist damit möglich, Flugzeuge anzupeilen.
- wasserfesten Zunder.
- einen Magnesiumstab, um bei jedem Wetter ein Feuer entfachen zu können.
- eine hauchdünne, aluminiumbeschichtete Rettungsdecke.
- ein Kondom, um Wasser zu transportieren.
- der Aluminiumdeckel des Survivalkits kann zum Kochen benutzt werden.
- einen Angelhaken und ein Stück Nylonschnur.
- ein Stück Schlingendraht zum Fallenstellen.
- Nadel, Faden, Sicherheitsnadel, Schnur und Isolierband.
- eine kleine Menge Desinfektionsmittel und Pflaster.
- ein wenig Salz.
- drei Teebeutel für eine gute Laune.

Die meisten Kids packen zusätzlich eine wasserdicht verpackte Zigarette ins Survivalkit. Das Camp darf niemals ohne Survivalkit, Kompass und Sackmesser verlassen werden.

Wir verteilen Kartenkopien über das Gebiet in Kanada, in dem wir im Sommer leben werden. Aufmerksam machen die Kids mit. Die Lust aufzubrechen, wird immer grösser. Bedrückend wirkt der bevorstehende Abschied von Willy. Seine Mutter will ihn nicht mehr zu Hause aufnehmen. Sie hat keine Kraft mehr für neues Elend. Seit er das erfahren hat, ist er düster und weiss nicht, wie es weiter gehen soll. Trotzdem will er möglichst schnell weg. Barbara baut mit den Kids im Wald zwei Backöfen. Ein Ofen wird aus vielen Steinen aufgeschichtet. Der andere wird in die Felsen gebaut. Stolz werden zum Nachtessen leckere Brote serviert. Abends schauen wir einen Film über die Innuit[1] an. Er ist beeindruckend, aber auch brutal. Nils und Alain wirken unruhig. Sie verlassen mehrmals den Raum. Nils klagt über Schnupfen und Kopfschmerzen. Er habe keine Lust, einen Film anzuschauen.

1 Innuit: Die Innuits bilden die Urbevölkerung im Norden Kanadas und Alaskas. Bei uns ist die Bezeichnung Eskimos üblich. Eskimo bedeutet jedoch „Fleischfresser“ und ist für die Innuits ein Schimpfwort

Willy kam zu uns weil er merkte, dass es so nicht mehr weitergehen konnte. Seine Motivation für eine Änderung war spürbar. An BigTrail reizte ihn vor allem die Reise nach Kanada. Er realisierte erst bei uns, was Kanada und der Wildnisaufenthalt konkret von ihm fordern. Er konnte sich nie wirklich für die praktische Seite des Projekts begeistern. Willy nahm von Anfang an eine Aussenseiterposition ein und zog sich bei jeder Gelegenheit in seine Bücherwelt zurück. Erschwerend war seine finanzielle Situation. Die Behörde übernahm nur einen Teil der Therapiekosten und verlangte von der Familie eine hohe Kostenbeteiligung. In der damaligen Situation bedeutete das für seine Familie eine grosse Belastung. Seine Entscheidung, nicht bei uns weiterzumachen, kam aus diesen Gründen nicht überraschend. Die Einstiegsphase ist unter anderem zur Motivationsüberprüfung gedacht. Für die Kids ist es schwer, wenn jemand aussteigt. Es bedroht sie in ihrer Sicherheit und bringt ihre Ambivalenz und Fluchttendenz ins Schwingen. Das Team muss deshalb mit dieser Situation sehr sorgfältig umgehen. Mich persönlich schmerzt es, einen liebgewonnen Jugendlichen ins Ungewisse ziehen zu lassen.

Mittwoch 8.6.94
Nach einer Abschiedsrunde fahre ich Willy zum Bahnhof. Er war trotz allen Schwierigkeiten in der Gruppe gut integriert. Der Abschied schmerzt und bedeutet Stress für alle. Verloren steht er mit dem Gepäck im Zug. Er bedankt sich für die Zeit bei uns. Wie wird sein Weg wohl weitergehen? Meine Erfahrungen lassen wenig Spielraum für rosarote Fantasien. Unterdessen ist das wissenschaftliche Team eingetroffen. Während sie uns Teamerinnen interviewen, schreiben die Kids ihre erste schriftliche Standortbestimmung. Ohne Zündhölzer mit dem Magnesiumstab ein Feuer machen, lautet die nächste Aufgabe. Es ist eine knifflige Geduldsübung, bis aus der kleinen Stichflamme ein richtiges Feuer entsteht. Alain gelingt das schnell, Rachel übt lange.

Am Abend sitzen wir gemütlich zusammen und jede zieht eine „Karte der Kraft“. Die Karten der Kraft beruhen auf einem alten, überlieferten, indianischen Weisheitssystem. Sie bestehen aus 44 kraftvollen Tierkarten und geben Antwort auf Fragen oder zu aktuellen Situationen. Es werden spannende Karten gezogen.:

- Nils: die Eule - Täuschung. Die Eule gilt als heiliger Medizin-Vogel. Sie kann nachts sehen und sie jagt lautlos.
- Rachel: die Libelle - Sinnestäuschung. Die Libellenkraft ermuntert dazu, Gewohnheiten aufzuspüren, die verändert werden sollten.
- Alain: der Hase - Furcht. Die Hasenkraft ermutigt dazu, der Angst zu trotzen. Weglaufen verhindert den Schmerz nicht.
- Kurt: das Stinktier - Ansehen. Die Kraft des Stinktiers lehrt uns, wie man sich Respekt verschafft, wieviel Nähe oder Distanz angezeigt ist.
- Peter: die Eidechse - Traumwelt. Die Eidechse hilft uns Träume kritisch zu betrachten.

- Lisa: der Dachs - Angriffslust. Der Dachs ist bereit für sich zu kämpfen.
- Barbara: die Schlange - Verwandlung. Akzeptiere die Kraft des Feuers und verwandle die Energie.
- Jörg: der Adler - Geist. Der Adler lehrt uns, den Blick über das Sichtbare hinaus, auf das Ganze zu richten.
- Monika: Wapiti - Ausdauer. Kraft und Ausdauer sind eins.

Wir plaudern angeregt und herzlich über die gezogenen Karten. Eine dichte, vertrauliche Atmosphäre ermöglicht, dass auch ganz Persönliches erzählt wird.

Um zehn Uhr wollten wir mit einer Nachtübung starten. Kurz vor zehn fängt es an, wie aus Giesskannen zu regnen. Wir entscheiden uns, eine Nachtvorstellung zu machen. Zusammen schauen wir den Film an: „Der mit dem Wolf tanzt". Es ist ein spannender Film über einen amerikanischen Soldaten aus dem letzten Jahrhundert, der sich an einen Aussenposten versetzen lässt. Er trifft das erwartete Regiment nicht an und hält allein die Stellung. Er kommt zunehmend in Kontakt mit der Natur, Tieren und einem Indianerstamm, der in der Nähe sein Sommerlager hat. Langsam verändern sich seine Wertvorstellungen. Der Film ist spannend und packt die Jugendlichen und das Team gleichermassen.

Der Magnesiumstab ist klein. Er ist im Survivalkit integriert. An einer Seite enthält er Eisen auf der anderen Magnesium. Zuerst werden mit dem Sackmesser feine Magnesiumspäne geraspelt. Dann werden Eisenspäne gemacht. Sobald die zwei Sorten Späne in Kontakt kommen entsteht ein Funken. Mit viel Geschicklichkeit gelingt es, daraus ein Feuer zu entwickeln. Wichtig sind die Vorbereitungen. Es braucht viele verschieden dicke Hölzchen, um die Funken zu einem Feuer aufzubauen. Der Magnesiumstab funktioniert auch bei nassem Wetter. Sollte sich jemand im Wald verirren, ist die Kunst des Feuermachens lebenswichtig. Neben Wärme und Sicherheit, kann man damit Notsignale geben.

Donnerstag 9.6.94

Heute lassen wir die Kids bis elf Uhr schlafen, damit wir Zeit für eine ungestörte Teambesprechung zur Verfügung haben. Wir sind glücklich über unsere Teamzusammenarbeit. Wir haben die gleichen beruflichen Grundhaltungen, wissen was wir wollen und brauchen keine Grundsatzdiskussionen zu führen. Es gibt kaum Schwierigkeiten im Team, so dass wir alle Energie für die komplexe therapeutische Aufgabe frei haben. Ich habe kompliziertere Teamerfahrungen hinter mir. Jörg und ich holen zwei neue Jugendliche ab, Ivan und Nicole. Nicole kommt in Begleitung ihrer Mutter. Sie ist eine hübsche, kräftige junge Frau und wirkt mit ihren 22 Jahren erwachsener als die anderen Kids. Mutter und Tochter verabschieden sich herzlich. Ivan kommt mit seinen Eltern. Er ist gepflegt angezogen, eher klein und hat eine rassige Frisur. Der Vater ist froh über den Therapieeintritt von Ivan. Der Mutter bricht beim Abschied fast das Herz. Zurück auf dem Bauernhof nimmt Alain auffällig schnell mit Ivan Kontakt auf.

Im Gruppengespräch sind erneut die Paarbeziehungen Thema. Rachel und Kurt kleben aneinander. Die Männer nerven sich, dass Kurt nichts mehr mit ihnen unternimmt. Nils teilt mit, dass er sich kaum traut mit ihnen Kontakt aufzunehmen. Er habe den Eindruck, ständig zu stören. Ab sofort haben die Frauen in den Männerzimmern nichts mehr zu suchen, auch tagsüber nicht. Absonderungen tolerieren wir nicht. Rachel fängt an, sich damit auseinanderzusetzen. Kurt versteht trotz vielen Erklärungen nicht recht, was wir von ihm wollen. Anschliessend schauen wir die ersten Dias über die Projektzeit an. Die Kids haben Spass daran und sind stolz auf das, was sie bereits geleistet haben. Alain und Ivan benehmen sich komisch. Jörg und ich gehen dem nach. Wir finden heraus, dass die zwei Wein getrunken haben, geklaut vom Bauernhof. Jörg holt Alain aus dem Bett und zusammen mit Ivan gehen wir zum Tatort. Das spät von einem Besuch heimkehrende Ehepaar, bemerkt gleichzeitig mit uns den Diebstahl. Sie sind sauer und traurig über den Einbruch in ihr Haus. Wir schicken alle Kids ins Bett und vertagen das Geschäft auf morgen.

Ein Projekt mit jungen Frauen und Männern ist anspruchsvoll und kompliziert. Anfangs Projekt entsteht ein grosser Sog zur Paarbildung. Die offensichtlichsten Gründe, neben sexueller Lust, sind Angst und Therapiewiderstand (siehe 4.4.3). Lisa und Nicole haben Barbara , Rachel und Ivan mich als Bezugsperson. Bei der Zuteilung, lief noch nichts zwischen Kurt und Rachel. Falls die zwei ein Paar bleiben, ist ein Bezugspersonenwechsel sinnvoll, damit ich nicht beide in der Einzelbetreuung habe.

Freitag 10.6.94

Wir starten am frühen Morgen mit einer Gesprächsrunde zum Thema Alkoholkonsum und Diebstahl. Peter und Irène, die bestohlenen Nachbarn sind mit dabei. Sie nehmen den Einbruch in ihr Haus und den Vertrauensmissbrauch sehr persönlich. Irène ist sauer und enttäuscht, sie merke, dass sie sich zurückziehe. Peter ist sehr traurig und hat feuchte Augen. Er komme sich wie der letzte Dreck behandelt vor. Das Gespräch geht den Kids an die Nieren. Sie entschuldigen sich und machen Vorschläge zur Wiedergutmachung. Die meisten sind gewohnt zu klauen. Die Klauereien waren jedoch anonymer und die Diebinnen selten in nüchternem Zustand. Irène und Peter mögen sie gerne. Sie spüren hier die Auswirkungen ihrer Tat deutlich. Einer sagt: „ Die letzten Jahre haben wir unser Gewissen mit Schmirgelpapier behandelt“. Nils und Alain haben geklaut. Peter hat mitgetrunken. Alle wussten davon. Später gibt Lisa zu, auch mitgetrunken zu haben. Sie legen ihre Karten offen auf den Tisch. Vor zwei Tagen wurde zum ersten Mal eingebrochen. Zuerst wurden vier Flaschen Wein geklaut, später nochmals drei. Peter und Irène haben zwei davon im angelegten Depot im Stall gefunden.

Es handelt sich um eine ernsthafte Krise mit massiven Verletzungen unserer Regeln. Wir wollen wissen, was sie sich dabei gedacht haben. Alle wussten, dass solche Vorkommnisse einen Ausschluss aus der Therapie bedeuten können. Wollen sie uns mitteilen, dass sie aussteigen wollen? So direkt gefragt, möchte niemand gehen. Wenn immer möglich, besprechen wir grobe Regelverstösse mit dem Projektleiter. Wir telefonieren mit ihm und beraten die Situation. Er ist heute ausgebucht, fragt nach unseren Vorstellungen zur Problemlösung, will sich dazu Gedanken machen und am Abend mit uns Rücksprache nehmen. Wir informieren die Gruppe über das Vorgehen, verschieben die Angelegenheit auf den Abend und gehen zum Tagwerk über. Die Kids arbeiten den ganzen Tag fleissig, sind gestresst und verunsichert. Ihre Reaktionen sind sehr unterschiedlich. Es gärt und brodelt. Nils hält die Spannung kaum aus. Ivan, der so kurz nach Therapieeintritt Mist baute, rechnet mit einem Rausschmiss. Die Kids versuchen, im Laufe des Tages Meinungen und Entscheidungen von uns Teamerinnen zu erfahren. Wir lassen sie grübeln und arbeiten. Um sieben Uhr treffen wir telefonisch die Entscheidung, dass niemand die Therapie abbrechen muss. Wir informieren die Gruppe, dass wir mit allen weiterfahren dürfen. Der zukünftige Spielraum ist jedoch deutlich eingeschränkt. Alle sitzen froh und entspannt beim Nachtessen.

Das Gruppengespräch ist intensiv, mit spürbar persönlichen Aussagen. Nils sagt, die Ungewissheit habe ihn grausam gestresst. Er wolle nach Kanada, habe sich den ganzen Tag nicht wohl gefühlt, Bauchweh gehabt und sei fast durchgedreht. Alain ist froh, dass es weiter geht. Er sehe keine Chancen für sich ohne Therapie. Er war führend in dieser Geschichte und ist gewohnt, seine Position in Gruppen mit mutigen Regelübertretungen zu stärken. Ivan hatte einen riesigen Schrecken. Kaum bei uns angekommen, ist er bereits auf einer schiefen Bahn mitgelaufen. Ein Ausschluss hätte ihn zutiefst ins Schleudern gebracht. Er liess sich von Alain blenden, der seine Neulingssituation ausnutzte, um sich einen Mittäter zu angeln. Die unausgesprochene Belohnung, schneller dazuzugehören, erwies sich als eine Illusion. Er hat heute beim Misten im Kuhstall geholfen. Er habe dabei viel nachgedacht und seinen eigenen Stall auch ausgemistet. Lisa tut es leid. Sie schämt sich wegen dem liebgewonnenen Bauernpaar, das ihnen vertraut hatte. Peter sagt, dass ihn unsere Haltung „angeschissen" habe. Zuerst hätten wir immer gesagt, sie seien eine gute Gruppe. Heute hätten wir gesagt, es sei uns egal, wenn das Projekt abgebrochen würde und wir zu Hause bleiben müssten. Statt Stellung zu beziehen, versucht er einen Gegenangriff. Ich gebe Peter zur Antwort, dass ich überzeugt bin, klar genug gesagt zu haben, wie wichtig mir die Arbeit und die Kids sind. Ich liebe diese Arbeit, tue sie aber nicht um jeden Preis. Jörg erwähnt, dass sich mit dem Vorfall die ganze Gruppe durch Klauen, Mittrinken oder durch Mitwissen gegen das Team gestellt habe. Das war ihnen so nicht klar. Die Weinflaschen werden in guter Qualität ersetzt und mit dem Taschengeld finanziert. Schlussendlich herrscht eine friedliche und aufgeräumte Stimmung im Haus.

Eigentlich hat etwas am Verhalten von Alain und Nils bereits bei der Filmvorführung am Dienstag unsere Aufmerksamkeit erregt. Wir konnten es aber nicht einordnen. Damals ist der erste Diebstahl gelaufen. Wir haben die Erfahrung gemacht, dass, sobald irgend was unser Misstrauen antippt, es meistens berechtigt ist. Regeln zu brechen, ist immer auch ein Test, wie ernst es die Leiterinnen meinen. Was kann man sich alles leisten? Wenn wir klar und konsequent handeln, werden wir als Leiterinnen ernst genommen. Solche Vorkommnisse sind ebenfalls ein Zeichen der Ambivalenz gegenüber der Therapie. Die Täter leben sie für die Gruppe aus, gehen ein höheres Risiko ein, und ihr Mut wird insgeheim mit Anerkennung belohnt. In solchen Krisensituationen begibt man sich als Team in eine Sackgasse, wenn man sich nur auf die Täter konzentriert.

Samstag 11.6.94
Ich hole Johanna vom Bahnhof ab. Sie ist Krankenschwester und bildet unsere Gruppe in Erster Hilfe aus. Der trübe Regentag eignet sich gut zum Arbeiten im Haus. Die Kids machen begeistert mit. Abends schauen wir den Disneyfilm „Wolfsblut“ an. Ein Jugendlicher macht sich auf die lange Reise nach Alaska. Sein Vater hat ihm dort ein Stück Land auf einem Goldgräberareal vererbt. Der Junge will in den Fusstapfen seines Vaters sein Glück versuchen. Er besteht viele Abenteuer und schliesst eine tiefe Freundschaft mit einem temperamentvollen Hund, der zur Hälfte Wolfsblut in sich trägt. Schlussendlich stösst er auf Gold. Es kostet ihn beinahe das Leben, weil Räuber ihn auszurauben versuchen. Der spannende Film findet Anklang, auch wenn er etwas kitschig ist. Jörg hat in der Pause einen Zusammenstoss mit Alain, der mit Lisa in sein Zimmer abgeschlichen ist. Grollend verzieht sich Alain. Kurt bäckt mit grossem Eifer einen Sonntagszopf, leider mit „schwarzen Füssen“. Es dauert heute lange, bis wirklich Nachtruhe ist. Alte Samstagnacht-Gewohnheiten schleichen sich ins Gedächtnis. Manchmal ist es schwer, hier zu sein.

Liebe Leserin: Wahrscheinlich strapaziere ich Ihre Geduld schon eine Weile. Was soll dieses Erzählen vom alltäglichen Leben im Jura? Sie möchten vermutlich viel lieber über das abenteuerliche Leben in der kanadischen Wildnis lesen. Genauso geht es auch den Jugendlichen. Sie kommen aus einem spannungsgeladenen Leben und wollen nach Kanada. Ihre Ausdauer und Motivation wird in den ersten Wochen sehr getestet. Nur indem ich Ihnen die Einstiegsphase des Langen und Breiten erzähle, ermögliche ich Ihnen, etwas von der Ungeduld der Kids zu erahnen..

Sonntag 12.6.94
Die Schlafstörungen von Rachel und Ivan haben sich auf ein erträgliches Mass reduziert. Sie konnten diese Nacht ein paar Stunden schlafen. Alain ist noch am Grollen. Wir machen uns bei kaltem Wetter zu einem dreistündigen Ausflug auf und orientieren uns mit Hilfe des Kompasses. Sämi, der Hund, lässt seinen Hof im Stich und kommt lieber mit uns. Die neu eingezogenen Gänse wollen uns ebenfalls

begleiten. Wir müssen sie energisch zurückschicken. Es tut allen gut, draussen zu sein und sich zu bewegen. Die Stimmung ist nach dem Sonntagsspaziergang aufgehellt. Im Gruppengespräch steht der Vorfall mit Alain an. Alain hat ein unermüdliches Bedürfnis an unseren Regeln zu rütteln. Er gebärdet sich öfters wie eine ausgewachsene „Nervensäge". Kurt kämpfte gestern mit einem inneren Konflikt. Er wollte den Film anschauen und einen Zopf[1] backen. Auf unser Angebot, mit dem Filmstart zu warten, konnte er nicht einsteigen. So grollte er lieber den ganzen Abend. Abends spielen Jörg und Alain gegen Kurt und Peter ein Kartenspiel. Eine Möglichkeit für Alain, sich Jörg wieder anzunähern. Die Mädchen haben miteinander Spass. Sie zöpfeln sich gegenseitig die Haare mit farbigen Fäden in dutzende bunte Zöpfchen. Dazu fantasieren sie von den Settings, in denen sie ohne Männer unterwegs sein werden. Ivan liest in einem Buch. Später lese ich ihnen eine skurrile, berndeutsche Geschichte vor, das „Totemügerli" von Franz Hohler. Ein Gegröle, Fröhlichkeit und Lachen erfüllen das Haus.

[1] Zopf: Festliches Brot aus Weissmehl und Butter. Der Teig wird zu einem Zopf geflochten. Zopf wird in der Schweiz oft am Sonntag gegessen.

Montag 13.6.94

Ich fahre nach Bern. Eine hochmotivierte junge Frau kommt zu einem Abklärungsgespräch. Sie würde gut in die Gruppe passen. Ihre Strafmassnahme[1] sei kein Problem. Sie könne mit einer Zusage rechnen. Beschwingt reise ich zurück in den Jura. Am Nachmittag bauen wir im Wald Shelter. Ein Shelter ist eine Notunterkunft und bietet Schutz und Wärme, wenn man sich ohne Zelt und Schlafsack im Wald verirrt hat. Einige der Shelter geraten zu grosszügig, so dass im Ernstfall zuviel Körperwärme verloren gehen würde. Andere Notunterkünfte brauchen fast einen Schuhlöffel, um einsteigen zu können. Im Gruppengespräch bringt Rachel das Thema, Konflikte zwischen Jörg und Alain ein. Es sei für die Gruppe mühsam. Jörg nörgle ständig an Alain herum. Nils bestätigt die Meinung von Rachel. Jörg und Alain stehen sich tatsächlich viel auf den Zehen herum. Alain muss ständig gegen Jörg als Autoritätsperson anrennen. Jörg nervt sich schnell darüber und reagiert oft gereizt. Die zwei beschliessen, morgen in einem Einzelgespräch das Problem anzupacken. Wir sprechen über die Rollenverteilung in der Gruppe. Alain übernimmt die rebellische, aufmüpfige Rolle. Er ist so in Gefahr, zum Sündenbock zu werden. Er handelt für die Gruppe viel aus, bekommt Anerkennung und negative Zuwendung. Rachel ist um das Wohl der Gruppe besorgt. Sie will Harmonie und Frieden. Sie hat schlechte Erfahrungen mit Leiterinnen gemacht und misstraut uns noch. Die grosse Mehrheit der Gruppe ist abwartend, scheu und vorsichtig. Sie lebt im Windschatten von Rachel und Alain.

1 Strafmassnahme: Die junge Frau wurde wegen Delikten zu einer Gefängnisstrafe verurteilt. Eine Strafmassnahme ist die Umwandlung der Gefängnisstrafe in einen verordneten Aufenthalt in einer behandlungsorientierten Institution. Die Verurteilten haben in der Schweiz eine beschränkte Wahlmöglichkeit, in welcher Institution sie die Massnahme machen möchten. Sie können ein entsprechendes Gesuch an die zuständige Behörde stellen. Menschen mit einer Gefängnisstrafe oder Massnahme brauchen eine Bewilligung der Polizeibehörde, damit sie ins Ausland ausreisen dürfen. Im Fall unserer oben erwähnten Klientin wurde BigTrail gutgeheissen, aber die Ausreisebewilligung abgelehnt. Dies war möglich, weil verschiedene Behörden beteiligt waren.

Dienstag 14.6.
Wir arbeiten auf dem Hof in verschiedenen Gruppen. Ivan hat Bauchschmerzen und Durchfall. Jörg schickt ihn ins Bett. Ein Arztbesuch mit Alain bringt eine Sehnenentzündung zutage. Wir organisieren die letzten Einkäufe und wechseln Geld für Frankreich und Kanada. Aus Zürich kommt die Absage für die junge Frau aus Bern. Sie sei motiviert wie selten jemand und der Therapieplatz entspreche ihr total. Die Justiz will trotzdem keine Ausnahme machen, obschon das möglich wäre. Die Nachricht nervt mich. Abends schauen wir einen Film an: „Fliegen mit Vögeln". Eine Schar Kanadagänse wurde durch einen Mann aufgezogen und an einen Ultralightflieger gewöhnt. Zum Schluß erfüllt sich sein Traum und die Gänse fliegen in Formation mit dem Flugzeug. Die Nahaufnahmen von den fliegenden Gänsen sind einmalig. Es wird deutlich sichtbar, mit welchem Kraftaufwand fliegen verbunden ist.

Wir sind kurz vor dem Aufbruch ins Ausland. Der Entscheid für die Therapie bekommt etwas Endgültiges. Auf diese Tatsache reagieren einzelne ambivalente Kids mit Krankheit oder Unfall. Es kann in dem Zeitpunkt zu Therapieabbrüchen kommen. Krankheit und Unfall bieten einen entschuldbaren Ausstieg.

Mittwoch 15.6.94
Mühsames Aufstehen. Nils schafft es kaum. Seit Tagen leidet er unter Schnupfen, ist müde und mürrisch. Der Durchfall von Ivan ist am Abklingen. Die Kids sind ungeduldig und wollen endlich weg hier. Heute wird genäht. Die meisten Trekkinghosen haben im Schritt Belüftungslöcher, eine beliebte Einschlupfmöglichkeit für Mücken. Wir nähen einen feinen Stoff darüber, der wie ein Mückennetz funktioniert. Bei dieser komplizierten Aufgabe herrscht andächtige Stille. Nähen ist nicht ihr Ding. Bei der anschliessenden Kompassübung sind deutliche Fortschritte ersichtlich. Trotzdem passiert in der letzten Einstellung fast allen der gleiche Fehler. Sie sind 180° Grad daneben. Im Busch ist dieser Fehler fatal. Die Gruppe ist heute mühsam drauf. Ihr Zustand wechselt zwischen Flohzirkus und Altersheim. Das Essen ist langweilig. Die faden Hamburger können ihren Vorbildern bei Mac Donald's nicht das Wasser reichen. Wir machen eine spezielle Frauensitzung. Ein wichtiges Thema ist die Menstruation in der Wildnis. Der spezielle Blutgeruch während der Monatsblutung kann Bären anlocken. Die Frauen haben viele Fragen. Es nervt sie, dass sie vorsichtig sein müssen. Sie reagieren trotzdem kompetent und nicht besonders ängstlich. Spät abends leitet Barbara eine Trancereise. Sie führt uns ins Reich der Tiere, um das persönliche Krafttier kennenzulernen. Die Kids machen andächtig mit. Nicole gelingt es nicht, ins Tierreich zu kommen. Nils reagiert sensibel und sieht Bilder, die ihn ängstigen. Die anderen haben zum Teil tolle Erfahrungen und Erlebnisse mit ihren Krafttieren. Es werden sehr kräftige Tiere erlebt: Wolf, Tiger, Bär, Adler. Alle sind voll dabei, ruhig und konzentriert. Die flaue Stimmung des heutigen Tages löst sich in Begeisterung auf. Kurz darauf gehen alle ohne weiteres schlafen. Es ist ungewöhnlich still in den Baracken.

Während der Menstruation müssen wir Frauen besondere Vorsichtsmassnahmen treffen. Der Geruch nach Blut kann laut Sicherheitsvorschriften Bären anlocken. Es müssen deshalb Tampons und nicht Binden verwendet werden. In dieser Zeit wird empfohlen, das Lager nur in Begleitung zu verlassen. Es ist unklar, wie gross die Gefahr wirklich ist. In all den Jahren hatten wir diesbezüglich keine Schwierigkeiten.

Donnerstag 16.6.94

Packen und Putzen löst diesmal Ferien- und Aufbruchstimmung aus. Jürg, unser Projektleiter, bringt uns bessere Fahrräder mit. Sie werden mit viel Freude begutachtet und getestet. Es entsteht ein Gerangel um das beste Rad. Wir Teamer sitzen den ganzen Nachmittag zu einer ausführlichen Besprechung mit unserem Projektleiter zusammen. Die Kids schmeissen unterdessen den Laden. Sie kochen ein tolles Abschiedsessen, zu dem Peter und Irène eingeladen sind. Die zwei haben uns in unserer Arbeit gut unterstützt. Wir haben mit unserer Therapiegruppe ihren Hof stark in Beschlag genommen. Sie nahmen alle unsere Störungen wohlwollend in Kauf. Das Gruppengespräch ist recht kurz. Die Kids sind scheu, weil der Chef dabei ist. Anschliessend lassen wir jede für sich allein auf einen Zettel schreiben, was sie an hindernden Eigenschaften in der Schweiz zurücklassen möchte. Zu später Stunde machen wir das erste Ritual im Wald und übergeben die Zettel dem Feuer. Mit einer Prise indianischer Kräuter dankt jede für die erhaltene Unterstützung und Hilfe und bittet um Glück und Beistand für die nächste Phase. Eine Runde ohne Worte ermöglicht es, intime Dinge zu wünschen und hilft den Schüchternen mitzumachen. Die Atmosphäre ist andächtig, ernsthaft und respektvoll. Das Ritual bildet einen wunderschönen Abschlussabend in der Schweiz.

Ein Ritual ist eine gute Möglichkeit, eine Phase bewusst abzuschliessen. Wir werden es über die ganze Zeit mehrmals einsetzen. Die Ebene von Danken und Bitten ist ausgesprochen wichtig. Diese Aspekte sind den Kids häufig verloren gegangen. Ein Ritual weckt bei vielen eine Ahnung von Geborgenheit in der Welt.

2.2 Ambivalenzphase - Reise in die Wälder Kanadas

2.2.1 Fahrradtour zum Abflughafen in Paris

Freitag 17.6.94 - Montag 27.6.94
Wir starten mit unseren Fahrrädern direkt beim Haus, in dem wir die ersten vier Wochen der Therapie verbracht haben. Einen grossen Tumult lösen die Fahrradhelme aus. Peter, Nils und Alain finden es unerträglich, einen Helm tragen zu müssen. Eine Stunde später überschreiten wir die Grenze zu Frankreich und lassen die Schweiz hinter uns. Unser Ziel ist Jablin, ein Vorort von Paris.
Gemeinsam als Gruppe wollen wir mit eigener Kraft ein Stück auf dem neuen Weg bewältigen. Die Route startet in steilem, gebirgigem Gelände und wird zunehmend flacher. Der Anfang ist anspruchsvoller als der Abschluss, eine ungünstige Tatsache, die wir nicht ändern können. Erschwerend ist auch die grosse Leistungsspanne innerhalb der Gruppe. Auf der einen Seite steht der sportliche Kurt, der nie voll gefordert wird. Auf der anderen Seite ist die Tour für Rachel kaum zu bewältigen. Ein Abbruch liegt immer wieder in der Luft. Die Situation verlangt eine hohe Flexibilität innerhalb des Teams. Wir besorgen uns eine zusätzliche Serie Landkarten, um unabhängig in zwei Gruppen fahren zu können. In Jörgs Gruppe fahren alle Jungs und Lisa und Barbara. In dieser Gruppe werden oft Wett- und Machtkämpfe ausgetragen. Bereits am frühen Morgen ziehen die ehrgeizigen Kids mit vollem Tempo los, mit dem einzigen Ziel, die Erste und Beste zu sein. Keiner denkt dabei ans Einteilen der Energie. Lisa kann voll mithalten, während Barbara das Schlusslicht macht und die ausgelaugten und frustrierten Fahrerinnen am Strassenrand einsammelt.

Ich fahre mit den zwei deutlich schwächeren Radfahrerinnen so schnell wie möglich hinterher. Das heisst häufig mit zwei bis drei Stunden Verspätung. Rachel hat grosse Schwierigkeiten. Anfangs steigt sie bei den kleinsten Steigungen vom Rad. In den mehrmals täglich auftauchenden Krisen muss ich eine optimale Distanz einnehmen. Rachel und Nicole müssen mich sehen, so dass sie sich nicht verlassen fühlen und dranblieben. Ich wähle meine Distanz so, dass ich das Schimpfen und die Wünsche nach Aufgeben nicht hören kann. Dann wieder muss ich ganz nahe sein und sie ermutigen. Diese Tage beanspruchen mein Fingerspitzengefühl und meine Geduld in hohem Mass. Die zwei Frauen machen täglich Fortschritte und erreichen am Schluss eine gute Leistung. Sie sind ausgesprochen stolz darauf, das Ziel erreicht zu haben und zehren noch lange von dieser Erfahrung. Die Kids haben jedesmal Freude, wenn wir an einem Treffpunkt auftauchen. Sie haben anfangs nicht daran geglaubt, dass wir uns innerhalb dieser verwinkelten Route über Nebenstrassen problemlos finden. Sie holen sich hier die Basis des Vertrauens zu Jörg und mir, dass wir sie sicher durch die Wildnis führen werden.

Eines Abends, als die meisten erschöpft und lustlos das Ende der Radtour herbeisehnen, sprechen wir lange über körperlichen Raubbau, Energiehaushalt, Ehrgeiz und Gruppenleistung. Die Strecke des folgenden Tages radeln wir in gemütlichem Tempo entlang schöner Kornfelder mit rotem Klatschmohn. Die Kids singen und pfeifen in bester Laune. Nicole und Rachel sind nun soweit, dass sie das Tempo eine Weile mithalten können. Die sommerliche Fahrradtour Richtung Paris in der allgemeinen Ferienzeit, löst bei den Kids eine Gier nach Freiheit und Drogen aus. Die üblichen Campingplätze verstärken diese Dynamik noch zusätzlich. Die Kids erleben unsere Einschränkungen schmerzhaft, werden widerspenstig und nervig. Uns Leiterinnen katapultiert diese Situation in eine extreme Polizistinnenfunktion. Wir müssen oft bis tief in die Nacht wachsam bleiben.

Es ist ausgesprochen schwierig, die Motivation der Kids aufrechtzuerhalten. Den meisten kann die Therapie langsam „gestohlen werden". So findet Kurt, er sei jetzt über den Berg und brauche keine Therapie mehr. Ivan meint in vollem Ernst, er komme nur mit in die Wildnis, wenn die Überlebenschancen höher sind als fünfzig Prozent. Nils und Lisa haben schlicht alles satt und wollen einfach weg. Alain strapaziert uns laufend, indem er wie wild an unseren Regeln herumrüttelt. Die Pärchen Lisa - Alain und Kurt - Rachel verlieren mehr und mehr ihre Zurückhaltung. Sie versuchen bei jeder Gelegenheit aus unserem Gesichtsfeld zu verschwinden, wie es frisch Verliebte in den Ferien so tun. Alain wirbt um Lisa mit dutzenden von Rosen, die er entlang der Strassen von Gartenzäunen pflückt. Ihr Fahrrad sieht aus wie ein blühender Rosengarten. Eines nachts übermalt Nils mit seiner dekorativen Schrift die neue Toilettenanlage eines Zeltplatzes. Der frühpensionierte Zeltwart hat diese Anlage mit viel persönlichem Einsatz gebaut und verbringt hier seine letzten Arbeitsjahre. Er ist ausser sich vor Wut.

Wir versuchen, den Problemen zu begegnen, indem wir in die Wälder auswichen. Für die Kids, die ein Leben ohne Komfort nicht kennen, bewirkt diese Variante eine Demotivation für die Zeit in der Wildnis Kanadas. Unebener Boden, Dornen, Regen, Spinnen und Zecken heizen ihre Horrorvisionen zusätzlich an. Zudem wird der Wald seltener, je mehr wir uns Paris nähern. Als Rachel auf die körperlichen Strapazen mit Fieber reagiert und Nils und Ivan über Knieschmerzen klagen, planen wir einen Ruhetag ein. Glücklicherweise finden wir dazu einen idyllischen Zeltplatz ohne andere Gäste. Der Reiseunterbruch bringt uns etwas Zeit, um die in Kürze fälligen Zwischenberichte zu schreiben. Wir werden aus Zürich informiert, dass in Paris Thomas, ein neunter Jugendlicher zu uns stossen wird. Im vorbereitenden Gruppengespräch übernimmt Ivan die Patenfunktion für ihn. Während eines Badeausfluges an einen nahen See bringt eine Gruppe kiffender Jugendlicher Unruhe. Wir ziehen weiter. Mit weniger Glück schlagen wir die Zelte in Arlis auf. Dort ladet ein traumhafter See zum Baden ein. Zu spät realisieren wir, dass an dem Tag ein grosses Fest zu „Saint Jean", einem französischen Feiertag, ins Haus steht. Laute Musik und Menschen mit Haschisch und Alkohol kreisen uns langsam ein. Ich verbringe diese Nacht im Schlafsack unter freiem Himmel, in der Hoffnung zu erwachen, falls jemand versuchen will abzuschleichen.

Wir Teamerinnen erleben die Fahrradtour als absolute Stressspitze in unserem Projekt. Wir halten Augen und Ohren ständig offen und den persönlichen Radar immer auf „Standby". Mit viel Akribie meistern wir Krise um Krise. Nicht selten leuchtet uns der Mond zu einem späten Einzelgespräch. Überglücklich erreichen wir Jablin mit einer vollständigen Gruppe. Mein Mann Stephan erwartet uns und spendiert allen ein wohlverdientes Eis. Im Nachhinein war die Radtour für die Kids ein wichtiger Meilenstein in ihrer Entwicklung und ein Erfolg, auf den sie später zurückgriffen. Wir hatten einige Probleme gemeistert und den Grundstein gesetzt zur Bewältigung künftiger Schwierigkeiten. Das Team ist nicht sicher, ob es sich dieser Gratwanderung nochmals aussetzen möchte.

Dienstag 28.6.94

Unser Projektleiter Jürg fährt mit einem Lastwagen vor. Er ist die ganze Nacht durchgefahren und bringt Thomas und unser Kanadagepäck mit. Auf der Heimreise wird er die Fahrräder zurücktransportieren. Der übermüdete Thomas ist noch scheu, die Kids ebenfalls. Einmal mehr herrscht ein riesiges Materialchaos. Stephan holt uns im Dorf ein leckeres Mittagessen: Pariserbrot, Camembert, Tomaten und Pfirsiche. Nach dem Lunch übernehmen Jürg und Stephan die Gruppe. Sie spazieren mit den Kids zum See mitten im riesigen Campinggelände. Es ist strahlendes Badewetter. Wir Teamerinnen können unterdessen in Ruhe die Buchhaltung abschliessen, das Gepäck aufteilen und neu packen, die Buschapotheke bereitstellen und tief durchatmen.

Die Kids kommen mit ihrem Hütedienst früher zurück, als wir erwartet haben. Sie hatten einen Plausch am See und wirken daneben nervös und aufgedreht. Stress entstand wegen einer Gruppe, die in ihrer Nähe mit entsprechender Musik am Kiffen war. Das war der Grund für die frühe Rückkehr. Im Gruppengespräch gratuliert Jürg den Kids zur geglückten Fahrradtour. Er lobt sie dafür, dass sie alle trotz vieler Schwierigkeiten das Ziel erreicht haben. Das Lob von unserem Chef ist wichtig und macht sie stolz. Er spricht lange mit ihnen über das Thema Paare in der Therapie. Er erklärt ihnen, warum in ihrer Situation eine Paarbeziehung für die persönliche Entwicklung ein Hindernis ist. Er will, dass sie als Einzelpersonen voll mitmachen und sich nicht pärchenweise absondern. Sie hören aufmerksam zu. Danach essen wir in einem Selbstbedienungsrestaurant ein Schniposa (Schnitzel / Pommes-Frites / Salat). Es schmeckt mässig. Eine freudige, erwartungsvolle und nervöse Stimmung macht sich breit. Gleich neben unseren Zelten ist ein Teich voller quakender Frösche. Sie haben ein ähnliches Bedürfnis nach schwatzen wie wir und lassen uns kaum zur Ruhe kommen. Noch einmal schlafen. Um vier Uhr wird geweckt.

Kurt und Rachel sind seit längerer Zeit bis über beide Ohren ineinander verliebt. Meine Erfahrung ist, dass es ungünstig ist, bei einem Paar beide in der Enzeltherapie zu haben. Wir besprechen die Situation mit ihnen und Kurt wechselt zu Jörg. Neu zu mir kommt Thomas.

2.2.2 Reise nach Kanada

Mittwoch 29.6.94

Trotz früher Stunde sind alle sofort hellwach, als hätten sie nur darauf gewartet, aufstehen zu dürfen. Im Frauenzelt herrscht Chaos. Sie kommen kaum vorwärts mit Packen. Die Rucksäcke quellen über. Trotz mittlerer Gewalt, scheint es ein Ding der Unmöglichkeit zu sein, alles in die Rucksäcke zu stopfen. Langsam drängt die Zeit. Die Nervenenden liegen bloss. Doch fünf Minuten vor Abfahrt sind erstaunlicherweise alle bereit. Wir füllen den Transporter und drei Taxis. Am Flughafen läuft alles wie am Schnürchen, nur der Gepäcktransport kommt uns teuer zu stehen. Abschied von Stephan und Jürg. Mein Mann und ich werden nun für ein paar Monate getrennte Wege gehen. Ich habe in der Reisehektik kaum Zeit, den Abschiedsschmerz zu spüren. Zu sehr bin ich bereits in meine Arbeit eingebunden.

Für einige Kids ist es der erste Flug ihres Lebens. Entsprechend aufgeregt sind sie. Los geht es, vorerst bis Frankfurt. Nach einem Zwischenhalt von vier Stunden kommt die erste Müdigkeitswelle. Der Weiterflug im Jumbojet ist angenehm. Musik und Kinofilme helfen, die Zeit zu vertreiben. Die Kids dürfen ein Bier trinken. Fast alle halten sich an diese Vorgabe. Nur einzelne sind auf unsere Kontrolle angewiesen. Sie brauchen noch den Kitzel vom Grenzentesten. Ohne viel Abmachungen kooperieren die Stewardessen mit uns. Der lange Flug ist ausgesprochen stressig für unsere starken Raucherinnen. In Kanada gilt in öffentlichen Räumen ein allgemeines Rauchverbot. Im Flugzeug gibt es keine Raucherecke. Die Kids sind gezwungen acht Stunden ohne Nikotin auszukommen. Auf dem Überseeflug wird allen bewusst, dass wir den „point-of-no-return" erreicht haben. Ausreissen und Abbrechen der Therapie wird in Kanada deutlich komplizierter. Dieses Wissen bewirkt Ernsthaftigkeit und Erleichterung. Müde und zerknittert kommen wir in Edmonton an. Dank dem Charme und Geschick von Jörg, werden wir trotz unseren Bergen von Gepäck am Zoll schnell abgefertigt. Nun sind wir wirklich alle in Kanada angekommen. Im Flughafenareal sehen viele Länder ernüchternd ähnlich aus.

Der Tag hat sich durch die Zeitverschiebung um acht Stunden verlängert. Wir haben einen Aufenthalt von sechs Stunden zu überbrücken und verschieben uns mit Sack und Pack zur Greyhound Busstation. Alain benutzt sein Englisch. Er verwickelt sich in ein Gespräch mit einem betrunkenen Indianer. Dieser schenkt ihm ein Amulett und folgt ihm anschliessend überall hin. In den Städten Kanadas trifft man häufig auf entwurzelte und alkoholabhängige Ureinwohner. Wir essen in einer „Spaghettifactory" ein feines Abendessen. Als erstes wird frischgebackenes Brot mit Knoblauchpaste serviert. Bis die Teigwaren und der Salat auftauchen, sind unsere Magenwände bereits tüchtig mit Knoblauchbrot ausgepolstert. Auf der Greyhoundstation warten wir drei Stunden auf den Anschlussbus. Die Kids sind müde und erschöpft. Sie schlafen auf dem Boden der Wartehalle ein. In Kanada ist das ohne grosses Aufsehen möglich. Der Schlaf hilft uns die Kids hüten.

Die Reise nach Kanada ist ein Markstein im BigTrail. Sie half in der schwierigen Einstiegsphase über viele Motivationskrisen hinweg. Viele Jugendliche hatten noch nie eine Reise mit dem Flugzeug gemacht und sie freuten sich, ein weitentferntes, fremdes Land kennenzulernen. Mit dem Ziel Kanada vor Augen, gelang es ihnen, schwierige Situationen durchzustehen und nicht aufzugeben. Symbolisch gesehen bildet die Reise eine klare Trennlinie zwischen Vergangenheit und Zukunft, zwischen Abschluss und Neuanfang.

2.2.3 Reise in den Wald

Donnerstag 30.6.94

Kurz nach Mitternacht startet der Bus Richtung Norden. In ruhigem Tempo fährt er über gerade Strassen entlang weiter Felder, dann durch endlose Wälder. Wir kommen in der Morgendämmerung am Zielort an. Der hilfsbereite Chauffeur macht einen Umweg und fährt uns mit dem Gepäck zur Flugbasis. Wir wandern zurück ins Städtchen und finden ein Restaurant, das täglich 24 Stunden in Betrieb ist. Dort geniessen wir ein reichhaltiges „Frühstück für Holzfäller" mit Kaffee, Eiern, Speck, Kartoffeln und Toast. In Kanada wird der Kaffee sehr schwach zubereitet und gehört in beliebigen Mengen zu jedem Essen. Die erste Tasse wird meistens schon mit der Speisekarte gereicht. Dann beginnt das grosse Organisieren und Warten. Die per Fax bestellten Grundnahrungsmittel sind unauffindbar. Nach langem Suchen entdecken wir sie unter einem falschen Namen im Lager der Greyhoundstation. In einem megagrossen Einkaufszentrum kaufen wir Lebensmittel für mehrere Wochen ein. Mit unseren Einkaufswagen bilden wir eine lange Karawane. Das Personal hilft uns freundlich, so gut es kann. Unsere Quittung ist ellenlang. Anschliessend melden wir unsere Route mit dem vorgesehenen Zeitplan auf dem Polizeiposten und hinterlassen eine Personenliste. In Notsituationen wie z.B. Waldbrand wird uns die Polizei benachrichtigen oder eine Rettungsaktion starten.

Die Leute auf der Flugbasis kennen uns aus früheren Jahren. Sie sind interessiert an unserem Unternehmen und begrüssen uns wie alte Bekannte. Der Chef der Flugbasis, leiht uns seinen Pickup[1], um in der weitläufigen Stadt bequem alles erledigen zu können. Wir haben bei ihm in einem Geräteschuppen einiges an Material eingelagert. Das Büro wird unsere Funkanpeilstelle sein, falls wir in der Wildnis in Schwierigkeiten geraten sollten. In den Wartezeiten quatschen wir über die Neuigkeiten, die in unserer Abwesenheit geschehen sind: Wo der Waldbrand gewütet hat. Welche Buschpiloten angestellt sind. Wer sich so im Busch herumschlägt. Wie die Finanzierung von BigTrail läuft. Warum wir so lange in der Wildnis leben wollen usw.

1 Pick-up: Grosses Auto mit Vierradantrieb und Ladefläche.

Am frühen Nachmittag fliegt Jörg mit Peter und Ivan aus. Sie wollen das Lebensmittellager bauen. Der Start des ersten Wasserflugzeugs ist spektakulär. Wir sind eine begeisterte Zuschauerschar. Die Ausfliegenden geben sich trotz Angst und Nervosität cool. Die kleinen Flugzeuge sehen zerbrechlich aus. Zum Einsteigen wird die dünne Blechtüre ausgehängt und auf das Floss gelegt. Diese kleine Maschine soll uns sicher durch die Lüfte bringen? Fliegen ist hier im Norden, wo es kaum mehr Strassen gibt, so normal wie Autofahren. Um drei Uhr fliegen Alain, Kurt und Nils. Unterdessen sause ich im Städtchen herum, um die letzten Formalitäten und Einkäufe zu erledigen. Ich suche lange nach dem hier geeigneten Mückengift. Ein paar Minuten vor Schalterschluss bringen wir grosse Kleiderpakete auf die Post und senden sie auf die Farm. Wir werden unsere Reise an einem ganz anderen Ort beenden und nehmen keinen unnötigen Ballast mit in die Wälder. Wir belagern das kleine Postbüro mit unseren offenen Kartonschachteln. Einmal mehr lernen wir die Unkompliziertheit und Hilfsbereitschaft der kanadischen Beamtinnen schätzen. Sie helfen uns die Kisten zuzukleben und die Pakete versandbereit zu machen. Die Flugbasis hat Hochbetrieb. Wir müssen mit den letzten Flügen lange warten. Die Kids schlafen im gemütlichen Büro auf den Ledersesseln ein. Sie fühlen sich hier willkommen. Erst um 19 Uhr startet der dritte Flug mit Barbara, Nicole und Thomas. Rachel und Lisa drehen fast durch, bis wir endlich um 21 Uhr fliegen können. Seit morgens um acht Uhr sind sie am Warten.

Der Flug ist beeindruckend. Wir fliegen knapp unter den Wolken über endlose Wälder und Seen. Jedes Luftloch ist spürbar. Im Innenraum herrscht ein unheimlich laut dröhnender Motorenlärm und ein ständiges Vibrieren. In der Abenddämmerung erkennen wir unter uns, am Ufer eines Sees, das Lagerfeuer. Bei der eleganten Landeschlaufe knapp über den Baumwipfeln stockt uns der Atem. Der Pilot setzt die Kuven des Flugzeugs sanft auf die Wasseroberfläche. Die Anspannung weicht einem tiefen Staunen über die Schönheit der Abendstimmung in der Wildnis. Die Hektik der Pioniergruppe reisst uns aus unserer Besinnlichkeit. Alle sind gestresst vom Kampf gegen Heerscharen von Mücken. Sie hatten lange nichts zu trinken, weil die Boote und Pfannen erst im dritten Flug angekommen sind. Der Hilferuf nach Getränken war in den englisch-deutschen Kommunikationsschwierigkeiten untergegangen. Wir laden unser Gepäck aus und müssen damit durch das Wasser waten. Der Abflug des letzten Buschfliegers wird mit Wehmut beobachtet. Er fliegt in einem Bogen über unser Lager, signalisiert mit schaukelnden Flügeln einen Abschiedsgruss und entschwindet langsam am Horizont. Die Szene hat etwas Endgültiges. Die grosse Müdigkeit gleitet über in eine allgemeine Erschöpfung. In einem letzten Kraftakt hieven wir die Esswaren auf das wackelige Lebensmittellager. Um zwei Uhr ist Feierabend. Alle sind fix und fertig.

Wir flogen mit kleinen Wasserflugzeugen zweihundert Kilometer in die Wildnis hinaus und kehrten der Zivilisation für zwölf Wochen den Rücken zu. Es gibt hier keine Strassen mehr. Wir werden inmitten von Wäldern, Sümpfen und Seen leben und uns mit den Kanus auf Wasserwegen fortbewegen - Ein grünes Gefängnis.

2.3 Wachstumsphase - Leben im Wald

Freitag 1.7.94

Nach den strapaziösen letzten Tagen ist heute Ausschlafen angesagt. Alain steht früh auf. Er ist gestern vor dem Nachtessen eingeschlafen und hat grossen Hunger. Nach und nach kriechen alle aus ihren Zelten. Nur Nils und Ivan müssen zum Gespräch um zwei Uhr geweckt werden. Im Gruppengespräch wird heftig diskutiert. Gestern wurde mit unterschiedlichem Einsatz gearbeitet. Die Kids, die mit viel Elan und eigener Initiative angepackt haben, ärgerten sich über die „faulen Säcke". Sie wollen, dass hier im Busch alle intensiv mitarbeiten. Mit Bluffen und wichtigtuerischem Herumstehen gebe es keine vollen Bäuche. Es entsteht eine längere, fruchtbare Auseinandersetzung über Zusammenarbeit und Solidarität.

Die Reise hat alle begeistert. Nur die lästigen Mücken sind ein Wermutstropfen. Sicherheitshalber repetieren wir nochmals die Verhaltensregeln[1] Bären gegenüber. Zum Einleben und zur Erholung entscheiden wir uns für ein gemütliches Tagesprogramm. Mit Karte, Kompass und Kanu erkunden wir die nähere Umgebung. Die Sonne taucht die See- und Waldlandschaft in ein zauberhaftes Licht. Wir sind in einem Mischwald mit Kiefern, Föhren, Fichten, Rottannen und Birken gelandet. Der Waldboden ist überwachsen mit einem farbigen Teppich aus verschiedenen Flechten. Die noch karge Vegetation zeugt davon, dass sich der Winter erst kürzlich verzogen hat. Vereinzelt tauchen die ersten Weidenröschen (siehe Glossar) auf. Wir sind im hohen Norden, vergleichbar mit Skandinavien in Europa. Die Sonne geht erst gegen zehn Uhr unter. Es bleibt hell bis Mitternacht.

Das Team kocht das Frühstück und die Kids das Mittag- und Abendessen. Diese Regelung gefällt allen und trägt viel zum Hausfrieden bei. Die Kids schätzen es, dass sie später aufstehen können. Wir Teamerinnen geniessen die Ruhe und Schönheit der frühen Morgenstunde und können nebenbei gemütlich die wichtigsten Tagesgeschäfte und Beobachtungen besprechen.

Samstag 2.7.94

Zum Frühstück gibt es Haferbrei. Obschon er süss schmeckt, löst er wenig Begeisterung aus. Die einfache, später zuckerfreie Kost ist gewöhnungsbedürftig. Wir bauen die restlichen Kanus zusammen. Alle arbeiten fleissig, werden jedoch schnell müde. Die letzten Tage forderten von Körper, Geist und Seele eine grosse Leistung. Noch sind nicht alle Seelen in der Wildnis angekommen. Kurt findet ein wichtiges

[1] Verhaltensregeln Bären gegenüber: Wir lernen die Kids, wie sie sich Bären gegenüber verhalten müssen, damit keine Unfälle geschehen. Beispielsweise nicht wegrennen, weil das den Jagdinstinkt auslöst. Es gibt Broschüren mit Verhaltensregeln, die in Nationalpark- oder Touristenbüros erhältlich sind.

Verbindungsteilchen des Bootgestänges nicht mehr. Geschickt schnitzt er ein Ersatzstück. Man merkt ihm seine Lehrzeit in einem handwerklichen Beruf an. Am Nachmittag machen wir einen Kanuübungstrip. Wir paddeln durch den Ausfluss unseres Sees in den Nachbarsee. Ein schneller Wetterwechsel mit starkem Wind, hohem Wellengang und Regenböen bringt die Anfängerinnen ins Schwitzen. Wir drehen um und kämpfen uns zurück ins Lager. Eine Gruppe fällt abgestorbene Bäume und schleppt Brennholz an. Alain möchte „subito" fischen gehen. Seit er einen Fisch gesehen hat, verspürt er einen Bärenhunger. Seine Aufmerksamkeit ist in erster Linie bei sich und seinem Bauch. Trotz ausgiebigem Regen gelingt es uns, das Feuer am Leben zu erhalten. Es ist empfindlich kalt geworden. Wir drängen uns rund um das Feuer und versuchen dem beissenden Rauch auszuweichen.

In den ersten zehn Tagen in der Wildnis ernähren wir uns mit einer einfachen Küche mit Brot, Käse, Würstchen, Speck, Eiern, Gemüse, Früchten, Eintöpfen, Dessert, etwas Zucker usw. Wir achteten darauf die Lebensmittel so einzukaufen, dass wenig Abfall entsteht. Es gibt genug zu essen, so dass wir Zeit haben, die Ausbildung zu vervollständigen und viel zu üben. Die Nahrung in der Natur ist zu diesem Zeitpunkt noch nicht reichhaltig. Zudem wäre die gleichzeitige Lebensumstellung auf allen Ebenen eine Überforderung für die Kids. Nach zehn Tagen stellen wir die Ernährung um. Aus dem Vorrat kommt eine minimale, festgelegte Menge an Grundnahrungsmitteln. Das restliche Essen muss mit Sammeln, Jagen und Fischen beschafft werden (siehe 4.5.1).

Sonntag 3.7.94

Es hat die ganze Nacht stark geregnet. Das Brennholz ist durch und durch nass. Während die Kids ausschlafen arbeiten Barbara, Jörg und ich Hand in Hand. Nach einer Stunde brennt das Feuer so stark, dass wir darauf kochen können. Trotz Regen wird der Brunch gemütlich. Wir braten Spiegeleier und Speck und trinken dazu Cowboykaffee. Das Kaffeepulver wird mit Wasser in einem Blechkrug sorgfältig aufgekocht und eine Weile stehen gelassen, bis sich das Pulver gesetzt hat. Geschicklichkeit ist gefragt, da die Mischung von Kaffee und Wasser zum Überkochen neigt. Kaffee gibt es nur am Sonntag und Reserve hat es keine. Wird beim Zubereiten Kaffee verschüttet, reduziert sich jede Portion. Das Leben im nassen Wald ist beschwerlich und entspricht nicht den üblichen Vorstellungen von Abenteuer und Romantik. Wir Teamerinnen sind den ganzen Nachmittag mit Auswertung, Logistik, Planung, Buchhaltung und Tagebuch beschäftigt. Später auf einem Landspaziergang, treffen wir auf das erste Rebhuhn und frische Bärenspuren. Weiter entfernt entdecken wir eine Hütte. Die Kids machen in den verschiedensten Kombinationen Sonntagsausflüge auf unserem ruhigen See. Wir zeigen ihnen auf der Karte, wie weit sie sich vom Lager entfernen dürfen. Sie freuen sich an der wachsenden Autonomie im Kanufahren und ziehen neugierig los. Thomas fährt mit Rachel und Kurt weg. Trotz abnehmender Harmonie sind Rachel und Kurt noch eng zusammen. Nicole und Lisa mögen sich sehr und unternehmen viel zusammen, so auch heute. Ivan und Nils, zwischen denen sich langsam eine stille Freundschaft entwickelt, sitzen im gleichen Boot. Alain sucht oft die Nähe von Peter und bittet ihn auch heute zu sich ins Boot. Sie kommen stolz und begeistert von ihrem Ausflug zurück. Sie haben eine Elchkuh mit ihrem Jungen beobachtet und einen Biber und zwei Adler gesehen. Alain und Peter haben auf der nahen Insel eine improvisierte Fischerrute mit zwei Blinkern[1] gefunden. Ich reagiere misstrauisch und werde den Verdacht nicht los, dass sie bei der Hütte waren und die Sachen dort geklaut haben. Die zwei weisen meinen Verdacht weit von sich. Ich lasse mich beruhigen.

Lebendiges Gruppengespräch. Wir besprechen die Zusammenstellung der Kanuteams für die Flussreisen: Jörg und ich bilden das Führungsboot, das an der Spitze fährt und aus Sicherheitsgründen nicht überholt werden darf. Lisa paddelt mit Kurt, Ivan mit Rachel, Peter mit Nicole, Alain mit Thomas, Barbara mit Nils. Wir haben versucht die Teams so zusammenzustellen, dass die Gruppe als Ganzes am besten vorwärts kommt. Fahrkönnen, Kraft, Sympathie und Antipathie wurden soweit wie möglich berücksichtigt. Spät abends baden Lisa und Nicole noch im warmen See. Sie quietschen vor Vergnügen. Kurt, Peter und Alain fischen mit der gefundenen Fischerrute. Sie schleppen nach einer Stunde drei mittelgrosse Hechte an, voller Stolz auf ihren ersten Fang. Es dauert lange bis die Fische ausgenommen, gebraten und gegessen sind. Fröhlich lassen sich die Kids die ersten Fische schmecken.

1 Blinker: Blinker sind silbrig blinkende Metallköder, die zusammen mit einem Haken an der Fischrute befestigt werden, um Raubfische zum Anbeissen zu verführen. Diese glauben, es handle sich um junge Fische, die sie fürs Leben gern verschlingen. Sie beissen zu und hangen an der Angel, bevor sie den Betrug bemerken. Hechte sind so gut zu fangen.

Mein Verdacht war begründet. Wochen später gaben Peter und Alain zu, dass sie die improvisierte Fischerrute bei der Hütte geklaut hatten. Aus meiner Erfahrung kann man vor allem in der ersten Phase einer Therapie davon ausgehen, dass mindestens soviel an Verbotenem läuft, wie man vermutet. Jedes Misstrauen im Team muss ernst genommen und hartnäckig überprüft werden.

Montag 4.7.94
Frühstück um acht Uhr. In der ersten Arbeitsstunde wird Feuerholz beschafft und ein Bogenstand eingerichtet. Wir starten mit dem täglichen Training im Bogenschiessen. Nur die guten Bogenschützinnen dürfen nach einer bestandenen Prüfung allein jagen. Die Pfeile haben eine grosse Wucht. Trifft man daneben, kann der Pfeil unüberblickbar weit fliegen. Die Gefahr, dass jemand verletzt wird oder die teuren Pfeile für immer im Unterholz verschwinden, ist gross. Anschliessend üben wir, nach Kompass zu wanderen. Wir laufen quer durch den Wald zu einem See. Die Anfangseinstellung bereitet noch Mühe. Laufen nach Kompass gelingt schon ordentlich. Auf dem Rückweg üben wir in Zweiergruppen das sichere Wiederfinden des Lagers. Wir rechnen dabei bewusst eine Rechts- oder Linksabweichung[1] ein und brauchen unseren See als Auffanglinie[2]. Am Seeufer angekommen ist auf diese Weise klar, in welche Richtung man sich wenden muss, um das Lager zu finden. Die Übung gelingt gut. Alain läuft als einziger ungenau. Er ist ungeduldig beim genauen Lernen. Den anderen wird schlagartig bewusst, wie wichtig es ist, genau zu arbeiten. Sie realisieren, wie schnell man sich hier verlaufen kann. Keine Pfade oder Wegweiser helfen einem zurückzufinden, wenn man sich verirrt hat. Am Nachmittag bauen Peter, Alain und Kurt einen Fischersteg. Er führt ein paar Meter in den See hinaus und erleichtert das Ausnehmen und Filettieren der Fische. Die anderen bauen zwei Räucherofen. Mit jungen Birkenzweigen flechten wir rauchdichte Wände. Diese Arbeit erlaubt gemütliches Plaudern, die Zeit zerrinnt schnell und die Öfen nehmen Form an.

1 Rechts- und Linksabweichung: Laufen nach Kompass ist nicht ganz genau möglich. Man kann nicht damit rechnen, dass man auf dem langen Rückweg durch den Wald genau auf den Standort des Lagers trifft. Wir lagerten immer an einem See oder Fluss. Auf dem Rückweg peilten wir einen Punkt deutlich rechts oder links vom Lagerstandort an und marschierten bis zum See- oder Flussufer. Am Ufer angekommen, wussten wir durch den eingeplanten Fehler, ob das Lager rechts oder links dem Ufer entlang zu finden ist.

2 Auffanglinie: Eine Auffanglinie ist eine deutliche, gut auffindbare Linie, wie eine Strasse oder ein Seeufer, auf die man auch trifft, wenn man noch nicht so genau mit dem Kompass laufen kann. Die Auffanglinie bzw. die Strasse oder der See fängt uns auf.

Ich setze mich mit verschiedenen Bestimmungsbüchern und Pflanzen ans Seeufer. Jörg schlendert vorbei, greift sich eine Pflanze und schnüffelt daran. Er sagt: „Mmh, das Kraut schmeckt nach Sellerie. Hast du wilden Sellerie gefunden?" Bevor ich antworten kann, beisst er ein Stück weg und kaut darauf herum. „Pass auf", schnauze ich ihn an, „es gibt eine sehr giftige Pflanze, die ähnlich wie der Sellerie aussieht!" Sofort spuckt er alles aus und schaut mir interessiert beim Bestimmen zu. Verdammt, es scheint sich wirklich um den hochgiftigen Wasserschierling (siehe Glossar) zu handeln. Ich grabe eine Wurzel aus, deren Beschaffenheit mir jeden Zweifel nimmt. Jörg hat in eine Pflanze gebissen, die in einem Stück von der Grösse eines Fingerhuts genug Gift haben kann, um einen Menschen zu töten. Blitzartig stehen wir unter Stress. Barbara braut eine Salzmischung zusammen. Jörg trinkt das Gebräu und versucht alle Tricks, um zu erbrechen. Wir schauen ihm ständig in die Pupillen und fragen nach seinem Wohlbefinden. Die Aufregung macht ihn ganz konfus und er kann kaum mehr fühlen, wie es ihm geht. Er verändert sich nicht wesentlich. Wir sprechen nochmals die Bedienung des Funkgeräts und die Notmassnahmen durch. Während Jörg versucht, sich zu erholen, machen Barbara und ich mit dem Normalbetrieb weiter. Abends nach dem Gruppengespräch hüten Lisa und Nicole das Feuer, während fünf Jungs zum freiwilligen Fischen lospaddeln. Jörg geht früh schlafen. Er fühlt sich nicht besonders wohl. Rachel und Kurt verschwinden im Gruppenzelt. Das Wetter ist kalt und nass, der Sommer kaum spürbar.

Dienstag 5.7.94

Jörg steht steifbeinig auf und fühlt sich gerädert, wie nach einer durchstandenen Grippe. Er hatte in der Nacht abwechslungsweise Schüttelfröste und Hitzewallungen. Alain, Peter und Thomas bauen einen Boots- und einen Badesteg. Die anderen arbeiten an den Räucheröfen weiter. Die meisten sind müde, weil sie spät schlafen gegangen sind. Nachmittags lehrt Jörg die Frauen Fischen. Rachel und Lisa bringen je einen Fisch heim. Nicole hatte auch einen Fisch an der Angel. In der grossen Aufregung zerbrach ihr die Rute und der Fisch konnte sich befreien. Ich mache mit den Jungs eine Kompassübung. Wir fahren mit dem Kanu über den See. Ivan führt uns mit dem Kompass an einen versteckten kleinen See. Er findet ihn auf Anhieb. Dort machen wir mit dem Magnesiumstab eine Feuerübung. Alain gelingt es schnell ein Feuer zu entfachen. Er gibt sein Wissen Thomas weiter, der ohne Vorbereitungszeit zu uns gestossen ist. Nils gibt sich schnell zufrieden, kaum steigt ein Räuchlein auf, packt er zusammen. Schlussendlich sind alle erfolgreich. Im Lager schlägt Nils beim Holzhacken voller Wucht mit dem Beil daneben und trifft seinen Fuss. Er trägt einen qualitativ hochwertigen Schuh mit hartem Leder. Das Beil schneidet durch Schuh und Socken und stoppt erst im Fleisch zwischen dem grossen und dem zweiten Zehen. Schreck lass nach. Beim Verarzten wird mir klar, dass ein Schutzengel daneben stand. Der Schaden am Fuss ist kleiner als am Schuh. Der Fuss wird bald verheilen. Der Schuh wird den ganzen Sommer lang nicht mehr wasserdicht sein. Nils ist erschrocken und allen wird bewusster, dass sich Vorsicht beim Arbeiten aufdrängt.

Unfälle und schwere Verletzungen sind das Schreckensgespenst für uns Leiterinnen. Als Verantwortliche für den medizinischen Bereich bereite ich mich jedes Jahr mit einem befreundeten Mediziner auf alle Eventualitäten vor. Wir versuchen die Kids so zu schulen, dass nichts Ernsthaftes passieren kann. Krankheiten und Unfälle kommen in der Regel selten vor. Das Bewusstsein über die fehlende Notfallinfrastruktur bewirkt Vorsicht. Eine markante Situation, wie jetzt mit Nils, erlebten wir in jedem Projekt. Sie verdeutlichte jeweils drastisch, dass wir wirklich abseits von Arzt, Spital und Zivilisation lebten.

Mittwoch 6.7.94

Ivan feiert heute seinen zwanzigsten Geburtstag. Deshalb dürfen die Kids bis neun Uhr schlafen. Wir Teamerinnen bereiten den Geburtstag vor. Jörg kocht Schokoladencreme. Barbara dekoriert das Camp mit bunten Luftballonen. Ich sah vor Tagen wilde Rosen, suche danach, grabe einen Rosenstock aus und pflanze ihn in eine alte Blechdose. Ivan stinkt es, dass er den zwanzigsten Geburtstag mit uns im Wald feiern muss. Er schaut sauertöpfisch in die Welt, malt sich den ganzen Tag aus, was er in der Schweiz alles verpasst (z.B. eine Technoparty) und grollt vor sich hin. Mit dem Rosenstock im Arm schenkt er dem Fotografen für das Gruppenbild ein müdes Lächeln. Es gibt Kaffee zum Frühstück. Alle anderen geniessen in fröhlicher Stimmung die Vorteile seines Geburtstags und die kleinen Festlichkeiten.

Jörg bildet die Jungs im Fischen aus. Sämtliche Fische kommen in die Räucheröfen. Die Gruppe arbeitet ausserordentlich effizient. Es wird ein harter Arbeitstag. Fünfunddreissig Fische werden gefangen, filettiert und in die Öfen gehängt. Daneben braucht es geschälte Birkenhölzer, um kalten Rauch zu machen und jede Menge Brennholz. Das Lagerfeuer muss die ganze Zeit gut brennen, damit genug Glut bereit ist, um die Räucheröfen zu betreiben. Geräuchert wird rund um die Uhr während zweiundsiebzig Stunden. Trotz grosser Müdigkeit wird die Schokoladencreme begeistert verspiesen. An den Räucheröfen wird Nachtschicht geschoben. Die Öfen müssen ständig beaufsichtigt werden, damit sie immer mit Rauch gefüllt sind und kein Feuer fangen. Je älter und trockener sie werden, desto heikler wird die Aufgabe, wegen der zunehmenden Brandgefahr. Innerhalb Sekunden kann ein Ofen wie eine Fackel brennen und die Fische vernichten. Der kalte Rauch verhindert, dass Fliegen ihre Eier in die Fischstücke legen. Fliegeneier entwickeln sich in wenigen Tagen zu gefrässigen Maden. Die Kids arbeiten gerne im Schichtbetrieb. Sie geniessen die unregelmässigen Arbeitszeiten, verbunden mit den speziellen Kompensationszeiten. Sie arbeiten eigenständig und zuverlässig.

Donnerstag 7.7.94

Ausschlafen für die Schichtarbeiterinnen. Bei Rachel flammt zweimal das Feuer auf. Sie reagiert panisch und schreit, kann aber nicht handeln. Zum Glück reagiert ihr Arbeitspartner umsichtig und begrenzt den Schaden. Die anderen werden sauer und schimpfen mit ihr. Sie sahen bereits die Fische und die ganze Arbeit in Flammen aufgehen. Die Kids sind heute hektisch und unkonzentriert. Die verzettelte Tagesstruktur mit den Räucheröfen bringt Unruhe. Die Verantwortung zerrt an ihren Nerven. Erste Bedenken wegen der Nahrungsumstellung werden laut. Kurt kann

sich nicht vorstellen ohne Zucker zu leben. Alain hat Angst zu verhungern. Die Atmosphäre bleibt den ganzen Tag gedämpft. Da nützt selbst das sonnige Badewetter wenig. Ein grimmiges Gewitter am Abend passt dagegen ausgezeichnet zur Gruppenstimmung.

Das Räuchern von Fischen ist eine anspruchsvolle Gruppenarbeit und ein gutes Lernfeld. Es bedingt Zusammenarbeit und Absprachen. Die vielen Arbeiten müssen verteilt und koordiniert und die Schichten ausgehandelt werden. Das Bewachen der Öfen ist verantwortungsvoll. Unachtsamkeiten und Fehler haben direkte Folgen und betreffen alle. Die geräucherten Fische kommen in unseren Vorrat für magere Zeiten. Keine möchte, dass in ihrem Dienst der Notvorrat das Opfer von Flammen wird. Wir lassen die Kids möglichst viel selber organisieren und bestimmen und überprüfen nur, ob an alles gedacht wurde.

Freitag 8.7.94
Ausschlafen für die Schichtarbeiterinnen. Rachel, Kurt und Thomas arbeiten an den Öfen, holen Brennholz und kochen. Holz beschaffen ist mittlerweile ein unbeliebter Job geworden. Er riecht bereits zu sehr nach langweiliger Routine. Am Nachmittag paddle ich mit den Frauen über den See zu einer Kompass- und einer Feuerübung. Ein hartnäckiger Nieselregen setzt ein und erschwert die Aufgabe beträchtlich. Sie möchten nach einer Weile aufgeben. Ich bin nicht bereit dazu. Verirrt man sich bei Regenwetter im Wald, gewinnt ein Feuer an Wichtigkeit. Mürrisch üben sie weiter. Nach und nach gelingt es allen, mit dem Magnesiumstab ein Feuer zu entfachen. Sie freuen sich und sind unheimlich stolz. Jetzt traut sich jede zu, den Rückweg zu den Booten allein mit dem Kompass zu finden. Ich schicke sie los mit zeitlicher Distanz und abwechselnder Links- und Rechtsabweichung. Lisa kommt zuwenig genau ans Ziel und findet die Boote trotzdem. Nicole und Rachel meistern die Aufgabe fehlerfrei. Die Frauen sind nach dem strengen Ausbildungsnachmittag zufrieden mit sich und strahlen. Auf dem Rückweg entdecken wir die ersten Süsswassermuscheln (siehe Glossar). Sie stecken tief unter Wasser. Der Hunger ist zu klein und das Wetter zu kühl, um nach Muscheln zu tauchen. Im Lager wurde unterdessen weiter geräuchert und die Getreidemühle in Betrieb genommen. Der Betrieb läuft rund. Die Stimmung gleicht einer Achterbahn: Anspannung, Nervosität, Fröhlichkeit, Schreien und Lachen wechseln sich ständig ab.

Zitat einer Jugendlichen:

„Stimmungen sind ein sehr interessantes Thema für uns, denn in dieser Zeit, die wir zusammen verbracht haben, gab es niedrige und hohe Wellen. Es war und ist alles erlaubt: über lachen, schreien, weinen, traurig, nervös, nachdenklich, übermütig - einfach alles. Im Busch hatten wir sehr viel Zeit, um über uns nachzudenken. Das fiel einigen Leuten von uns schwer. Früher versuchte man, diese Probleme mit Dope zu überdecken. Doch im Busch gibt es nichts: kein Dope, keinen Alkohol und keine Tabletten. Jeder musste lernen, sich damit abzufinden und es zu akzeptieren. Die einen hatten mehr Mühe und andere hatten es leichter. Es kommt total auf den Menschen und die Vergangenheit an. Der Busch war eine totale Umstellung für uns. Wir mussten lernen mit dem auszukommen, was der Busch uns bot. Da war keine Musik, kein nobles Essen, keine Leute und was sonst zum Alltäglichen gehört hatte. Auch diese fehlenden Dinge, die wir nicht mehr hatten, lösten Stimmungen aus. Der eine verkroch sich im Zelt, der andere war total überdreht, einige gingen Beeren suchen und dann gab es solche, die sich total in etwas hineinsteigerten. Trotz diesen verschiedenen Stimmungen in der Gruppe, versuchten wir miteinander auszukommen. Aber das war nicht immer möglich. (BigTrail-Zeitung).

Samstag 9.7.94

Ausschlafen für die Schichtarbeiterinnen. Thomas, Peter und Alain lernen Hasenfallen stellen. Die Moskitos sind lästig und lassen ein ruhiges Arbeiten kaum zu. Während die Jungs ihre Falle bauen, streune ich in der Nähe herum und suche nach essbarer Nahrung. Dabei treffe ich auf ein Rebhuhn und informiere Peter und Alain. Peter nähert sich leise. Alain eilt hastig mit dem Wurfstock herbei. Er ist ungeduldig, kann nicht auf meine taktische Jagdidee einsteigen und treibt das Huhn in die Flucht. Am Nachmittag zeige ich ihnen die jetzt vorhandenen, essbaren Pflanzen: Grosse hellgrüne und dunkelgrüne Flechten, die wir in unserer Umgangssprache Buschkohl nennen, Weidenröschen, Heckenrosen, Brennesseln, Tannenspitzchen, Birkenblätter, Labrador, Schleimkopfpilze, Stachel- und Johannisbeeren, Steinbeeren, wilde Kirschen (siehe Glossar). Bald kommt die Zeit der leuchtend gelben Lakas, die reich an Vitamin C sind. Sie sind so lecker, dass uns selbst ihr unbequemer Standort in sumpfigem, mückenreichem Gelände, nicht am Pflücken hindern wird.

Es ist Samstagsstimmung: In gemütlichem Tempo werden die nötigen Arbeiten erledigt, die persönlichen Sachen aufgeräumt, dazu herumgealbert, und die Leiterinnen meckern heute nicht über die Arbeitsmoral. Alain und Lisa klagen über Bauchschmerzen. Sie haben in der Hoffnung auf einen Trip von einem Pilz gegessen. Ich werde sauer und lese ihnen die Leviten. Im Falle einer Vergiftung kommt das Team und die ganze Gruppe unter Stress. Um vier Uhr setzt schlagartig ein Gewitter ein, gefolgt von einem ausgiebigen Platzregen. Ivan und Nils werden davon auf dem See überrascht. Sie kommen total durchnässt zurück ins Lager. Wir versuchen das Feuer zu retten. Es schüttet unaufhörlich wie aus vollen Eimern. Wir sind machtlos, sitzen unter dem Regendach, sehen langsam unser Lagerfeuer ertrinken und schnitzen dazu wortlos feine Holzspäne zum Anfeuern. Die Temperatur fällt mit dem Regen. Kurt und Rachel sitzen stoisch an den Räucheröfen, werden nass und frieren. Sie schaffen es, die Öfen so lange durchzubringen, bis wir in gemeinsamer Arbeit ein neues Feuer mit Glut aufgebaut haben. Es ist spürbar, wie wichtig das Feuer bei Nässe und Kälte wird. Am Abend wird vom „Saturday-Night-Fever“ geschwärmt und geklagt, dass hier nichts los sei. Hier könne man eine richtige Naturvergiftung bekommen. Lust auf Party, Sound und Tanz tauchen auf.

Pelikanformationen ziehen mit träger Eleganz am feuerroten Himmel vorbei. Aufgeregtes Entengeschnatter tönt von Seeufer zu Seeufer. Der grelle Jodelschrei eines Loon[1] zerreisst in regelmässigen Abständen die Stille. Möven fressen unseren Fischfriedhof leer. Ab und zu dreht ein Weisskopfadler seine Kreise über dem See. Fische springen nach Insekten. Manchmal hört man ein grösseres Tier durch den Busch knacken. Bären- und Elchspuren führen rund ums Lager. Ein Pärchen grauer Vögel wird immer zutraulicher und sitzt auf Bäumen nahe bei uns. Sie suchen nach Futter, das sie in Baumstämmen in Hunderten von Verstecken für den Winter bunkern. Verschiedene Erd- und Baumhörnchen klettern lärmend die Baumstämme hoch und runter. Manchmal sausen sie so wild im Kreis herum, dass das Zuschauen fast zu Schwindelanfällen führt. Oder sie segeln mit einem kräftigen Sprung von Baum zu Baum. Fledermäuse flattern in der Dämmerung dem Ufer entlang. Die Luft sirrt von Myriaden von Mücken.

[1] Loon: Eine wunderschöne Ente, die als kanadisches Nationaltier auf der Eindollarmünze und auf der Zwanzigdollarnote abgebildet ist.

Sonntag 10.7.94

Ich bade bei Sonnenschein am frühen Morgen im See. Das Sonntagsfrühstück darf zu individuellen Zeiten eingenommen werden. Wir Teamerinnen bereiten das Feuer und die Zutaten vor und geniessen ein gemütliches Plauderstündchen. Obschon die Kids noch schlafen, bilden sie das Zentrum unseres Gespräches. Heute gibt es Pancakes. Eine Mischung aus Mehl, Eiern und Milchpulver wird zu einem Teig angerührt und portionenweise in den Bratpfannen gebacken. Wer Lust hat, kann am Schluss die Pfannkuchen mit Ahornsirup versüssen. Die Pancakes gehören zur klassischen kanadischen Küche. Der Ahornsirup wird von Ahornbäumen gewonnen und als Souvenir aus Kanada geschätzt. Heute müssen die Räucherfische sortiert und verpackt werden. Barbara und ich übernehmen diesen Sonntagsjob. Kurt und Peter sind als erste soweit, dass sie die Jagdprüfung ablegen können. Beide bestehen sie gut. Sie dürfen nun mit Pfeil und Bogen jagen. Die zwei hatten bereits in der Schweiz viel trainiert und sind den anderen im Bogenschiessen weit voraus. Um vier Uhr fängt auch für Barbara und mich der Sonntag an. Die Räucherfische sind unter Dach und Fach. Gleichzeitig kommt das obligate Gewitter mit Regenschauern und Abkühlung.

Nach dem Gruppengespräch machen wir ein Feuerritual. Es ist gleich aufgebaut wie das erste Ritual im Jura. Thomas ist zum ersten Mal dabei. Während einer halben Stunde kämpft er erfolglos gegen einen Lachanfall. Ich zentriere mich, überlasse Thomas seinem Lachen und bleibe konzentriert bei meiner Arbeit. Eine ernste, feierliche Atmosphäre entsteht. Wir danken für die Hilfe und Unterstützung, die uns ermöglichen, in dieser einmalig unberührten Natur zu sein. Wir bitten um gute Jagd-, Fisch- und Nahrungsgründe, um Schutz vor Unfällen und um persönliches Wachstum. Jede bringt ihren Dank und die individuellen Bitten öffentlich oder still für sich allein vor. Eine klare, andächtige Stimmung verzaubert uns und lässt die Gesichter leuchten. Mit einem spektakulären Schauspiel versinkt die Sonne am Horizont.

Das zweite Ritual haben wir am Abend vor der Nahrungsumstellung eingeplant. Ab morgen werden wir uns weitgehend aus der Natur ernähren. Lachanfälle geschehen bei Ritualen mit jungen Menschen und Kindern häufig, vor allem wenn sie zum ersten Mal dabei sind. Es ist eine natürliche Reaktion die hilft, Unsicherheit und Intimität besser auszuhalten. Das Lachen muss seinen Platz haben und gibt sich irgendwann. Thomas hat mir später erzählt, wie sehr er davon beeindruckt war, dass ich mich von ihm weder ablenken liess, noch versuchte, ihn zurechtzuweisen. Für ihn sei das die einzige Chance gewesen, einen Einstieg zu finden.

Montag 11.7.94

Die Kids sind kaum wach zu kriegen. Sie haben bis spät in die Nacht am Feuer geplaudert und Fisch gegessen. Motzend essen sie ihr warmes, zuckerfreies Müsli. Es schmeckt ihnen nicht. Ich baue mit Nils, Rachel, Nicole und Lisa Hasenfallen. Dabei werden wir von Mücken terrorisiert. Die anderen packen ihre Fässer und Rucksäcke. Nach dem Mittagessen paddeln Jörg, Kurt, Peter, Ivan, Alain und Thomas weiter. Rachel nimmt nicht gerne Abschied und schlüpft zu Nils in die Hängematte. Ihr Verhalten verletzt Kurt. Alle anderen verabschieden sich am Steg von den Abreisenden und winken ihnen lange nach. Wir werden uns in zwei Tagen wieder treffen. Beim Fischen fangen Rachel und Nils einen Hecht. Nicole und Lisa sammeln Pilze und Flechten. Sie finden ein paar Rotkappen (siehe Glossar) und Schleimköpfe für den Eintopf und servieren gedämpfte Flechten als Vorspeise. Es schmeckt hervorragend. Alle sind abends todmüde. Nils hat letzte Nacht wenig geschlafen. Beim Aussteigen aus dem Boot ist er ins Wasser gefallen. Später schneidet er sich in einen Finger und macht sonst noch ein paar Schnitzer aus Müdigkeit. Rachel wirkt orientierungslos. Um neun Uhr sind alle im Zelt verschwunden. Es herrscht eine ungewohnte Ruhe im Lager.

Wir teilten die Gruppe zum ersten Mal auf. Die Trennung gab viel zu diskutieren. Die Kids fühlten sich sicher in der Grossgruppe und sträubten sich gegen eine Änderung. Es ist Zeit für eine neue Gruppenzusammenstellung. Die neue Situation bietet Chancen, festgefahrene Rollen und Muster aufzuweichen. (mehr zum Setting unter 4.3)

Dienstag 12.7.94

Wir brauchen viel Zeit bis wir das ganze Lager abgebrochen und die Boote beladen haben. Für Lisa und Nicole ist es ein Megastress. Rachel ist schon geschickter als in Paris. Das vierzig Kilogramm schwere Getreidefass stellt uns beim Einladen vor Probleme. Mit den Paddeln bauen wir eine Rampe vom Steg über den Bootsrand und rollen das Fass ins Boot. Es wird zwei Uhr bis wir fahren können. Bald verdunkelt sich der Himmel. Ein Gewitter zieht auf, begleitet von starken Böen. Wir kommen kaum mehr gegen den Wind an. Wir fahren in eine Bucht, um Wetter, Wind und Wellen in Ruhe beobachten und bei einem ernsthaften Gewitter schnell an Land gehen zu können. Wir finden einen idyllischen Platz mit einer Blockhausruine und entscheiden uns zu bleiben. Ich freue mich, wie die Kids die anstehenden Arbeiten selbstverständlich anpacken. Nicole und Lisa finden wenig Nahrung beim Sammeln und sind sehr müde. Rachel und Nils bringen drei grosse Fische mit, die von Rachel fachgerecht filettiert wurden. Im Gruppengespräch mache ich Rachel darauf aufmerksam, dass sie viel kompetenter und engagierter wirkt, als in Anwesenheit von Kurt. Sie steht fest auf dem Boden, packt an und sieht toll aus. Lisa und Nicole bestätigen diese Beobachtung. Rachel ist über die Rückmeldung verunsichert und weiss nicht, ob es gut ist. Sie sagt, sie rette sich mit Arbeit über den Stress der neuen Situation hinweg. Sichtbar ist auch, dass sie näher zu Nils rückt. Nils wirkt deswegen mal gestresst und mal zufrieden. Lisa schreibt für ihre Schwester einen wunderschönen Brief auf Birkenrinde. Sie hat dazu beim Räuchern mehrere, herumliegende Rinden getrocknet und aufbewahrt. Sie sehen nun aus, wie ein dickes kunstvolles Papier und können recht gut beschriftet werden. Bis die Fische gegessen sind, ist beinahe Mitternacht.

Die neue Gruppensituation wirkt vor allem auf Rachel und Nils verunsichernd, deshalb suchen sie gegenseitige Unterstützung und Nähe. Nicole und Lisa sind seit längerer Zeit viel zusammen. Rachel ist durch ihre starke Paarbindung zu Kurt weniger bei den Frauen integriert. Das Fehlen von Kurt findet sie einerseits spannend und auch entlastend, anderseits hält sie das entstehende Vakuum schlecht aus. Trotzdem ist sie deutlicher als Einzelperson wahrnehmbar. Rachel hat zudem in der Grossgruppe eine wichtige Rolle. Sie ist oft mutige Wortführerin und traut sich auch, uns Teamerinnen zu kritisieren. Sie gewann dadurch Identität und Anerkennung. In der momentanen Gruppenzusammensetzung sind diese Qualitäten weniger gefragt. Sie ist auf sich zurückgeworfen und schwimmt entsprechend. Rachel ist gewohnt, auf einen Mann oder die Gruppe oder beides hin orientiert zu leben. Heilend für sie wird sein, wenn sie anfängt eigenständig zu leben und sich wertvoll zu finden. Aus bootstechnischen Gründen konnten wir keine reine Männergruppe bilden. Nils ist der einzige Mann in unserer Teilgruppe. Diese Situation findet er mühsam. In der Grossgruppe nahm er eine stille, unscheinbare Rolle ein. Jetzt wird er automatisch mehr nach seiner Meinung gefragt, was ihn oft in Verlegenheit bringt.

Mittwoch 13.7.94

Bei meinem kühlen Morgenbad im See begegne ich einem Fischotter. Er beäugt mich neugierig und taucht nach lautem Schimpfen unter. Wir backen zum Frühstück Bannok und kochen den Getreidebrei für unterwegs. Unser Weg führt uns gegen die Strömung durch einen kleinen Fluss an einen See. Wir überqueren den See und finden den zweiten, kurvenreichen, mit Schilf verwachsenen Fluss. Die Route ist sehr anspruchsvoll für die Steuerfrauen hinten im Boot. Wir treffen auf viele Entenmütter mit ihren kinderreichen Familien und lernen ihre Verteidigungstechnik kennen. Die Entenmutter versucht die wild rudernden Jungen in die Uferböschung zu schicken und flieht halb fliegend und halb schwimmend vor dem Boot her. Sie will den Feind ablenken, indem sie eine Verletzung vortäuscht und sich als einfaches Jagdopfer anbietet. Sobald sie den Feind genügend weit von ihren Jungen weggelockt hat, fliegt sie mit einem eleganten Bogen zu ihnen zurück. An der Böschung leuchten reife, rote Johannisbeeren. Eine trinkende Elchkuh steht mit ihrem Jungen am Ufer im Wasser und staunt uns an.

Das Wetter spielt verrückt und wechselt von Hitze zu kaltem Regen und zu Gewitter mit Hagel. Die kühlen, nassen Wechselbäder wirken langsam frustrierend. Bald haben die Kids genug von der Reise und wollen endlich am Ziel ankommen.

Ich klettere auf einen kugelrunden, steilen Hügel und halte Ausschau nach dem Lager der Männer. Die Aussicht über die Landschaft ist grandios. Ich entdecke das Lagerfeuer zwei Kilometer entfernt. Alle freuen sich über das Wiedersehen und sind trotzdem in der Begegnung scheu. Den Männern geht es gut. Sie haben im Lager bereits viel vorbereitet. Meine kleine Gruppe erlebte ich offen und aktiv. Sobald wir in der Grossgruppe sind, verhalten sie sich maskenhafter und distanzierter. In einem lebhaften Gruppengespräch werden die verschiedenen Erlebnisse ausgetauscht. Beide Gruppen haben entgegen ihren Erwartungen, die Zeit in der kleinen Gruppe genossen. Der persönliche Kontakt war intensiver möglich.

Während der Buschzeit bade ich jeden Morgen bei jedem Wetter im See oder Fluss. Es ist für mich eine effiziente Art, mich zu zentrieren, Kraft zu tanken und einen klaren Kopf für die Anforderungen des neuen Tages zu bekommen. Das Leben in einer Grossfamilie mit neun schwierigen Kids zehrt an Kraft und Nerven. Ich pflege so mein persönliches Tagesritual und erlebe viele tolle Momente wie heute mit dem Fischotter. Solche Szenen entschädigen mich für viele Strapazen. Bei kaltem Wetter und Regen fragen die Kids oft nach, ob ich trotzdem im Wasser gewesen sei. Sie staunen über die Sturheit, mit der ich meine Idee verfolge, beobachten mich und lernen daraus.

Donnerstag 14.7.94

Fischen und Jagen bringen heute keinen Erfolg und beim Sammeln ist die Ausbeute klein. Es entsteht eine triste, stressige Atmosphäre. Lisa und Nicole haben im Nachbarsee gelbe Seerosen entdeckt. Sie raffen sich auf und graben im seichten Wasser einige Wurzelstöcke aus. Die Wurzeln sind stark verzweigt, gut im Boden verankert und nur schwer zu gewinnen. Lisa und Nicole werden in der beginnenden Dämmerung zusätzlich von Moskitos attackiert. Die Dämmerung ist deren Lieblingsflugzeit. Wir kochen die geschälten und geschnittenen Wurzeln, die aussehen wie Kartoffeln. Beim Kochen wechseln wir mehrmals das Wasser, um die Bitterstoffe herauszulösen. Dabei testen wir mehrere Varianten aus, doch die Buschkartoffeln bleiben leicht bitter. Die meisten Kids finden sie ungeniessbar. Mir schmecken sie nicht schlecht. Bis in alle Nacht wird nach Fischen gesucht. Thomas, Ivan und Kurt haben Hungerstress. Trotzdem entsteht am Lagerfeuer eine schöne Stimmung. Es wird ernsthaft diskutiert über sparsamen Öl- und Salzverbrauch, Zusammenarbeit und gerechtes Aufteilen der Nahrung. Beim Kochen etwas zu kosten, wird nur noch in beschränktem Mass toleriert. Alle wollen am gleichen Strick ziehen, um zu möglichst viel Nahrung zu kommen. Im Gruppengespräch wird zum Thema, dass wir in ständig wechselnden Gruppen unterwegs sein werden. Wir Teamerinnen werden die meisten Gruppenzusammenstellungen vorgeben. Darüber erhitzen sich die Gemüter. Nils und Ivan macht es sauer, dass wir soviel bestimmen. Jörg wird morgen mit den Frauen weiterreisen. Es ist Mitternacht, als wir die ersten Nordlichter entdecken. Der Himmel bietet uns eine tolle Nachtvorstellung mit einer zauberhaften Lichterschau voll farbiger, wallender Schleier.

Obschon der Betrieb in der Grossgruppe für alle mühselig, stressig und schwerfällig ist, wollen sie möglichst oft alle zusammen sein. Die Vorstellung einer sich ständig ändernden Gruppenzusammensetzung verunsichert sie. In kleinen Gruppen ist jede persönlich mehr gefordert und es geht schneller ans Eingemachte. Die Grossgruppe bietet Schutz, bessere Verstecke und die alten Verhaltensmuster sind einfacher aufrechtzuerhalten. Es ist zudem bedeutend einfacher, sich als ganze Gruppe gegen das Team aufzulehnen und zu motzen. Diesmal zieht Jörg mit den Frauen weiter, weil er eine Verschnaufpause braucht. Als einziger Mann im Team wird er vor allem von den Jungs pausenlos attackiert. Besonders Alain, Ivan und Nils rütteln ständig an seinen Nerven. Sie wollen immer wieder testen, ob er wirklich die Grenzen verteidigt, die wir setzen. Barbara und ich unterstützen und entlasten Jörg, wo immer wir können. Trotzdem ist er immer wieder im Mittelpunkt der Angriffe. Die Frauen haben sich weniger mit ihm angelegt. Zusätzlich möchten die Frauen den Jungs beweisen, dass sie fähig sind, ohne Männer ein Lebensmittellager zu bauen. Diese Gruppenzusammenstellung ermöglicht ihnen, festgefahrene Vorstellungen und Rollen zu durchbrechen.

Freitag 15.7.94

Die meisten sind unausgeschlafen und hungrig. Jörg, Lisa, Nicole und Rachel packen. Sie werden jedes Mal schneller. Laut Kartenstudium ist zwischen diesem und dem nächsten Seesystem kein Verbindungsfluss vorhanden. Jörg will mit den Frauen den Weg auskundschaften und die Portagen[1] so vorbereiten, dass wir mit den Booten durchkommen. Ich paddle mit Peter, Nils und Thomas auf der Suche nach Nahrung zu einer grossen Insel. Ausser frischen Bärenspuren finden wir nichts. Die Insel ist auf der einen Seite sehr steil und auf der anderen Seite mit dickem Moos bewachsen. Dies ist kein Gelände, auf dem unsere Wildnisnahrung vorkommt. Wir lassen die Insel hinter uns. Auf der Rückreise geben Peter und ich unser Boot den anderen ins Schlepptau. Wir wollen zu Fuss durch den Wald gehen und dabei nach Nahrung suchen. Ich entdecke vier Rebhühner, die schnell auf Bäume flüchten. Peter versucht eines zu treffen und verliert einen Pfeil. Ich habe mehrmals ein Junges im Visier und lasse es heimlich überleben. Wir laufen hinter den Hühnchen her, gepackt vom Jagdfieber und achten nur nachlässig auf die Karte. Das Gebiet ist verwinkelt mit vielen Buchten. Als wir erwarten, in unmittelbarer Nähe des Lagers zu sein, befinden wir uns plötzlich wieder am Ausgangsort. Nun marschieren wir haargenau nach Karte. Hungrig und durstig kommen wir mit ein paar Pilzen im Lager an. Trotzallem war es ein toller Morgen. Ivan und Peter versuchen am Nachmittag nochmals ihr Jagdglück. Sie treffen während Stunden auf kein Huhn und kommen frustriert zurück. Alain hat mehr Glück. Er fängt den bisher grössten Fisch. Stolz und freudestrahlend schleppt er den 110 cm langen Hecht ins Lager. Der Fisch ist Balsam für Alains Seele und unsere Bäuche. Alain hat sein Ziel erreicht, einen grösseren Fisch zu fangen als Jörg. Weil Jörg nicht da ist, fotografieren wir das Prachtsexemplar. Der Abend am Feuer zerrinnt friedlich. Wir braten unsere fetten Hechtfilets und plaudern lange.

1 Portage: Üblicher Begriff für Umtragungsstrecke über Land, wenn der Weg über Wasser nicht möglich ist. "Le portage" ist französisch und heisst: das Tragen, die Beförderung. Gründe für Portagen sind: zuwenig Wasser, gefährliche Stromschnellen, ≠Wasserfälle, Wasserscheiden oder fehlende Flussverbindungen. Wir müssen an solchen Stellen die Boote und alles Material soweit über Land tragen, bis der Wasserweg wieder befahrbar ist. Portagen sind bei den Kids ausgesprochen unbeliebt.

Jagen ist für Anfänger sehr schwer. Es braucht viel Aufmerksamkeit, um überhaupt Hühnchen und Hasen zu entdecken. Grosse Tiere dürfen und wollen wir nicht jagen. Sieht man (mit knurrendem Magen) endlich ein Hühnchen, wird man unweigerlich vom Jagdfieber gepackt. Unsere Abmachung, nicht in die Bäume zu zielen, wird im Jagdeifer oft vergessen oder übergangen. In der Nähe eines Lagers ist das gefährlich. Ein verirrter Pfeil könnte jemanden treffen. Jede möchte gerne eine Heldin sein und Fleisch ins Lager bringen. Gemeinsames Jagen ist spannend und verbindet. In diesen angespannten Momenten vergisst man gerne, sich ständig zu orientieren und folgt einfach der Spur des Tieres. Heute war ich einen Moment unaufmerksam und anschliessend glaubte ich zu wissen, wo wir sind. Solche Fehler bezahlt man im günstigsten Fall mit einem langen Marsch und im schlimmsten Fall mit einer Suchaktion per Flugzeug. Ich hatte mir zum Glück die Ausgangssituation bildlich bewusst eingeprägt und konnte den Ort identifizieren. Sonst kann geschehen, dass man immer mehr in Stress kommt und sich hoffnungslos verirrt glaubt. So oder so ist wichtig, Ruhe zu bewahren und nicht panisch mit Herumrennen Energie zu verschwenden. Als nächstes kann man nach markanten Geländemarken ausschauhalten, die eine Standortbestimmung ermöglichen. Ich jage gerne mit den Jungs, weil es mir den Zugang zu ihnen erleichtert. Manchmal erlaube ich mir, ein Jungtier überlebenzulassen. In Situationen, in denen wir wenig Nahrung finden, mache ich das heimlich. Haben wir genug zu essen, so diskutiere ich mit ihnen über vernünftiges und respektvolles Jagen.

Samstag 16.7.94

Wir wollen morgen weiterreisen und verschieben den Sonntag auf heute. Ich geniesse ein sonniges Morgenbad und die Ruhe und Stille bevor die Kids aufstehen. Heute gibt es drei Bannoks zum Brunch. Die gemütliche Frühstücksrunde dauert bis in den Nachmittag hinein. Mit Herumhängen und Spielen vergeht ein geruhsamer Sonntag. Ich freue mich an einer einsamen Wanderung durch den Busch. Momentan ist an diesem Ort noch wenig Nahrung auffindbar. Barbara und ich besprechen später Nahrungs- und Planungsfragen. Ich experimentiere mit der Herstellung von Popkorn aus Seerosensamen. Die Körnchen schmecken lecker, sind aber im Vergleich zu den Maiskörnern winzig. Alle freuen sich auf die Weiterreise und sind guter Laune.

Den Sonntag feiern wir als einen freien Tag an dem jede faulenzen darf, soviel sie will. Die Lebensmittelrationen sind höher, so dass keine Wildnisnahrung gesammelt werden muss. Manchmal sind wir unterwegs und verschieben den Sonntag auf einen Lagertag. Viele Jugendliche haben ohne Struktur in den Tag gelebt. Es ist wichtig, dass die Tage und Wochen mit Arbeits- und Freitagen wieder eine feste Struktur bekommen. Zudem wird die endlos erscheinende Zeit in der Wildnis zu einer überblickbaren Grösse.

Sonntag 17.7.94

Wir reisen weiter durch Flüsse und Seen. Der Weg ist einfacher als ich nach dem Kartenstudium erwartet habe. Wir entdecken durch Jörgs Markierungen einen kleinen Verbindungsfluss, der uns eine Portage erspart. Peter und Ivan finden einen schönen Lagerplatz mit vielen Pilzen. Ivan und Nils haben keinen Erfolg beim Fischen. Wir sind verwöhnt von einem täglichen Fischfilet. Wenn es fehlt, entsteht sofort Hungerstress und muffige Stimmung. Kurt sitzt apathisch am Boden und bewegt sich nur noch auf Anweisung. Die Fischer werden beschuldigt, zuwenig Ausdauer gezeigt zu haben. Diese werden sauer und weigern sich weiterzufischen. Alain und Thomas packen die Ruten, paddeln los und bringen drei Fische zurück. Barbara und ich verzichten auf ein Stück Fisch, damit jeder ein Filet erhält. Der Abend ist gerettet und der Hunger besänftigt. Ein Gewitterregen treibt die Kids ins Zelt. Barbara und ich geniessen bei einer Tasse Tee die Jagdpause der Mücken und Sandfliegen.

Hungerstress ist ein Dauerthema in der Wildnis. Durch die eingeschränkte Menge Grundnahrungsmittel ist es nötig, dass jede mit voller Aufmerksamkeit mitarbeitet und alles genau aufgeteilt wird. Die Kids sind daran gewöhnt, ständig zu konsumieren. Hier gibt es wenig Konsummöglichkeiten. Dadurch entsteht viel Stress mit sich selbst. Der Stress bringt schwelende Konflikte ans Licht, die ausgehandelt werden müssen. „Es läuft was". Manchmal wird alles Mögliche unter der Rubrik Hungerstress abgebucht. Wirklich nagender Hunger ist nicht so häufig, wie die Angst davor und die Lust auf Süssigkeiten und Abwechslung.

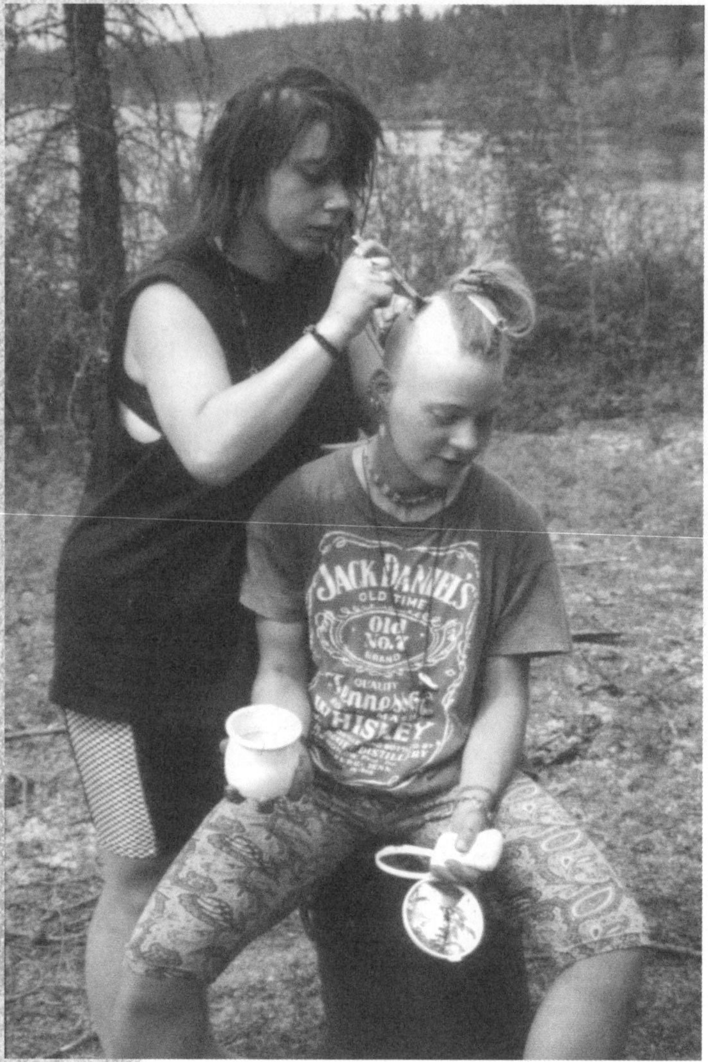

Montag 18.7.94

Wir kommen gut vorwärts. Jörg hat uns die Route an den Kreuzungen deutlich signalisiert. Trotzdem lassen wir uns durch einen Trampelpfad auf eine falsche Route leiten. Ich bemerke erst eine Weile später, dass etwas nicht stimmen kann. Während Barbara mit den Jungs das Mittagessen einnimmt, suche ich die ganze Umgebung ab. Jetzt finde ich die Markierungen. Eine Stunde später bin ich wieder bei der Gruppe. Peter und Nils fehlen. Sie sind Pilze suchen gegangen. Wir entdecken ihre Survivalkits Kompässe und Karten in der Nähe des Feuers und glauben, dass sie sich verirrt haben müssen. Jetzt nur keine Panik. Mit Ivan, Thomas und Kurt mache ich mich auf den Weg zum Camp der Spurgruppe, während Barbara mit den anderen auf Peter und Nils wartet. Unterwegs treffen wir auf die zwei Vermissten. Sie sind einen Trapperpfad[1] entlang gelaufen und wollten schauen, wo er hinführt. Ich bin heilfroh, die zwei anzutreffen und gleichzeitig stocksauer über deren Verhalten. Wir finden das Camp und eine Notiz, laut der Jörg mit seiner Gruppe am Abend vorbeikommen wird. Wir transportieren Boote und Fässer einen steilen Hang hoch für die Portage.

Die Jungs sind sehr müde, als Jörg mit den Frauen eintrifft und die Begrüssung ist entsprechend träge. Wir Teamerinnen freuen uns am Wiedersehen. Die Frauen sehen gut aus, tragen neue, steile Frisuren und haben eine gute Zeit zusammen gehabt. Sie wirken enttäuscht über die müden Männer. Beim Nachtessen erzählen die Frauen von ihrer ersten Begegnung mit einem Bären. Auf der Portage ist er ihnen auf dreissig Meter Entfernung entgegen gekommen. Es sei ein jungendlicher, neugieriger Bär gewesen. Der Warnschuss von Jörg habe ihn nicht sonderlich beeindruckt und er sei gemütlich davon gezottelt. Jörg und die Frauen verabschieden sich und wandern mit ihren letzten Gepäckstücken ins neue Basiscamp. Dort wollen sie morgen das Lebensmittellager bauen. Der Platz hier ist toll. Ein glühend roter Sonnenuntergang verspricht für Morgen einen schönen Sommertag, hoffentlich mit weniger Sandfliegen. Diese waren heute in Schwärmen unterwegs und haben uns schlimm zugesetzt. Es ist längst Mitternacht

1 Trapperpfad: Ein Trapperpfad ist ein gut sichtbarer Weg, der von Trappern benutzt wird. Trapper ist ein Begriff für Jäger- und Fallensteller, der in Nordamerika verwendet wird. Die Trapperpfade werden vor allem im Winter zum Fallenstellen gebraucht.

vorbei, bis alles erledigt ist. Die Kids sind bereits am Schlafen, als Barbara und ich mit einem kühlen Bad im See den Schweiss des Tages abwaschen können. Die Natur entschädigt uns mit einer traumhaften Stimmung und lässt uns die Belastungen dieses Tages vergessen.

Dienstag 19.7.94

Frühstücken bei leichtem Regen. Wir packen und schleppen unser Gepäck über die zwei Kilometer lange Portage. Die Gruppe arbeitet Hand in Hand. Die erste Runde klappt gut. Die zweite ist Horror. Wir werden von blutrünstigen Moskitos ausgesaugt. Entnervt kochen wir am Ende der Portage unser Mittagessen. Es gibt Bouillon mit frischen Pilzen und Bannok. Nils, Ivan und Peter bieten sich an, das letzte Boot zu holen. Wir haben heute Morgen am Ausgangsort der Portage die ersten reifen Blaubeeren entdeckt und die Kids wollen davon sammeln. Wir anderen paddeln zum wunderschönen Lagerplatz. Die Frauen haben ein gutes Lebensmittellager gebaut. Es wird von den Männern genau inspiziert und für gut befunden. Wir mahlen Getreide und machen die Lebensmittel für die Expedition bereit, die morgen mit mir starten wird. Die Kids sind bis spät am Fischen. Sie nutzen die guten Fischgründe und fangen Hechte und Zander.

Eine der schlimmsten Plagen in der Wildnis sind die Mücken und Sandfliegen. Sie belästigen uns über Wochen täglich zu bestimmten Stunden. Sie erschweren die Arbeit und den Genuss der Freizeit beträchtlich. Manchmal würde man zum Herumschlendern in Badehosen einen Leibwächter benötigen. Geht man nachts schlaftrunken aufs Klo, warten mehrere Mücken am Moskitonetz auf die Möglichkeit, schnell ins warme Zelt zu schwirren. Nun kann man wählen zwischen einer ausgiebigen Mückenjagd oder einem unruhigen Schlaf und einem verstochenen Gesicht am Morgen. Bei vielen Teilnehmerinnen waren die Vorstellungen von Bären und Wildwasserfahrten das schlimmste, bevor sie in die Wildnis kamen. Hier setzten ihnen die Mücken am meisten zu. Mit Mückengift und Mückennetzen versuchen wir, sie uns vom Leib zu halten. Es gelingt ihnen jedoch immer wieder, uns zu nerven. Mit der Zeit werden sie etwas weniger lästig. Wahrscheinlich ändern sich Blut und Ausdünstung mit der Nahrungsumstellung. Gegen Herbst nehmen die Attacken ab. Spätestens zu Hause, wenn wir uns an die Zeiten in der Wildnis erinnern, sind die Mückenplagen fast vergessen. Ein Winter in der Wildnis hätte verschiedene Vorteile. Mücken und Bären wären im Winterschlaf. Die üblichen Temperaturen von bis zu minus 40° C sorgen für andere Herausforderungen.

Mittwoch 20.7.94

Ich starte mit Kurt, Alain und Ivan zu einer kleinen viertägigen Expedition. Kurt tut sich schwer mit der schnellen Gruppentrennung. Wir wollen einen See erkunden, der über zwei Flüsse erreichbar scheint. Bei heissem, schönem Sommerwetter fahren wir vier Kilometer ostwärts auf dem Wengerlake bis zur Einmündung eines kleinen, mäandrigen Flüsschens. Die Bucht ist übersät mit einem Teppich voller Seerosen. Wir pflücken von den reifen Samen. Das Gelände ist sumpfig. Wir richten uns für die Mittagspause gemütlich auf dem Boot ein, plaudern und blödeln. Der Weg wird komplizierter. Fleissige Biber waren am Werk und haben massive Dämme errichtet. Wir müssen die Boote mehrmals über die Dämme hieven und dabei ins tiefe Wasser stehen. Die Dämme führen zu einer langsamen Verlandung des Gewässers und die Seerosen nehmen das seichte Wasser in Besitz. In einem kleinen, überwucherten See ist der Flussverlauf kaum mehr sichtbar. Das Flüsschen wird zum Bächlein. Auf halber Strecke müssen wir eine kleine Portage einbauen. Ich lasse die müden Männer ruhen und eile dem Flussbett entlang. Weiter flussaufwärts sieht es wieder besser aus. Unser Ziel, der Wickenkamplake, ist nur noch siebenhundert Meter entfernt. Wir kämpfen uns weiter durch stark gewundene, enge Kurven voller Schilf. Die Boote sind schwer zu steuern. Während mich das Feuer der Entdeckerin packt, geht den Kids langsam die Puste aus. Plötzlich erreichen wir ein altes Waldbrandgebiet. Hunderte von toten Bäumen liegen wie ein riesiges Mikado [1] kreuz und quer am Boden und haben unser Bächlein hoffnungslos verbarrikadiert. Da bringt selbst eine Säge nichts mehr.

Die Jungs sind entmutigt und bleiben in den Booten liegen. Ich erkunde die Umgebung und suche nach einer geeigneten Lagerstelle. Etwa fünfzig Bäume versperren den Bach dreihundert Meter vor dem Ausfluss aus dem See. Das rechte Ufer ist durch die vielen umgestürzten Bäume unpassierbar, eine Portage unmöglich. Daran schliesst ein extrem dichter, dürrer Jungholzwald an. Da ist kein Durchkommen mit den Booten möglich. Das linke Ufer ist nur wenig besser. Selbst nur mit dem Rucksack beladen, muss man sich zwischen den starren Baumstämmen durchzwängen. Dabei zwicken die dürren Zweige in Arme und Beine oder verhaken sich im Haar und am Rucksack. Im dichten Wald begegne ich zwei Rebhühnern und sehe einen fetten Hasen im Unterholz verschwinden. Meinen Jagdbogen habe ich leider bei den Booten zurückgelassen. Endlich entdecke ich einen schönen Lagerplatz.

Die Jungs sind am Jammern. Geplagt von Mücken brachte die Pause keine Erholung. Wir verstauen die Boote am Ufer des Baches. Ich gebe ihnen die Kompasseinstellung bekannt und verziehe mich mit meinem Gepäck. Die Jungs sind mir zu

[1] Mikado: Mikado ist ein Spiel mit einem Bündel dünner Holzstäbchen. Sie werden wild durcheinander geworfen und müssen von den Spielern einzeln aufgenommen werden, ohne dass sich ein anderes Stäbchen dabei bewegt.

langsam. Sobald ich ausser Sicht bin, werden sie sich erfahrungsgemäss aufraffen. Das Lager liegt hundert Meter vom Ufer des versumpften Wickenkamplake entfernt. Alain begleitet mich zum See, um Wasser zu holen und um zu fischen. Der See ist wunderschön. Ivan und Kurt bleiben saft- und kraftlos im Camp und bereiten das Feuer vor. Nach dem Essen verkriechen sich die zwei ins Zelt und freuen sich bereits auf das Essen von morgen. Sie wollen das Risiko nicht eingehen, vergebens zu fischen und dabei sinnlos Kalorien zu verbrennen. Gegen einen Müsliriegel, wie sie auf zivilisierten Bergwanderungen üblich sind, hätte heute niemand etwas einzuwenden. Alain streift mit mir stundenlang durch die Gegend. Wir treiben ein Rebhuhn auf und schleichen ihm lange nach. Leider treffe ich im dichten Unterholz nicht. Der Pfeil wird durch ein feines Zweiglein abgeleitet und das Huhn kann entwischen. Langsam macht sich meine Müdigkeit in der Treffsicherheit bemerkbar. Trotzdem geniessen wir die besondere Atmosphäre der gemeinsamen Jagd. Bei Vollmond braten wir eine Pfanne voller Pilze, die wir während der Pirsch gesammelt haben. Alain bietet mir eine Zigarette aus seinen kostbaren Tabakreserven an. Das helle Mondlicht glitzert auf dem See. Es ist eine unbeschreiblich schöne Nacht zum Träumen.

Donnerstag 21.7.94

Alain versuchte gestern vom Ufer her zu fischen. Die Angelrute hatte sich mehrmals im Gebüsch verheddert und er hat dabei einen Blinker verloren. Die Boote bringen wir nicht bis zum See. Also besteht für heute keine Aussicht auf einen Fischfang. Da der Forschungsauftrag erfüllt ist, beschliessen wir, bereits heute an den Wengerlake zurückzufahren. Wir starten um zwölf Uhr, kämpfen uns durchs Dickicht und finden mit dem Kompass die Boote auf Anhieb. Die Rückfahrt geht schneller, aber es beginnt in Strömen zu regnen. Wir müssen mehrmals aus dem Boot aussteigen, weil zuwenig Wasser im Bach ist. Wir selber werden immer nässer. Das schlecht verpackte Zelt der Kids flattert in der Pfütze des Bootes herum. Am Wengerlake angekommen, wollen die Jungs nur noch nach Hause ins Hauptlager. Sie sitzen wie paralysiert im Boot. Die Boote, die Schuhe, die Kleider, das Zelt, alles ist durchnässt. Kurt friert und jammert. Er ist nicht dazu zu bewegen, seinen warmen, trockenen Faserpelz aus dem Rucksack zu graben.

Er schöpft kein Wasser aus dem Boot und bleibt schlotternd in seiner Misere sitzen. Er will nur noch zurück. Ivan findet, ich sei strenger als ein Offizier, auch er will aufgeben. Ich bin selten zu bewegen, Pläne wegen nassen Kleidern fallen zu lassen. Beim Beobachten des Himmels sehe ich, dass das Wetter wieder besser wird, wenigstens für eine Weile. So lasse ich sie trödeln, bis die Sonne sich durchgekämpft hat.

Nun paddeln sie friedlich mit mir weiter. Wir finden bald eine schöne Lagerstelle in einem Birkenhain. Ein starker Westwind kommt auf und hilft uns die Sachen trocknen. Die Jungs packen wieder mit Elan an. Bei meiner obligaten Runde im Gelände ums Lager herum, stosse ich auf zwei junge Rebhühner. Obwohl sie sicher gut schmecken würden, kann ich sie nicht töten. Sie sind so vertrauensvoll und haben kaum etwas von der Welt gesehen. Der Wind frischt stetig auf und bald wird es unmöglich zu fischen. Im Gruppengespräch reden wir über unsere Abenteuerreise. Ich vergleiche sie mit der „Cameltrophy“[1]. Regen, Kälte, nasse Füsse und Mücken sind die grössten Stolpersteine der Abenteurer. Schon schwingt ein wenig Stolz mit, nicht sofort aufgegeben zu haben. Gegen zehn Uhr lässt der Wind nach. Ivan und Alain gehen fischen. Sie erbeuten vier kleine Hechte und zwei Zander. Wir grillen sie bei hellem Vollmondlicht und essen um Mitternacht.

Abenteuer sind so eine Sache. Die Kids kommen zu uns, weil sie die abenteuerliche Reise in die Wildnis Kanadas reizt. Ihre Vorstellungen von Abenteuer haben sie beim Anschauen von spannenden Filmen und Videos entwickelt. Diese schauten sie in warmen Räumen gemütlich an, tranken dazu ein Bier oder eine Cola und rauchten in spannenden Momenten eine Zigarette. Diese Dynamik musste ich auch erst einmal begreifen. Eine Situation wie heute braucht Fingerspitzengefühl. Ich muss die Kids mit einer selbstverständlichen Sicherheit durch die widrigen Momente führen, im richtigen Moment nicht nachgeben und sie gleichzeitig nur soviel unter Druck setzen, damit keine Gruppenrebellion entsteht. Meine eigenen kalten Füsse müssen mir egal sein. Dabei hilft mir meine Abenteuerlust und das Wissen, dass solche Situationen, wenn sie einmal überstanden sind, prägend wirken. Mit Jungs habe ich den Frauenbonus. Er bewirkt, dass sie der Ehrgeiz packt, so lange durchzuhalten wie ich als Frau.

Freitag 22.7.94

Es bläst ein extrem starker Wind aus der Richtung, in die wir wollen. Wir haben keine Chance zurückzufahren. Wir brunchen, warten und spielen. Ich beobachte den Wind und den See. Die Wellen sind hoch und tragen Schaumkronen. Kurt

[1] Cameltrophy: Die Cameltrophy ist ein abenteuerliches Rennen mit geländegängigen Automobilen. Die Zigarettenfirma Camel zeigt in ihren Reklamefilmen immer wieder spannende Ausschnitte davon. Für die Kids ist es der Inbegriff von Freiheit und Abenteuer.

und Ivan versuchen erfolglos im Windschatten der nahen Insel zu fischen. Wir haben keine Nahrungsreserve dabei. Alle beginnen fleissig im Wald nach Nahrung zu suchen und finden Flechten, Pilze und Weidenröschen. Wir bereiten damit eine Suppe zu. Später flaut der Wind etwas ab. Wir wollen versuchen zurückzufahren. Bei dem bewegten Wasser dauert es ewig, bis alles Gepäck in den Booten vertäut ist. Wir starten, obschon die Windstärke wieder leicht zunimmt. Kurt und Ivan kommen gut voran. Alain gibt sich vorne in meinem Boot grosse Mühe. Wir kommen auch vorwärts, aber deutlich langsamer. Ich gebe zwischendurch strenge Anweisungen, weil jede Unterbrechung des Rhythmus uns sofort vom Kurs abtreibt. Alain hat Mühe mit langen, konstanten Leistungsanforderungen. Zum Glück lässt auf halber Strecke der Wind nach. Sofort vermindert sich die Konzentration meines Bootspartners. Nach zwei Stunden harter Paddelarbeit erreichen wir glücklich das Lager.

Im Lager ist die Stimmung gedämpft. Meine Crew kommt strahlend an, wie nach einer siegreichen „Cameltrophy“. Die Strapazen sind vergessen und voller Stolz wird erzählt und „geblufft“. Jörg und Barbara freuen sich, dass wir es geschafft haben, zurückzufahren. Jörg hat damit gerechnet, dass wir wegen dem starken Wind erst einen Tag später kommen. Wir sind jedesmal erleichtert, wenn wir uns zum abgemachten Zeitpunkt treffen. Unterdessen war im Hauptcamp wenig los. Die Kids sind schlaff drauf, haben Heimweh, vermissen die Zivilisationsgüter und haben Mühe mit den täglichen, sich wiederholenden Arbeiten rund um die Nahrungsbeschaffung.

Samstag 23.7.94

Wir feiern heute Sonntag, weil wir morgen reisen wollen. Mit einem langen Brunch, lesen, Material ordnen, fischen, baden und in der Hängematte faulenzen, zerrinnt ein gemütlicher Tag. Im Team läuft es reibungslos. Wir besprechen die letzten und planen die nächsten Tage. Seit einiger Zeit herrscht Stress in der Gruppe, weil einzelnen der Tabak ausgeht. Rachel und Nicole haben keinen Tabak mehr und sie versuchten, Lisa Zigaretten abzuluchsen. Lisa hat ihren Tabak so eingeteilt, dass er bis zum Ende unseres Buschaufenthaltes reicht. Sie hat ihren zwei Zeltkolleginnen schon lange geraten, nicht achtlos drauflos zu rauchen, sie könne ihnen später keinen Tabak abgeben. Kaum ging ihnen der Tabak aus, wurde Lisa ständig angemacht, sie sei eine schlechte Kollegin. Wären Nicole und Rachel an ihrer Stelle, würden sie allen Tabak mit ihr teilen. Kürzlich haben die zwei Tabak von Lisa geklaut. Die Versuchung sei zu gross gewesen. Lisa ist enorm enttäuscht.

Sie verkraftet den Vertrauensmissbrauch nur schwer. Sie hat seit Tagen den „Anschiss“, vor allem auch deswegen. Ihre intensive Beziehung zu Nicole bröckelt ab. Die zwei Diebinnen rücken näher zusammen. Einzelne Kids rauchen vom Indianertabak, dem Bärenkraut (siehe Glossar). Er schmeckt ihnen nicht recht und ist nur ein schwacher Ersatz für Zigaretten. Zudem muss er gesammelt und getrocknet werden. Die Trägheit besiegt die Sucht. Die Energie reicht noch knapp zum Jammern und Träumen von dem, was nicht zu haben ist. Ein grandioser Sonnenuntergang wird abgelöst von einem fantastischen Mond. Die tollen Naturschauspiele können die fehlenden Zivilisationsgüter nicht ersetzen. Morgen werde ich mit den Frauen weiterreisen und Jörg wird eine Exkursion mit Nils, Peter und Thomas starten. Barbara bleibt mit ihrer Gruppe im Hauptcamp zurück.

Sonntag 24.7.94

Chaos im Camp. Es sieht aus wie auf der „Gasse“. Kleider, Schuhe und schmutzige Pfannen liegen im Dreck herum. Die Boote, die wir für die zwei Reisen benötigen, sind vom späten Fischen verschmutzt und schlecht gewartet. Die Fischerruten sind verschlampt und der Silk[1] verheddert. Wir versuchen Ordnung in das Chaos zu bringen und die Verantwortlichen zu packen. Statt Frühstück machen wir Radau. Am späten Vormittag fahre ich mit den Frauen los. Unter den Frauen herrscht „dicke Luft“. Sie haben wenig Kraft beim Paddeln und kommen kaum vom Fleck. Nach zwei Stunden suchen wir einen geeigneten Lagerplatz. Ich schaue mich in der näheren Umgebung um, erwische ein Rebhuhn und finde einige Pilze. Nach einem gemütlichen, späten Mittagessen gehe ich erneut auf die Jagd. Nicole und Rachel wollen fischen und Lisa will sammeln.

Auf meiner Wanderung treffe ich auf eine verlassene Hütte, eine Fahrpiste und Motorengeräusche. Ich eile zurück zu unserem kleinen Lager. Rachel und Nicole liegen in Büstenhaltern und Unterhosen in der Sonne. Es gebe keine Fische im

[1] Silk: Angelschnur aus Nylon.

See. Sie wollen es gegen Abend nochmals mit fischen versuchen. Lisa sei in der gleichen Aufmachung Pilze suchen gegangen. Ich informiere die zwei darüber, dass hier Menschen auftauchen können. Wir können nicht wissen, wie diese auf halbnackte Touristinnen reagieren würden. Ich will, dass sie entsprechend angezogen und vorsichtig sind. Die zwei verstehen meinen Stress nicht. Ich werde sauer und weise sie an, ab sofort wie gelernt, gut gekleidet auf die Pirsch zu gehen. Halbherzig und mit einem schiefen Lächeln über die „spiessige Alte" ziehen sie etwas mehr an. Ich mache mich erfolglos auf die Suche nach Lisa. Unterdessen sind Nicole und Rachel in ähnlicher Aufmachung wie vor meiner Rüge, fischen gegangen. Erneut zur Rede gestellt, meinen sie cool, es sei sonst einfach zu heiss. Trotz schlimmen persönlichen Erfahrungen, realisieren sie nicht, dass sie so halb nackt provozierend wirken.

Im Gruppengespräch rolle ich das Ganze nochmals auf. Es ist kühler und sie werden langsam einsichtiger. Die Stimmung zwischen den Frauen ist denkbar schlecht. Wir sprechen über die Klauerei unter Kolleginnen. Lisa möchte gerne wieder ein vertrauensvolles Verhältnis zu den zwei Zeltpartnerinnen aufbauen. Sie wünscht sich, dass alles wieder wie vorher wird und bemerkt gleichzeitig, dass sie Zeit zum Verdauen der Vorkommnisse braucht. Nicole hat sich seit dem Vorfall eng mit Rachel zusammengeschlossen. Die zwei versuchen raffiniert, ihren Diebstahl zu bagatellisieren und gemeinsam einen Angriff auf Lisa zu machen. Lisa sei kompliziert, nachtragend und wisse nicht, was sie wolle. Sie sei halt noch jung. Lisa ist in einer schwierigen Situation. Sie ist enttäuscht über den Vertrauensmissbrauch, versucht sich ernsthaft auseinanderzusetzen und hat gleichzeitig Nicole als Vertraute verloren.

Seit Wochen schulen wir nun Sicherheitsmassnahmen. Mir wird schlecht, wenn ich daran denke, dass eine der Frauen knapp bekleidet auf einen Jäger treffen oder sich über Nacht im Wald verirren könnte. Wir versuchen unsere Reise so zu planen, dass wir möglichst wenig Menschen antreffen. Es kann trotzdem vorkommen, dass wir auf einzelne Jäger oder auf ein Fischercamp treffen. Im allgemeinen sind diese Menschen freundlich. Manchmal kann man aber auch auf alkoholisierte, unberechenbare Männer mit Waffen treffen. Wir sind nun eine Weile in der Wildnis und haben erst einen gutmütigen Bären angetroffen. Die Kids wiegen sich deshalb in falscher Sicherheit, werden nachlässig und unvorsichtig und glauben, es gebe keine ernsthaften Gefahren. Sie verbuchen die Vorsicht der Leiterinnen als übertriebene Ängstlichkeit. Momentan sind Rachel und Nicole in einer rebellischen Phase. Sie versuchen, sich mit ihrem Verhalten gegen mich zu stellen und gleichzeitig von ihren Klauereien abzulenken. Ich muss mich bemühen, ihrer Auflehnung Raum zu geben, ohne dass sie sich gefährden. Sie spüren natürlich, dass sie mich am meisten stressen können, wenn sie sich unvorsichtig verhalten. Geschieht ein Unfall oder eine schlechte Begegnung mit Menschen, werden wir Leiterinnen letztendlich zur Verantwortung gezogen. Die Auseinandersetzung mit ihnen gleicht einer Gratwanderung.

Montag 25.7. 94

Heute mache ich mit Nicole eine Persönlichkeitsanalyse anhand ihres Grundhoroskops[1]. Wir kommen an einen wesentlichen Punkt in ihrer inneren Dynamik. Sie stellt sich gerne in den Schatten eines Partners oder einer Freundin und teilt ihre persönlichen Wünsche und Bedürfnisse nicht mit. Oft spürt sie nicht, was sie eigentlich möchte oder sie traut sich nicht, es mitzuteilen. In solchen Situationen wählt sie unbewusst die Rolle der Mitläuferin. Ihr grosses Harmoniebedürfnis verschärft diesen Mechanismus. Während die Mädchen auf Nahrungssuche gehen, taucht plötzlich Jörg auf. Er ist gestern abend mit seiner Gruppe am anderen Seeufer vorbeigeschlichen und hat weiter unten an diesem See ein Camp errichtet. Sie haben den Fluss erforscht, auf dem unsere Route weiterführt. Der Fluss hat über weite Strecken zuwenig Wasser und ist unbefahrbar. Das zweite Gebiet, das sie in diesen Tagen auskundschaften wollten, war ebenfalls ein Flop. Die Wasserwege sind versumpft. Unterwegs sind sie auf ein Sommercamp von Indianern getroffen und haben mit ihnen geplaudert. Es sind dieselben Leute, deren Motorenlärm mich gestern gestresst hat. In einem schnellen Kraftakt paddeln wir ins Hauptlager, holen unser Kartenmaterial und beginnen mit der Planung einer Alternative.

Unterdessen sind die drei Frauen gemeinsam beim Fischen. Sie haben sich im Boot wie in einem Fabrikbetrieb organisiert. Während Nicole rudert und steuert, fischt Rachel und Lisa präpariert die Fische pfannenfertig. Sie sind guter Dinge und erfreuen damit mein Herz. Sie fangen drei Hechte und drei Zander. Mit Mühe und Not schaffen wir es, alle aufzuessen. Lisa sah nach vier Fischen genug und wollte an Land gehen. Nicole und Rachel konnten ihr Jagdfieber nicht zähmen, als die Fische gut anbissen. Die Stimmung unter den Frauen ist deutlich entspannter. Sie gehen vorsichtig miteinander um, etwa so, wie man das Eis eines frisch zugefrorenen Teichs betritt. In einem spannenden Gruppengespräch diskutieren wir über Männer und Partnerschaftsvorstellungen. Alle drei möchten gerne eine Beziehung, die ihren persönlichen Plänen und Ideen genügend Spielraum lässt. Sie haben alle Erfahrungen hinter sich, in denen sie sehr abhängig und eingeengt waren. Rachel hat bisher nahtlos von einer Beziehung zur anderen gewechselt. Momentan spürt sie deutlich, dass eine enge Beziehung ihre eigene Entwicklung behindert. Als ich mich ins Zelt zurückziehe, kauen Nicole und Rachel noch am letzten Fisch herum.

[1] Grundhoroskop: Das Grundhoroskop wird anhand der Geburtszeit hergestellt und eignet sich mit seinen Tabellen und Zeichnungen zur Analyse der Persönlichkeit.

Auf der Suche nach Erweiterung meines beraterischen Handwerkzeugs, bin ich unter vielem anderen auf die Astrologie gestossen. In einer dreijährigen Ausbildung habe ich das Diplom als Astrologin erworben. Von den Kids, die das möchten, lasse ich ein persönliches Horoskop machen und nehme es mit auf die Reise. Ich habe immer wieder erlebt, dass in festgefahrenen Situationen eine Horoskopbesprechung half, einen Ausweg zu finden (siehe 4.3.6).

Dienstag 26.7.94

Während meinem frühen Morgenbad fährt Jörg im Kanu vor. Wir besprechen verschiedene Alternativen. Anschliessend paddelt er allein ins Basiscamp zurück. Dort will er versuchen, die ersten Schritte per Funk einzuleiten. Die Frauen beenden ihren Erlebnisbericht für das Logbuch[1]. Sie befassen sich schon lange damit. Ihre Methode, zu dritt zu arbeiten, ist gemütlich und zeitraubend. Dazu knüpfen sie farbige Armbänder. Der Bericht kann sich sehen lassen. Mittags arbeite ich mit Rachel anhand ihres persönlichen Horoskops. Es entsteht ein spannendes Gespräch. Wir stossen auf interessante, widersprüchliche Themen, an denen wir in der Einzeltherapie weiterarbeiten werden. Sie hat eine stark symbiotische Tendenz, die sie dazu verführt, schnell eine Liebesbeziehung einzugehen und sich darin zu verlieren. Daneben hat sie eine Seite, die eigenständig und unabhängig sein will. Lisa und Nicole haben unterdessen das Mittagessen zubereitet. Während Nicole und Rachel das Zelt abbrechen und das Lager räumen, kommt Lisa zur ihrer Persönlichkeitsanalyse. Trotz brütender Hitze entsteht ein angeregtes Gespräch. Als Wichtigstes entdeckt Lisa, dass sie sich oft ausnutzen lässt. Sie traut sich kaum, darüber richtig sauer zu werden und vergräbt allen Groll tief in sich. Wut und Ärger nagen lange Zeit in ihr weiter und vergiften ihr Wohlbefinden. Sie bemerkt, dass sie sich schnell jemandem anpasst und sich dabei vergisst. Sie möchte an diesen Themen weiter arbeiten. Mit gleichmässigen Paddelschlägen verlassen wir den Ort am Steilufer, an dem wir in kurzer Zeit so viele verschiedene Stimmungen durchlebt haben. Die Mädchen freuen sich, „nach Hause" zurückzukehren. Oft ist die Rückkehr enttäuschend, weil im Camp eine gelangweilte „Anschissstimmung" herrscht; so auch heute. Nils, Peter und Thomas kommen freudestrahlend zurück. Peter hat mit dem Bogen sein erstes Rebhuhn geschossen. Thomas hat zwei junge Rebhühner mit einem Wurfholz erlegt. Die drei haben gemeinsam mit Jörg die abenteuerliche Kundschafterreise genossen. Das Leben in einer kleinen Gruppe sei viel gemütlicher.

1 Logbuch: Das Logbuch ist unsere vereinsinterne Zeitung, die etwa alle zwei Monate in der Schweiz herauskommt und an die Vereinsmitglieder verschickt wird. Darin wird über die laufenden Projekte berichtet. Die Jugendlichen tragen ihren Teil mit persönlichen Erlebnisberichten bei.

Am Abend folgt ein langes Gruppengespräch. Die Reisenden berichten von ihren Erlebnissen. Aufsehen erregt die neue Abmachung zum Fischen. In letzter Zeit wurde erst nach dem Nachtessen richtig gefischt, dabei das Material verschlampt, viele Blinker verloren, bis spät in die Nacht Fische gebraten und zuwenig geschlafen. Alle diesbezüglichen Auseinandersetzungen haben nichts gefruchtet. Wir bestimmen, dass für die nächste Zeit nur während der Arbeitszeit gefischt und anschliessend das Material gepflegt wird. Damit wollen wir erreichen, dass eine bessere Arbeitsdisziplin entsteht und das Fischermaterial bis Ende der Buschzeit brauchbar ist. Die Kids finden das „oberdoof" und haben Angst, dabei zu verhungern. In der nächsten Runde informieren wir über die Probleme mit der Reiseroute. Jörg hat die Flugbasis erreicht. Ein Flugzeug wird ihn so bald wie möglich abholen. Sie werden die Strecke überfliegen, um herauszufinden, ob eine Chance besteht, sie zu befahren. Alain intensiviert sein Hauptthema der letzten Tage. Er will unbedingt die Therapie abbrechen. Er droht uns, er werde schon eine Möglichkeit finden, dass wir ihn ausfliegen lassen. Schlimmstenfalls werde er das erwartete Flugzeug kapern und den Piloten erpressen.

Die Jungs kühlen ihren Ärger betreffend fischen mit einem Bad ab. Plötzlich landet ein Flugzeug und holt Jörg ab. Alain steht mit eingeseiften Haaren im Wasser und schaut regungslos zu, wie es wieder startet. Ich habe den Eindruck, dass er erleichtert ist, als das Flugzeug wieder weg ist. Das Krisenmanagement ist stressig und braucht die ganze Aufmerksamkeit von Barbara und mir. Die Kids sind sauer, als sich nach Stunden abzeichnet, dass Jörg heute nicht mehr zurückkommen wird. Sie fluchen über ihn und sind neidisch, weil er sich jetzt sicher den Bauch mit gutem Zivilisationsessen füllen werde. Als ich voller Überzeugung sage, dass er ihnen sicher etwas mitbringen werde, wenn er wirklich ausfliegen müsse, schlägt der Ärger in Vorfreude um.

Alain hat bereits in der Schweiz mehrmals gegen den Wunsch nach Abbruch der Therapie kämpfen müssen. Er hat BigTrail unter anderem auch gewählt, damit er nicht so einfach davonlaufen kann. Innerlich hat er sich noch nicht klar für die Therapie entschieden. In der Wildnis spürt er in der letzten Zeit wieder einen starken Drang, aufzugeben. Seine Erstarrung heute, als das Flugzeug auftauchte, zeigte deutlich seine Ambivalenz. Vermutlich wäre für ihn genauso schlimm, wenn er aus der Therapie austreten könnte. BigTrail ist für ihn trotz allen Schwierigkeiten ein Zuhause geworden.

Mittwoch 27.7.94
Frühmorgens weckt uns ein starkes Gewitter. Im Nu ist alles nass und das Feuer braucht mehr Zeit und Aufmerksamkeit. Die Kids holzen, sammeln, fischen und haben Therapiegespräche. Während Barbara und ich kochen, schreiben sie die zweite Standortbestimmung. Sie nehmen Stellung zu ihrer persönlichen Entwicklung in den letzten sechs Wochen und erarbeiten Ziele für die nächsten sechs Wochen. Kurt ist seit Tagen schlecht gelaunt und sägt ausdauernd an unseren Nerven herum. Er bittet mich um eine Besprechung anhand seines persönlichen Grundhoroskops, weil er von seinem Elend genug habe. Das Gespräch ist kurz und intensiv. Es ist ihm in seiner Krise eine grosse Hilfe. Er findet heraus, dass er sich Zeit für sich allein organisieren muss. Er kommt unter Druck, wenn er immer mit jemandem zusammen ist und versucht, alles mitzumachen und überall mitzuschwatzen. Sein wortkarges Wesen will er nun akzeptieren und seinen eigenen Weg finden. Er plant, mehr allein zu jagen und zu sammeln und so zu sich zu finden. Um sechs Uhr sind 21 Fische da: Hechte, Zander und eine unbekannte Sorte Weissfisch. Das Nachtessen mit frischem, warmem Brot schmeckt wunderbar.

Schon vor dem Gruppengespräch laufen Streitereien wegen verschiedenen Zigarettenklauereien. Wir finden nicht heraus, wer wem was geklaut hat. Es ist keine Lösung in Sicht. Daraus entsteht eine lange Diskussion über Kameradendiebstahl und Gruppenzusammenhalt. Morgen startet das erste Setting ohne Leitung. Die Kids werden in zwei Gruppen aufgeteilt, vier Tage allein leben. Sie freuen sich, selber schalten und walten zu können und uns Leiterinnen eine Weile los zu sein. Die vielen Fische sorgen für eine zufriedene Stimmung. Mit vollen Bäuchen ist die Welt in Ordnung. Die drei Frauen baden im Licht der späten Abendsonne während vier Jungs mit Karten spielen.

Donnerstag 28.7.94

Am Morgen begrüsst uns strahlendes Sommerwetter. Die Kids trödeln beim Packen und Gehen. Ich werde ungeduldig und treibe sie an. Rachel meint: „Du kannst es wohl kaum erwarten, bis du uns los bist?“ Ich bestätige ihre Meinung: „Natürlich freue ich mich auf ein paar Tage ohne Euch. Ich freue mich aber auch bereits auf Eure Rückkehr am Sonntag!“ Kurt war in den letzten Tagen immer mehr zu einem Aussenseiter geworden und in beiden Gruppen unerwünscht. Er sei faul und jammere ständig. Seit der Horoskopbesprechung geht es ihm besser. Er will einen neuen Anfang machen. Jedes Team hat den Auftrag, als Gruppe zu funktionieren, die Arbeiten gerecht zu verteilen und auftauchende Probleme zu besprechen. Lisa, Peter, Nils und Kurt werden an den idyllischen Platz mit dem Birkenwäldchen paddeln, den wir auf der „Cameltrophy“ entdeckt haben. Sie freuen sich und kommen trotzdem fast nicht vom Hauptlager weg. Alain, Rachel, Nicole, Ivan und Thomas werden in einer nahen Bucht ihre Zelte aufschlagen. Ich begleite die zwei Gruppen so weit, bis ihnen klar ist, wo sie ihr Lager aufbauen sollen. Stille und Ruhe kehrt im Hauptlager ein. Barbara nutzt die Gunst der Stunde, um das Lebensmittellager in den Griff zu bekommen. Es sind 200 kg neue Lebensmittel mit dem Flugzeug angekommen, die wasserdicht, bärensicher und übersichtlich gelagert werden müssen. Ich nehme mir Zeit zum Bestimmen von Pflanzen. Dabei interessiert mich vor allem, ob sie essbar sind. Spät abends bemerken wir, dass Thomas und Alain mit dem Kanu in ihr Lager zurückkommen und mit grosser Begeisterung begrüsst werden. Wir werden misstrauisch und wollen dem morgen nachgehen. Wir haben den Verdacht, dass sie das Indianercamp aufgesucht haben.

Seit zwei Monaten sind wir nun pausenlos, Tag und Nacht mit den Kids zusammen gewesen. In den letzten Tagen freuten wir uns sehr auf die kurze Verschnaufpause. Wir geniessen die Ruhe und gleichzeitig stresst es uns, die Kids auf ihrer ersten Bewährungsprobe zu wissen. Werden sie vorsichtig genug sein? Hoffentlich verirrt sich niemand! Die Kids sind ebenfalls ambivalent. Sie freuen sich auf die Zeit ohne die „Alten“, in der sie selber den Tagesablauf bestimmen und ihr Wissen auf die Probe stellen können. Daneben erschweren Unsicherheiten und Ängste das Loslösen und sie kommen kaum weg vom Lager. Wir müssen sie beim ersten Setting ohne Leitung manchmal richtig rauswerfen. Wir befürchten Schwierigkeiten betreffend der Indianerhütte. Der Vierergruppe trauen wir mehr Eigenständigkeit und Zuverlässigkeit zu. Wir schickten sie deshalb an den weiter entfernten Ort mit der Bitte, die Hütte nicht zu besuchen. Sie versprachen mir das glaubwürdig. Die Fünfergruppe schätzen wir problematischer ein, insbesondere Alain. Wir suchten für sie einen nahen Lagerplatz, zwar ohne Sichtkontakt, aber mit Rufkontakt. Der 17 jährige Alain ist immer noch in der Rolle des Rädelführers und selbst die älteren Kids wie Peter und Nicole lassen sich von ihm zu Gaunereien verführen. Von Alain konnten wir zu diesem Zeitpunkt noch kein erwachsenes Verhalten erwarten. Wir beschlossen, ihn in der Gruppe nahe bei uns einzuteilen.

Freitag 29.7.94
Mittags fliegt Jörg übermüdet und erschöpft aus Fort Mc. Murray zurück. Er bringt für die Kids Äpfel, Schokolade, Coca-Cola und ein Päckchen Zigaretten mit. Jörg und ich machen uns für ein paar Stunden mit dem Kanu auf den Weg, um die Kids in ihren Lagern zu besuchen und ihnen die Geschenke zu bringen. Die nahe Fünfergruppe hat vor allem Augen für die Mitbringsel und bemerkt uns kaum. Irgendwie herrscht eine eigenartige, dunkle Grundstimmung. Nach der ersten Geschenkeuphorie plaudern sie mit uns. Ich versuche, den Grund für ihr Begeisterungsgeschrei von gestern Abend herauszufinden. Alain habe mit dem Wurfholz ein Rebhuhn erlegt und damit das Essen bereichert, geben sie mir zur Antwort und zeigen stolz die Rebhuhnfedern. Sie haben gestern einen Bären nahe dem Lager gesehen und die Situation gut gemeistert. Es gehe ihnen gut in der Gruppe. Jörg checkt unauffällig das Lager, auf der Suche nach Hinweisen, ob etwas faul ist. Er findet nichts. Wir entscheiden uns, momentan nicht weiter zu forschen. Die andere Gruppe ist weiter weg. Jörg schläft beim Paddeln beinahe ein. Wir werden freundlich begrüsst. Die Vierergruppe fragt nach, was war und wie es weiter gehen wird. Sie geniessen die Zeit zusammen und freuen sich über die Geschenke aus der Zivilisation. Die Stimmung hier ist selbstbewusst und fröhlich. Im Lager hat sich Barbara schon Sorgen gemacht, weil wir lange unterwegs waren. Wir tauschen im Team unsere Beobachtungen aus und werden den Verdacht nicht los, dass die Gruppe in unserer Nähe irgend etwas gedreht hat. Wir werden dem später nachgehen. Jörg hat in Fort McMurray viele Ideen für die Weiterreise entwickelt. Er bekam grosse Unterstützung von Rod Nelson[1], verschiedenen lokalen Jägern und Führern und den Piloten der Flugbasis.

Samstag 30.7.94
Nach einem gemütlichen Morgenessen am Feuer verbringen wir viel Zeit mit Kartenstudium und Routenplanung. Zwischendurch schleicht ein neugieriger Jungbär nahe an unser Camp heran. Als er sich mit gewöhnlichem Lärm nicht vertreiben lässt, schiesst Barbara eine Leuchtpatrone in seine Nähe. Gemütlich und nicht sonderlich beeindruckt trollt er sich davon. Gegen Abend besucht er uns nochmals. Wir werden zum Maybell River wechseln. Je länger wir uns mit dem Ausweichgebiet befassen, desto klarer wird uns, dass wir für ein allfälliges Folgeprojekt von Big-Trail den oberen Teil des Flussgebietes kennen sollten. Wir beschliessen kurzfristig, dieses Gebiet in einer schnellen Befahrung zu erforschen. Barbara kann sich gut vorstellen, einen Tag mit der Gruppe allein zu sein. Wir besprechen mit ihr alle Sicherheitsmassnahmen. Am Abend steht der neue Plan. Unklar ist, ob wir am Dienstag wirklich fliegen können. Seit ein paar Tagen wüten südöstlich von Fort McMurray ausgedehnte Waldbrände. Die meisten Piloten wurden von der Regierung zu Löscharbeiten einberufen.

[1] Rod Nelson: 1994 der Besitzer der Flugbasis.

Sonntag 31.7.94

Wir stehen früh auf. Ich suche mit Jörg den höchsten Punkt in der Gegend auf, um ein zweites Funkgerät zu testen, das Rod uns mitgegeben hat. Es funktioniert hier am Wengerlake nicht. Kurz nach dem Essen legt ein Morgengewitter los. Wir machen eine mehrstündige Fallbesprechung über die Prozesse der einzelnen Kids, unter Einbezug ihrer schriftlichen Standortbestimmungen. Anschliessend steht die Buchhaltung der Taschengelder und des Aufenthaltes in Fort McMurray an. Momentan schieben die Kids ständig Taschengeld herum und „dealen" mit den letzten Zigaretten. Nun möchten sie eine Übersicht über ihr Taschengeld haben. Mit Pflanzen bestimmen und fotografieren von unbekannten Pilzen verfliegen die restlichen Stunden ohne Kids im Flug. Je näher die abgemachte Rückkehrstunde kommt, desto mehr ertappen wir uns beim Absuchen des Horizonts und beim Blick auf die Uhr.

Die nahe Fünfergruppe taucht zuerst auf. Aufgeregt erzählen sie vom Besuch eines frechen Bären. Da sie mit ihrem Essen und dem Abfall unsorgfältig waren, ist er an ihrem Lagerfeuer herumgestrolcht. Sie haben trotz allem Glück gehabt und er ist nach einer Weile abgezogen. Die Fünfergruppe hat einige Schwierigkeiten gehabt. Gearbeitet wurde so wenig wie möglich. Die Frauen haben meistens gekocht und die Männer bedient. Jede hat insgeheim gehofft, dass alle von sich aus mithelfen würden. Diese Hoffnung erfüllte sich nicht. Besprochen wurde wenig. Die Beziehung zwischen Alain und Ivan war schlecht. Sie sind ständig aneinander geraten und haben eine aggressive Atmosphäre geschaffen. Die Frauen haben sich nicht getraut, die zwei zu kritisieren, weil die Stimmung bereits explosiv war. Sie hofften, mit bravem Verhalten die Situation beruhigen zu können und schluckten ihren Ärger. Nicole und Rachel merken bei der Besprechung, dass bei ihnen zu Hause oft dem Frieden zuliebe geschwiegen wurde. Sie haben automatisch dasselbe Verhalten angewendet. Die Lebensmittel haben sie schneller als geplant aufgegessen. Sie hatten heute nur noch 100 g Körner pro Person, anstatt 300 g. Trotz allen Schwiergkeiten sei es so schön wie in den Ferien gewesen. Der Busch habe an Reiz gewonnen. Sie beschliessen, ein nächstes Mal mehr zu besprechen und sich nicht darauf zu verlassen, dass es schon irgendwie gehen werde. Viel Groll und Ärger wurde geschluckt oder wild ausgespuckt. Praktisch nie wurde verhandelt oder nach Lösungen gesucht.

Peter, Kurt, Lisa und Nils haben eine gute Zeit zusammen verbracht. Sie haben spät am Tag angefangen zu arbeiten, vorher alles besprochen und alle haben ihren Teil Arbeit beigetragen. Sie haben viele Pilze gefunden, Rebhühner erlegt, mit den Nahrungsmitteln experimentiert und neue Rezepte ausprobiert (z.B. Fischbannok). Ohne grossen Stress haben sie sich organisiert. Kurt ist, entgegen den Befürchtungen der anderen, gut integriert gewesen und hat viel gearbeitet. Er strahlt Freude und Zufriedenheit aus. Es sei wie eine Urlaubsreise gewesen. So habe ihnen der Busch gefallen: selber bestimmen, viel schlafen und lesen und gemütlich zusammenarbeiten. Im heutigen Gruppengespräch wurde ausführlich und offen erzählt und ausgewertet. Wir Teamerinnen sind froh, dass alles gut abgelaufen ist und niemand fehlt. Wir informieren über die nächsten Pläne. Morgen ist Montag, der erste August, der Nationalfeiertag der Schweiz. Wir müssen alles reisefertig vorbereiten, so dass wir am Dienstag um acht Uhr früh bereit sind zum Fliegen. Daneben steht der Tag zur freien Verfügung. Wir mahnen zur Vorsicht wegen dem Jungbären, dessen häufiges Auftauchen uns langsam stresst. Seit wir wieder eine grosse Gruppe sind, zeigt er zwar mehr Respekt. Trotzdem, wir scheinen an einem Lieblingsort von ihm zu lagern. Es wird Zeit zu gehen.

In regelmässigen Fallbesprechungen überprüfen wir den Therapieverlauf jeder einzelnen Teilnehmerin. Wir tauschen unsere Beobachtungen und Erfahrungen aus, versuchen zu verstehen, was gerade abläuft und planen die nächsten wichtigen Schritte. In diesen Besprechungen begutachten wir die Beziehungen der Kids zu den einzelnen Teammitgliedern und überprüfen, ob jede mit mindestens einer Teamerin in gutem Kontakt ist. Macht uns eine Teilnehmerin besondere Probleme, suchen wir nach neuen Strategien. Der Streit zwischen Ivan und Alain ist ein spannender Machtkampf. Alains Führerrolle wird von Ivan angegriffen. Ivan ist eine andere Persönlichkeit und möchte sich nicht länger dem Diktat von Alain unterordnen. Interessant ist auch das Verhalten von Rachel und Nicole, denen in diesem Setting klar wurde, dass sie mit ihrem eigenen Verhalten nicht zufrieden sind. Toll ist die Integration von Kurt in seiner Kleingruppe, der dadurch die Chance bekommt, aus seiner Aussenseiterrolle wieder auszusteigen.

Montag 1.8.94

Die Pfanne ist noch schmutzig von gestern, deshalb kochen wir heute kein Frühstück. Ivan und Thomas sind verantwortlich. Mürrisch putzen sie die Pfannen und kochen. Heute üben wir mit dem Signalspiegel. Die Sonne, die wir dazu brauchen, hilft nur lustlos mit. Sie verschwindet oft hinter den Wolken. Rachel und Kurt backen mit einer zusätzlichen Mehlration, zum Anlass des Nationalfeiertages, ein wunderschönes Vesperbrot. Die anderen räumen auf, bringen das Material in Ordnung und packen, was bereits gepackt werden kann. Lisa, Nicole und Nils schreiben Briefe, die morgen dem Piloten mitgegeben werden können. Der lockere Tag mündet in ein leckeres Festessen: Tomatenspaghetti und zum Dessert Schokoladengebäck. Rund ums Feuer verbreitet sich eine gemütliche Plauderstimmung. Wir basteln mit einem Päckchen Wunderkerzen und ein paar Leuchtpatronen ein Feuerwerk. Ivan, Peter, Kurt und Alain ärgern sich, dass sie den ersten August nicht mit Freunden feiern können. Sie schwärmen und bluffen von früheren Sauftouren.

Dienstag 2.8.94

Das Frühstück ist eine Katastrophe. Der weiche Hafer lässt sich mit unserer Mühle kaum mahlen. Das ganze Essen ist durchsetzt mit Spreu und schmeckt wie Stroh. Wir kauen mit langen Gesichtern auf dem Essen herum und versuchen, das Beste daraus zu machen. Es schmeckt einfach fürchterlich. Um acht Uhr ist kein Flugzeug in Sicht. Wegen den vielen Spezialeinsätzen, konnte Rod uns keine feste Zusage machen. Wir warten. Unser Nachbar, der schwarze Bär schleicht auf leisen Sohlen den Tierpfad entlang bis nahe ans Camp. Er wird zunehmend neugieriger und vorwitziger und lässt sich nur widerwillig vertreiben. Nach dem Frühstücksflop haben wir alle Hunger. Wir fangen früh an zu kochen. Um elf landet Dave plötzlich mit einer Cessna[1]. Die Kids kommen in einen Riesenstress durch das Fliegen. Sie möchten raus aus dem Busch, normal essen und die Zivilisation geniessen. Sie missgönnen dem Buschpiloten sein mageres Essen, das aus einem Brötchen und einer Cola besteht. Das neue Lager richten wir auf einer Insel ein. Den deutlichen Spuren nach, lagern hier manchmal Fischer und Jäger. Die Kids finden leere Schnapsflaschen, was sie völlig aus der Bahn wirft. Das wilde Monster „Gier" erwacht aus seinem Schlaf. Trotz all unserem Wissen über Sucht ist es für uns Teamerinnen enttäuschend zu sehen, welche Macht einige leere Alkoholflaschen auf die Kids ausüben können. Hier gibt es reife Blaubeeren in grossem Überfluss. Während zwei Stunden laben sich die Kids im Beerenfeld, wie Rinder auf einer frischen Frühlingswiese. Die süssen Beeren wirken beruhigend. Die Spuren der Bautruppe für das Lebensmittellager, die absichtlich mit dem ersten Flug gestartet ist, verlieren sich in den Beerenstauden. Wir rufen alle zusammen und besprechen die nächsten Schritte. Langsam kommen sie auf den Boden zurück.

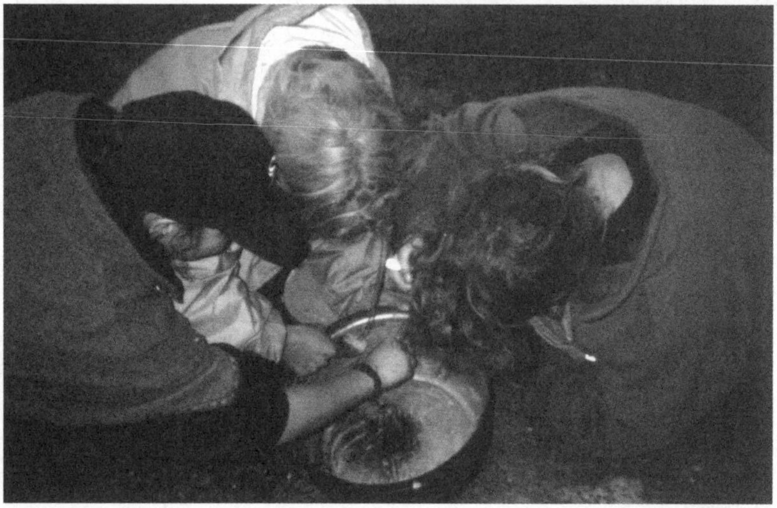

Dave fliegt mit Jörg und mir dem Fluss entlang zu einem grossen Seesystem. Wir hoffen, dass wir dort ein nächstes BigTrail starten können. Er fliegt tief und kippt die Maschine so oft wie möglich zur Seite, damit wir bereits aus der Luft einen Eindruck über die Strecke erhalten. Mein Herzschlag beschleunigt sich vor Begeisterung, der Magen ist leicht beunruhigt und die Seele geniesst diese Minuten in vollen Zügen. Wir erkennen bereits aus der Luft, dass uns der Flussverlauf einige Schwierigkeiten bieten wird. Der morgige Tag wird anstrengend werden. Dave

[1] Cessna: Die Cessna ist ein Kleinflugzeug mit vier Plätzen.

ist ein wunderbarer Pilot mit trainierten Adleraugen. Er landet in der Nähe des Ausflusses und führt uns zum schönsten Ort in diesem Seeabschnitt. Minuten später überfliegt er uns mit einer eleganten Schlaufe, grüsst uns mit einem Schaukeln der Flügel und entschwindet langsam aus unserem Blickfeld. Wir stellen schnell unser Zelt auf und paddeln anschliessend im Abendlicht stundenlang auf einem idyllischen, grossen und enorm verwinkelten See herum. Der See und seine vielen Buchten bezaubern uns mit ihrer Schönheit. Wir schauen aus nach Lagerplätzen und begegnen dabei drei Fischottern und einem kreisenden Weisskopfadlerpaar. An einem schönen, zentralen Ort entdecken wir eine Hütte. Im letzten Dämmerlicht paddeln wir zum Zelt zurück.

Mittwoch 3.8.94

Der Wecker brüllt uns um fünf Uhr in die Ohren und reisst uns gnadenlos aus dem Tiefschlaf. Das kleine Verbindungsflüsschen zum Maybell River stellt uns mit wenig Wasser, Felsbrocken und Holzbarrikaden einige Hindernisse in die Route. Wir sägen uns den Weg frei und werden durch eine märchenhafte Idylle für die Mühen belohnt. Nach der Einmündung in den Maybell River paddeln wir gemütlich entlang schöner Flusslandschaften bis zu einem kleinen See. Dieser See könnte ebenfalls als Ausgangsort benutzt werden, falls man die Reise beginnen möchte, ohne auf eine Hütte zu treffen. Er schliesst an eine kleine, unbefahrbare Wildwasserschlucht an. Mit einer Portage von 700 Metern ist dieses Hindernis überwindbar. Nach einer einstündigen, problemlosen Fahrt treffen wir auf einen verwinkelten, tollen und einsamen See. Ein grosser Elchbulle glotzt uns lange an. Er steht unbeweglich da und tut so, als wäre er ein Baum. Der weitere Flussabschnitt hat wenig Wasser und kurze Wildwassersequenzen. Die zwei anschliessenden Seen sind aufgrund früherer Waldbrände öde und hässlich. Die Tiere scheint das nicht zu stören. Wir treffen auf eine Elchkuh, die den Fluss direkt vor unserem Boot überquert. Ein Luchs schleicht dem Ufer entlang, sieht uns einen Moment neugierig an und verschwindet lautlos im Gebüsch. Eine weitere Elchkuh durchschwimmt mit ihrem Jungen den See. Ein Schwarzbär sitzt am Ufer und versucht lange zu erkennen, was sich da auf dem Wasser bewegt. Ein zimtfarbener Jungbär will den Fluss durchqueren und flieht zurück in den Wald. Wir gönnen uns kaum eine Pause und überwinden viele Hindernisse: Querliegende Bäume entzweisägen, das Boot über verblockte Stromschnellen manövrieren und dabei manchmal bis zu den Hüften im Wasser stehen, das Boot bei unbefahrbaren Stellen über steile Ufer tragen oder dort wo der Fluss für ein vollbeladenes Boot zu wenig Wasser führt, zu Fuss auf glitschigen Steinen nebenher schlittern.

Am späten Nachmittag erreichen wir, nach einer zwölfstündigen Malochertour, erschöpft das Seesystem, an dem die Kids und Barbara leben. Wir lassen uns eine halbe Stunde auf den kühlen Waldboden sinken, strecken alle Viere von uns und tanken wortlos neue Energie. Dann paddeln wir auf dem verwinkelten See herum und suchen nach geeigneten Lagerplätzen für das nächste Setting. Ein leuchtendes Abendrot begleitet uns auf dieser Suche. Um neun Uhr treffen wir im Camp ein. Die Kids sind unterwegs am Beerensammeln. Barbara begrüsst uns überglücklich und erzählt uns die letzten Neuigkeiten. Sie musste gestern die Bautruppe ständig drängen, bis sie endlich ans Werk ging. Als sie beschloss, dass das Abendessen erst nach vollendeter Arbeit aufgetischt werde, kam Bewegung in die Bauerei. Leider haben sie fahrlässig gearbeitet und Barbara ist heute beinahe vom Hochstand gestürzt, weil ein Balken durchgebrochen ist. Peter und Ivan haben sich für diese Panne bei ihr entschuldigt. Sie haben realisiert, dass Pfuscharbeit hier gefährlich ist. Ein unerwarteter Sturz aus drei Metern Höhe könnte böse Folgen haben. Ansonsten herrscht eine recht fröhliche Stimmung. Die Aufregung über den Ortswechsel hat sich gelegt und die süssen Blaubeeren sorgen für volle Bäuche und Zufriedenheit. Mühsam sind momentan die schamlosen Klauereien. Lisa sind erneut elf Zigaretten gestohlen worden. Sie ist sehr unglücklich darüber. Es scheinen skrupellose Diebinnen am Werk zu sein. Trotz diesen ungelösten Problemen beschliessen wir, mit dem geplanten Setting morgen zu beginnen. In Dreiergruppen werden die Kids ohne Leitung die nächsten vier Tage an diesem See verbringen. Sie haben den Auftrag, sich gut zu organisieren und auftauchende Probleme auszuhandeln. Wir werden sie in diesen vier Tagen besuchen. Ich versinke in einen bleiernen Schlaf.

Es ist schwer, ein geeignetes Wildnisgebiet für diese Arbeit zu finden. Zudem machen uns jährliche Waldbrände und geringe Niederschläge manchmal einen Strich durch die Planung. Das Gebiet muss gross sein, damit in den zwölf Wochen eine anspruchsvolle Strecke zurückgelegt werden kann. Wir möchten möglichst wenig Menschen und Zivilisationsspuren begegnen. Deshalb nutzten wir die Gunst des Moments und überprüften den oberen Flussverlauf. Im jetzigen Stadium war es gut möglich, Barbara einen Tag mit den Kids allein zu lassen. Wir beeilten uns, um möglichst schnell wieder bei der Gruppe zu sein. Gleichzeitig genossen wir, einmal so richtig loslegen zu können, ohne Rücksichtnahme auf verschiedene Befindlichkeiten, Launen und Geschwindigkeiten. Jörg und ich träumen manchmal von einem Job, in dem wir einen Sommer lang nur Wildnisgebiete erforschen müssten. Diese Exkursion hat sich gelohnt. Das Gebiet ist geeignet für einen Projektstart.

Donnerstag 4.8.94

Am Morgen herrscht stockdicke Luft im Lager. Niemand hat richtig „Bock“ auf die Dreiergruppe und überhaupt ist dies eine elende „Scheisstherapie“, die gar nichts bringt. Barbara hatte heute früh einen Zusammenstoss mit Alain und Lisa, als sie feststellte, dass die zwei im gleichen Zelt übernachtet haben. Ivan findet momentan Frauen doof und tut sich schwer mit seiner Gruppenzusammenstellung. Alain wird ausfällig gegenüber Jörg, als dieser alle Gruppen gleich ausrüstet und nicht auf seine Sonderwünsche nach Hängematte und Grill einsteigt. Nils verliert sich in passivem Widerstand und packt stundenlang an seinen Sachen herum. Jörg und

ich begleiten die drei Gruppen an ihren jeweiligen Lagerplatz. Das Camp von Peter, Rachel und Thomas liegt weit oben am verwinkelten See. Die drei sind guter Dinge und hoffen auf ein wenig Ruhe. Nahe bei uns, hinter der Insel lassen wir Ivan, Nicole und Lisa zurück. Lisa ist furchtbar enttäuscht über die verschiedenen Zigarettendiebstähle und traut niemandem mehr. Ivan ist schlechter Laune und Nicole versucht, sich mit den zwei zu arrangieren. In der nächsten Bucht setzen wir Kurt, Nils und Alain aus. Alain und Nils haben den Therapiekoller und möchten nach Hause.

Zurück auf der Insel geniessen wir bei einem kühlen Bad den heissen Sommertag, bevor wir eine lange Teambesprechung machen. Momentan brodelt es extrem in der Gruppe. Die manifeste und die unterschwellige Aggression, der Therapiewiderstand und die vielen Projektionen zehren an unseren Kräften. Wir planen eine Krisensitzung zum Thema Diebstähle, in der wir nicht nachgeben wollen, bis alles geklärt ist. Gegen Abend kommen Nils und Alain zurück und holen das vergessene Zelt, eine Tasse, eine Schwimmweste und die Schuhe von Nils. Sie berichten, dass sie an einem Platz mit reichen Beerenfeldern lagern. Die zwei wirken auf mich ängstlich. Obschon sie eine entsprechende Frage verneinen, vermute ich, dass sie Bärenstress haben. Manchmal muss ich gegen den Impuls kämpfen, sie in die Arme zu schliessen, anstatt sie in die weite Welt zu schicken.

Freitag 5.8.94
Es ist brütend heiss. Barbara und Jörg klettern auf den weit entfernten, höchsten Hügel der Gegend, um nochmals das spezielle Funkgerät von Rod zu testen. Sie bringen von ihrer Exkursion einen Fisch und viele Mückenstiche zurück. Ich koche eine Pfanne voller Muscheln. Der See ist hier reich damit gesegnet. Die Kids fanden, sie seien zäh und schmecken arg fischig. Ich teste ein bisschen herum. Am besten munden sie nach folgender Zubereitungsart: Kurz aufkochen, bis sich die Muschelschale öffnet, den fischig schmeckenden Teil der Innereien entfernen und den Rest in heissem Öl braten. So sind die Muscheln eine Delikatesse, aber es entsteht viel Arbeit, viel Abfall und wenig landet im Bauch.

Gegen Abend besuchen wir Lisa, Nicole und Ivan. Lisa sitzt mit einem Buch am Feuer und liest. Das Leben im Busch ödet sie an und trotzdem geht es ihr gut. Nicole und Ivan sind im Zelt am Lesen. Sie haben sich das Leben gemütlich eingerichtet. Ihr Tag beginnt erst mittags und sie arbeiten wenig. Jede lebt so viel wie möglich für sich allein. Ivan grollt noch über die Gruppenzusammenstellung und macht ein verschlossenes Gesicht. Ich ziehe mich mit ihm zum geplanten Therapiegespräch zurück und konfrontiere ihn unter anderem mit seinem arroganten Verhalten. Ivan ist gesprächsbereit und merkt, dass sein soziales Verhalten daneben ist. Er will die verbleibende Zeit noch nutzen, um mit Nicole und Lisa optimal zusammenzuarbeiten. Kurz nach dem spannenden Gespräch tritt er freundlich zu den zwei Frauen ans Feuer. Als wir sie verlassen, sehen sie unternehmungslustiger aus.

Samstag 6.8.
Jörg und ich paddeln um zehn Uhr los Richtung Camp von Rachel, Thomas und Peter. Die drei kriechen aus ihren Zelten, als sie uns kommen hören. Sie begrüssen uns freundlich und sind gut gelaunt. Am ersten Tag haben sie die Bekanntschaft mit einem scheuen Bären gemacht, der schnell verschwand und seither nicht wieder aufgetaucht ist. Fische habe es wenig, dafür seien sie mitten in einem Beerenparadies. Sie haben sich gut organisiert, sind viel zusammen und geniessen die Ruhe der Kleingruppe. Während Jörg für das Team Beeren sammelt, führe ich mit Rachel und Thomas je ein spannendes Therapiegespräch. Rachel hat ihre Paarbeziehung zu Kurt aufgelöst. Es hat sie Mut gekostet, Kurt diese Entscheidung mitzuteilen. Kurt reagierte darauf traurig und wollte keine Trennung. Die Beziehung habe sie immer stärker eingeengt und belastet. Sie habe genug zu tun mit sich und ihren eigenen Problemen. Sie will bewusst versuchen, die nächsten Monate ohne Liebesbeziehung zu leben. Seit einer Weile wächst ihre Freundschaft zu Nicole. Rachel erlebt zum ersten Mal eine problemlose und tolle Beziehung mit einer Frau. Thomas geniesst die Ruhe und die Beeren. Er traut sich in den Gruppengesprächen selten zu sagen, was ihn nervt und was er denkt. Er nimmt sich vor, aktiver zu werden, seine Meinung kund zu tun und mehr Einfluss zu nehmen.

Auf dem langen Weg zurück ins Camp freuen wir uns auf die Mittagspause mit Barbara. Sie erwartet uns bereits und hat das Essen fertig zubereitet. Danach paddeln wir zur dritten Gruppe. Nils und Alain treffen wir bereits unterwegs an. Sie sind am Beerensammeln und begrüssen uns kühl. Wir fahren voraus in ihr Camp. Kurt freut sich, uns zu sehen und ist gesprächig. Er hat eine schwere Zeit mit sich und der ganzen Welt. Der Bruch der Liebesbeziehung zu Rachel schmerzt und beschäftigt ihn sehr. Seine Versuche, sich mit Nils und Alain zu besprechen und zu organisieren sind bisher fehlgeschlagen. Die zwei schotten sich ab und lassen Kurt links liegen. Jeder fischt für sich allein. Den beiden gehe es nicht gut und sie möchten so schnell wie möglich in die Zivilisation zurück. Unterdessen sind Nils und Alain im Lager angekommen. Wir besprechen gemeinsam die armselige Stimmung in dieser Gruppe und versuchen herauszufinden, was los ist. Alain und Nils haben einfach genug von der Wildnis und den Entbehrungen. Sie finden die ganze Therapie blöd und sinnlos. Kurt finden sie zu brav, aber sonst sei er in Ordnung. Das Gespräch versickert im Sand. Nils und Alain meinen mit freundlichen Gesichtern, sie wüssten nichts mehr zu sagen. Ihr Widerstand ist von sanfter Endgültigkeit. Wir legen ihnen nochmals ans Herz, sich zu dritt als Gruppe zu organisieren und etwas aus den Tagen zu machen. Wir lassen sie in einer ungemütlichen Atmosphäre zurück und fragen uns, ob sie einen Weg aus der festgefahrenen Situation finden werden. Wir waren selber ratlos und es gelang uns nicht, zu ihnen durchzudringen. Unterdessen hat Barbara mit dem Hafer experimentiert, der uns grosse Probleme beim Mahlen macht. Er ist gesiebt halbwegs zum Bannokbacken zu gebrauchen. Die Steinmühle kann die Schale des weichen Korns nicht zermalmen. Was auch immer wir für Varianten testen, der Geschmack der Proben erinnert uns eindeutig an Stroh.

Sonntag 7.8.94

Jörg und ich machen uns früh auf den Weg, um ein 5 km langes Verbindungsflüsschen zu erkunden. Wir möchten über diesen Weg zu einem östlichen Seeplateau mit drei grossen Seen vordringen. Nach zwei Stunden Schwerarbeit durch das engkurvige Bächlein flussaufwärts, landen wir 2 km weiter oben endgültig im Sumpf. Dieses Hindernis ist für eine Jugendgruppe mit schwerem Gepäck unüberwindbar. Wir brechen das Unternehmen ab. Unterwegs treffen wir auf scheue Wildgänse und neugierige Enten. Wir beschliessen, morgen auf die Jagd zu gehen und den Kids einen feinen Braten zum Nachtessen zu besorgen. Barbara und ich machen abends einen Beerenausflug. Wir pflücken uns ein reichliches Frühstück. Barbara konzentriert sich so sehr auf die süssen, blauen Dinger, dass sie dabei vergisst, die angreifenden Mücken zu killen. Sie wird bösartig von ihnen zerstochen. Wir geniessen den gemütlichen Abend am Lagerfeuer im Wissen, dass uns mühsame Auseinandersetzungen mit der Gruppe bevorstehen. Am dunklen Firmament funkeln die Sterne mit seltener Intensität und der vertraute Schrei unserer Nachbarin, einer Ente der Sorte „Loon", gellt durch die Nacht. Die Ente schwimmt die meiste Zeit mit ungefähr fünf Metern Abstand vor unserer Insel herum und scheint sich an unserer Anwesenheit nicht zu stören. Sie schreit in unberechenbaren Abständen los und taucht dann unter Wasser. Die Nächte in der Wildnis können von einer geheimnisvollen Schönheit sein.

Montag 8.8.94

Barbara taucht mit aufgeschwollenen Augenliedern auf und sieht durch einen schmalen Schlitz des linken Auges nur wenig von der Welt. Heute würde sie keinen Schönheitswettbewerb gewinnen. Das Gift der Mücken hat seine Auswirkungen gehabt. Jörg und ich gehen auf die Pirsch, doch die Jagdgöttin Diana ist uns nicht hold gesinnt. Es wird nichts mit dem geplanten Spezialmenü für die Kids. Zur abgemachten Zeit um fünf Uhr kommen Kurt, Alain, und Nils zurück. Rachel, Peter und Thomas tauchen leicht verspätet auf. Sie haben die Strecke unterschätzt und die Verzögerung durch den mittelstarken Gegenwind nicht eingerechnet. Die dritte Gruppe fährt mit einer Stunde Verspätung vor. Lisa, Ivan und Nicole haben die Zeit vergessen. Als sie es bemerkten, sind sie so schnell wie möglich aufgebrochen und haben im Gehetze ein paar Kleinigkeiten liegen gelassen. Wir beginnen mit dem Gruppengespräch. Nils, Alain und Kurt haben nebeneinander vorbeigelebt, sich gelangweilt und gewartet, bis Montag wurde. Alain und Nils haben den Auftrag boykottiert, sich gemeinsam zu organisieren und ein soziales Leben zu führen. Kurt versuchte, die festgefahrene Situation zu verbessern. Er hatte keine Chance und wurde in seinen Bestrebungen total gebremst. Ivan, Lisa und Nicole haben etwas aus ihrer schwierigen Startsituation gemacht. Sie haben nach unserem Besuch gut zusammengearbeitet und sind fröhlich und zufrieden zurückgekehrt. Rachel, Peter und Thomas bildeten eine gut funktionierende Gruppe. Sie haben viel besprochen, zusammengearbeitet und auch Spass gehabt.

Wir schliessen eine Gesprächsrunde zum Thema Diebstähle an und wollen vor dem Nachtessen Klarheit über alle Vorkommnisse haben. Ivan und Nils geben zu, während dem Gebietswechsel aus dem Fass einen Räucherfisch "abgestaubt" zu haben. Nicole und Rachel haben Lisa vier Zigaretten geklaut. Ivan und Alain haben an einem Sonntag ein wenig Kaffee aus der herumstehenden Dose entwendet. Nachdem die erwähnten Diebereien zugegeben sind, kommen wir stundenlang nicht mehr weiter mit der Frage, wer die restlichen sieben Zigaretten gestohlen hat. Thomas teilt mit, dass er von Rachel die Vermutung gehört habe, dass Alain seiner Freundin die Zigaretten weggenommen habe. Alain und Rachel reagieren beide empört auf diese Aussage. Rachel ärgert sich, weil Thomas Vertraulichkeiten ausgeplaudert habe. Alain weist den ausgesprochenen Verdacht wild von sich und bombardiert Thomas mit giftigen Blicken.

Ivan schlägt schliesslich vor, dass alle einzeln bei mir vorbei kommen sollen. Die Täterin solle den Diebstahl gestehen, könne aber so lange anonym bleiben, bis sie genug Mut habe, es in der Gruppe mitzuteilen. Wir steigen auf diese kreative Idee ein und kommen keinen Schritt weiter. Eine weitere Stunde vergeht. Alle sind hungrig, werden nervös und wollen es endlich wissen. Ivan verdächtigt ebenfalls Alain. Kurt, Peter und Rachel schliessen sich seiner Meinung an. Nach einer Weile wiederholen wir auf Wunsch der Gruppenmehrheit nochmals den Vorgang, in dem alle einzeln mit mir sprechen. Alain findet den Vorschlag sinnlos und meint, wenn er der Dieb wäre, würde er bestimmt diesmal die Tat erst recht nicht zugeben. Jörg begleitet mich. Als Alain uns mitteilt, er sei es nicht gewesen, sagen wir ihm, dass wir auf Grund seines Verhaltens überzeugt sind, dass er der Dieb ist. Er wehrt sich eine Weile gegen unsere Argumente und bestätigt dann unseren Verdacht. Nach langem innerem Ringen, nimmt er all seinen Mut zusammen und teilt der Gruppe mit, dass er seiner Freundin Lisa fünf Zigaretten weggenommen habe. Er muss dazu über seinen grossen Schatten springen. Schön, dass es ihm nach sieben Stunden noch gelungen ist. Wir sind alle erleichtert über sein Geständnis. Thomas sagt, dass Alain in seiner Achtung wieder gestiegen sei, weil er schlussendlich den Mut fand, es der Gruppe offenzulegen. Trotzdem fehlen noch zwei Zigaretten. Nicole und Rachel geben schnell zu, dass sie auch diese zwei Zigaretten geklaut haben. Es ist zwei Uhr in der Nacht. Wir lassen uns das späte Essen schmecken. Erst jetzt haben wir Zeit, das silberne Licht von Mond und Sternen zu bewundern. Viele heimliche Machenschaften sind nun aufgeklärt. Die Atmophäre ist gereinigt und ein neuer Anfang scheint möglich.

Dienstag 9.8.94

Heute beginnen wir mit der Flussfahrt. Die Kids müssen dazu fit sein, deshalb haben wir das Frühstück auf elf Uhr verschoben. Zwei Stunden später sind die Boote beladen und das Lager abgebrochen. Wir fahren los bei heissem Sommerwetter. Nach vier Kilometern kommen wir an einen schwierigen Flussabschnitt. Verschiedene Bäume liegen quer im Wasser und ein lautes Rauschen flussabwärts, deutet auf eine technisch anspruchsvolle Stelle hin. Jörg, Kurt und Peter sägen die Fahrrinne frei. In dieser Zeit erkunde ich vom wilden Ufer aus den weiteren Flussverlauf. Mit viel Tempo und Wasserdruck kurvt der Fluss um grosse Felsblöcke herum und ist auf den nächsten fünfhundert Metern für uns nicht befahrbar. Die Steine im Fluss sind ausgesprochen glitschig. Wir ziehen deshalb die Wanderschuhe an und führen die Boote zu Fuss das Flussbett hinunter. Die Kids freuen sich nach den trägen Tagen an der Aktivität. Nach zwei Stunden haben wir die Stelle überwunden. Wir sind zwar nass geworden, aber bei dem heissen Wetter ist das fast schon ein Genuss. Zufrieden paddeln wir bis sechs Uhr weiter. Jörg und ich befahren den uns unbekannten Fluss mit einem kurzen Sicherheitsabstand zur restlichen Gruppe. Wir treffen dabei auf eine Schar Wildgänse und können zwei davon erbeuten. Die Kids freuen sich an der Nahrungsbereicherung. Alle sind müde und begeistert von der neuen Art zu reisen.

Mittwoch 10.8.94

Beim Aufstehen um sieben Uhr ist es kalt. Um zehn Uhr sind wir bereits wieder mit den Booten unterwegs. Die heutigen Wildwasserstellen sind gut zu meistern und bringen uns in rasantem Tempo voran. Während der Mittagsrast finden wir nur wenig Beeren. Bärenspuren und frische „Bärenkacke“ voller kaum verdauter Blaubeeren machen uns deutlich, dass verschiedene Futterinteressentinnen im Wald unterwegs sind. Der Nachmittag wird lang und mühselig. Das Flussbett verläuft in unzähligen engen Kurven. Die Boote sind schwer beladen. Sie reagieren nur träge auf Steuerschläge und es ist ein Kunststück, sie sauber durch die Haarnadelkurven zu steuern. Wir verlieren in den engen Kurven Tempo und Schwung und

kommen in keinen guten Rhythmus. Einige Baumstämme liegen quer im Fluss und der Weg muss freigesägt werden. Mit zunehmender Anstrengung verdüstert sich die Stimmung in der Gruppe. Die Kids kommen schnell an ihre Grenzen. Selbst ein neuer Gänsebraten bringt heute wenig Aufmunterung.

Peter und Alain sind sauer über das Team, weil wir dagegen sind, dass Barbara die Buchhaltung für ihre Dealergeschäfte übernimmt. Sie „dealen" mit horrenden Preisen um die letzten Zigaretten (Fr. 20.- pro Stück). Da sie sich gegenseitig misstrauen, möchten sie, dass Barbara die Geschäfte in die Taschengeldbuchhaltung aufnimmt und ihnen so die Schuldeneintreibung abnimmt. Peter ist wütend, weil die Geschäfte nun nicht nach seinen Vorstellungen abgewickelt werden können. Alle finden die Flussreise eine spannende Abwechslung. Nur sei sie mit unseren kargen Essensrationen viel zu anstrengend. Für das abendliche Fischen und Sammeln reiche die Kraft nicht mehr aus. Ivan und Rachel haben als Bootsteam Schwierigkeiten. Ihre Zusammenarbeit funktioniert noch nicht gut und sie geraten sich öfters in die Haare. Es sei noch nicht so schlimm, dass ein Mannschaftswechsel nötig sei. Sie möchten versuchen, diese Probleme zusammen zu lösen. Die Grundstimmung der Kids ist gereizt. Sie sitzen noch lange schimpfend am Feuer.

Seit Tagen ist ein Kochen und Brodeln in der Gruppe spürbar. Die idealisierte Harmonie hat überall Sprünge und Risse bekommen. Sie versuchten von Anfang an, als Einheit uns gegenüber aufzutreten. Beim Übertreten von Regeln deckten sie sich so lange wie möglich. Sie haben ein starkes Peergruppenverhalten[1]. Oft merkten wir, dass etwas nicht stimmt. Bei entsprechenden Konfrontationen stiessen wir regelmässig auf eisernes Schweigen. Schwierigkeiten untereinander wurden vor uns verheimlicht oder abgewertet. Wichtige Personen sind Alain und Rachel, die ab und zu Machtkämpfe ausfechten. Alain, der jede Gelegenheit zu einem Streich, einer

1 Peergruppenverhalten: Eine Peergruppe besteht aus gleichgestellten Gruppenmitgliedern. Innerhalb der Gruppe bestehen starke ausgesprochene und unausgesprochene Regeln, wie man sich zu verhalten hat. Wer sich nicht an diese Gesetze hält, läuft Gefahr, aus der Gruppe ausgeschlossen zu werden. Im jugendlichen Alter sind diese Gruppen ausgesprochen wichtig. Bei unserer Gruppe galt sicher unter anderem das Gesetz, niemanden zu verraten .

Übertretung oder einem Bruch sieht und beim Schopf packt, versucht, seine Führungs- und Heldenrolle aufrecht zu erhalten und auszubauen. Er macht seine „Drehs" selten allein, sondern zieht regelmässig jemanden mit hinein. Am anfälligsten sind Peter, Nils, Thomas und Lisa. Rachel hat ein ausgesprochenes Harmoniebedürfnis und ein grosses Misstrauen gegen alle Erwachsenen und Autoritätspersonen. Sie versucht, Differenzen innerhalb der Gruppe zu harmonisieren. Peter, der in vielem souverän wirkt, hat das Vertrauen vieler Teilnehmerinnen. Ab und zu schliesst er sich mit Alain zusammen und wirkt dann seltsam kindlich und uneinsichtig. Ivan rüttelt manchmal an der Stellung von Alain, ist oft wütend auf ihn und traut sich nicht, ihm offen entgegenzutreten. Er wirkt dabei, wie jemand der in der Klemme ist.

Donnerstag 11.8.94

Um zehn Uhr sind wir bereits auf dem Wasser unterwegs. Ich geniesse die besondere Naturstimmung des Morgens. Das Licht ist noch weich und verzaubert die Gegend in eine Märchenlandschaft. Hier begegnen uns um diese Zeit viele Biber

und Bisamratten. Sie sind vor allem morgens und abends aktiv. Der Fluss verläuft weiter in mühsamen Haarnadelkurven. Rachel und Ivan blicken düster in die Welt. Ihre Disharmonie als Team ertragen sie besser, in dem sie gemeinsam über die unsinnige „Scheisstherapie" schimpfen. Die anderen Bootsmannschaften kommen gut zurecht. Heute liegt viel Holz quer im Fluss. Es scheint schon lange niemand mehr diese Strecke gefahren zu sein. Peter macht mit Jörg in der Mittagspause eine blockierte Stelle befahrbar. Ein toter Baum mit einem Durchmesser von fünfzig Zentimetern stellt hohe Ansprüche an den Einsatz der kleinen Handsäge. Peter packt energisch an, fällt dabei ins tiefe Wasser und ist nach getaner Arbeit bis auf die Haut durchnässt. Die Nachmittagsstrecke gleicht einem Hindernislauf. Jörg und ich sägen mehrmals eine Fahrrinne frei.

Der Fluss wird schneller und wilder. Wir treffen nach einer Kurve auf einen Elchbullen. Er steht gross und fett mitten im Fluss in vier Meter Distanz zu unserem Boot. Wir erschrecken alle drei und erstarren. Langsam treibt unser Boot auf ihn zu. Plötzlich flüchtet der Elch. Er galoppiert durch dichtes Unterholz und wir hören noch lange den Lärm seiner panischen Flucht. An den Flussufern finden wir heute Wasserminze (siehe Glossar) und rote Johannisbeeren. Der Platz unserer Nachmittagspause gefällt uns so gut, dass wir gleich für eine Nacht bleiben. Wir nähern uns laut Landkarte einem grossen Sumpfgebiet. In der Regel findet man in solchen Gebieten fast keine Lagerplätze. Dieses Wissen half bei der Entscheidung mit, hier zu bleiben. Schwüle Gewitterluft und aggressive Insekten verstärken die schlechte Laune der Kids. Jörg und Nils geraten im Einzelgespräch aneinander. Nils findet Einzelbetreuungen generell blöd und will keine solchen Gespräche mehr. Er habe die letzten Gespräche brav abgesessen und wolle nun damit aufhören. Jörg findet keinen Weg aus der Sackgasse und beschliesst, in den regelmässigen Gesprächen mit Nils eine Pause einzulegen.

In einer Teamsitzung besprechen wir diese Situation und überprüfen kurz, wie es um die Verhältnisse zwischen den einzelnen Jugendlichen und ihren Bezugspersonen steht. Mit Nils sind momentan keine konstruktiven offiziellen Einzelgespräche möglich. Er ist innerlich in einem starken Widerstand gegen alles, was nach Autorität und Therapie aussieht. Barbara, die mit ihm im selben Boot ist, hat einen guten Kontakt zu ihm. Wir beschliessen, dass sie vorläufig inoffiziell seine Betreuung übernimmt. Wichtig ist uns, dass Nils mit mindestens einer Teamerin einen guten Kontakt hat und wir einen Überblick haben, wie es ihm geht. Zwischen Jörg und Alain hat sich ebenfalls eine schwierige Situation ergeben. Wir beschliessen, mit Alain zu überprüfen, ob er die Einzelgespräche bei mir fortsetzen möchte. Jörg mag rebellische Jungs. Er hat deshalb die Gespräche mit dem aktiv rebellischen Alain und dem passiv rebellischen Nils übernommen. Diese Entscheidung war nicht optimal. Die vielen täglichen Reibereien zwischen Jörg und ihnen erschweren eine gleichzeitige Einzelbetreuung. Die Gespräche zwischen Kurt und Jörg laufen problemlos. Falls der Wechsel von Alain zu mir stattfindet, wird Jörg nur noch Kurt betreuen. Bei mir wären dann Rachel, Thomas, Ivan und Alain. Bei Barbara sind Lisa, Peter, Nicole und Nils. Dadurch würde Jörg wesentlich entlastet.

Freitag 12.8.94

Wir wecken um sechs Uhr und fahren um neun Uhr los. Der frühe Morgen ist kühl und lässt bereits den Herbst erahnen. Nach einer kurzen Wildwasserstrecke wird der Fluss wieder eng und kurvig. Das Steuern der Boote kostet viel Kraft. Ich treffe eine Gans mit einem Pfeil mitten in den Hals. Sie lebt leider noch und töten widersteht mir. Trotzdem sorge ich für einen schnellen Tod des verletzten Tieres und bedanke mich bei ihm für das Opfer. Im Einkaufszentrum Fleisch einkaufen ist bedeutend einfacher, als jagen, töten und metzgen. Meine Hauptmotivation Tiere zu jagen, ist die Nahrungsbeschaffung für die Kids. In der Mittagspause, mit Weizenschrot, Trokkenfisch und vielen Heidelbeeren, zerlegen Thomas und Alain die Gans und nehmen sie in einem Plastiksack ins Schlepptau. Später verlieren sie sie. Ich reagiere enttäuscht auf ihre Beichte. Töten kostet mich Überwindung und sinnloses Töten hasse ich. Wir fahren bis fünf Uhr auf einer anstrengenden, kurvigen Strecke mit vielen Hindernissen weiter. Als Jörg einen dicken Baumstamm wegdrücken will, landet er bis zum Hals im Wasser. Er wird sauer, weil heute kaltes Wetter ist. Trotzdem zerplatzen wir fast vor Lachen über die lupenreine Kabarettnummer.

Endlich, nach Tagen auf dem mäandrigen Fluss erreichen wir den lang ersehnten See. Auf der kurvenreiche Flussstrecke, fast ohne Anhaltspunkte auf der Karte und im Gelände, habe ich während drei Tagen, mit dem Kompass navigiert. Obschon ich mich sicher fühlte, freue ich mich unheimlich, dass wir genau zum erwarteten Zeitpunkt auf den angepeilten See stossen. Das war eine anspruchsvolle Orientierungsaufgabe. Wir geniessen die weite Sicht und die freie Fahrt. Am See stehen zwei unbewohnte Hütten. Nun folgt eine abwechslungsreiche Strecke. Wir durchqueren zwei Seen, die mit Flüssen verbunden sind. Es ist bereits später Nachmittag geworden. Das Licht ist weich und zauberhaft. Wir erfreuen uns an drei keifenden Fischottern. Sie schimpfen uns lange hinterher und sind sicher überzeugt, dass sie uns vertrieben haben. Unser Zielsee, den wir mit sicherem Abstand zu den Hütten gewählt haben, ist nicht so schön, wie wir uns vorgestellt haben. Der Wald muss vor vielen Jahren abgebrannt sein. Neben dichtem

Jungwuchs, ist der Boden übersät mit toten, kreuz und quer liegenden Baumstämmen. Jörg und ich entdecken auf der Suche nach einem geeigneten Lagerplatz ein Beerenparadies. Riesige Blaubeeren in unglaublichen Mengen leuchten uns verlockend entgegen. Während die hungrigen, müden Kids im Beerenfeld verschwinden, finden wir im letzten Abendlicht oben am See einen mittelmässigen Lagerplatz. Er bildet die kürzeste Verbindung zu einem benachbarten Flussystem, in das wir morgen mit einer Portage hinüberwechseln möchten.

Es wird neun Uhr, bis alle strahlend und mit vollen Bäuchen da sind. Beim Entladen der Boote, Aufstellen der Zelte und Kochen entsteht schnell wieder Stress und Gehässigkeit. Der Tag war ausgesprochen anstrengend und eine hohe Leistungsanforderung an alle, die gut gemeistert wurde. Nun ist die gesamte Energie verpufft und die Anstrengung entlädt sich mit Lästern und Motzen. Unterdessen suchen Jörg und ich bei Mondlicht mit Kompass und Taschenlampe nach einem Weg für die Portage. Die Strecke fängt gut an und führt durch ein lockeres Waldstück. Unsere Freude darüber endet kurz darauf in einem sehr dichten Jungwald. Hier kommen wir mit den Booten unmöglich durch. Zudem kreuzen wir auf unserer Suche eine Sandpiste mit frischen Fahrspuren. Unsere Planung fällt flach. Wir kehren ins Camp zurück. Aus dem Nachtessen ist ein Mitternachtsessen geworden. Diese Nacht ist von unendlicher Schönheit. Die Mondsichel hängt schief am Himmel, umgeben von glitzernden Sternen. Die bunten Schleier des Nordlichts wirbeln in Wellenbewegungen durcheinander und lenken unsere müden Seelen in andere Sphären. Gleichzeitig sausen etliche Sternschnuppen über das Firmament. Die Kids lassen sich heute durch das Naturschauspiel nicht betören. Ihnen gefällt gar nichts mehr. Sie wollen nur noch aus dem Busch heraus und zurück in die Zivilisation, um ihre lieben alten Gewohnheiten zu pflegen und anständig essen zu können. Wir Teamerinnen versuchen, die Geschenke des Himmels zu geniessen. Inmitten einer generellen „Anschiss- und Null-Bockstimmung", die klebrig und düster über alle schwappt, ist das gar nicht so einfach. Wie auch immer, die Wildnis verwöhnt uns momentan mit Wetter, Stimmungen, Gänsen und Beeren.

Samstag 13.8.94

Wir passen unsere Planung den Gegebenheiten der Wildnis an und paddeln zurück an das untere Ende des Sees. Dort suchen wir einen Lagerplatz für die Kids, die nun als ganze Gruppe ein paar Tage selbständig ohne Leitung leben werden. Kurt, Alain, Lisa, Nils und Peter bringen die Fässer mit den Lebensmittelvorräten zu unserem Camp. Es befindet sich etwa drei Kilometer von ihnen entfernt. Wir sind gut erreichbar. Peter und Alain bleiben zum Einzelgespräch. Alain ist froh, nun bei mir die Gespräche zu haben, da er mit Jörg tagein tagaus streiten muss. Am späten Nachmittag ziehen sie los. Es ist sommerlich heiss. Wir sind alle sehr müde. In der jetzigen Phase strengt uns das pausenlose Zusammenleben mit den

Kids besonders an. Wir hoffen auf ein ruhiges, krisenfreies Setting. Unvermittelt taucht ein Bär auf. Die Überraschung ist gegenseitig. Wir tauschen neugierige Blicke aus, bevor er weiterzottelt. Nach dem Sichern der Lebensmittelfässer, richten wir unser Lager ein und legen uns früh schlafen.

Sonntag 14.8.94

Bei einem gemütlichen Morgenessen besprechen wir die letzten Tage und planen die nächsten Schritte. Später brechen Jörg und ich zum Jagen auf. Wir haben es auf Biber und Gänse abgesehen und möchten die Kids mit einem Sonntagsbraten überraschen. Wir treffen auf eine Sandpiste mit frischen Fussspuren, die bei der Eingangstür einer Hütte enden. Wir werden misstrauisch und vermuten, dass zwischen den Spuren und unseren Kids ein Zusammenhang besteht. Nachdem Jörg die verschiedenen Sohlenmuster, die hier im Sand deutlich sichtbar sind, auf ein Blatt Papier gezeichnet hat, folgen wir den Spuren. Sie führen zuerst über eine Sandpiste, dann durch einen tollen, beerenreichen Wald. Plötzlich schrecken wir eine Schar von etwa dreissig Wildgänsen auf, die sich gut getarnt an Land niedergelassen haben. Der Sonntagsbraten, der uns beinahe in den Mund fliegen will, interessiert uns nicht mehr. Wir jagen nur noch den Fussabdrücken hinterher. Sie führen uns schnurgerade ins Camp der Kids.

Der überraschende Besuch löst keine Freude aus. Auf unsere bohrenden Fragen weiss niemand eine Antwort. Keine hat eine Hütte gesehen. Mit Jörgs Zeichnungen wird schnell klar, dass die Sohlen der Schuhe von Alain, Peter und Kurt mit den Spuren identisch sind. Alain und Peter waren in der Hütte, haben dort Pancakes und Kaffee gekocht, vieles gegessen und einiges mitlaufen lassen. Kurt ist am Tag darauf auf ihren Spuren denselben Weg gegangen. Wir beschliessen, das Camp der Kids sofort zu verschieben. Während die anderen packen, suche ich mit Ivan und Nils beim Eindunkeln nach einem geeigneten Lagerplatz am Flusslauf unterhalb von uns. Die anderen werden im Leitungscamp erwartet und zu ihrem neuen Lager begleitet. Die drei Einbrecher kommen spät. Die anderen sind kooperativ und wirken erleichtert. Peter erzählt, es gehe ihm sehr schlecht, weil er uns so hintergangen habe. Deshalb seien sie so spät gekommen. Seine Worte kommen nicht von Herzen. Etwas stimmt nicht und ich kann ihm nicht glauben. Bis Jörg und ich wieder zurück in unserem Lager sind, ist es ein Uhr nachts geworden. Wir fallen über das Nachtessen her, das uns Barbara zubereitet hat.

Barbara hat in diesem Geschehen einen einsamen Job und nimmt ihn wunderbar wahr. Sie hütet das Lebensmittellager und bleibt im Camp immer erreichbar. Jörg und ich sind voll am Handeln. Barbara behält eine gute Distanz zum Ganzen und kann aus der Position der Beobachterin sehen, ob wir irgendwo völlig schief liegen. Es ist eine Wohltat, nach stundenlangem Paddeln und vielen Auseinandersetzungen an ein warmes, gemütliches Feuer zu kommen, ein bereitstehendes Essen zu geniessen und zu erzählen.

Montag 15.8.94

Jörg versucht ein paar Stunden lang über Funk mit der Flugbasis Verbindung aufzunehmen. Als er Rod endlich erreicht, reagiert dieser verärgert auf den Einbruch. Er kennt den Hüttenbesitzer, der in Fort McMurray lebt. Rod findet die beste Lösung sei, wenn Jörg die Situation gleich selber regeln komme. Die Polizei verfahre streng mit jugendlichen Straftäterinnen. Sie einigen sich auf einen Flug gegen Abend. Jörg und ich paddeln los, um den Schaden an der Hütte zu begutachten. Wir sind kaum die Hälfte der Strecke gefahren, als uns ein Buschflugzeug anpeilt. Er hat uns auf dem See gesichtet und landet. Während Jörg das Boot zurück rudert, steige ich ein und geniesse trotz allem den kurzen Flug knapp über den Baumwipfeln zum Nachbarsee. Barbara steht am Ufer und staunt, als ich aus dem Flugzeug steige. Sie informiert den Piloten über unsere Pläne, während ich dem Ufer entlang Jörg entgegen eile, der im Boot gegen einen starken Gegenwind ankämpft. Zu zweit erreichen wir das Camp schnell und Minuten später fliegt Jörg weg.

Ich besuche am Nachmittag die Jugendlichen und laufe dazu quer durch den Busch. Die Gruppe ist gespalten. Wie ich in der Nacht beim Einschlafen plötzlich vermutet habe, haben Alain und Peter gestern ein Lebensmitteldepot mitlaufen lassen und sich nochmals die Bäuche vollgeschlagen. Sie haben alle gestohlenen Nahrungsmittel allein aufgegessen. Die zwei haben sich ausgerechnet, dass sie der Einbruch teuer zu stehen kommen wird und wollten deshalb nicht mit der Gruppe teilen. Das war der Grund ihrer Verspätung. Wir haben sie unterschätzt. Im Betrügen zeigen sie sich weit fortgeschritten. Die anderen sind stocksauer.

Die Gruppe funktioniert sozial nicht mehr. Jede schaut für sich allein. Die Diebe haben es nicht mehr nötig, mitzuarbeiten und Körner zu essen. In einer langen Sitzung besprechen wir die aktuelle Situation. Es ist viel Wut und Ärger da. Die meisten möchten die Therapie abbrechen und nichts mehr mit dieser „Scheissgruppe" zu tun haben. Es wird nun klar, dass in zwei Hütten eingebrochen wurde. Es wurde viel geklaut: Erdbeerkonfitüre, Pancake, Mehl, Ahornsirup, Suppe, Honig, Öl, Gewürze, Besteck, Zucker, Salz, Reis und Ketchup. BigTrail ist an einem Tiefpunkt angelangt. Ich weiss noch nicht, wie es weiter gehen soll. Zurück im Lager versuche ich mit Barbara während drei Stunden Jörg zu erreichen. Diesmal gelingt es uns nicht, den Kontakt herzustellen. Wir sitzen noch lange am Feuer, hören ab und zu einzelne Stimmen der Kids und ich spüre, dass mich die Krisensituation belastet. Manchmal drückt die Last der Verantwortung schwer auf den Schultern.

Dienstag 16.8.94

Barbara und ich steigen in der Früh auf den nahen Hügel und versuchen Kontakt mit Jörg herzustellen. Es gelingt uns knapp, Rod mitzuteilen, dass in zwei Hütten eingebrochen wurde, dann bricht die Verbindung für Stunden ab. Barbara macht sich auf ins Kidslager, um sich ein Bild von der aktuellen Situation zu machen. Sie bringt ihnen Mehl, weil sie ohne Sieb mit dem schwierigen Hafer nicht zurecht kommen. Das Sieb haben sie im alten Lager verloren. Sie marschiert los und kommt schneller zurück als ich erwartet habe. Das leere Frauenzelt wurde von einem Bären beschädigt, zwei Rucksäcke durchwühlt, Kleider zerrissen und eine Zeltstange zerbrochen. Ich schnappe Kompass und Karte und eile zur Gruppe. Im Eingang des Frauenzeltes lagen Regenhosen, die zum Fischen angezogen wurden. Sie rochen noch immer deutlich nach Fisch. Geruch und Zelt haben wohl die Neugier des Bären geweckt. Nach einer längeren Besprechung, entscheide ich, dass sie ihr Lager auf die gegenüberliegende Seeseite an einen neuen Platz verschieben müssen. Ich helfe ihnen dabei. Dann spreche ich mit ihnen erneut alle Sicherheitsfragen durch. Es scheint alles klar. Unterdessen kam Jörg mit Beamten im Basiscamp vorbei. Die zweite Hütte gehört dem Staat. Es kann eine teure Sache werden. Jörg hofft, morgen Mittag endgültig zurückzusein.

Mittwoch 17.8.94

Barbara und ich machen einen gemütlichen Büromorgen und versuchen zu verstehen, was eigentlich alles abläuft. Um zwölf Uhr tauchen plötzlich Peter und Alain auf. Sie sehen bleich und übernächtigt aus. Entgegen unseren Prognosen und trotz Vorsichtsmassnahmen, haben sie nochmals in eine Hütte eingebrochen. Sie sind nachts den langen Weg gegen den Strom zurückgepaddelt und unbemerkt an uns vorbeigeschlichen. Sie sagen, dass sie sich absolut nicht mehr unter Kontrolle haben und nun endlich aus diesem verfluchten Busch rauswollen, bevor sie vollends zu Verbrechern werden. Alain bietet mit konspirativer Stimme an, uns wichtige Geheimnisse über einzelne Gruppenmitglieder mitteilen zu können. Wir wüssten noch lange nicht alles. Wir nehmen gerne Informationen entgegen, aber an Geheimnissen sind wir nicht interessiert. Sie erweisen sich immer als Fallen für Verstrickungen. Die zwei fallen durch unsere Ablehnung aus ihrem Konzept und wirken verwirrt. Sie gestehen uns, dass sie unterwegs ein Lebensmitteldepot gemacht haben und geben uns den Ort an. Unterdessen landet das Buschflugzeug mit Jörg. Wir schicken die zwei zurück zur Gruppe mit der Information, dass wir nach einer Teambesprechung vorbeikommen werden.

Endlich können wir in Ruhe die ganze Misere besprechen. Das Gruppensetting ist längstens gescheitert. Die Rettungsversuche haben nicht gegriffen. Es wäre besser gewesen, die Jugendlichen bereits gestern zurückzunehmen. Wir beschliessen, noch heute mit der Gruppe weiterzuziehen. In kurzer Zeit brechen wir unser schönes Camp ab. Barbara fährt mit schwer beladenem Kanu ins Camp der Kids, isst mit ihnen das Nachtessen und hilft ihnen das Camp abbrechen. Ich mache mit Jörg eine schnelle, strenge Paddeltour zu den aufgebrochenen Hütten, um sie zu begutachten. Sie müssen bärensicher verschlossen sein. In einer Hütte entdecken wir einen von unseren Helden zurückgelassenen Faserpelzpullover und ein Schweizer Sackmesser. Auf dem Rückweg finden wir nach Angaben von Peter und Alain ein grosses Nahrungsmitteldepot. Wir entsorgen das Diebesgut. Alain schleicht in der Nähe herum. Er reagiert nicht auf mein Rufen und flüchtet in den Wald. Wir lassen ihn vorläufig ziehen. Es sieht nach Ablenkungsmanöver aus und wir haben anderes zu tun. Vermutlich wird er bei Abfahrt der Gruppe auftauchen.

Um neun Uhr treffen wir bei der Gruppe ein. Barbara hat ein schmutziges, chaotisches Lager angetroffen. Sie entdeckte Diebesgut im Zelt von Peter und Alain. Kurt und Thomas haben zugegeben, dass sie bei der letzten Diebestour dabei waren. Barbara hat alle ihre Sachen durchsucht und beschlagnahmt, was gestohlen wurde. Sie hat die Gruppe durch ihr kompetentes Handeln völlig überrascht. Wir versenken das Diebesgut im See. Die Kids finden das total bekloppt. Peter meckert noch lange darüber. Wir würden Lebensmittel vernichten und damit die Umwelt verschmutzen. Zudem müssten sie schlussendlich die Zeche bezahlen, deshalb gehöre alles ihnen usw. Peter erweist sich als Weltmeister im Verdrehen von Tatsachen. Er behandelt seine Einbrüche so, als wäre er auf Kredit in „Tante-Emmas-Laden“ einkaufen gegangen. Wir lassen nicht mit uns diskutieren und bleiben stur. Diebesgut wird bei uns immer im Fluss landen oder auf andere Art vernichtet werden. Bei Sonnenuntergang brechen wir auf. Im letzten Moment erscheint Alain.

Der Fluss ist durch viele Untiefen schwierig zu befahren. Wir müssen oft aus den Booten steigen. Am erstbesten Ort stellen wir unser Nachtlager auf. Peter und Alain versuchen beim Anlegen der Boote erneut, irgendwelche Kleinigkeiten zu verstecken. Wir durchsuchen alles Gepäck und die Kleider. Die Aktion erinnert uns an den Anfang der Therapie. Der grössere Teil der Gruppe ist erleichtert, dass wir das Zepter so gründlich in die Hand nehmen. Wir finden nur ein paar Kleinigkeiten bei Alain und Peter. Alain meint, er habe nichts mehr zu verlieren und werde sowieso nach Hause geschickt. Bis wir fertig sind, ist weit nach Mitternacht. Seit Stunden sind unsere Füsse nass. Alle verkriechen sich müde im Schlafsack. Wir Teamerinnen vernichten noch die letzten Fundgegenstände und planen die nächsten Schritte für morgen. Zum Glück ist uns das Wetter freundlich gesinnt. Erschöpft wanken wir durch die fortgeschrittene Nacht zu unseren Zelten.

Natürlich gibt es verschiedene Möglichkeiten, mit Diebesgut umzugehen. Eine Möglichkeit wäre, alles an den alten Ort zurückzubringen. Wir hatten die Strategie gewählt, mit den Kids so schnell wie möglich weiterzuziehen und vernichteten deshalb die Lebensmittel. Wir waren uns auch nicht sicher, wie weit die Strecke sein müsste, damit niemand mehr zu den Hütten zurückpilgern würde. Trotz der grossen Distanz und seinen Ängsten ist Alain später auf dem Single nochmals zurückgeschlichen. Daneben war es wohl auch eine vielleicht etwas hölzige Demonstration unserer Wut und Macht. Die Situation war so zerfahren, dass wir deutlich werden mussten. Taten sind eine klarere Sprache für Jugendliche als Worte.

Donnerstag 18.8.94

Am frühen Morgen überprüfe ich mit Jörg den weiteren Flussverlauf und den nächsten See. Ein Single[1] ist hier möglich. Nach dem Frühstück gibt es eine lange Krisensitzung zu allen Vorkommnissen. Die Diebestouren wurden vor allem von Peter

[1] Single: Single bedeutet allein sein. Seit langem ist klar, dass gegen Ende der Wildniszeit, während vier Tagen jedes für sich allein im Busch leben wird. Dieses Setting heisst Single. Im deutschen Sprachraum kennt man den Begriff Solo, der die gleiche Bedeutung hat (siehe 4.3.5).

und Alain angezettelt. Sie haben oft von der Beute im Lager gegessen, wenn die anderen nicht da oder im Zelt waren. Es gab auch Momente, in denen sie demonstrativ geschlemmt haben, um die anderen zu ärgern. Peter hatte vor den Einbrüchen eine Vertrauensposition in der Gruppe und hatte den Job des Lebensmittelverwalters inne. Nach dem ersten Einbruch wurde ihm dieses Vertrauen entzogen. Er war frustriert darüber und versuchte sich so zu rächen. Als Peter und Alain Lust hatten, zum geklauten Kaffee eine Zigarette zu rauchen, zogen sie Lisa mit hinein. Sie hatte als einzige noch Zigaretten. Kurt hat verschiedene Male mitgemacht und bis zuletzt versucht, das Diebesgut vor uns zu retten. Thomas war am Schluss mit dabei. Alain, Kurt und Peter brauchten für ihre letzte Einbruchstour einen vierten Bootsmann. Thomas widerstand der Anfrage eine Weile und liess sich dann verführen. Er hat es längstens bereut und treibt nun kein Versteckspiel mehr. Rachel und Alain verraten ungewollt, dass sie sich gegenseitig mit einem Geheimnis in Schach halten. Sie sind nicht bereit, das Schweigen zu brechen.

Wir beschliessen, nach dem gescheiterten Gruppensetting den Single anzuschliessen. Die Kids vertragen sich schlecht. In der Gruppe ist eine miese, verstockte Stimmung. Eine Besinnungszeit ist angesagt. Die Kids finden, es habe alles keinen Sinn mehr und die Therapie im Busch sollte abgebrochen werden. Wir Teamerinnen überlegen uns dagegen eine Verlängerung der Buschzeit, weil zuwenig Fortschritte feststellbar sind. Der Stress, mit einer unreifen und zerstrittenen Gruppe in der Zivilisation Kanadas zu reisen und zu leben ist uns zu gross. Die Aussicht auf Einbrüche, Drogengeschichten und Polizeikontakte reizt uns nicht. Unsere Ansicht erschreckt die Jugendlichen. Wir ziehen an den nahen, kleinen See. Ein gewöhnlicher Tag mit Holz hacken, Korn mahlen, Beeren sammeln, fischen und Boote reparieren wirkt stabilisierend auf die Kids. Die Stimmung hellt sich auf und Ruhe kehrt ein. Im Gruppengespräch werden weitere Geschichten gebeichtet. Lisa war bei den ersten Einbrüchen dabei. Sie beobachtete Alain und Peter und wollte mehr wissen. Sie wurde von ihnen mit den Worten abgespeist, dies sei nichts für Mädchen. Kein Spruch hätte sie mehr zum Mitmachen motivieren können. Sie erpresste die zwei und zwang sie, sie mitzunehmen. Rachel und Alain halten an ihrem gegenseitigen Geheimnis fest. Sie schaffen es noch nicht, reinen Tisch zu machen. Ivan fragt uns, was sie auf dem Single tun müssen, damit wir zufrieden sind und die Buschzeit nicht verlängert wird. Es gibt keine Noten. Jede bekommt den Auftrag, sich ihren persönlichen Beitrag zur Verbesserung der Gruppensituation zu überlegen. Das Chaos der Krise wird langsam entwirrt. Es ist wieder ein wenig von der vorherigen Kompetenz der einzelnen spürbar. Wir haben drückend schwüles Wetter und beim Eindunkeln eine grässliche Mückenplage.

Freitag 19.8.94

Heute beginnt der Single. Die Kids werden während vier Tagen und drei Nächten ganz allein leben. Sie bekommen wenig Ausrüstung mit und müssen nun anwenden, was sie gelernt haben. Sie haben sich in den letzten Wochen damit befasst und alle entschieden, die Herausforderung anzunehmen. Im Lager herrscht eine ernsthafte, nachdenkliche und ängstliche Stimmung. Rachel teilt mir mit, dass die Frauen auf jeden Fall auf den Single gehen wollen. Die Männer seien am Zögern und möchten nicht mehr gehen. Rachel findet eine Ruhepause dringend nötig. Alain spricht mich an. Er wolle nicht auf den Single und finde es nach all den Vorkommnissen ein gefährlicher Zeitpunkt. Er sei nicht der einzige mit dieser Meinung. Zu diesem Zeitpunkt komme ich nicht auf eine einmal gefällte Entscheidung zurück. Zweifel und Ängste sind am Tag des Weggehens normal und gehören dazu. Die Sachen sind gepackt. Nach einer kurzen Sitzung, in der wir alle Sicherheitsvorkehrungen wiederholen, verteilen wir die Kids. Ich bringe Peter an einen kleinen See, der leider leicht versumpft ist. Peter ist der älteste Teilnehmer und wirkt am sichersten. Sein Platz ist deshalb am weitesten von uns entfernt.

Auf dem Rückweg treffe ich an einem heissen Südhang auf eine wunderschöne Schlange. Voller Staunen schaue ich ihr nach. Ich bin in der Wildnis Kanadas noch nie zuvor einer Schlange begegnet. Jörg bringt Kurt und Ivan an zwei verschiedene, kleine Seen und Thomas an ein pittoreskes Steilufer am Fluss. Ich bringe Alain ans entfernte Ufer unseres Sees. Wir sind lange unterwegs, weil der Wasserweg sumpfig ist. Alain gibt sich hässig und arrogant, dahinter spüre ich Angst und Stress. Anschliessend fahren wir mit dem Kanu los und verteilen Nils, Nicole und Rachel. Ich begleite Rachel quer durch den Wald an ihren See. Die zwei anderen werden am oberen Flussufer verteilt. Lisa kommt als letzte an die Reihe. Sie ist auf Sichtkontakt mit uns. Sie sollte die Menstruation bekommen und braucht grössere Sicherheitsmassnahmen. Deshalb bekommt sie ein paar Leuchtpatronen und wir lassen ein Boot bei ihr zurück. Müde kehren Jörg und ich um zwei Uhr ins Camp zurück. Einmal mehr sprechen wir über die Krise und versuchen einzuschätzen, ob wir sie zusammen bewältigen können. Es ist drückend heiss. Die Mücken spielen verrückt und werden die Kids stressen, die ohne Zelt unterwegs sind. Wildgänse sammeln sich zu eleganten Formationen und ziehen Richtung Süden. Sie setzen ein deutliches Zeichen, dass der Herbst im Anmarsch ist. Ein praller Vollmond erscheint am Himmel. Sein helles Licht erleichtert die Singlesituation.

Im fortgeschrittenen Stadium des Wildnisaufenthalts ist der Single für die meisten Kids ein potentes Setting mit grossen Entwicklungsmöglichkeiten. Gerade bei Frauen habe ich immer wieder gestaunt, wie kompetent sie sich der Aufgabe gestellt haben und wie stolz sie zurückgekehrt sind. Trotzdem sind die Singletage ein grosser persönlicher Stress für mich. Er löst sich erst auf, wenn alle Kids wieder zurückgekommen sind. Meine Gedanken sind ständig unterwegs bei ihnen, vor allem nachts. Jörg ist in dieser Angelegenheit souveräner und versucht, mich zu beruhigen. Es gelingt ihm immer wieder.

Samstag 20.8.94

Wir starten mit den Besuchen der Kids auf dem Single. Alain treffen wir in seinem Lager nicht an. Besuch bei Rachel, die an einem schönen kleinen See lebt. Sie sieht gut aus, hat viele Beeren in der nahen Umgebung, ist froh um die Zeit mit sich allein und meistert die Situation gut. Sie möchte gerne eine Nacht länger bleiben. Nils liegt in seinem kargen Shelter und liest. Er lebt innerhalb der Gruppe eher zurückgezogen und spürt nun, dass er gar nicht gerne allein ist. Er findet sich zwar gut zurecht, will aber sicher nach drei Nächten zu uns zurückkommen. Nicole ist sehr zufrieden allein und geniesst die besondere Situation. Sie hat die Umgebung geschickt für den Bau ihrer hübschen Hütte einbezogen und wirkt so, als wohne sie schon lange hier. Sie liest, denkt viel nach und will eine zusätzliche Nacht bleiben. Auf dem Weg zum Basiscamp besuchen wir Lisa. Gleichzeitig mit uns, ist ein Bär auf dem Weg zu ihr. Er schwimmt vor unserem Boot über den See. Unser Zusammentreffen zwingt ihn zu einem Kurswechsel. Er zieht ab ins Gebüsch. Lisa hatte nachts Stress mit Mücken, sonst geht es ihr gut. Sie denkt gründlich über ihre enttäuschende Beziehung zu Alain nach, der sie oft ausnutzte, bestahl und abschätzig behandelte. Trotzdem braucht sie viel Energie, um sich von ihm zu lösen. Sie hat einiges zu verarbeiten und will sich überlegen, eine Nacht länger zu bleiben. Sie wirkt ernsthaft und konzentriert. Auf dem Weg zu Alain treffen wir zufällig auf Nils. Er möchte Alain besuchen. Alain war bereits einmal bei ihm. Alain scheint die Singlesituation nicht für sich nutzen zu können. Wahrscheinlich kann er schlecht allein sein. Er läuft im Gebiet herum und stört die anderen in ihrem Prozess. Wir schicken Nils zurück in sein Camp und kehren um neun Uhr in unser Lager zurück, tauschen mit Barbara Informationen aus und planen den nächsten Tag.

Sonntag 21.8.94

Besuch bei Kurt. Er hat eine schöne Hütte mit einem Dach gebaut und unternimmt viel. Er nutzt sein Können und hat mit einer improvisierten Fischerrute bereits einen Fisch gefangen. Er müsse sich ablenken, weil er ständig gegen die Idee ankämpfen müsse, wieder zu den weit entfernten Hütten zurückzukehren. Seit er beim Diebstahl zu Zucker gekommen sei, habe er keine Ruhe mehr. Er findet den Zuckerentzug das Schlimmste der ganzen Therapie. Da helfen auch die süssen Beeren nicht ganz. Er sei gierig nach normalem Essen und vor allem nach Zucker. Er habe monatelang nur von Süssigkeiten gelebt. Wir sprechen lange über Strategien, um nein sagen zu können, sich selber auf die Schliche zu kommen, sich vor sich selber zu schützen. Er glaubt, solange er nicht wisse, warum er so süchtig sei, könne er nichts dagegen tun. Zuerst gilt es die Süchtigkeit zu akzeptieren. Danach können Strategien entwickelt werden, den Suchtmitteln auszuweichen, sein Leben zu meistern und Verantwortung für das eigene Handeln zu übernehmen. Kurt fühlt sich, entgegen seinen Prognosen, auf dem Single wohl.

„Wenn es so etwas wie eine Einstiegsdroge gibt, ist es Zucker. Die Ernährungsgwohnheiten von Kindern in den Schulpausen, der Trend zum zuckersüssen Pausensnack ist nach Auffassung von Ernährungswissenschaftlern alarmierend. Dazu kommen noch die einschlägigen Süssgetränke. Vorreiter dieser Entwicklung sind die USA, die auch der grösste Drogenverbrauchermarkt der Welt sind.“[1]

Thomas gefällt das Abenteuer des Alleinseins. Er arbeitet wenig, liest viel und geniesst das Leben. Wir konfrontieren ihn damit, dass auf dem ersten Setting ohne Leitung ein Einbruch stattgefunden hat und fragen ihn nach seinem Anteil an der Geschichte. Alain hat gewusst, dass Thomas von seiner Expedition her, den Standort der Indianer kannte. Thomas liess sich von ihm überreden, ihm den Weg zu der Indianerhütte zu zeigen und dort einen Besuch zu machen. Als sie niemanden vorfanden, hat Alain die Hütte aufgebrochen. Sie haben verschiedene Lebensmittel geklaut und ins Lager zurückgebracht. Bei ihrer Ankunft wurden sie von den anderen wie Helden mit grossem Hallo begrüsst (siehe 28.7.). Schliesslich seien sie nachts alle nochmals zur Hütte zurückgekehrt und haben den Komfort eines Daches über dem Kopf genossen. Lebensmittel seien nicht viele da gewesen. Thomas hat das Ganze bald einmal bereut. Er sei froh, dass nun das Geheimnis

1 Interview vom 30.1.97 mit Günther Amendt in der „Weltwoche“, einer Schweizer Wochenzeitung.

nicht mehr gehütet werden müsse. Im Zusammenhang mit dem kürzlichen Einbruch kam er sehr ins Schleudern. Sein Mitläufertum gibt ihm zu denken und er macht sich Sorgen über die Folgen. Er möchte nicht, dass seine Familie einen schlechten Eindruck von ihm erhält. Er will mehr Widerstand entwickeln, um nicht bei Blödsinn mitzumachen, wenn er eigentlich nicht wolle. Er sei schnell verführbar und das müsse sich ändern.

Ivan hat sich an seinem See schön eingerichtet. In seinem Camp herrscht mustergültige Ordnung. Selbst den Wald rund ums Lager hat er aufgeräumt. Er hatte Horrorvorstellungen vor dem Single und macht zu seinem Erstaunen tolle Erfahrungen. Wir befragen ihn über seine Rolle bei der alten Geschichte mit der Indianerhütte. Nach dem ersten Schreck über unser Wissen, ist er erleichtert, dass endlich sauberer Tisch gemacht werden kann. Er erzählt uns ausführlich seine Geschichte. Er wollte nicht mit zur Hütte und liess sich mit der Zeit überreden. Dabei kämpfte er von Anfang an mit einem schlechten Gewissen. Ihn ärgerte vor allem, als Mitwisser erpressbar geworden zu sein. Er traute sich oft nicht, Alain zu konfrontieren, weil dieser ständig drohte, das Geheimnis zu verraten. Er möchte den Single verlängern und sich nochmals eingehend mit sich und seinem Verhalten befassen.

Nach einer kurzen Mittagspause mit Barbara besuchen wir Peter. Er wirkt leicht verwirrt, freut sich über unseren Besuch und sagt, es gehe ihm gut. Er denke ständig über die letzten Tage nach und lande immer am gleichen Punkt: "Ich weiss nicht, warum ich in das Ganze hineingeraten bin und wie ich mich ändern könnte". Er sei in seinem Leben oft in unmöglichen Situationen aufgewacht, ohne recht zu wissen, wie ihm geschah. Seine Familie und Freunde haben ihm oft geholfen, die

Folgen seines Handelns auszubaden. Peter ist weit entfernt davon, für sein Handeln Verantwortung zu übernehmen. Er wirkt labil, möchte aber eine Nacht länger bleiben. Uns wird klar, dass Peter und Alain eine destruktive Kombination bilden, aus der Peter nicht allein aussteigen kann. Auf dem Weg zu Alain besuchen wir kurz Nicole und Rachel, um ihre Version der ersten Einbruchsgeschichte zu hören. Beide sind heilfroh, dass die Sache aufgeflogen ist und die Erpresserei durch Alain nun ein Ende hat. Sie bereuen ihr Mitläufertum schon längere Zeit, hatten jedoch nicht den Mut, das Schweigen zu brechen. Die Schatten werden länger. Alain sitzt vor seinem Shelter und schreibt. Er hat viele Fragen zu den Folgen seiner Machenschaften. Hinter seiner coolen Oberfläche wirkt er ängstlich. Er möchte gerne nach drei Nächten zurückkommen. Als er hört, dass die meisten eine Nacht verlängern und die, die zurückkommen normal arbeiten werden, will er seine Entscheidung nochmals überprüfen. Müde und hungrig erreichen wir gegen zehn Uhr unser Lager. Barbara erwartet uns neugierig und wir plaudern noch lange zusammen.

Montag 22.8.94

Heute hat Jörg Hausdienst. Barbara besucht Lisa, Nils, Nicole und Peter. Sie hat mit ihnen lange, spannende Einzelgespräche und ist von früh bis spät unterwegs. Ich besuche zuerst Rachel und bin berührt von ihrer Wandlung in diesen Tagen. Sie wirkt klar, selbstsicher und eigenständig. Sie habe in diesen Tagen ihre Geschichte beweint, sich versöhnt und ihr Selbsthass sei am Schwinden. Sie findet zum ersten Mal in ihrem Leben, es sei schön, eine Frau zu sein. Rachel will ernsthaft an sich weiterarbeiten und mehr Verantwortung in der Gruppe übernehmen. Sie will sich nicht mehr von Alain zu destruktiven Geschichten verführen lassen. Thomas begrüsst mich fröhlich und berichtet überschwenglich von seinen Plänen. Er will endlich etwas aus seinem Leben machen. In verschiedenen Schnupperlehren will er entdecken, welches sein Weg sein könnte. Ab sofort will er deutlich seine eigene Meinung sagen und nicht mehr allen alles recht machen. Er findet, er habe genug getrödelt und wolle nun loslegen. Thomas hat den Single mehr genossen, als er sich vorstellen konnte. Für Ivan war das Alleinsein eine positive Überraschung. Stolz und zufrieden leuchten seine Augen. Er weiss besser, was er will und will sich nicht mehr von seinem Weg abbringen lassen. Er möchte, um zu sich selber zu finden, solche Rückzüge in sein späteres Leben einplanen. Heute hat er beim Beerensammeln einen Bären angetroffen. Er reagierte sicher und angemessen. Mein Heimweg führt über Land, weil ein starker Wind das alleinige Bootfahren verunmöglicht. Dabei begegne ich erneut Thomas. Während er am Beerensammeln war, hat ein neugieriger Bär sein Lager gekreuzt. Er hat den Schlafsack angekaut und Kleinigkeiten zerbissen. Wir besprechen kurz seine Situation. Er fühlt sich sicher und will bleiben.

Nils kommt am Abend gut gelaunt zurück ins Hauptcamp. Er hat genug vom Alleinsein. Seine wichtigste Erfahrung und die grösste Überraschung sei, dass er gerne mit Menschen zusammen sei und uns alle vermisst habe. Alain kommt ebenfalls gerne zurück, kann das aber nicht direkt sagen. Er hat bereits am Mittag über die Bucht nach Jörg gerufen. Dieser konnte ihn wegen starkem Gegenwind nicht allein mit dem Boot abholen. Alain hat auf dem Landweg Lisa angetroffen und ist bei ihr hängengeblieben. Er erzählt wilde Geschichten von einem Bär, der ihn verfolgt und ihm das Gesicht abgeleckt habe. Jörg hat am Morgen über Funk versucht, die letzte Einbruchsgeschichte zu regeln. Dank seinen guten Beziehungen zu Landsleuten wird es weniger kompliziert für uns. Rod versucht, die Angelegenheit für ihn in die Hand zu nehmen. Barbara und ich geniessen die Kochdienste unseres Hausmanns. Wir essen gemütlich zusammen und lassen uns vom besinnlichen Nils und vom nervösen Alain deren Abenteuer erzählen.

Wahrscheinlich handelt es sich immer um den gleichen Bären, der in den verschiedenen Lagern aufgetaucht ist. Wir sind wohl mitten in seinem Revier und haben ihn mit den vielen Einzelcamps verwirrt. Es scheint ein friedlicher, scheuer und gleichzeitig neugieriger junger Bär zu sein. Normalerweise weichen die Bären den Menschen aus. Sind wir in einer grösseren Gruppe unterwegs, sehen wir seltener Bären. Einzelne Menschen auf ihrem Single sind leise und haben eher Kontakt mit Bären. Ist man allein, ist es noch wichtiger, vorsichtig zu sein und das Camp sauber zu halten. Die Lager unserer Kids waren alle vorbildlich eingerichtet. In dieser Extremsituation war die Angst grösser und die Vorsichtsmassnahmen wurden eingehalten. Das Leben in der grösseren Gruppe verleitet schneller zu Unvorsichtigkeit.

Dienstag 23.8.94
In einer längeren Teambesprechung beschliessen wir, die Zeltpartnerschaft von Peter und Alain aufzulösen. Jörg und ich besuchen Peter, um ihn darüber zu informieren. Wir gehen dabei auf seine Hilferufe ein, dass er selber sich nicht in der Hand habe und nicht wisse, was er tue. Wir schlagen ihm vor, sein Einerzelt in unserer Nähe aufzustellen. Er ist zwar zweiundzwanzig Jahre alt, aber nie wirklich

erwachsen geworden. Einerseits soll es ihm helfen, sich besser von Alain abzugrenzen. Anderseits soll sein Zelt in der Nähe der Erwachsenen verdeutlichen, dass der Schritt zum Erwachsenen angesagt ist. Peter versteht nicht recht, was wir von ihm wollen. Allein im Busch wirkt er fragil und verunsichert. Wir haben momentan keine besseren Ideen. In einem grossen Bogen laufen wir zurück ins Basiscamp. Der Herbst kündet sich mit viel Getöse und starkem Wind an. Ein Wetterumschlag mit nasskaltem Regen setzt einen markanten Punkt unter den Single. Langsam trudeln die sieben ausstehenden Kids ein. Auf unterschiedlich grossen Umwegen, mit oder ohne Kompassfehler, kehren sie strahlend, stolz und voller Ideen heim. Es gibt ein festliches Nachtessen: Teigwaren an einer Tomatensauce und Karamelcreme. In einem langen Gruppengespräch erzählt jede in ernster, konzentrierter Stimmung über ihre Erfahrungen. Sie haben sich überlegen müssen, was sie beitragen können, damit die Gruppe erfolgreicher wird. Die meisten haben vor allem Wünsche und Hoffnungen mitgebracht: Dass **es** besser wird, dass **man** sagt, was **man** denkt, dass **alle** mitmachen usw. Es braucht viel Zeit, um herauszukristallisieren, was jede persönlich dazu beitragen kann. Deutlich spürbar ist der Wille, es besser machen zu wollen, einen Teil dazu beizutragen, ehrlicher zu sein und zusammen neu anzufangen. Motivierend ist das Ziel, in der ursprünglich geplanten Zeit die Wildnis verlassen zu können. Wir entwickeln aus den vielen guten Kräften, die Idee vom begleiteten Neuner[1]. Wir reisen als ganze Gruppe zusammen auf dem Fluss. Team und Jugendliche führen zwei getrennte Lager nahe beieinander. Die Kids organisieren sich selbständig. Abends besuchen wir sie für das Gruppengespräch in ihrem Lager. Morgens treffen wir uns zu einer abgemachten Zeit zur Weiterfahrt. Die Idee findet grossen Anklang. Also starten wir gleich morgen damit. Bis spät in der Nacht werden Erfahrungen ausgetauscht. Trotz miesem Wetter entstehen am Feuer lebhafte Gespräche.

Mittwoch 24.8.94

Drei Monate BigTrail, Halbzeit für das Team. Es kommt uns vor, als wären wir schon ewig am Arbeiten. Wir paddeln los bei kühlem Wetter. Die erste Stromschnelle verursacht ausser Wasserpfützen in den Booten und nassen Füssen keine Probleme. Deshalb nehmen wir die zweite Stromschnelle noch vor dem Mittagessen in Angriff. Jörg und ich starten, wie immer mit Sicherheitsabstand zur Gruppe. Mitten in der Schnelle kommt eine sehr schwierige Schlüsselstelle. Trotz genialem Steuermann stellt sich unser Boot quer. Wir springen heraus, um es vor dem Kentern zu bewahren. Ich versinke in einem tiefen Wasserloch und verliere mein kostbares Paddel. Jörg hat es mir im Mai zur Hochzeit geschenkt, damit ich sicher in den Hafen der Ehe hineinfahren könne. Ich habe keine Zeit es zu retten, denn wichtiger ist jetzt, die Gruppe zu stoppen. Ich eile flussaufwärts, so schnell es im dichten Unterholz des Ufers möglich ist und erreiche die Gruppe gerade

[1] Neuner: Neuner bedeutet die Gruppe der neun Jugendlichen ohne Leitung.

noch rechtzeitig. Ebenso schnell bin ich wieder bei Jörg, der immer noch mitten im Fluss steht und das Boot festhält. Gemeinsam bringen wir es gut ans Ufer, das Boot etwas einfacher als Jörg. Der reissende Fluss strömt hier mit viel Kraft durch eine Verengung.

Jörg organisiert mit Barbara das Camp oberhalb der Stromschnelle. Die Kids lagern direkt am Fluss und wir auf einer hohen Sandbank, wie auf einem Adlerhorst, etwa hundert Meter oberhalb von ihnen. Nun endlich kann ich auf die Paddelsuche gehen. Leider vergeblich, kein Paddel ist in Sicht. Zum ersten Mal bin ich wirklich ausserordentlich gestresst. Ich sehe vor meinen Augen eine längere Flussfahrt ohne richtiges Paddel. Ein mir wichtiges Hochzeitsgeschenk ist verloren, welch eine Symbolik. Hätte ich Zeit, würde ich den Verlust wohl etwas beweinen. Ich tausche die nassen Kleider gegen trockene. Unrast treibt mich erneut auf die Suche dem Ufer entlang. Ich bin nicht gewohnt, schnell aufzugeben. Mühsam quäle ich mich dem dornigen, dichten Ufer entlang und suche jeden Meter des Flusses ab. Plötzlich entdecke ich das Paddel. Ich kann es kaum glauben. Es hängt wankend und unstabil an einem Baumstrunk mitten im reissenden Fluss. Ich lasse Kleider und Schuhe am Ufer und stürze los. Es ist jedoch unmöglich, von dieser Seite her, das Paddel zu erreichen. Die Angst, es wieder zu verlieren treibt mich voran. Also die Schuhe anziehen, weiter flussabwärts eilen, Schuhe wieder ausziehen, den Fluss überqueren, die Kälte des Wassers nicht beachten, dem Baumstamm entlang in den Fluss queren und nun habe ich mein Paddel wieder in den Händen. Ein grosses Glücksgefühl durchströmt mich. Der Fluss, den ich erneut durchqueren muss, ist unterdessen eiskalt geworden. Im Dickicht finde ich meine Schuhe nicht mehr. Endlich, da stehen sie ja, gut getarnt im Gebüsch. Und wo zum Teufel habe ich die Kleider gelassen?

Geraume Zeit später spaziere ich warm angezogen und zufrieden mit meinem Paddel zurück zu unserem Camp. Da trudelt mir ein leeres Boot entgegen, führerlos im Wildwasser. Nach einer halben Stunde Arbeit ist auch dieses wieder heil am Ufer. Todmüde und hungrig kehre ich ins Lager zurück. Gemeinsam verschlingen wir um fünf Uhr das Mittagessen. Das Gruppengespräch zeigt uns, dass die Kids den neuen Start gut gemeistert haben. Wir freuen uns alle darüber. Die grosse Krise scheint bewältigt zu sein. Morgen schalten wir einen Ruhetag ein und erkunden die Flussstrecke nach einem optimalen Weg durch den schwierigen Abschnitt. Es ist bereits dunkel, als wir auf unserem Adlerhorst ein Feuer entfachen und unser Nachtessen kochen. Ich liebe solche Orte. Sie sind zwar unbequem zum Hochklettern und Wasserholen, bieten dafür eine traumhafte Aussicht. Die Kids ziehen die Bequemlichkeit der Schönheit vor und finden ihren Lagerplatz viel toller.

Donnerstag 25.8.94

Wir überprüfen den Fluss. Die Stelle ist für uns nicht befahrbar und schwer zu umgehen. Wir werden die Boote dem Ufer entlang treideln und uns an den schwierigen Stellen behilflich sein. Die Rucksäcke und das Kleinmaterial transportieren wir zu Fuss über Land, die robusten Fässer, die notfalls schwimmen können, befördern wir in den Booten. Mit Organisation, Planung, Kartenstudium, Büroarbeit, Bootsreparaturen und Gruppengespräch vergeht der warme Sonnentag im Flug. Die Stimmung in der Gruppe ist gut, geradezu grossartig. Alle arbeiten mit und finden es gemütlich so.

Freitag 26.8.94
Jörg und ich fahren unser Boot bis unterhalb der Stromschnelle. Die Stelle ist wirklich so schwierig, wie wir sie eingeschätzt haben. Wir lotsen die Kids mit ihren Booten durch die heiklen Stellen. Sie arbeiten geschickt mit. Anschliessend müssen sie mit nassen, kalten Füssen ihr Gepäck dem Ufer entlang schleppen. Durch eine schöne Landschaft paddeln wir weiter. Es folgt eine lange, anspruchsvolle Wildwasserstelle, die Ivan und Rachel gut meistern. Das nächste Boot stellt sich quer. Die zwei folgenden Boote fahren zu dicht auf und blockieren sich gegenseitig. In der Karambolage kentern Nicole und Peter. Ein schweres Fass löst sich und schwimmt den Fluss hinunter. Das gekenterte Boot prallt an einen Felsblock und füllt sich schnell mit Wasser. Dadurch verbiegt sich das Gestänge und bricht an zwei Stellen. Nils hilft geistesgegenwärtig das Boot sichern und ausladen. Ich versuche es mit Peter wieder flottzumachen. Es sieht jämmerlich aus und hat viele Risse. Da Peter und Nicole noch der Schrecken in den Gliedern sitzt, fahren Jörg und ich ihr Boot zur nächsten ruhigen Stelle. Wir finden in der Nähe ein reichhaltiges Beerenfeld, errichten das heutige Camp und trocknen die nassen Sachen in der Sonne. Ich repariere noch lange am lädierten Boot herum, bis es wieder einigermassen in Ordnung ist.

Später hören wir Motorenlärm und entdecken zu unserem Schrecken, dass wir nahe bei einer Sandpiste gelandet sind. Kurze Zeit danach tauchen diejenigen Beamten auf, in deren Hütte von unseren Kids eingebrochen wurde. Sie haben gerade den Schaden begutachtet und mustern uns mit düsteren Blicken. Die Pistolen an ihren Gürteln wirken bedrohlich. Barbara, die gut englisch spricht und Jörg verhandeln lange mit ihnen. Mich stresst die Nähe der Piste, die die Kids wieder auf schräge Gedanken bringen könnte. Im Gruppengespräch wird klar, dass einzelne Teilnehmerinnen mehr Verantwortung übernehmen. Alain wurde von Ivan und Rachel bereits zurechtgewiesen und darauf aufmerksam gemacht, dass er auf der Piste nichts zu suchen habe. Der Besuch der Beamten ist allen in die Knochen gefahren. Die Kids bedanken sich bei Jörg und Barbara für das Verhandlungsgespräch. Das spürbar erhöhte Verantwortungsgefühl innerhalb der Gruppe lässt mich ruhiger schlafen.

Samstag 27.8.94
Die Kids erscheinen trotz Regenwetter pünktlich. Die Flussstrecke ist abwechslungsreich. Oft liegen Baumstämme quer im Fluss. Wir müssen uns einen Weg durch die Wildnis bahnen. Akrobatische Einlagen gelingen heute ohne Wasserlandung. Eine Stelle ist mit drei dicken Baumstämmen verbarrikadiert, die wir mit einer kurzen Portage umgehen. Die Schwierigkeit einer Stromschnelle ist für die Kids an der Grenze der Fahrbarkeit. Vom Ufer aus begutachten wir gemeinsam die Schlüsselstellen und besprechen die optimale Fahrlinie. Mit unterschiedlicher Eleganz gelingt allen die anspruchsvolle Fahrt. Anschliessend suchen wir lange nach einem gediegenen Lagerplatz für das Wochenende. Der Wald ist hier dicht und

feucht mit eindrücklich hohen, kräftigen Tannen und Kiefern und erinnert an einen Urwald. Die Ufer sind sumpfig und ungemütlich oder sehr steil. Nach zwei Stunden intensiver Suche, finden wir zwei schöne, hochgelegene Stellen. Der Rest des Tages zerrinnt uns zwischen den Fingern. Gegen Abend hellt sich das Wetter auf. Die Kids haben ihr Lager auffällig ordentlich auf einer Hochebene eingerichtet. Sie schätzen plötzlich die Schönheit eines Ortes höher ein, als die Bequemlichkeit. Ich höre zum ersten Mal von ihnen, dass es sich lohne, dafür das Material weiter zu schleppen. Sie hätten ihre Zelte auch näher am Ufer aufstellen können. Den heutigen Tag haben sie schön und spannend gefunden. Die dichten Urwälder gefallen ihnen.

Die Krise und ihre Bewältigung hat eine grosse Änderung bewirkt. Der umfassende Therapiewiderstand ist aufgebrochen. Rachel und Ivan übernehmen spürbar mehr Verantwortung und werden von Thomas, Lisa, Nicole, Kurt und Nils dabei unterstützt. Alain hat viel von seiner Macht eingebüsst. Er ist unsicher und hat seinen neuen Platz noch nicht gefunden. Peter geht es ähnlich. Er wirkt verwirrt und verletzlich. Die Stimmung in der Gruppe ist fröhlich. Der Kontakt zu uns Teamerinnen hat einen warmherzigen Ton bekommen. Jetzt da die Energien der Kids nicht mehr so stark durch verschiedene Widerstände gebunden sind, sehen sie mehr von der Schönheit der Landschaften. Wir freuen uns an ihren Fortschritten und sind stolz auf sie, wie wenn sie unsere eigenen Kinder wären. Innerlich können wir ein wenig zurücklehnen und spüren nun deutlicher die Anstrengungen der letzten Wochen.

Sonntag 28.8.94

Strahlender Sonnenschein lässt uns den Sonntag doppelt geniessen. Ich suche für das Team Beeren und muss dazu weit laufen. Sie sind seltener geworden. Am Feuer sitzend, geniessen wir zusammen die Morgenstille und den Sonntagskaffee. Heute brauchen wir bei der Planung der nächsten Tage länger, bis wir uns einig werden. Morgen könnten wir den Richardsonlake erreichen. Ich bin überzeugt davon, dass dort die Kernphase der Wildnis beendet ist. Wir werden auf der Weiterfahrt ab und zu auf Zivilisation und Menschen treffen. Ich möchte deshalb mit den Kids vor dem Richardsonlake die Standortbestimmung machen. Dazu müssten wir morgen eine Übernachtung vor dem See planen. Jörg findet Wildnis sei Wildnis und rechnet mit keinen wesentlichen Änderungen. Ihn interessiert brennend, wie die unbekannte Landschaft aussieht. Er möchte so schnell wie möglich weiterreisen. Mit Lebensmittel überprüfen, Kartenstudium, Materialpflege, Planen und Tagebuch schreiben ist der Tag randvoll gefüllt. Die Kids geniessen den Sonntag, waschen ihre Kleider und baden im Fluss. Fröhliches Gelächter tönt durch den Wald und erfreut unsere Herzen.

Montag 29.8.94

Wir reisen früh los, was bedeutet, um sechs Uhr aufzustehen. Die Kids sind pünktlich am Treffpunkt. Der Maybell River schlängelt sich gemächlich dem Richardsonlake entgegen. Mittags essen wir auf einer hohen, weissen Sandbank mit Sicht auf den nahen See. Wir finden Pudding- und Bärenbeeren, Preisel- und Heidelbeeren und viele reife Hagebutten. Der Ort wäre optimal für eine letzte Übernachtung vor dem neuen Gebiet. In einem letzten Anlauf versuche ich nochmals, Jörg zu überzeugen. Seine unbändige Neugier auf die neue Landschaft, lässt sich jedoch nicht mehr bremsen. Am frühen Nachmittag erreichen wir den See. Er ist riesengross und wunderschön. Unsere Augen laben sich an dem ungewohnt weiten Horizont. Tausende von Wasservögeln tummeln sich im seichten Wasser: Enten, Gänse, Wasserläufer, Möven, Kraniche, Reiher, Kormorane usw.

Mit dem Kompass suchen wir nach dem richtigen Ausfluss. Der Weg führt durch eine schmale Fahrrinne zwischen grossen Sandbänken durch. Thomas und Alain nehmen eine Abkürzung und fahren auf dem Sand auf. Einige Kilometer Fahrt gegen den Wind, durch einen schnurgeraden Kanal, raubt uns viel Kraft. Müde essen wir einen der letzten, selber geräucherten Fische. Hier gibt es weit und breit keine Lagermöglichkeit. Das Gelände ist flach und versumpft. Der Kanal mündet in den Athabasca River. Wir kreuzen die ersten Hütten, die viel Aufregung auslösen. Später treffen wir auf ein bewohntes Indianerdorf. In der Region gibt es laut Karte drei Reservate. Wir fahren nun gegen den Strom den Athabasca River hinauf und wählen so eine Route mit möglichst wenig Zivilisation. Doch es ist eindeutig, der eigentliche Wildnisteil liegt hinter uns. Wir bewegen uns nun in einer Zone zwischen Wildnis und Zivilisation. Wir suchen noch lange nach einem Lagerplatz. Dichte Pappelwälder wechseln ab mit sumpfigen Schilflandschaften.

Schlussendlich finden wir einen dürftigen, modrigen Lagerplatz, der keinem Vergleich mit unseren geliebten Nadelwäldern standhält. Unter grosser Müdigkeit laden wir die Boote aus und versinken dabei bis zu den Knöcheln im Morast. Morast, eine Botschaft aus der Zivilisation?

Dienstag 30.8.94

Nils wird an seinem Geburtstag von einem strahlenden Herbsttag begrüsst. Er wird heute zwanzig Jahre alt. Schlussendlich entlocken ihm unsere hartnäckigen Aufmerksamkeiten und Wünsche doch ein Lächeln. Nach einer guten Stunde Fahrt biegen wir in ein neues Kanalsystem ein. Die Ufer sind morastig und buschig und laden weder zum Ausruhen, noch zum Zelten ein. So paddeln wir immer weiter. Langsam machen wir uns Sorgen, wo wir wohl diese Nacht verbringen werden. Mein Fernglas ist ständig in Gebrauch und hilft uns auch nicht weiter. Alles ist topfeben und überall ist Wasser und Sumpf. Gegen abend finden wir am Ufer eine leere Hütte auf einem Stück ebenen Boden. Wir bleiben und sind glücklich, Nils einen gediegenen Platz für sein Geburtstagsfest bieten zu können. Er meint schelmisch, der Tag sei nicht ganz so schlimm gewesen, wie er sich das vorgestellt habe. Im Gruppengespräch werten wir das Setting des begleiteten Neuners aus. Die Kids erlebten das Zusammenleben in der Gruppe toll und haben Freude an der Autonomie. Sie haben sich gut organisiert und möchten im gleichen Stil weiterreisen. Wir sind damit einverstanden. Spät am Abend stösst ein deutscher Kajakfahrer zu uns und übernachtet ebenfalls hier. Er informiert uns, dass die Hütte dem Staat gehöre und genau für diesen Zweck zur Verfügung stehe. Die Kids erzählen ihm viel über ihre harten Zeiten im Busch. Er ist ein interessierter Gesprächspartner und hört aufmerksam zu. Er reist ganz allein mit dem Kanu mehrere Wochen Richtung Norden und will bei den Innuits überwintern. Sein Zivilisationsessen strapaziert die Augen und Magensäfte der Kids. Zum Glück haben wir mit dem Geburtstagessen für Nils ein ebenbürdiges Mahl zu bieten. Es gibt Spaghetti und Schokoladencreme. Eine feuchtkalte Nacht unter einem tollen Sternenhimmel verdeutlicht, dass es wirklich Herbst geworden ist.

Mittwoch 31.8.94

Die Zelte sind nass vom Nebel und die Finger klamm vor Kälte. Jörg kocht uns einen herrlichen Milchreis. Wir nehmen uns Zeit für eine Standortbestimmung, um die Erfahrungen und Entwicklungen der letzten Wochen in der Wildnis festzuhalten. Die Kids motzen zuerst und vertiefen sich später in die schriftliche Arbeit. Auf der Fahrt Richtung Athabascalake wird der Kanal immer breiter. Die Landschaft spiegelt sich im ruhigen Wasser. Bei der Einfahrt in den See überwältigt uns der Anblick der unendlichen Wasserfläche, aus der mehrere Inseln herausragen. Der See ist 260 km lang und 60 km breit. Er verliert sich am Horizont wie ein Meer. Bei unserer Planung haben wir uns Sorgen gemacht, wegen der Überquerung der grossen Wasserfläche. Der See ist bekannt für schnell auffrischende Starkwinde und gefährliche Sturmeinbrüche, denen wir mit unseren Kanus wenig entgegenzusetzen hätten. Wir nutzen die Gunst der Stunde und paddeln im Konvoi bei absoluter Windstille über die spiegelglatte Wasseroberfläche. Wie Nussschalen kommen mir die Boote vor. Ein leichtes Kribbeln im Bauch zeugt von einer Anspannung, trotz optimalen Bedingungen. Die als Zwischenstation angepeilte Patato Insel ist wunderschön. Sie besteht aus felsigen Ufern und Nadelwald, eine Wohltat nach all den feuchten Pappelwäldern. Kurz entschlossen schlagen wir mitten in einer tollen Landschaft unsere Zelte auf. Vom Lager der Teamerinnen sieht man auf Fort Chipeway, während das Lager der Kids freie Sicht auf den unendlich weiten See gewährt. Wir hoffen, dass die Nähe des Dorfes die Kids weniger stresst, wenn sie es nicht im Blickfeld haben. Sie freuen sich auf einen freien Badenachmittag in der Sonne. Wir waschen und trocknen unsere schlammigen Materialien. Der Wind frischt stetig auf und gegen Abend rauscht er mit Windstärke sechs über die Insel hinweg. Im Gruppengespräch geben wir zu, dass wir noch nicht allen vollständig trauen und deshalb die Paddel in unser Lager nehmen. Somit muss sich niemand überlegen, einen Ausflug in die Zivilisation zu unternehmen. Die Kids finden unser diesbezügliches Misstrauen normal und einzelne bedauern, dass es soweit gekommen ist.

Donnerstag 1.9.94

Wir gewähren uns einen Ruhetag auf der Patato Insel. Einerseits sind die Kids müde von den anstrengenden letzten Tagen. Anderseits ist der Ort traumhaft schön und wir gewinnen Zeit zu ausführlichen Gesprächen über die letzten schriftlichen Standortbestimmungen. Während Jörg Barbara hilft, ein Lebensmittelfass zu reinigen, in das Öl ausgelaufen ist, beginne ich mit den Einzelgesprächen. Alain ist einmal mehr hin und her gerissen zwischen einsteigen und aussteigen. Er würde gerne nach BigTrail bei den Eltern wohnen und arbeiten gehen. Er wünscht sich ein ganz gewöhnliches Daheim, obschon er spürt, dass das nicht mehr möglich ist. Seit er seine Anführerrolle verloren hat, ist sein Wunsch, nach Hause zurückzukehren wieder stark aufgeflackert. Rachel befindet sich in Topform. Sie strahlt Stärke und Selbstsicherheit aus. Sie ist nun zufrieden damit, eine Frau zu sein und hat

Freude an ihrer verantwortungsvollen Position in der Gruppe. Ivan wirkt sicherer und klarer. Er will zielbewusst sein Leben anpacken und macht sich Sorgen, ob er alles schaffen wird. Er hat viele Fortschritte gemacht und hat ebenfalls eine führende Rolle in der Gruppe eingenommen. Er und Rachel ziehen in letzter Zeit am gleichen Strick und haben einen entwicklungsfördernden Einfluss auf die anderen. Sie sorgen dafür, dass die Probleme auf den Tisch kommen und ausgehandelt werden. Thomas wirkt erwachsener und kommt sich und seinen Bedürfnissen langsam auf die Spur. Er will aktiver leben, weniger konsumieren und sein Berufsziel herausfinden.

Gegen Abend kommt Barbara zu Einzelgesprächen mit Lisa und Peter. Lisa hat eine deutliche Entwicklung gemacht. Sie fühlt sich sicherer, kann auch allein sein und geniesst die neue Unabhängigkeit. Peter hat noch wackligen Boden unter den Füssen. Es ist ihm ein Rätsel, wie er die volle Verantwortung für sein Handeln übernehmen könnte. Plötzlich erwache er in einer Misere und irgendwie gehe es jedes Mal weiter. Seine Krise hat er nur teilweise überwunden. Er wirkt noch etwas verwirrt und trotzig, eine seltsame Mischung. Jörg kommt zum Gespräch mit Kurt. Kurt hat sich stark entwickelt und wirkt deutlich erwachsener. Sein jammerndes Nörgeln hat er eingetauscht gegen ein geradliniges Handeln. Das Gruppengespräch dauert lange. Die Kids haben sich verantwortungsvoll und zuverlässig in der Gruppe organisiert und einen grossen Entwicklungsschritt gemacht. Wir geben die Entscheidung bekannt, dass wir nach dem ursprünglichen Zeitplan auf die Farm reisen werden. Die Nachricht löst bei allen Zufriedenheit und Erleichterung aus. Alain kommt mit dem neuen Stil noch nicht ganz klar. Er fühlt sich bevormundet und ist auf der Suche nach einem neuen Platz in der Gruppe. Heute ist er im Gespräch, weil er nach dem Mahlen des Korns zweihundert Gramm Mehl zuwenig hatte. Auf eine Gesamtmenge von neunhundert Gramm ist das viel. Die Gruppe löst das Problem ohne uns und beschliesst, dass er zweimal auf das Frühstück verzichten muss. Nun zur Überraschung des Tages: Barbara und Jörg waren kurz in Fort Chipeway, haben dort bei der Polizei und der Nationalparkverwaltung unsere Rückkehr in der Zivilisation gemeldet und kleine Süssigkeiten eingekauft. Die Kids haben eine Riesenfreude an der Schokolade. Bei unserem Nachtessen gegen zehn Uhr erscheint am klaren Sternenhimmel ein bezauberndes Nordlicht. Es ist eiskalt.

Freitag 2.9.94

Bei stürmischem Wetter und starkem Wellengang verlassen wir die Insel. Trotz Rückenwind ist es eine anstrengende Fahrt. Als wir in den Rivière des Rochers einmünden, unterstützt uns eine starke Strömung. Die Flusslandschaft ist abwechslungsreich. Schilfgürtel wechseln ab mit schönen Tannenwäldern und Felsplatten. Wir geniessen auf einem pittoresken Felskopf die Mittagsrast und entschliessen uns spontan, für das letzte Setting hier zu bleiben. Es ist ein tolles Gebiet mit vielen grossen Inseln, Felsplatten, Bibern, Rebhühnern, Fischen und

Vögeln. Die Kids können wählen, ob sie nochmals einen Single machen oder zu zweit nach ihrer Wahl, die nächsten drei Nächte verbringen wollen. Alain möchte nicht allein sein und fragt Kurt, ob er mit ihm komme. Kurt zögert, weil er eigentlich einen Single machen wollte. Schliesslich riskiert er, Alain zu enttäuschen und bei seiner ursprünglichen Entscheidung zu bleiben. Nils und Ivan ziehen sich oft in ihr gemeinsames Zelt zurück und sind gerne zusammen allein. Sie werden zu zweit auf einer Nachbarinsel von Kurt leben. Nicole und Rachel wünschten sich schon lange, einmal zu zweit unterwegs zu sein. Wir begleiten sie zu einer grossen Insel flussabwärts. Peter hat sich in den letzten Tagen von Alain distanziert und Thomas als Begleiter für die nächsten Tage gewünscht. Wir bringen sie auf eine mittelgrosse Flussinsel in der Nähe der zwei Frauen. Alain bleibt allein. Ich schlage ihm vor, auf einer der Inseln in unserer Nähe, mit Sicht- und Schreikontakt zu uns, einen Single mit Zelt zu machen. Er ist ängstlich und freut sich über unsere Nähe. Das Zelt nimmt ihm etwas Stress weg. Lisa will allein leben und wünscht sich ebenfalls ein Zelt dazu. Wir plazieren sie gegenüber von uns. Ein starker Wind macht die Verteilung der Kids zur Plackerei. Spät am Abend bieten wir Barbara an, die Situation zu nutzen und ebenfalls einen Single zu machen. Sie nimmt das Angebot strahlend an.

Samstag 3.9.94

Bei schönem, wolkigem Wetter paddeln wir mit Barbara flussabwärts und finden ein kleines Felsplateau für sie. Auf dem Rückweg bringen wir Rachel und Nicole die gewünschte Nähnadel vorbei. Beide schmieden fröhlich Pläne für eine gemeinsame Zukunft. Bei Peter und Thomas bringen wir Hasenlockfutter vorbei. Sie hatten am ersten Tag Hasenspuren entdeckt und bereits Fallen gestellt. Ein Hase ist in eine ihrer Fallen geraten, konnte sich aber wieder befreien. Auf dem Heimweg besuchen wir kurz Lisa und Alain. Lisa geniesst die Single Situation. Alain langweilt sich und hat Freude, als wir auftauchen. Wir bleiben ein wenig und plaudern mit ihm. Anschliessend haben wir etwas Musse. Bald ziehen rabenschwarze Gewitterwolken auf. Wir sichern Zelte und Fässer. Ein Motorboot mit drei Leuten hält an. Sie sind aus Fort Chipeway und wollen mit uns schwatzen. Das Wetter wird beim Eindunkeln ungemütlich. Ein Sturmregen begleitet von Blitz und Donner prasselt auf die Zelte nieder. Wie geht es wohl Barbara und Kurt ohne Zelt auf ihrem Single?

Sonntag 4.9.94

Ein kalter Nordwind und nasse Felsplatten erwarten uns. Die romantischen Felsen sind glitschig und unbequem geworden. Später hellt sich der Himmel auf. Wir besuchen Kurt, Ivan und Nils. Kurt ist im Gewitterregen nass geworden. Er hat vor lauter Fischen und Essen verpasst, rechtzeitig eine wasserdichte Unterkunft zu bauen. Daneben geniesst er die Zeit inmitten von Tieren. Zwei Biber sind die ganze Nacht in seiner unmittelbaren Nähe am Werk gewesen und er konnte sie bis auf zwei Meter Distanz beobachten. Ein Erdhörnchen ist mehrmals über seinen Schlafsack gehüpft. Nils und Ivan sind gerade am Essen. Rund um ihr Lagerfeuer liegen leere Konservendosen. Die zwei wirken abweisend, wie sie es öfters tun, wenn sie zusammen sind. Bei ihnen scheint alles in Ordnung zu sein. Lisa hat eine leichte Blasenentzündung. Wir holen ihr einen entsprechenden Heiltee. Ich besuche Alain, der sich ein Einzelgespräch gewünscht hat. Er schreibt viel und denkt nach. So nahe bei uns, geht es ihm viel besser, als auf seinem ersten Single. Er will die verbleibende Zeit in Kanada nutzen, um sein Image aufzubessern. Ihm graut bereits vor dem Teamwechsel für die Anschlussphase, die sicher ein grässlicher Heimbetrieb sein werde. Heimerfahrungen habe er genug hinter sich. Es bringe nichts und er könne sich nicht vorstellen, es dort lange auszuhalten. Ich unterstütze ihn in der Idee, anstelle eines Abbruchs einen Abschluss zu planen.

Jörg ist am Fischen. Er macht sich seit Freitag wieder mehr Sorgen wegen dem Einbruch in die Regierungshütte. Die Beamten wollten mit der Polizei einfahren und die betreffenden Jugendlichen ins Gefängnis stecken. Rod hat sich für uns eingesetzt. Jörg plant, von der Farm aus nach Fort McMurray zu reisen und alles zu regeln. Die Wildnis erscheint gross, aber kriminelle Geschichten verbreiten sich in den angrenzenden Dörfern wie ein Lauffeuer. Ihn stresst, dass die Vorkommnisse seine Bekannten belasten und zukünftige Projekte gefährden könnten. Der Wind schläft ein und sofort erwachen Millionen von Mücken. Die Fische beissen in unserer Ecke schlecht an. Eine goldene Abendsonne verbreitet eine sanfte Stimmung.

Montag 5.9.94

Ein warmer, sonniger Herbsttag mit blauem Himmel und stürmischem Wind erwartet uns freundlich. Wir bringen den Kids die Paddel vorbei und bestellen sie zu Alain auf unsere Nachbarinsel. Bei starkem Gegenwind beansprucht dies viel Zeit und Kraft. Im Gruppengespräch wird lebendig erzählt. Peter und Thomas haben viel zusammen unternommen, geplaudert und in die Zukunft geblickt. Nicole und Rachel haben ihre Tage kurzweilig erlebt und viel Plausch zusammen gehabt. Sie wären gerne länger geblieben und würden am liebsten einen weiteren Monat zu zweit im Busch leben. Ivan und Nils sind zufrieden und wortkarg. Lisa ist eine mutige, stolze Singlefrau geworden. Sie will die Erfahrung mit ins zukünftige Leben nehmen. Es sei für sie äusserst wichtig, sich immer wieder auf sich selbst zu konzentrieren, ihren eigenen Weg zu finden und sich nicht zu sehr beeinflussen zu lassen. Möge es ihr gelingen. Kurt ist strahlend und selbstsicher zurückgekommen. Er überlegt sich, wie er in der Schweiz eine Singlesituation einrichten könnte, und sei es nur für ein Wochenende. Es ist erstaunlich, wie zufrieden und energievoll er zurückgekommen ist. Seine Unzufriedenheit ist wie vom Winde verweht. Alain hat seine Ängstlichkeiten zugelassen, teilweise überwunden und diesmal wirklich allein sein können. Er wurde öfters von uns besucht, hat das genossen und hat viel über sich nachgedacht. Er ist weicher und herzlicher im Kontakt geworden. Bei dem schönen Wetter konnten alle die Zeit in der tierreichen Natur geniessen. Die felsige, offene Landschaft brachte eine willkommene Abwechslung. Das absehbare Ende der Wildnisphase verhalf diesen Tagen zu einem speziellen Genuss. Es herrscht eine fröhliche Stimmung, voller Erwartungen auf die Zivilisation und die Zukunft. Bedenken werden laut, ob all die neuen Ziele umgesetzt werden können. Rachel und Nicole bedauern, dass sie den Wildnisaufenthalt nicht früher geniessen konnten. Jörg hat unterdessen ein leckeres Nachtessen gekocht.

Dienstag 6.9.94

Auf unserer Weiterfahrt holen wir Barbara von ihrem Single ab. Sie hat einen guten Shelter gebaut und den Gewitterregen trocken überstanden. Die Kids finden toll, dass Barbara einen Single gemacht hat. Wir paddeln auf dem Rivière des Rochers weiter, bis er in den Slave River einmündet. Die Landschaft ist abwechslungsreich und schöne Felsplatten laden zum Verweilen ein. Doch dazu fehlt uns heute die Zeit. Der Tag neigt sich dem Ende zu, bis wir den breiten Slave River erreichen. Er fliesst schleppender dahin, als wir uns erhofft haben. Es dauert eine weitere Stunde bis wir einen halbwegs geeigneten Lagerplatz finden. Die nassen Zelte trocknen nicht mehr und werden zu Tropfsteinhöhlen. Es gibt in der Nähe viele zutrauliche Tiere. Im Wasser plantschen Biber und Bisamratten. Am klaren Sternenhimmel treibt ein wildes Nordlicht seine Spiele und in der Ferne heulen die Wölfe.

Mittwoch 7.9.94

Es regnet und wir trödeln vergeblich, in der Hoffnung auf besseres Wetter. Regen und ein starker Gegenwind kühlen uns aus und bremsen das Tempo. Alain vermisst seine Regenkleider bitterlich, die irgendwann irgendwo im Busch verschollen sind. Er friert wie ein Schlosshund, trotz Ersatzkonstruktion mit einer Blache. Am Mittag, nach einer kalten Windböe, hat er einen Schüttelfrost und kann sich kaum mehr bewegen. Während Kurt und Rachel ihm geistesgegenwärtig helfen, trockene Kleider anzuziehen, zaubert Jörg schnell ein grosses Feuer in den nassen Wald. Wir wärmen am heissen Feuer Körper und Seele auf. Das Essen ist zum ersten Mal seit langem nebensächlich. Nochmals drei Stunden harte Paddelarbeit im kalten Gegenwind. Wir freuen uns an einer Schwallstrecke[1], schaukeln in den Wellen und geniessen die Abwechslung. Gegen Abend finden wir an einer sanften Stromschnelle zwei schöne Lagerplätze. Eine Hütte ist in der Nähe. Die Kids beruhigen uns glaubhaft, dass sie die Phase der Einbrüche hinter sich haben. Sie sagen stolz, sie seien schliesslich lernfähig. Im Gruppengespräch herrscht dem Team gegenüber eine seltsam dankbare Stimmung für das heutige Feuer und die Führung durch Flüsse und Wildnis. Wir beschliessen, dass Jörg und Barbara vorausfahren, um die Weiterreise vor dem Wochenende zu organisieren. Sie werden uns mit einem grosszügigen Frühstück erwarten.

[1] Schwallstrecke: Technisch einfach befahrbare Wildwasserstrecke.

Donnerstag 8.9.94

Barbara und Jörg sind früh weggefahren. Ich starte mit der Gruppe bei kühlem, regenfreiem Wetter. Nils ist mein neuer Steuermann. Ohne Gegenwind rücken wir gut vorwärts. Es wird immer kälter. Beim Mittagessen frieren wir nur einmal und ziehen gleich weiter. Einige klagen über Blasenbeschwerden. Kurz nach der Mittagspause entdecken wir am linken Flussufer Barbara. Sie und Jörg hatten ein bereits geschlossenes Sommercamp entdeckt, auf dem plötzlich ein kleines Lastauto vorgefahren sei. Das Camp sei seit zwei Wochen nicht mehr in Betrieb. Jörg packte die Chance beim Schopf, rollte das Boot zusammen und fuhr mit den freundlichen Männern mit nach Fort Fitzgerald. Barbara freut sich, mit uns einen ruhigen Abschluss in der Wildnis machen zu können. Für mich wird es wesentlich gemütlicher. Ich muss nun nicht mehr auf meiner schwächeren Seite paddeln. Neben dem Kartenlesen, Stromschnellen einschätzen und die Gruppe im Auge behalten, war das doch recht anstrengend. Wir machen gegen vier Uhr einen Lagerplatz ausfindig. Sie sind hier selten. Ich geniesse im eiskalten Fluss mein wohl letztes Wildnisbad in dieser Saison. Die Kids sind müde und hungrig. Barbara gibt ihnen zusätzliche Portionen Nahrungsmittel, da wir unsere Reserven nicht mehr benötigen werden. Das Wetter hat uns heute weder Regen noch Sonne beschert. Es ist tiefer Herbst geworden. Täglich fliegen kunstvolle Formationen von Wildgänsen Richtung Süden. Es wird auch für uns langsam Zeit, die Wildnis zu verlassen.

Freitag 9.9.94

Der windfreie Morgen auf dem mittlerweile tausend Meter breiten Fluss, verläuft problemlos. Die auf der Karte angekündigten Stromschnellen treten kaum in Erscheinung. Die Kids sind aufgeregt und bei guter Laune. Mittags picknicken wir auf einer schönen Felsnase. Aus dem Spezialvorrat gibt es zusätzliche Datteln, die für den Geburtstag von Kurt reserviert waren. Sein Geburtstag fällt zusammen mit dem ersten Tag in der Zivilisation. Deshalb geniessen wir bereits heute das speziell für ihn vorgesehene Essen. Der Nachmittag wird hart. Wir kämpfen gegen einen starken Nordwind und hohe Wellen an und kommen kaum vom Fleck. In der Abenddämmerung finden wir endlich einen Notplatz. Vor einem vermoosten Tannenwald liegen Uferbänke aus Sand, die in der Nähe des Wassers morastig sind. Vorgelagert ist eine weitere Sandbank. Am letzten Abend in der Wildnis stellen wir wieder ein gemeinsames Lager auf. Ein Teil der Gruppe zeltet mit mir auf der Sandbank. Sie ist topfeben und gut geeignet zum Schlafen. Man kann sie jedoch nur mit dem Boot erreichen. Barbara haust mit den anderen im feuchten Tannenwald. Die Gruppe hat deutlich Fortschritte gemacht. Es ist toll zu sehen, wie sie die anfallenden Arbeiten selbständig erledigen und aushandeln, wer was tun muss. Ein sanfter Regen setzt ein. Wir drängen uns ums warme Feuer, dem es gelingt, unsere Kleider halbwegs trocken zu halten. Die Kids sind müde und erschöpft von den rauhen Wetterbedingungen.

Trotz ungemütlichen Bedingungen, machen wir zum Abschluss der Wildniszeit das dritte Feuerritual. Sie nennen es Indianerfeuer. Jede dankt mit ihrer ganz persönlichen Art für alles, was sie in den letzten zehn Wochen erlebt und erhalten hat. Wir bedanken uns für die Nahrung: die Fische, die Pflanzen, die Beeren, die Pilze, die Rebhühner und Gänse, die uns so reichlich zur Verfügung gestanden haben. Wir bedanken uns für den Schutz vor Unfällen, für die Schönheiten der Landschaft und die Lektionen der Lehrmeisterin Natur. Wir bedanken uns für die guten und schlechten Erfahrungen, aus denen wir viel gelernt haben. Wir Teamerinnen bekommen von den Kids viele Komplimente für unsere Führung. Wir bitten um Wachstum und Unterstützung für die nächste Phase. Die Stimmung ist ernsthaft, konzentriert und ein wenig wehmütig. Der Regen und die frühe Dunkelheit sorgen für nüchterne Realität.

Samstag 10.9.94

Kurt hat Geburtstag. Er wird neunzehn Jahre alt. Sein grösstes Geschenk sei das Ende der Buschzeit und das erste Zivilisationsessen. Regen und starker Nordwind gestalten unsere letzte Fahrt im Kanu zu harter Knochenarbeit. Die Wildnis peitscht uns mit eisernem Besen zurück zu den Menschen. Es ist bitter kalt. Unser Material ist "pflotschnass" und trieft vor Schmutz. Wir riechen die Zivilisation in Form von Rauch und Benzin, lange bevor wir sie sehen. Durch Dunst und Nebel begrüssen uns von weitem zwei blinkende Scheinwerfer und lotsen uns an den richtigen Steg. Jörg erwartet uns mit Dave, einem kugelrunden, freundlichen Taxifahrer. Er hat für uns bei Rainer, einem deutschen Einwanderer, ein trockenes, geheiztes Wohnzimmer organisiert. Dieser freundliche Mensch besitzt dreiundzwanzig Schlittenhunde und erzählt uns über sein Leben im hohen Norden. Er liebt den Winter und ist aus dem feuchten Klima Deutschlands in den kalten, trockenen Winter Kanadas ausgewandert. Rainer fischt viel, um die hungrige Hundemeute füttern zu können. Für den Winter lässt er die Fische im Wind trocknen. Dabei muss er sie energisch gegen eine Schar Raben verteidigen, die sonst grosse Mengen davon von der Leine pflücken und mit Hochgenuss fressen würden. Diese Raben begleiten ihn und sein Hundegespann auch oft auf seinen Touren, in der Hoffnung auf Futterabfälle. Das Führen eines Hundegespanns ist kompliziert und braucht Fingerspitzengefühl. Rainer muss sie mit seiner persönlichen Zuwendung genau an die Hierarchie innerhalb des Gespanns halten, wenn er nicht eine wüste Rauferei riskieren will. Zuerst kommt immer der Leithund, der für Ordnung und Disziplin im ganzen Gespann sorgt. Ihn darf er auf keinen Fall beleidigen. Im Schlittenhund erkennt man den Wolf genauso, wie den domestizierten Hund.

Die Kids essen in andächtiger Stille beeindruckende Mengen von den lang entbehrten Lebensmitteln: Joghurt, Cornflakes, Müsli, Brot, Butter, Honig, Früchte, Cola, Milch, Ovomaltine, Schokolade usw. Die Gastfreundschaft von Rainer und die Wärme seines Hauses sind ungeheuer wohltuend. Unterdessen haben Jörg und Dave unsere Boote zusammengerollt und alles Gepäck eingeladen. Sie bringen unseren grossen Haushalt knapp in den zwei grossen Mietwagen unter. Um ein Uhr verlassen wir den hohen Norden und fahren südwärts. Über schnurgerade Strassen und durch endlose Wälder reisen wir 800 km weiter nach Peace River. Wir bestaunen in einer Fahrpause einen eindrucksvollen Wasserfall. Der Fluss rauscht auf unserer Höhe vorbei, stürzt sich über eine senkrechte Felswand, um hundert Meter tiefer wieder friedlich weiterzufliessen. Im Auto kreuzen wir die Wege von zwei Schwarzbären, einigen Büffeln und mehreren Hirschen. Wir sitzen dicht gedrängt wie Ölsardinen und manch müder Kopf wackelt in seinem eigenen Rhythmus vor der Nase der Nachbarin herum. Nachts um ein Uhr kommen wir auf dem Campingplatz an. Belämmert stellen wir unser Gepäck unter ein Dach, rollen die Schlafmatten auf und legen uns schlafen. Ungewohnter Autolärm geistert durch unsere Träume.

Sonntag 11.9.94

Der Tag beginnt mit einer warmen Dusche! Welch ein Genuss nach all den kalten Tagen. Der freundliche Platzwart, ein frühpensionierter, herzkranker Polizist begrüsst uns wohlwollend mit frischem Kaffee. Er ist sehr interessiert an BigTrail, weil er in seinem Beruf vielen drogenabhängigen Menschen begegnet ist. Er erzählt uns, dass sie hier in Kanada eine Erfolgsquote von maximum fünf Prozent haben. Anschliessend reinigen wir grob unser Material und packen es für eine längere Busfahrt zusammen. Der Campingchef und seine Frau führen uns mit zwei Wagen durch die Stadt zur Busstation. Sie verabschieden sich so herzlich von uns, als würden sie uns schon lange kennen. Wir haben 27 Gepäckstücke, alle leicht verschmutzt. Die Begeisterung des Busfahrers hält sich in Grenzen. Um vier Uhr fahren wir los. Die Fahrt nach Chase, einem kleinen Ort in British Columbien, wird die ganze Nacht andauern. In Edmonton und Kamloops müssen wir den Bus wechseln. Auf unserer Strecke fahren wir durch die Rocky Mountains, deren Schönheit wir im Halbschlaf nur erahnen. Wir erhalten einen ersten Eindruck von den immensen Dimensionen dieses Landes.

2.4 Konsilidierungsphase - Farmaufenthalt

Montag 12.9.94

Unendlich müde erreichen wir um neun Uhr morgens Chase. Wir telefonieren mit unserem Projektleiter in der Schweiz, der glücklich und erleichtert ist, dass wir alle gesund und unfallfrei in die Zivilisation zurückgekehrt sind. Er lässt den Kids zu ihrer grossen Leistung gratulieren. Wir frühstücken gemütlich in einem Restaurant bis uns das Farmerehepaar These und Häni abholt. These und Häni haben in der Nachbarschaft zwei alte Wohnwagen aufgetrieben. Wir richten uns am Flüsschen unterhalb ihres Hofes ein Hütten- und Zeltdorf ein. An der Sonne ist es sommerlich heiss. Wir sind nun gut tausend Kilometer südlicher und sechshundert Kilometer westlicher als vorgestern, in einer Gegend mit trockenem Halbwüstenklima. Die kultivierten Felder und Wiesen müssen während der Wachstumszeit regelmässig und intensiv bewässert werden. Daneben gibt es grosse Mischwälder, karge Hügel und sandfarbige Steppen. Wir verlassen Chase, fahren über eine steile Strasse hinauf in ein liebliches Hochtal mit sanften, bewaldeten Hügeln und erreichen zwanzig Minuten später das „Chase Creek Valley“. Aus der Vogelperspektive würde man sehen, dass grosse, verwinkelte Seen und breite Flüsse die Hügellandschaft umgeben. Im Gruppengespräch wird klar, dass die Reise nach Chase zu schnell abgelaufen ist. Die Körper sind zwar hier, aber die Seelen sind noch auf der Reise. Die Kids freuen sich auf die Farmzeit mit normaler Arbeit, klarem Tagesablauf und geregelten Mahlzeiten. Die Völlerei der letzten Tage sei zwar toll gewesen, aber gleichzeitig eine Überforderung für den Körper. Schlaff und „groggy“ von Klima- und Kulturwechsel legen sich alle früh aufs Ohr.

Dienstag 13.9.94 - Sonntag 18.9.94

These und Häni sind herzliche und unkomplizierte Farmersleute, die einen Sohn (Florian) und zwei Töchter (Isa und Jäsi) zwischen acht und elf Jahren haben. Sie sind vor sechs Jahren aus der Schweiz ausgewandert und sind in den ersten Jahren einer klassischen Cowboyarbeit nachgegangen. Den grössten Teil ihrer Arbeitszeit verbrachten sie damals auf den Rücken von Pferden. Später übernahmen sie einen kleinen Hof, züchteten Milchschafe und bauten eine Käserei. Heute kommt ein grosser Teil ihres Einkommens aus dem Verkauf von Schafmilchprodukten und prächtigen Milchschafen. Milchschafe sind in Kanada noch nicht verbreitet und sie hoffen, eine einträgliche Marktlücke entdeckt zu haben. Nicht immer reicht ihnen das Geld zum Überleben. Manchmal müssen sie zusätzlich Holz schlagen und verkaufen oder einen Hilfsarbeiterjob annehmen. Jörg hatte vor einem Jahr die Familie besucht und mit ihr eingehend abgeklärt, ob ein Aufenthalt mit der ganzen BigTrail-Gruppe möglich und sinnvoll wäre. Er kam begeistert von seinen Verhandlungen aus Chase zurück. Wir brauchen nach der aussergewöhnlichen Wildniszeit eine ruhige Phase in Kanada, um die Erfahrungen setzen zu lassen und wieder im gewöhnlichen Alltag Fuss zu fassen. Die Idee ist, dass These und vor allem Häni die Kids während der geregelten Arbeitszeit beschäftigen und anleiten. Dadurch können wir Teamerinnen abwechslungsweise eine Woche Urlaub nehmen.

In den ersten Tagen brauchen wir einen Teil der Arbeitszeit, um unser „Zaffaraya“[1] gemütlich einzurichten. Die Kids unterteilen den grossen Wohnwagen in einen Frauen- und einen Männerraum und bauen Schlafkojen ein. Der kleinere Wohnwagen dient dem Team als Büro-, Beratungs-, Sitzungs- und Schlafraum. Wir stellen ein Esszelt und ein Küchenzelt auf und versorgen das Lager mit Wasser, Strom und einer warmen Dusche. Die Kids lieben diese Arbeiten. Sie nageln, sägen und zimmern wild drauflos. Die Nachbarn beliefern uns mit Kochgeräten, Zelten und Heizungen für die nächsten Wochen. Sie sind hilfsbereit und an unserem Projekt interessiert. Die Sprachbarriere erschwert einen ungezwungenen Kontakt.

Daneben holen wir mit verschiedenen Vehikeln tonnenweise Heuballen von zwei Höfen aus dem Nachbartal. Unser Bauer hat zuwenig Land und kann selber kein Heu für den Winter bereitstellen. Deshalb kauft er das Futter auf Nachbarfarmen ein. Als Jörg mit dem Pferdetransporter auf halber Strecke steckenbleibt, bringt er unsere Fliessbandarbeit mangels Nachschub ins Stocken. Die schweren Heuballen müssen in der Scheune stabil aufgestapelt werden. Peter und Nils gelingt diese Arbeit vorzüglich. Sie sorgen für eine mustergültige Ordnung in der Scheune. Kurt und Alain, die unter einem starken Heuschnupfen leiden, reinigen und

[1] Zaffaraya: Zaffaraya hiess ein heiss umstrittenes Hüttendorf in Bern, das 1987 bei seiner Räumung durch die Polizei über die Schweizer Grenze hinaus bekannt wurde.

packen unterdessen unsere Buschmaterialien. Ein Teil des Materials wird per Bus nach Fort McMurray verfrachtet und der Rest begleitet uns auf der ganzen Reise zurück in die Schweiz. Lisa arbeitet fast die ganze Zeit bei These im Haushalt und Garten. Nicole und Rachel mühen sich oft mit den grossen Stecheisen ab und befreien die Wiesen von lästigen Unkräutern. Der Betrieb wird auf biologischer Basis geführt. Der Ausbau eines Gemüsekellers beschäftigt Peter, Kurt und Thomas abwechslungsweise über längere Zeit. Ein beliebter Job der Jungs ist, bei den Reparaturen eines der alten Autos mitzuhelfen. So baut Kurt mit Hilfe einer englischen Gebrauchsanweisung einen neuen Starter ein. Wir arbeiten an sechs Tagen in der Woche, weil wir für später eine mehrtägige Reise in die Rocky Mountains geplant haben und diese Zeit vorarbeiten. Barbara verlässt uns als erste vom Team und geniesst eine Woche Urlaub in Vancouver.

Jeden Tag kochen zwei andere Jugendliche unser Essen. Bei der Menüplanung gibt es einige Diskussionen, die schliesslich zu gutem, abwechslungsreichem Essen führen. Dabei leistet Peter, der eine Kochlehre angefangen hatte einen wichtigen Beitrag. Die Jungs, insbesondere Thomas, würden sich am liebsten von Fleisch ernähren, während die Frauen das Fleisch mit Birchermüsli und Süssigkeiten ersetzen würden. Salate und Gemüse sind wegen dem Arbeitsaufwand weniger hoch im Kurs. Während der ganzen Farmzeit besteht ein Nachholbedürfnis nach Zucker und Fett. Die Kids essen zuviel und leiden manchmal unter Verdauungsproblemen. Die üppige Nahrung schwächt ihre Abwehrkraft und zum ersten Mal werden mehrere krank. Die drei Frauen melden sich freiwillig, die Pflege der drei Pferde zu übernehmen und sie mit Bürste und Striegel zu verwöhnen. Mähne und Schwanz der Pferde sind verfilzt durch viele Klebläuse, Pflanzenkugeln mit feinen Widerhaken, die sich in den Haaren verfangen haben. Dadurch sind die Tiere in der Bewegung eingeschränkt und können die Insekten nicht mehr so erfolgreich vertreiben. Jeden Morgen vor dem Frühstück ziehen die Frauen los und versuchen die Pferde auf der Weide einzufangen. Diese zweifeln am Sinn dieser Aktion und flüchten, sobald die drei schlaftrunkenen Frauen am Zaun auftauchen. Als Jörg die Szene fotografieren will, schaltet er versehentlich den Blitz ein und macht die Pferde vollends konfus. Nach ein paar Tagen geben Nicole und Rachel die Aktion auf und geniessen die zusätzliche Stunde Schlaf. Lisa pflegt ihr Pferd weiter, das sich etwas gutmütiger verhält.

Hier im Süden von British Columbien herrscht heisses, schönes Herbstwetter. Oft geniessen wir nach getaner Arbeit im gestauten Flussbecken ein kühles Bad. Am Sonntag machen wir mit einem gemieteten Bus einen Ausflug an den Badestrand des klaren Sushwaplake, der noch warm genug zum Schwimmen ist. Die Autofahrt bietet wegen dem eingebauten Tonbandgerät eine beliebte Abwechslung zum Alltag. Auf dem Rückweg entdecken wir die ersten Lachse, die zum Laichen vom Atlantik hierher geschwommen sind. Ivan tritt aus Versehen auf einen toten Fisch voller Maden und verpestet das Auto mit einem bestialischen Geruch.

Montag 19.9.94

Wir wecken um vier Uhr und fahren bei Mondschein und Sternenhimmel los Richtung Vancouver, der Hauptstadt von British Columbien. Die Fahrt dauert sechs Stunden und führt uns über Berge und Pässe durch schöne Steppenlandschaften in das fruchtbare, dichtbesiedelte Tal des Fraser Rivers. Vancouver liegt am Ende dieses Tals am Meer. In der Stadt verteilen wir in verschiedenen Alternativläden den bestellten Schafkäse. Die Grossstadt ist in ein übersichtliches Strassennetz eingeordnet und wir finden die Läden einigermassen zügig. Anschliessend holen wir für Hänis Milchschafzucht auf dem Flughafen ein Eilpaket ab, mit tiefgefrorenem Schafsamen aus der Schweiz. Während Jörg die Samen zu einem weitentfernten Tierarzt bringt, esse ich mit den Kids ein Sandwich auf dem Flughafen. Ich beobachte sehnsüchtig den einreisenden Touristenstrom in der Hoffnung, meinen Mann Stephan zufällig zu entdecken. Er kommt heute in Vancouver an und bleibt drei Wochen in Kanada. Leider habe ich verpasst, ihn nach seiner Flugnummer zu fragen. Als wir das letzte Mal telefonierten, wusste ich noch nichts von unserem Käseausflug.

Als Jörg auftaucht fahren wir zurück in die Stadt und holen an der Greyhoundstation Jürg Sauter, unseren Projektleiter ab. Er begrüsst uns strahlend und die Kids freuen sich, ein bekanntes Gesicht aus der Schweiz zu sehen. Unser Chef besucht uns ein paar Tage auf der Farm. Wir erwarten auch Barbara, die nach ihrem Urlaub mit uns zurückfahren wollte. Sie ist nicht da. Jürg hat ihr telefonisch eine falsche Zeit angegeben. Barbara ist wohl schon im Bus unterwegs nach Chase. Wir machen uns auf den langen Heimweg und kommen in einen grossen Feierabendstau. Er eignet sich gut, um die ersehnte Post aus der Schweiz zu lesen. Unterwegs essen wir gemütlich in einem Restaurant ein Nachtessen. Die Kids sind aufgeregt und überdreht durch die Reise in die Grossstadt, die Musik, die Nachrichten aus der Schweiz und die vielen Eindrücke. Jürg Sauter fährt auf dem Heimweg das letzte Stück Weg. Wir schwatzen über alle wichtigen Ereignisse hier und in der Schweiz, während die anderen mehr oder weniger laut schlafen. Auf dem Hof verabschiedet sich Jörg von den Kids. Er fährt morgen früh weg nach Fort McMurray, um die Einbruchgeschichten zu regeln. Auf der Farm schläft Barbara bereits in ihrem Zelt.

Zitat eines Jugendlichen (BigTrail-Zeitung):
„Der erste Ausflug machte mich nervös. Ich war kribbelig und aufgeregt. Aber es macht dich auch nachdenklich, wenn du aus dem Busch kommst und diese Hektik und den Konsum siehst. Du bist sehr in einem Zwiespalt zwischen: 'das ist geil' und 'das ist doch nicht so gut'.“

Dienstag 20.9.94
Ich bringe Jörg um fünf Uhr zum Flughafen nach Kamloops. Wir sind beide noch schlaftrunken. Um zehn Uhr fahren wir alle zusammen zu einer Viehauktion, an der zehn Rinder von Häni versteigert werden. Das Ritual der Viehauktion ist spannend. Coole Viehhändler mit grossen Cowboyhüten kaufen oder bieten mit einem Augenzwinkern, einer Handbewegung oder sonst einer individuellen, kaum sichtbaren Geste. Dem Versteigerer entgeht kein Zeichen und er rezitiert in horrendem Tempo die laufenden Angebote. Ich kann seinem Singsang kaum folgen und verstehe nur einzelne Worte. Nebenbei begrüsst er uns freundlich und stellt dem Publikum die speziellen Gäste aus der Schweiz vor. Zwischendurch hole ich meinen Mann Stephan von der Greyhoundstation ab. Wir freuen uns riesig. Er besucht uns eine Weile auf der Farm, bis ich frei bin für eine Woche Urlaub.

Nicole und Rachel mischen sich mit freizügigen Dekolletés unter das Publikum. Sie möchten attraktiv sein und merken nicht, dass die Farmer ihre Aufmachung unanständig finden. Den Jungs ist es peinlich, durch die Frauen aufzufallen und sie versuchen sich zu distanzieren. Barbara erklärt Nicole und Rachel was abläuft. Sie verstehen nicht, was Barbara will und weisen sie ab. Sie sonnen sich in den schrägen Blicken der Männer und finden uns spiessig. Hier taucht ein Problem auf, das uns noch lange beschäftigen wird. Nicole und Rachel sind tolle Frauen und werden beachtet und gesehen, ohne sich dafür bemühen zu müssen. Sobald sie sich jedoch mit lockerer Kleidung aktiv in den Mittelpunkt stellen, wirken sie zwiespältig. Uns Leiterinnen ist nur ein beschränktes Eingreifen möglich, weil wir schnell in die Ecke der biederen Erwachsenen und der ständig kritischen Sozialarbeiterinnen gedrängt werden oder weil sie unsere Einwände als Ablehnung ihrer Person verstehen. Am späten Nachmittag kehren wir zurück auf den Hof, müde von den tausend Eindrücken der letzten Tage. Im grossen Stressprogramm sind alte Verhaltensmuster erneut aufgetaucht: eine gröbere Sprache, ein unsorgfältiger Umgang untereinander, überdrehtes, arrogantes Auftreten, innerliche Unrast. Einen wesentlichen Beitrag dazu haben die Musik und die alten Ausgangsklamotten beigesteuert. Die frühe Nachtruhe ist ein Spiegel der grossen Müdigkeit. Nach einem erholsamen Schlaf und einem ruhigen Tag Arbeit, konnten wir in einem Gruppengespräch all die heiklen Themen ausführlich anpacken.

Mittwoch 21.9.94 - Samstag 1.10.94
Neben kleineren Arbeiten auf dem Hof arbeiten wir einige Tage bei Steven, dem Nachbarn. Er hat dicke Baumstämme vor seinem Haus aufgestapelt, die alle von ihrer Rinde befreit werden müssen. Die geschälten Baumstämme sind für den Bau eines grossen, massiven Blockhauses bestimmt. Die Baumstämme sind riesig und die Arbeit mit den Schäleisen ist kräfteraubend. Die heisse Sonne erschwert die Arbeit zusätzlich. Steven bringt uns zwischendurch einen Ghettoblaster und versucht, mit Rockmusik die unbeliebte Arbeit zu verschönern. Cathy, seine Tochter, versorgt uns mit Getränken und Früchten. Trotz allen Tricks können die Kids schlecht dranbleiben. Alain gelingt es in seiner Arbeitsgruppe immer wieder, alle abzulenken und zum Trödeln zu verleiten. Unsere Leistung bei dieser Arbeit ist bescheiden.

Beliebter ist der Bau eines Koralls. Ein Korall ist ein Pferch, in dem die Schafe aussortiert, geschoren oder behandelt werden können. Er besteht aus mehreren Toren und verschiedenen Gassen, die zwischen Zäunen verlaufen. Die ganze Gruppe arbeitet in unterschiedlicher Zusammensetzung über mehrere Wochen an diesem Werk. Angefangen wird mit dem Zeichnen der Pläne und dem Fällen der Bäume im Wald. Auch diese Bäume müssen geschält werden. Sie sind dünner und frischer und deshalb nicht so hart zu bearbeiten, wie die Blockhausbäume. Während den Waldarbeiten, taucht ein frecher Schwarzbär auf, der sich nur unwillig vertreiben lässt und immer wieder aufkreuzt, so dass eine Person als Bärenwache eingesetzt werden muss. Einen Tag später will Lisa Zwetschgen ablesen und findet sich verdutzt unter einem leeren Baum wieder. Die reifen, leckeren Zwetschgen sind alle vom Bär geklaut worden. Da der Baum direkt neben dem Haus steht, wirkt der Diebstahl etwas unheimlich. Das Korallgelände muss geebnet und einige dicke Pfosten tief im Boden verankert werden. Mit Hammer, Nägeln, Motorsäge und Schleifsäge werden die Zäune zugeschnitten und aufgebaut. Der Bau des Koralls ist eine tolle Arbeit. Täglich können wir das Resultat der Bemühungen sehen, und bis Ende des Farmaufenthalts darf sich das vollendete Werk sehen lassen. Die Kids lassen sich stolz mit ihrem Korall fotografieren.

Die Anwesenheit der vielen Tiere auf dem Hof ist für alle eine Bereicherung. Neben den ungefähr hundert Schafen gibt es ein paar selbständige Mutterkühe mit ihren Jungtieren, die irgendwo auf dem Gelände unterwegs sind. Die Milchschafe sind arbeitsintensiv und müssen zweimal im Tag gemolken werden. Peter hilft freiwillig am frühen Morgen beim Melken mit. Häni und These sind mit seinen Leistungen sehr zufrieden. Bei den verschiedenen Schafherden wachen die grossen weissen Hirtenhunde Ralf und Trudi. Sie leben Tag und Nacht bei den Herden und sind von weitem kaum von den Schafen zu unterscheiden. Sie schützen die Herde vor Raubtieren wie Kojoten und Pumas und sind besonders wichtig, wenn die Lämmer zur Welt kommen. Für das Treiben der Schafe ist Lorenzo, ein ausgebildeter Hund der Rasse Bordercollie zuständig. Bordercollies werden seit Jahrhunderten zum Treiben von Schafen gezüchtet. Für sie gibt es nichts schöneres, als arbeiten. Lorenzo gehorcht auf differenzierte Anweisungen von Häni und arbeitet so ruhig, dass die Schafe nicht kopflos flüchten. Bereits wenn er auf der Weide auftaucht, bilden die Schafe ein Knäuel. Schaut man Lorenzo bei seiner Arbeit zu, kommt man nie auf die Idee, dass er nur noch drei Beine hat. Er hat zwar bei einem Autounfall ein Bein verloren, nicht aber die Begeisterung an der Arbeit. Im Haus wohnt Putschi, die alte, rheumatische Hündin, die These aus der Schweiz mitgebracht hat. Sie kann sich nur noch mühsam bewegen und geniesst das Brot der alten Tage. Zwischendurch besucht sie uns im Lager und sucht nach schmackhaften Abfällen. Langsam entwickelt sich eine tiefe Freundschaft zwischen Ivan und Putschi. Die vier Hofkatzen sind unterschiedlich an uns interessiert. So schläft eine ab und zu in einem Zelt von uns, während eine andere den Kontakt mit uns tunlichst vermeidet.

Der Kontakt zu den Kindern der Familie und den Nachbarkindern ist sehr wertvoll für uns. Besonders Isa und Jäsi sind viel im Camp und spielen mit unseren Kids. Alain und Peter sind besonders herzlich im Umgang mit ihnen und die Jüngste liebt sie heiss. Alain, der sonst ständig mit Rebellion und Gemotze durch die BigTrail-Tage schlendert, kann liebevoll und völlig vertieft mit den Kindern spielen. Unsere Kids beobachten die Bauernfamilie oft und staunen über ihre heissen und doch respektvollen Auseinandersetzungen. Einmal pro Woche gibt These Reitunterricht als Belohnung für die Arbeit. Zuerst sind die meisten ängstlich und freuen sich gleichzeitig darauf. Während sich Nils entschliesst, nicht zu reiten, sitzt Lisa von Anfang an stolz und selbstsicher auf dem Pferd. Die ersten Reitstunden finden auf einer eingezäunten Wiese statt und finden viel Publikum. Die Kids machen schnell Fortschritte und am Schluss kann jede einzeln mit These einen Ausritt in die Umgebung unternehmen. Dieser Ausflug hoch zu Pferd in der freien Natur blieb allen in lebhafter Erinnerung.

Jürg, unser Projektleiter, führt mit allen Kids ein Einzelgespräch und ist beeindruckt vom Entwicklungsweg, den sie in den wenigen Monaten gemacht haben. Er hatte die Jugendlichen beim Aufnahmegespräch kennengelernt. In einem langen Gruppengespräch informiert er sie ausführlich über die Anschlussphase in der Schweiz und beantwortet ihre vielen Fragen. Sein Besuch ist für sie wichtig und sie berichten ihm stolz von ihren Fortschritten. Sein Auftauchen bringt die Schweiz und den bevorstehenden Abschied von Kanada und vom BigTrail-Team unerbittlich ins Bewusstsein. Die meisten freuen sich auf die Rückkehr in die Schweiz und auf den Kontakt mit ihren Freunden und Verwandten. Daneben machen sie sich Sorgen, ob sie ihre Ziele und Vorstellungen werden verwirklichen können. Vor allem die Frauen finden, dass der Abschied von uns schwer werden könnte.

Jörg kehrt müde aus Fort McMurray zurück. Die Gespräche mit den Behörden starteten in einem eisigen Klima und er wurde stark ins Kreuzverhör genommen. Mit der Zeit gelang es ihm, die Beamten von der Idee des BigTrail zu überzeugen und sie fragten ihn interessiert über die Hintergründe aus. Sie verzichteten auf ein Strafverfahren und gaben sich damit zufrieden, dass die betroffenen Jugendlichen die Kosten selber bezahlen müssen. Jörg schlüsselt die Kosten, die sich auf mehrere hundert Franken belaufen, nach der Rolle und Beteiligung der Kids bei den Einbrüchen auf. Alain und Peter stehen mit Abstand an der Spitze, gefolgt von Kurt und Thomas. Peter und Alain hatten jeweils die Raubzüge angeführt und brachen abwechslungsweise die Hütten auf. Ivan, Lisa, Rachel und Nicole kommen glimpflich davon und sind erleichtert, dass sich die Angelegenheit für sie schnell erledigen lässt. Für die vier Hauptakteure bedeutet es, eine starke Einschränkung des Taschengeldes über mehrere Wochen. Alle sind froh, dass Jörg mit den Beamten eine günstige Lösung fand und sie bedanken sich für seinen Einsatz. Ein Strafverfahren hätte viel mehr Aufwand und Kosten verursacht. Da Jörg wieder zurück ist, kann ich ein paar Tage Urlaub nehmen. Ich reise mit meinem Mann nach Vancouver, schalte mit Vergnügen meine ständige Wachsamkeit auf Sparflamme und geniesse die freie Zeit in vollen Zügen.

Sonntag 2.10.94 - Dienstag 4.10.94

Wir haben ein verlängertes Wochenende zur Besichtigung der Rocky Mountains eingeplant und fahren nun bei strahlendem Herbstwetter zuerst Richtung Jaspers Nationalpark. Die Landschaft mit herbstlich bunten Wäldern, Bergen und Flüssen erinnert uns, trotz der viel grösseren Distanzen an die Schweiz. Wir picknicken auf idyllischen Rastplätzen, an Flüssen, Wasserfällen oder landschaftlichen Sehenswürdigkeiten. Wir besuchen Jaspers, einen sehr touristischen Ort mit vielen teuren Läden. Wir Leiterinnen schenken jeder Jugendlichen ein T-Shirt zum Abschied von Kanada. Sie können es sich hier aussuchen. Es gibt eine grosse Auswahl schöner Tiermotive. Im Ort herrscht Hochbetrieb und die Kids geniessen den Rummel. Mitten im Dorf spazieren grosse Hirsche herum. Wir fahren durch den Nationalpark, verbringen viele Stunden im Auto und hören abwechslungsweise Techno- oder Bluesmusik. Die Szenerien wechseln von Wald- zu Eislandschaften. Die zweite Übernachtung verbringen wir in „Radium Hot Springs" einem Dorf mit heissen Quellen. Die Übernachtungen in Motels sind für die Kids ein grosser Hit. Zum ersten Mal schlafen sie wieder in einem warmen Zimmer mit normalen Betten, einer Dusche und einem Kabelfernsehgerät.

Die Kids geniessen die klassische Touristenreise mit den langen Fahrten zu bekannten Sehenswürdigkeiten und die Picknicks inmitten frecher grosser Raben und zahmer grauer Vögel. Die Abendessen verbringen wir in gemütlicher Plauderatmosphäre in sympathischen, günstigen Lokalen. Wir geniessen die freundliche Bedienung und den Luxus der warmen Räume. Auf der Heimfahrt wird uns das Autofahren langsam langweilig. Einen nächsten solchen Ausflug würden wir auf fünf Tage verteilen und verschiedene Wanderungen einbauen. Doch es hat sich gelohnt, den Rocky Mountains einmal von Angesicht zu Angesicht zu begegnen. Nils ist etwas enttäuscht, weil die Landschaften ihn zu sehr an die Schweiz erinnern. Er hat sich spektakuläre Canyons und farbige Felsen vorgestellt, wie sie in den Wildwestfilmen vorkommen. Die Kids sind ausgesprochen angenehme Reisepartnerinnen. Zurück auf dem Hof merken wir, dass die Temperaturen deutlich gesunken sind. In der eiskalten Nacht schleichen Kojoten um die Farm und bringen die Wachhunde zum Heulen. Am Morgen sind in unserer Freiluftküche Milch und Wasser gefroren.

Mittwoch 5.10.94 - Donnerstag 13.10.94

Die Arbeit am Korall geht intensiv weiter. Daneben werden die Zäune ausgebessert, die das Land des Hofes umgeben. Ivan und Rachel isolieren Wasserleitungen, um sie vor dem Frost zu schützen. In Chase kann es im Winter bis zu minus dreissig Grad kalt werden. Jörg, Nils und Kurt kämpfen mit hartnäckigem Husten und Erkältung und infizieren auch noch andere. Es dauert lange, bis sie ganz gesund werden. Rachel muss einen Zahnarzt aufsuchen. Sie hat einen entzündeten Weisheitszahn und bekommt Antibiotika verschrieben. Barbara muss ebenfalls zum Zahnarzt. Sie hat sich, glücklicherweise erst nach dem Busch, einen Zahn abgebrochen.

Stephan kam von einer Reise aus dem hohen Norden wieder zu uns zurück. Er ist bereits ein wohlbekannter Gast. Die Kids geniessen die Anwesenheit eines Erwachsenen, der mit ihnen Fussball spielt und ihnen keine Vorschriften macht. Alain und Lisa, deren Beziehung schon längst vorbei ist, bekommen immer öfters Streit. Alain provoziert sie mit fiesen Sprüchen so lange, bis sie ihm eine Ohrfeige verpasst. Er provoziert weiter und sie schlägt ein zweites Mal zu. Häni, der mit ihnen arbeitet, muss die zwei auseinander nehmen, die durch ihr Verhalten eine „dicke Luft“ in der Gruppe verbreiten. Lisa ärgert sich, einem solchen Typ auf den Leim gegangen zu sein und Alain findet sie eine doofe Zicke. Beziehungen innerhalb einer eng lebenden Gruppe sind meistens eine Last. Entweder werden sie zu ausschliesslich gelebt oder sie belasten das Gruppenklima, weil sie im Streit beendet werden und die Betroffenen trotzdem weiterhin zusammenleben müssen.

Wir feiern zwei Geburtstagsfeste. Das ganze Essen für mein Fest kauft Stephan ein, um sich so für die Mahlzeiten bei uns zu revanchieren. Wir benutzen die Gelegenheit, um den Kids nach langer alkoholfreier Zeit zwei Bier zu erlauben. Häni und These werden mit ihren Kindern eingeladen. Es gibt eine Vorspeise mit Snacks, Pops[1] und belegten Broten. Das Essen ist sehr schön zubereitet. Nach den Snacks verschwinden die Kids blitzartig mit ihrem Bier im Wohnwagen und sondern sich ab. Der Küchenmannschaft gelingt es fast nicht, alle zum leckeren Curry an den Tisch zurückzubringen. Sie verschlingen das Essen und ziehen sich so schnell wie möglich wieder zurück. Später tauchen alle nochmals zu Kaffee und Kuchen auf. Die Frauen haben mit viel Liebe zwei toll geschmückte Schokoladekuchen gebacken. Die Stimmung ist jedoch nicht mehr zu retten. Die Reaktion auf den ersten offiziellen Alkohol ist interessant und überraschend. Wir haben noch nie eine so schlechte Stimmung an einem Fest im BigTrail gehabt. In einem Gruppengespräch analysieren wir das gescheiterte Geburtstagsfest. Nils, Ivan und Rachel haben sich bereits Gedanken darüber gemacht. Nils meint: “Wir haben wohl den Alkoholtest nicht bestanden.“ Sie sind selber von ihrem Verhalten überrascht worden. Mit einem Bier ist ein Teil ihrer Geschichte und altes Verhalten wieder ins Schwingen gekommen. Sie zogen sich wie früher als verschworene Randgruppe zurück. Wir realisieren alle, dass ein Bier absolut nichts Harmloses ist.

Rachel wird eine Woche später zwanzig Jahre alt. Sie freut sich auf diesen Tag, der für sie den endgültigen Schritt ins Erwachsenenleben bedeutet. Kurt und Thomas kochen ihr eine Lasagne und ein Mousse-au-Chocolat. Wir feiern ihr Fest zusammen mit Häni, These, den Kindern und den Hunden. Nach dem Essen sind wir im Haus zu einem Videoklamaukfilm eingeladen, der mit Begeisterung angeschaut wird. Im kleinen Fernsehraum sitzen Kids und Kinder dichtgedrängt in Sofa und Sesseln. Häni serviert ihnen zu später Stunde einen Kakao. Die Stimmung an diesem Abend ist ausgelassen und fröhlich. In den letzten Tagen auf der Farm ist es

1 Pop: Ist ein verbreiteter Begriff für süsse Getränke wie Coca Cola, Fanta und Ginger Ale.

empfindlich kühl geworden. Wir können mehrmals in der warmen Stube unterschlüpfen. Die Kinder sind meistens dabei und helfen uns, wenn wir bei einem Film zuwenig von der englischen Sprache verstehen. Mit der Zeit kommen wir und die Familie uns immer näher und es entsteht eine grosse Vertrautheit zwischen uns.

Am Sonntag machen wir einen Ausflug an den Adams River. Es ist ein bekannter Ort um die Lachswanderungen beobachten zu können. Die Lachse kommen im Herbst zum Laichen den weiten Weg vom Meer her, über viele Flüsse und Hindernisse, an ihren Geburtsort zurück. Nach dem Laichen sterben sie und die Kadaver dienen dem Laich als erste Nahrung. Es herrscht stockender Kolonnenverkehr. Tausende nutzen den Sonntag, um die vielen knallroten Lachse mit den grünen Schnauzen zu beobachten. Der Fluss wimmelt von Fischen. Viele sind bereits tot und haben ihre Aufgabe erfüllt. Es ist ein grosses Lachswanderjahr, wie es nur alle vier Jahre vorkommt. Alain möchte unbedingt einen Lachs fangen und essen. Uns reizt das bei all den Kadavern wenig. Wir wandern dem pittoresken Fluss entlang, der manchmal stark nach Verwesung riecht und schauen der bunten Menschenmenge zu. Die Lachswanderung ist interessant und hat alle tief beeindruckt. Unerwartet ist für uns der riesige Volksauflauf. Nach der ersten Überraschung geniessen wir Hinterwäldlerinnen das Beobachten der vielen Menschen.

Barbara und ich fahren mit Ivan, Alain, Nils, Peter, Kurt und Thomas nach Kamloops zu einem lange versprochenen Einkaufsbummel. Sie benötigen dringend neue Jeans. Die sechs Männer erledigen ihre Einkäufe diszipliniert und stressfrei. Nils hat sein Taschengeld gespart und kauft davon einen Ghettoblaster. Ab sofort sondern sich die Kids jeden Abend in ihrem Wohnwagen ab und hören Musik. Während wir mit den Jungs einkaufen, stellt Jörg mit den Frauen eine Diaschau zusammen. Vor ein paar Wochen sind These und Häni von Nachbarn darauf aufmerksam gemacht worden, dass Gerüchte im Umlauf seien, sie würden Schwarzarbeit betreiben und kriminelle Jugendliche beherbergen. Jörg und Häni sind deshalb bei der Polizei vorbei gegangen und haben sie ausführlich über BigTrail informiert. Sie konnten die Behörden für das Projekt begeistern und diese bedankten sich für ihr kooperatives Verhalten. Daraus entstand die Idee, im Gemeindehaus des Tales eine öffentliche Diaschau zu zeigen und über das Projekt zu berichten.

Freitag 14.10.94

Es regnet die ganze Nacht bis weit in den Morgen hinein. Unsere Abreise von der Farm hat sich kurzfristig vorverschoben. Das Reiseunterehmen konnte uns nie einen genauen Termin angeben, weil die Reederei des Frachters sich nicht festlegen konnte. Wir besorgen die Lebensmittel für die lange Bahnfahrt und die Getränke für den Lichtbilderabend. Die Kids beenden die Arbeiten am Korall. Nach einer grossen Aufräumaktion machen wir uns mit spürbarer Nervosität für den Abend bereit. Er findet im nahen alten Waldschulhaus statt, das zur Gemeindehalle umfunktioniert wurde. Es erscheinen fünfundzwanzig Erwachsene aus dem Tal und einige Kinder. Jörg zeigt hundertfünfzig Lichtbilder über die ganze BigTrail-Zeit und Häni übersetzt seine Worte in die englische Sprache. Unsere Jungs sehen die Diaschau auch zum ersten Mal. Wir haben ein sehr interessiertes Publikum. Ein paar Gäste bleiben länger und stellen interessante Fragen. Generell sind sie beeindruckt von BigTrail und von den Kids. Die meisten Kids finden guten Kontakt mit den Besucherinnen, vor allem mit den Kindern, obwohl sie sprachlich eingeschränkt sind. Die Jungs sind deutlich schüchterner als die Mädchen. Ivan findet die Veranstaltung nicht so gut. Es stört ihn, dass über ihn berichtet wird. Wir bleiben nach dem Anlass noch in der gemütlichen Halle, hören Musik und tanzen dazu. Den Frauen und Kindern gelingt es schnell, ihre Hemmungen zu überwinden. Den Männern fällt es schwerer. Sie finden, es sei nicht die richtige Musik. Wie auch immer, es ist toll wieder einmal zu tanzen. Der Abend ist reibungslos über die Bühne gegangen und die Kids haben ihren Teil gut gemacht. Wir merken, dass wir stolz auf sie sind.

Samstag 15.10.94

Der letzte Tag auf der Fisher-Creek-Ranch. Barbara und ich fahren mit den Frauen nach Kamloops zum Einkaufen. Rachel hat einen Coiffeurtermin und lässt sich eine rassige Frisur schneiden. Unterdessen suchen wir erfolglos nach Büchern und Zeitschriften in deutscher Sprache für die lange Heimreise. Der Einkauf mit den Frauen ist bedeutend stressiger, als mit den Männern. Lisa will von ihrem gesparten Taschengeld unbedingt Docks kaufen, besondere Schuhe, die in dieser Stadt nicht zu finden sind. Sie braucht viel Zeit und geht durch lange Entscheidungsprozesse, bis sie weiss, was sie will. Es ist spannend zu sehen, wie die Kids, auch die Männer, ihre Jeans aussuchen. Sie schauen nicht darauf, welche ihnen stehen, sondern zwängen ihren Körper in ganz bestimmte Markenjeans. Die Heimfahrt ist wunderschön, ein geheimnisvolles Licht verzaubert die Gegend und stimmt uns wehmütig.

Auf dem Hof brechen die Männer unterdessen fleissig das ganze Lager ab. Viel Arbeit benötigt das Entfernen der schönen Schriftzüge von Nils im Wohnwagen. Am Abend sind die Gepäckstücke auf dem Auto verladen und alles ist verräumt. These hat uns zu einem Abschiedsessen eingeladen. Es gibt eine wunderbare Früchtebowle mit Maischips, Salat, Hackbraten und Reis. Den krönenden Abschluss bildet eine super Bananencreme. Die Kinder haben zum Abschied für uns alle ein Armbändchen geflochten. Der jüngsten Tochter Isa wird plötzlich bewusst, dass wir morgen wirklich abreisen werden. Sie reagiert abwechslungsweise traurig und sauer. Wir verabschieden uns endgültig von den liebgewonnenen Menschen und schlafen zum letzten Mal kurz in unseren Wohnwagen. Um drei Uhr müssen wir aufstehen. Es herrscht klirrende Kälte. These transportiert unser Gepäck nach Kamloops an den Bahnsteig.

2.5 Ablösungsphase - Rückkehr in die Schweiz

2.5.1 Reise mit Bahn und Bus nach Montreal

Sonntag 16.10.94 - Dienstag 18.10.94

Mit der Eisenbahn reisen wir während drei Tagen von Kamloops im Westen nach Toronto im Osten. Die lange Fahrt zeigt uns einen weiteren Teil dieses schönen Landes. Zuerst fahren wir quer durch die Rocky Mountains. Das Bahntrasse schlängelt sich den Flüssen entlang und gibt uns Einblicke in abgelegene Landschaften. Anschliessend kommen die weiten, flachen Felder von Alberta und Saskatchewan mit ihren typischen, farbigen Getreidesilos. Danach reisen wir durch unendliche Wälder, entlang von Flüssen, Seen und Felsen in Manitoba und Ontario. Die Wälder leuchten mit ihren gelben Pappeln und den roten Ahornbäumen im prächtigen Herbstkleid. Der Zug verkehrt nur jeden zweiten Tag in dieser Richtung. Er ist grosszügig und gediegen ausgerüstet. Wir übernachten unbequem in unseren Sitzen, weil die Schlafkojen budgetmässig nicht drinliegen. Hinter dem Wagen mit den normalen Sitzen, ist ein Panoramawagen mit einer Bar. Die Kids verbringen viel Zeit im Barwagen, weil dort das Rauchen erlaubt ist. Sie spielen mit Karten und lernen andere Reisende kennen. Einige schlagen sich die Nacht mit spielen und rauchen um die Ohren und schlafen danach zur Tageszeit.

Wir lassen sie weitgehend gewähren. Das Nachtessen nehmen wir gemeinsam im Speisewagen ein. Ansonsten verpflegen wir uns selber. Am Anfang macht uns die trockene Luft in den vollklimatisierten Räumen zu schaffen und wir fühlen uns eingesperrt. Die Kids werden am zweiten Tag hektisch und nervös. Wir berufen trotz ihrem Widerstand im Panoramawagen eine Gruppensitzung ein und sprechen über die letzten Tage. Der Abschied vom Hof war für viele schmerzhaft, insbesondere für Lisa. Die Reise in die Schweiz, die nun unausweichlich begonnen hat, löst zwiespältige Gefühle aus. Die Vorstellungen von der engen Schweiz sind momentan wenig attraktiv und es werden Wünsche nach Auswanderung geäussert. Gleichzeitig freuen sich alle auf die Kontakte zu Verwandten und Freunden. Während dem Gespräch wandelt sich die fahrige Stimmung in eine gelöste Atmosphäre.

Abends um neun Uhr erreichen wir die Weltstadt Toronto. Grosse Wolkenkratzer, viel Verkehr und pulsierendes Grossstadtleben elektrisiert die Kids und macht sie und uns nervös. Wie wir so mit all unserem Gepäck am Bahnhof stehen, werden wir plötzlich umzingelt von einer Horde Taxifahrern. Jörg schafft es, dass unser Gepäck zu einem akzeptablen Preis zur nahen Busstation gebracht wird. Als die zwanzig interessierten Taxifahrer realisieren, dass sich wegen der kurzen Strecke nicht das grosse Geschäft anbahnt, eilen sie davon und halten Ausschau nach den nächsten Kundinnen. Wir verpflegen uns in der Station und warten auf den Mitternachtsbus. Beim Anstehen wird schnell klar, dass mehr Fahrgäste als Plätze da sind. Der Fahrer ist entsetzt über unser Gepäck und will es nicht transportieren. Die Kids lassen sich nicht stören und stopfen den kleinen Laderaum randvoll. Jörg schafft es einmal mehr, sich durchzusetzen, mit dem Wissen im Nacken, dass der Frachter nicht auf uns wartet. Schlussendlich sitzen wir alle auf einem Platz und das gesamte Gepäck ist im Laderaum verstaut. In beeindruckendem Tempo brausen wir durch die dunkle Nacht nach Montreal.

Mittwoch 19.10.94

Völlig übermüdet steigen wir um sechs Uhr in Montreal aus dem Bus. Wir müssen warten bis die Büros ihre Türen öffnen, um mit der Schifffahrtsgesellschaft Kontakt aufnehmen zu können. Das Schiff hat einen Tag Verspätung, was unpraktisch und teuer für uns ist. Ich organisiere ein günstiges Hotel in der Stadt. Wir können in Viererzimmern unterkommen. Da uns die meisten Kids aufgekratzt und von der Stadt gestresst erscheinen, beschliessen wir, dass pro Zimmer eine Teamerin mit drei Kids übernachtet. Dieser unpopuläre Entscheid kommt bei den Jugendlichen schlecht an. Uns wird bewusst, wie schwierig es noch immer ist, mit einer Therapiegruppe durch Grossstädte zu reisen. Mit der Rückreise auf dem Frachter ist es nicht zu vermeiden, in einer Stadt bleiben zu müssen. Frachtschiffe nehmen keine Rücksicht auf den Zeitplan ihrer Passagiere. Containerschiffe müssen möglichst schnell und flexibel reisen, um gute Geschäfte zu machen. Sie sind einem grossen Konkurrenzdruck ausgesetzt. Ein paar Passagiere bedeuten nur einen kleinen Gewinn, verglichen mit all den Tonnen an Frachtgut. Wir müssen uns ihrem Betrieb anpassen, mit ihnen in Kontakt stehen und schnell abrufbar sein.

Wir würgen unser Gepäck in Schliessfächer, deponieren den Rest in einer Gepäckaufgabe und schlendern zum Hotel. In jedem Zimmer herrscht innert kurzer Zeit ein Riesenchaos. Wir sind überrascht, wie schnell ein sauberes Hotelzimmer schmuddelig und dreckig aussehen kann. Den Nachmittag verbringen wir mit einer Stadtrundfahrt in einem schönen, alten Bus. Der Führer zeigt uns malerische Ecken in der charaktervollen, vielseitigen Stadt und erzählt uns interessante Geschichten. Da nicht alle gut verstehen, was er in englischer Sprache berichtet, übernimmt die Müdigkeit das Zepter und lässt mal da einen Augendeckel zufallen oder dort einen Kopf herumwackeln. Wir besuchen nachher die Untergrundstadt und lassen die Kids zwei Stunden allein herumspazieren. Montreal besitzt einen grossen unterirdischen Stadtteil. Dort reihen sich Läden an Läden und Lokale an Lokale. Pünktlich sind alle wieder zur abgemachten Zeit am Treffpunkt. Unser Nachtessen besteht aus einem billigen, warmen Menü in einem Hamburgerladen. Die Kids können mit einer Preislimite von sieben Dollar selber bestellen. Sie stehen lange vor den Preislisten und rechnen, bis sie ein optimales Menü ausgetüftelt haben. Unsere Rückkehr ins Hotel ist vergleichbar mit dem Überfall eines Heuschreckenschwarms. Das Hotel hält im Aufenthaltsraum für seine Gäste rund um die Uhr Kaffee bereit. Die Frau an der Rezeption hat gerade ihre Schicht neu angetreten. Sie schaut dem Treiben verwirrt zu, bis ich ihr mitteile, dass wir hier wohnen.

Donnerstag 20.10.94

Das Frühstück wird im französischen Stil in der Rezeption serviert. Es gibt Kaffee, Gipfeli und Donuts[1]. Unsere Sitten sind schon feiner, passen jedoch immer noch besser in den Busch als in die Stadt. Montreal ist französisch sprechend und vieles erinnert an Frankreich. Die Menschen sind zurückhaltender im Kontakt und tragen elegantere Kleider als im englisch sprechenden Teil. Hier sind auch bessere Manieren üblich. Der Frachter ist da, wir können einchecken, wann er abfährt bleibt unklar. Jörg organisiert einen Bus, um uns die weite Strecke zum Hafen mit Sack und Pack zu transportieren. Die Barbarossa, so der Name des Schiffes, hat in der zollfreien Zone angelegt. Es entsteht eine grosse Aufregung, als wir dort vorfahren. Schlussendlich werden wir in Begleitung eines uniformierten Beamten zum Schiff gebracht. Der Frachter ist von eindrücklicher Grösse. Es herrscht ein geschäftiges Treiben. Während zwei Kräne die Container an Land hieven, transportieren endlose Reihen anrollender Lastwagen die Fracht weg.

Wir werden auf dem Schiff freundlich aufgenommen und fangen an, unser Gepäck an Bord zu bringen. Im Schatten der Container erscheint die Menge zum ersten Mal lächerlich klein. Plötzlich fährt ein Mercedes vor, ein wütender Mann steigt aus und will verhindern, dass wir an Bord steigen. Wir lassen uns nicht weiter stören. Barbara lässt sich von ihm mit seinem Wagen entführen und hofft, in seinem Büro den Grund der neuen Aufregung herauszufinden. Die Sache klärt sich auf. Das hiesige Büro hatte keine Kenntnis von unserer Buchung der Reise und wollte uns Billette verkaufen. Wegen den besonderen Hoheitsrechten auf Schiffen, wollte der wütende Mann verhindern, dass wir an Bord gingen, bevor er das Geld einkassiert hatte. Zum Glück gibt es Fax und Telefon. Der Kapitän ist sehr praktisch veranlagt. Er meint: „Ihr werdet wohl Hunger haben? Geht in die Messe und schlagt euch die Bäuche voll.“ Dies fällt uns bei dem guten Essen nicht schwer.

Am Nachmittag können wir unsere Zimmer verteilen, bis auf eines. Dort ist ein blinder Passagier aus Russland eingeschlossen, der bald den Kanadischen Behörden übergeben werden soll. Blinde Passagiere sind ausgesprochen unbeliebt, weil der Schiffseigner für alle entstehenden Kosten zur Kasse gebeten werden kann. Entsprechend ungehalten reagieren die Schiffseigner, wenn ein solcher Passagier auf ihrem Schiff auftaucht. Der Kapitän hat in jedem Hafen einen Bewachungsdienst organisiert. Trotzdem kann sich manchmal ein blinder Passagier einschleichen. Rachel und Nicole sind im Spitalzimmer untergebracht. In ihrem Badezimmer befindet sich die einzige Schiffsbadewanne. Die Kabinen sind schön und haben alle Dusche und Toiletten, ein ungewohnter Luxus für uns. Sie sind auf dem ganzen Schiff verteilt.

[1] Donuts: Ein Donut ist ein kanadisches Gebäck, das im Öl frittiert wird. Donuts gibt es in verschiedenen Varianten und sind äusserst beliebt bei den Kids.

Wir treffen uns beim Nachtessen wieder. Kurt hat Mühe bei der Vorstellung, zwei Wochen auf engem Raum eingesperrt zu sein. Der angekündigte Sportraum entpuppt sich als enger Raum mit einem Pingpongtisch. In unseren Fantasien stellten wir uns einen Kraftraum vor. Abends können wir uns im Salon einen Videofilm anschauen. Kurz darauf sind alle irgendwo in ihren Kabinen verschwunden. Das Schiff ist unübersichtlich und die Kommunikation dadurch erschwert. Wir müssen uns erst mit der neuen Situation zurechtfinden und sind momentan unsicher, ob ein Flug in die Schweiz nicht die bessere Lösung gewesen wäre. Die unübersichtliche Wohnsituation erschwert den Überblick und bedeutet Stress für uns. Den Kids gefällt das. Die Mannschaft besteht vor allem aus Philippinen und das Kader zum grossen Teil aus Deutschen. Die Hierarchie und die Kulturgepflogenheiten erfordern viel Feingefühl. Als unberechenbarster Faktor taucht der allgegenwärtige Alkohol auf.

2.5.2 Reise an Bord eines Frachters nach Europa

Freitag 21.10.94 - Dienstag 1.11.94

Am Anfang sind wir mit der neuen Situation auf dem Schiff überfordert. Neben der Unübersichtlichkeit stresst uns der leichtzugängliche Alkohol. Es gibt nur Männer auf dem Schiff und Frauen wie Barbara und ich kommen ihnen suspekt vor. Ich kann noch halbwegs mitreden, weil ich auf der Tectona[1] gesegelt bin und die Sprache der Seeleute kenne. Als wir erfahren, dass die Barbarossa erst spät am Abend ablegen wird, machen Barbara und ich mit den Kids einen Ausflug in das Olympiastadion und in die Stadt. Jörg muss diese Zeit nutzen, um die Bekanntschaft mit dem Kapitän und dem ersten Offizier zu machen und sie für eine kooperativen Haltung uns gegenüber zu gewinnen. Dabei kommt er wohl kaum ohne einen gemeinsamen Drink weg. Es gelingt ihm, vor allem den Kapitän von unseren Anliegen zu überzeugen. Der Kapitän ist ein kluger Mensch, der gewohnt ist, Hierarchien einzuhalten. Jörg bleibt mit ihm in Kontakt und er unterstützt uns in unserer Arbeit. Erschwerend ist, dass der erste Offizier innerlich nicht einig ist mit dem Kapitän. Er schimpft bei uns über ihn und ist nicht so einfach auf unsere Linie zu bringen. Er bevorzugt Rachel und Nicole, die neben ihm wohnen. Sie dürfen seine Kabine, das Musikgerät und den Kühlschrank benutzen. Er gibt ihnen Kleider, weil er glaubt, dass sie keine sauberen mehr haben. Sie aber lieben ihre vergammelten Kleider manchmal mehr als die properen. Die Situation wird kompliziert, als er anfängt, sich mit ihnen gegen die sturen Sozialarbeiterinnen zu verbünden. Daneben ärgert er sich, weil die Kids seine Kabine unordentlich zurücklassen. Wir versuchen, mit ihm in gutem Kontakt zu bleiben, um zu vermeiden, dass er unser System vollends unterlaufen muss.

[1] Tectona: Jugendschiff des Vereins Plus aus Zürich.

Trotz all unseren Bemühungen begreift keiner auf dem Schiff so richtig, warum wir unseren Kids Abstinenz verordnet haben. Sie verstehen zwar, wenn wir ihnen erklären, dass ein Glas Alkohol bei den Kids sofort eine Gier auf mehr weckt und sie sich selber noch nicht oder nie mehr kontrollieren können. Süchtige Menschen haben in der Regel einen lockeren Umgang mit Drogen und Alkohol für ihr ganzes Leben verspielt, wenn sie ein weiteres Scheitern vermeiden wollen. Trotzdem würde die Crew uns manchmal gerne zu einem Drink einladen. In dieser Berufsgattung bedeutet Alkohol Geselligkeit, Freizeit und Zugehörigkeit. Ein Suff ist Ehrensache. Sie haben im Salon eine offene Bar, in der sich jeder bedienen und auf einer Liste eintragen kann, was er konsumiert hat. Erst nach dem Törn wird abgerechnet. Diesen Brauch können wir für unseren Aufenthalt nicht ändern. Wir sind gezwungen, zu verbieten, dass sich die Kids ohne eine Teamerin im Salon aufhalten. Trotz unserer Kontrolle bin ich sicher, dass am Schluss die Abrechnung nicht ganz aufgehen wird.

Die Route führt von Montreal auf dem Lorenzstrom hinaus in den Atlantik. Die ersten achtzehn Stunden wird die Barbarossa von einheimischen Lotsen geführt, die sich alle sechs Stunden ablösen. Das Schiff fährt mit einer Geschwindigkeit von ungefähr 35 km pro Stunde. Die Route verläuft knapp nördlich der Azoren nach Gibraltar ins Mittelmeer und hat als erstes Ziel den Hafen von Salerno in Italien. Wir rechnen mit stürmischem Herbstwetter und Seekrankheit. Der erste Offizier macht mit uns an Deck im Salzwasserbecken eine Notfallübung. Dazu ziehen wir die orangen Überlebensanzüge an. Sie sind warm, riesengross und wirken wie Astronautenanzüge. Sie helfen den Körper warm halten und dadurch zu überleben. Im Meer müsste man sich zusammenkoppeln und ein lebendiges Floss aus orangenen Marsmenschen bilden. Am oberen Ende des Anzugs ist ein Karabiner angebracht, um das Drahtseil des Rettungshelikopters einzuklicken und so hochgezogen werden zu können. Die Übung ist lustig und bringt Stimmung auf das Schiff. Mit einem Brennen in den Augen macht sich das Salzwasser bemerkbar. Ein Militärflugzeug überfliegt uns und kontrolliert, ob die Barbarossa Öl oder andere Abfälle ins Meer versenkt. Es streift bei seinen vier Tiefflügen den Frachter beinahe und macht verschiedene Fotoaufnahmen.

Am Sonntag zeigt uns der Ingenieur den Maschinenraum, der einer riesigen Fabrikanlage gleichkommt. Wir müssen dazu Gehörschütze montieren. Im Maschinenraum herrschen schwierige Arbeitsbedingungen. Die Raumtemperatur von vierzig Grad Celsius kann im Sommer bis auf fünfzig Grad ansteigen. Dazu kommen Lärm und Seegang. Die Arbeitszeiten dauern von morgens acht bis abends fünf Uhr. Nach der Arbeitszeit ist der Maschinenraum an ein Alarmsystem angeschlossen, das direkt mit der Ingenieurskabine verbunden ist. Jeder Alarm muss innerhalb dreier Minuten quittiert werden, sonst springt er weiter auf die Kommandobrücke und dann auf das ganze Schiff. Der Ingenieur zeigt uns den gewaltigen Dieselmotor, eine Warmwasseraufbereitungsanlage, die mit den heissen Abgasen betrieben wird, eine Trinkwasseraufbereitungsanlage, die aus Meerwasser Trinkwasser herstellt, ein Elektrizitätswerk, eine Dieselölaufbereitungsanlage, die zähe, minderwertige Kohlenwasserstoffpasten in Dieselöl umwandelt, Abwasseraufbereitung und vieles mehr. Die Wartung der Maschinen ist ausgesprochen anspruchsvoll. Fällt der Strom aus, muss sofort gehandelt werden, weil das Schiff sonst nicht mehr steuerbar ist. Bei starkem Seegang stellt es sich schnell quer und schaukelt sich auf, bis es untergeht. Dies ist eine der häufigsten Ursachen der heutigen Schiffsuntergänge. Anschliessend beobachten wir vorne am Bug einen Schwarm Delphine im spielerischen Schwimmwettkampf mit der Barbarossa.

Wir sind die einzigen Passagiere an Bord und unser Aufenthalt ist eine interessante Abwechslung für die Mannschaft. Meistens beherbergen sie einzelne ältere Gäste. Aus Platzgründen isst Jörg mit den Jungs bei der Mannschaft und wir Frauen essen im Raum der Kaderleute. Der Vorteil ist, dass wir Frauen unter uns einen gewissen Schonraum haben und viele spannende Tischgespräche entstehen. Schwierig ist, dass wir als Gruppe weniger zusammen sind. Die Jungs spielen oft Karten bis spät in die Nacht. Die Mädchen haben sich ein tägliches Sport- und Tanzprogramm zusammengestellt und lesen einige Kriminalromane aus der Schiffsbibliothek. Mehrmals sehen wir uns im Salon einen Videofilm an, wenn der Raum frei ist. Die Auswahl an Videos ist gering. Bei einem spannenden Krimi fehlen die letzten zehn Minuten und die englischen Filme verstehen wir nur bruchstückhaft. Trotzdem übt das Videogerät eine ständige Faszination auf die Kids aus. Die Gleichförmigkeit der Tage bringt wieder Ruhe und Gelassenheit in die Gruppe. Es entsteht Zeit und Musse, den Abschied von Kanada zu verdauen und vorwärtszublicken.

In einem spannenden Gruppengespräch diskutieren wir über das Thema, als Therapiegruppe in der Öffentlichkeit unterwegszusein. Manche wollen verschweigen, dass sie in einer Therapie sind. Sie haben Angst als Fixerinnen abgestempelt und verachtet zu werden. Einige sind sehr stolz auf das, was sie bereits geschafft haben und erzählen ihre Geschichten und Abenteuer gerne. Einzelne tun sich schwer damit, sich und ihre Vergangenheit zu akzeptieren und nehmen sich übel, dass es soweit gekommen ist. Sie möchten gerne als eine Gruppe Touristinnen oder Studentinnen vorgestellt werden. Manchmal ist das auch sinnvoll und möglich. Innerhalb der Gruppe benehmen sie sich jedoch häufig so auffällig, dass niemand glauben würde, sie seien Studentinnen. Das Kader auf dem Schiff wusste bereits bei der Buchung der Schiffsplätze, wer wir sind. Sie kennen jedoch keine persönlichen Fakten. Es ist schwer, zu der Vergangenheit zu stehen und gleichzeitig anderen Menschen unbefangen zu begegnen. In stationären Therapien ist man diesem Problem weniger ausgesetzt. Wir finden es ein gutes Zeichen, dass den Kids das Image und der persönliche Eindruck wieder wichtiger wird. Daneben beschäftigen uns mehrmals die Themen Schweiz, Abschied und Neuanfang.

Wir entscheiden uns, auf dem Schiff den Morgen frei gestalten zu lassen. Die Kids schlafen meistens bis zum Mittagessen, ausser sie haben einen Gesprächstermin mit einer Teamerin. Wir Teamerinnen machen Auswertungen, Berichte, Korrekturen des Nachmittagunterrichts und planen die Schlussphase. Der Nachmittag ist aufgeteilt in Unterricht und Zeitungsarbeit. Barbara macht mit ihnen eine Deutsch- und eine Mathematikdiagnose. Die Kids lösen bestimmte Aufgabenhefte und können so feststellen, wie gut ihr Schulwissen ist und wo sie eindeutige Lücken haben. In der Anschlussphase wird dann versucht, mit individuellem Unterricht die Lücken zu füllen. Die Begeisterung ist unterschiedlich. Viele alte, schlechte Schulerinnerungen tauchen auf und wollen das Zepter übernehmen. Die gute Beziehung zu Barbara erleichtert es, die ersten Hürden zu nehmen und neue Erfahrungen zu machen. Es ist gut, den Einstieg in klassische Schulfächer mit einem vertrauten Teammitglied zu machen. Barbara bietet auf Wunsch zusätzlich jeden zweiten Tag Englischunterricht an.

Zitate von Jugendlichen (BigTrail-Zeitung):

- *„Mein erster Gedanke war: Schule, Hilfe! Aber es war doch gut. Ich bin erschrocken, als ich realisierte, dass wir dies schon einmal in der Schule hatten, und ich nichts mehr wusste."*
- *„In der Schule konnte ich überprüfen, was ich noch kann. Ich konnte den Tag füllen und mich an Tischarbeit gewöhnen."*
- *„Ich musste mich wieder hinsetzen und büffeln. Ich hatte Mühe, weil ich zwei Jahre nichts mehr gemacht hatte. Da war manchmal schon Fünftklassstoff schwierig."*

Jörg macht mit den Kids eine Zeitung über die Zeit bei BigTrail. Peter und Thomas fangen gleich an mit einem Interview mit dem Kapitän und dem ersten Offizier. Kurt schreibt seinen Brief an Martin in die Maschine. Martin hat uns in der Schweiz Pfeilbogenunterricht erteilt. Kurt verlor eine Wette und muss Martin einen fünfseitigen Brief aus Kanada schreiben. Es dauert lange bis dieser Brief fertig ist. Dafür gelingt er ihm so gut, dass er einen Platz in der Zeitung bekommt. Alain schreibt über das Survivalkit. Rachel und Nicole befassen sich in einem Artikel mit den Tieren und Pflanzen der Wildnis und über verschiedene Stimmungen. Thomas setzt sich mit der Entstehung des Nordlichts auseinander. Andere suchen in den vielen Zeitschriften Bildmaterial zusammen. Nils schläft ein, wie ein übermüdeter Redakteur nach einer Nachtschicht. In der Zeitungsredaktion herrscht häufig eine hektische und spannende Atmosphäre. Jörg bringt durch kreative, karikaturistische Artikel zu BigTrail und jeder Person viel Witz in die Sache. Jeden Nachmittag wartet er mit neuen Stories auf, die Ärger, Freude und Stimmung in die Gruppe bringen. Die Kids suchen nun ihrerseits nach bissigen Karikaturideen über ihn und das Team. Daneben entstehen viele seriöse Artikel über Tiere, Wildnistechniken, Landschaften und Indianer. Das Herstellen einer gemeinsamen Zeitung erweist sich als eine ausgesprochen gute Sache. Sie bietet die Möglichkeit, sich nochmals über die ganze Therapiezeit Gedanken zu machen und von BigTrail und dem Team ein Stück Abschied zu nehmen. Dabei ermöglichen die Karikaturen, den aggressiven Seiten des Abschieds einen Spielraum zu geben. Als Endprodukt entsteht eine spannende und witzige Zeitung.

Eines Morgens ist plötzlich unser sonniger Steward wortkarg und sauer. Nach einiger Zeit finden wir heraus, dass die Kids zusammen mit Crewmitgliedern nachts den Kühlschrank leer gegessen haben und der Kapitän auf seiner Wache nichts mehr vorfand. Der Kapitän gab seinen Frust weiter an den Steward. Dieser begegnet uns nie mehr mit der alten Freundlichkeit.

Das Wetter ist häufig sonnig, mild und ohne starken Wind. Über den Azoren herrscht ein stabiles, für diese Jahreszeit unübliches Hoch. Wir werden von der Seekrankheit verschont. Der Frachter stampft unaufhaltsam durch das samtige, glatte Meer der europäischen Küste entgegen. Die Stille und beeindruckende Weite des Meeres ändert sich, sobald wir die Insel Capri kreuzen. Auf dem Atlantik geht es mehr darum, das Meer zu überqueren und Waren von Kontinent zu Kontinent zu transportieren. In Küstennähe begegnen wir luxuriösen Jachten und Segelschiffen, auf denen Urlaub gemacht wird. Auf dem Meer schwimmen viele Abfälle. Spannend ist die nächtliche Fahrt durch die Strasse von Gibraltar, die den Atlantik mit dem Mittelmeer verbindet. Auf Steuerbord- und auf Backbordseite werden Leuchttürme und Lichter sichtbar. Die Verkehrsdichte nimmt deutlich zu. Wir können gleichzeitig auf zwei Kontinente blicken, auf Europa und Afrika. Für mich ist spannend zu sehen, wie mühelos der Frachter durch die strömungsreiche Meeresenge gleitet. Vor Jahren haben wir hier mit der Tectona in einer kalten Nacht während Stunden versucht, gegen Wind und Strömung anzukommen.

Auszüge aus Kurts Brief an Martin (BigTrail-Zeitung):

„Von Edmonton fuhren wir um 24 Uhr mit einem Greyhoundbus los nach Fort McMurray. Da kamen wir um 6 Uhr morgens an. Etwa um 11 Uhr flogen wir mit kleinen Buschflugzeugen ab in den Busch. Nach einem 45 minütigen Flug landeten wir auf dem Firebaglake. Wir stiegen aus und transportierten das Material vom Flugzeug an Land. Das Flugzeug startete wieder. Es war ein komisches Gefühl, für die nächsten 10 Wochen mit der Gruppe im Busch zu leben. Dann ging es an's Auspacken, Zelte aufstellen, Foodlager bauen (gegen Bären), WC bauen und vieles mehr. Am Abend assen wir gemütlich am Feuer ein Steak. Die nächsten 10 Tage gingen schnell vorbei. Wir hatten für diese Zeit noch normales Essen. Wir bauten Räucheröfen um Hechtfilets zu räuchern, wenn das Essen in den nächsten Wochen etwas knapp werden sollte. An einem Tag haben wir ca. 45 Hechte gefangen. Sie waren alle zwischen 50 und 90 cm lang. In den Räucheröfen mussten wir Schichten einlegen. Die Filets mussten 72 Stunden lang geräuchert werden, damit sie für die nächste Zeit haltbar wurden.

In den nächsten 3 Wochen war die Gruppe fast nie zusammen. Es fuhr immer eine Gruppe mit den Kanus voraus, um das Lager aufzustellen. Die andern kamen dann ein, zwei oder drei Tage später nach. Zwischendurch haben wir Portagen gemacht. Die erste etwa 100 m, die zweite etwa 300 m, die letzte war ca. 2,5 km. Das zehrte regelrecht an der Energie. Schliesslich hat man keine übrig, bei 300 g Körner und einer Bouillon am Tag. Dazu kam, dass einem die Zigaretten langsam ausgingen. Man musste lernen, auf vieles verzichten zu können, was vorher alltäglich war. Es war nicht immer ganz einfach. Die Stimmung in der Gruppe ging über den ganzen Busch immer auf und ab. Nach der grossen Portage kamen wir am Wengerlake an. Wir hatten dort einen superschönen Lagerplatz mit tollen Sonnenuntergängen. Dort fingen wir den grössten Hecht im Busch. Er war 110 cm lang. Von dort aus machten wir Erkundungsreisen. Wir waren immer in Dreiergruppen etwa 3 Tage unterwegs. Es war sehr anstrengend. Bei meiner Gruppe fuhren wir mit dem Kanu einen Fluss aufwärts, der etwa einen halben Meter breiter als das Kanu war. Zudem hatte es noch sehr viele enge Kurven. Wir waren alle froh, als wir wieder ins Lager zurückkehrten.

Eine Gruppe erkundete den Richardson, den wir nach Plan befahren wollten. Er hatte jedoch zuwenig Wasser. Jörg ging noch mit dem Flugzeug schauen (nach dem Versorgungsflug), ob es wirklich nicht gehe. Da es viel zu viel Stress bedeutet hätte, ging er mit dem Flugzeug zurück nach Ft. McMurray, um eine neue Route zusammenzustellen. Als er zurückkam, brachte er eine Surprise mit. Es war ein Apfel, eine Schokolade, ein Sack pommes Chips, ein Steak und 2 Liter Cola für jeden, dazu noch ein Pack Zigaretten. War das heiss, endlich wieder etwas Normales zu essen und nachher natürlich eine Zigarette zu rauchen. Zu dieser Zeit waren wir bereits auf dem 4er (Gruppe mit vier Jugendlichen ohne Leitung). Wir machten ab und zu Gruppen, die alleine an einen Platz gingen für ein paar Tage. Dort schossen wir 2 Rebhühner mit dem Pfeilbogen. Sie waren sehr gut. Um auf die neue Route zu gelangen, die Jörg geplant hatte, mussten wir mit einem Buschflugzeug zu einem anderen See fliegen.

Dort schlugen wir für etwa 1 Woche unser Lager auf. An diesem Platz waren die Blueberries richtig reif. Es gab sozusagen blaue Hügel. Es waren sehr feine Desserts, die wir mit ihnen zubereitet haben. Dafür waren die Fische rarer geworden.

Nachher paddelten wir etwa 80 km den Maybell abwärts. Auf dem Weg sahen wir viele Tiere, wie Gänse, Biber, Fischotter, Enten. Doch die Fische schienen wie ausgestorben zu sein. Einmal konnten Jörg und Moni, die immer etwa 10 Minuten Vorsprung hatten, 2 Gänse erlegen, die unser Essen etwas verfeinerten. Es war toll, als wir nach dem engen geschlängelten Fluss, der viel Kraft kostete, wieder auf einen See hinausblicken konnten: Wir waren an den Six-Lakes. Wir paddelten weiter, bis wir zur Portage gelangten, die wir machen sollten, um wieder auf den Richardson zu kommen, der im unteren Teil besser befahrbar gewesen wäre. Jedoch als Jörg und Moni die Portage inspizierten, gab es nochmals eine Programmänderung. Es waren viel zu viel Gestrüpp und umgefallene Bäume im Weg. Wir blieben jedoch dort, aber gingen auf den 9er (ganze Gruppe ohne Leitung). Da passierte uns eine ziemliche „Gugelfuhr", die ich allerdings nicht beschreiben will. Nach dem ganzen Stress, den es verursacht hatte, ging es weiter den Maybell hinab.

Nach etwa 60 km kamen wir an einen See. Dort machte jeder von uns einen Single. Es war geil! 4 Tage waren wir ganz allein im Busch. Gekocht haben wir mit Teller und Flasche. Vom Ufer aus habe ich sogar zwei Hechte gefangen (ohne Fischrute). Als ich ganz vertieft beim Blueberry-Sammeln war und wieder mal aufschaute, sah ich plötzlich einen riesigen Bären vor mir, der am Beerenfressen war. Ich blieb stehen und schaute ihm zu. Zuerst hat er mich nicht einmal bemerkt. Dann, als er zu nahe kam, fing ich an zu pfeifen. Er erschrak, schaute mich an und rannte davon. Als der Single zu Ende war, fuhren wir weiter den Maybell hinunter. Am Ende des Maybells überquerten wir kurz den Richardson-Lake, um in ein kompliziertes Kanalsystem zu gelangen, denn nach dem Single fing das grosse Reisen an. Wir paddelten pro Tag etwa 6 Stunden. Am Morgen und am Abend mussten wir immer den ganzen Plunder ein- und ausladen. Die ganze Reise war recht anstrengend. Als wir viele Kanäle befahren hatten, kamen wir endlich zum Athabasca-Lake, der 200 km lang und 60 km breit war. Die Gegend war sehr schön. Wir streiften diesen See jedoch nur, um wieder in ein Kanalsystem zu gelangen, auf dem wir dann das letzte Stück in Angriff nahmen, um nach Fort Fitzgerald zu gelangen. Diese Reise dauerte etwa 2 Wochen, in denen wir ca. 600 km zurückgelegt hatten. Wir waren alle sehr froh, heil angekommen zu sein und natürlich wieder einmal etwas richtiges zu essen."

Mittwoch 2.11.94

Am frühen Morgen, bei Sonnenaufgang legen wir im Hafen von Salerno an. Mit einer erstaunlichen Präzision parkt der grosse, träge Frachter zwischen zwei anderen Riesen. Bis alle Formalitäten erledigt sind ist es zehn Uhr. Jörg und ich erhalten die Erlaubnis, von Bord zu gehen, um mit unserem Büro in Zürich Kontakt aufzunehmen. Der Projektleiter freut sich über unsere problemlose Überfahrt und spricht mit uns verschiedene Termine für die Abschlussphase ab. Salerno liegt weit im Süden und bietet uns warmes T-Shirt-Wetter. Um drei Uhr legt die Barbarossa wieder ab und fährt Richtung Livorno. Das Schiff wird zum ursprünglichen Fahrplan Verspätung haben. Wir überlegen uns, wie wir ohne teure und komplizierte Hotelübernachtung in die Schweiz reisen könnten. Der Kapitän kann uns keine verbindlichen Angaben machen, da die Zollformalitäten zeitlich schwer berechenbar sind. Die Kids beenden angefangene Schularbeiten und schliessen das Zeitungsprojekt ab. Ich freue mich, dass Nils seine Schulkrise überwinden konnte. Er und Alain sind heute sogar freiwillig zu einem Diktat erschienen. Die zusätzliche Englischlektion ist auch gefragt. In schöner Abendstimmung gleiten wir an der Insel Ischia vorbei.

Donnerstag 3.11.94

Um zehn Uhr morgens legen wir in Livorno an. Hier empfängt uns kühles Novemberwetter. Wir entschliessen uns, die Barbarossa morgen früh in Livorno zu verlassen, weil wir so ohne Hotelübernachtung auskommen. Wir werden genau zu dem Zeitpunkt in der Schweiz ankommen, den wir vor Monaten geplant haben. Jörg organisiert mit den italienischen Behörden unseren vorzeitigen Abgang vom Schiff. Am Nachmittag machen wir einen Ausflug in die Stadt und buchen die Rückfahrt. Wir werden um fünf Uhr in der Früh den Frachter verlassen. Ich ziehe mit den Kids in der Stadt herum. Wir geniessen den festen Boden Europas unter den Füssen, den wir vor unendlich langer Zeit verlassen haben. Das kunterbunte italienische Leben ist zuerst anstrengend und erinnert uns gleichzeitig an die Schweiz. Barbara und Jörg organisieren unterdessen die Gepäck- und Zollformalitäten. Sie bringen es mit viel Glück und Charme fertig, mit dem ganzen Haushalt im Hafen durch den Zoll und am Bahnhof in die Gepäckaufgabe zu kommen. Der Schalterbeamte wollte nicht noch fünfzig Minuten vor Schalterschluss ein so grosses Geschäft erledigen. Schlussendlich klappt im letzten Moment alles tadellos. Auf der Barbarossa herrscht viel Betrieb. Die Nächte an Land sind selten, die Luft ist alkoholgeschwängert. Ob das wohl mit unseren Kids gut gehen wird? Wir packen unser Gepäck und räumen die Kojen auf.

2.5.3 Reise in die Mulin

Freitag 4.11.94

Es ist nicht gut gegangen! Bis auf zwei haben alle einen gröberen „Alkoholabsturz" hinter sich. Alain und Thomas waren nicht dabei, weil sie das Ganze verschlafen haben. Die sonst so schön und wach gewordenen Gesichter wirken bleich und erbärmlich in ihrem Katzenjammer. Die Mannschaft hat sie letzte Nacht grosszügig mit Whisky verwöhnt. Den meisten ist übel. Wir verlassen mit unserer lädierten

Gruppe die Barbarossa und fahren zum Bahnhof. Ivan und Lisa haben in der Nacht an der Schlussredaktion der Zeitung gearbeitet. Die zwei haben sich dabei unübersehbar ineinander verliebt. Ivan schleppt einen Fuss nach, der ihm immer einknickt. Im Eisenbahnwagen finden wir glücklicherweise viele freie Plätze und die Kids können den gröbsten Rausch ausschlafen. So erreichen wir in deutlich besserer Verfassung Mailand. Der Grenzübergang am Schweizerzoll verläuft reibungslos. Seltsam, plötzlich verstehen wir wieder, was rund um uns gesprochen wird. Wir ertappen uns dabei, dass wir uns die Antworten immer noch in englischen Worten zurechtlegen. Auf der Fahrt mit dem Postauto ins Graubünden regnet es. Tiefe Wolken und Nebelschwaden bereiten uns einen kühlen Empfang in der Schweiz.

Wir müssen in Chur umsteigen. Alain kennt die Stadt aus seiner Drogenzeit und wird sichtlich nervös. Der Zug nach Ilanz ist überfüllt, wir finden kaum einen Platz und erleben die Strecke als sehr anstrengend. Ursula, eine frühere Mitarbeiterin des Vereins Plus, begrüsst uns scheu am Bahnhof. Da uns niemand Bekanntes abholen konnte, besorge ich in einem Blumenladen für alle eine rote Rose. Im Postauto auf der kurvenreichen Bergstrasse nach Ruschein, überreiche ich jeder einzelnen eine Rose als symbolischen Willkommensgruss der Schweiz und wünsche ihnen viel Glück und Erfolg. Wir nehmen das vorläufig letzte Stück Weg unter die Füsse und wandern durch Wiesen und Wälder in die Mulin, die unser Zuhause für die nächsten zwei Wochen sein wird. Die Mulin ist vom letzten Dorf aus in zwanzig Minuten zu Fuss erreichbar. Das Haus steht direkt neben einem Fluss, wie es sich für eine Mühle gehört und ist von hohen, dunklen Tannen umgeben. Die Innenräume sind niedrig. Grossgewachsene Leute, die das Haus nicht kennen, schlagen sich in der Regel mindestens einmal den Kopf an der Decke an. Ursula transportiert unser Gepäck und kocht uns ein feines Nachtessen. Kaum sind die Zimmer und Betten verteilt, legen wir uns hin und versinken in einen Tiefschlaf.

2.5.4 Alpaufenthalt - Übergang

Samstag 5.11.94

Wir brunchen gemütlich zusammen und beantworten tausend Fragen. Um zwei Uhr machen wir eine Sitzung zum Thema Alkohol in der letzten Schiffsnacht. Ausser Alain und Thomas haben alle Schnaps getrunken, spendiert von der philippinischen Mannschaft. Die meisten tranken viel zu viel und litten unterschiedlich stark an den Folgen. Rachel musste mehrmals erbrechen. Ivan ist halb liegend eingeschlafen und hat seither Beschwerden in seinem Fuss. Die Kids sind enttäuscht und ernüchtert über ihr eigenes Verhalten und haben sich schon viele Gedanken darüber gemacht. Sie haben sich selber anders eingeschätzt und zumindest erwartet, in Grenzen trinken zu können.

Am Nachmittag läuft das Telefon heiss. Die ersten Telefonkontakte nach gut fünf Monaten bringen viel Aufregung, Freude, Stress und Frust mit sich. Alain bekommt am Telefon schlechte Nachrichten. Seinem Vater geht es gesundheitlich schlecht. Seine Eltern wollen nicht, dass er die Therapie abbricht und nach Hause kommt. Er wirkt nach dem Telefonat sehr enttäuscht. Mein Mann Stephan besucht uns am Abend und bringt Leckereien und Feuerwerk mit, um uns in der Schweiz willkommen zu heissen und den geglückten ersten Teil der Therapie zu feiern. Er freut sich sehr über unsere Heimkehr. Nachts will Alain aufgeben und weglaufen. Nils, Thomas, Barbara und ich versuchen, mit ihm die Krise zu bewältigen. Thomas sagt ihm, er habe sich zwar die ganze Zeit über ihn genervt, wolle aber nicht, dass er jetzt einfach davonlaufe. Alain läuft trotzdem weg. Barbara geht ihm nach, findet ihn 300 m weiter sitzend am Strassenrand und bringt ihn zurück. Die nächsten zwei Stunden verbringe ich mit ihm draussen auf der kalten Terrasse. Alain tigert im Kreis herum. Wir sprechen wenig. Morgens um vier Uhr ist er so weit wieder da, dass wir zu Bett gehen können.

Sonntag 6.11.94

Wir machen eine Sonntagswanderung in der Umgebung. Ivan bleibt im Haus zurück. Sein Fuss gehorcht ihm noch nicht. Nach einem gemütlichen Anfang landen wir in weglosem, felsigem Gelände. Eine schöne, wilde Landschaft liegt fast vor unserer Haustür. Rachel findet die Wanderung völlig daneben und macht sich unter Protest auf den Heimweg. Nicole fällt unter viel Gelächter mehrmals auf den Hosenboden. Trotz vielen Schwierigkeiten schafft sie das steile Stück. Später verlieren wir Nils und Thomas. Barbara und Stephan gehen zurück, suchen sie und treffen zwei Stunden nach ihnen in der Mulin ein. Die zwei Jungs hatten eine steile Abkürzung zur Mulin entdeckt. Die anderen fünf marschieren mit Jörg zügig voraus und trinken in einem Restaurant einen Kaffee. Auf dem dunklen Heimweg sind sie sich an einer Kreuzung über den richtigen Weg nicht einig, trennen sich und wieder fehlen zwei. Bis zum Nachtessen abends um sieben Uhr haben alle in die Mulin zurückgefunden. Dieser erste Sonntag in der Schweiz, an dem viele Schwierigkeiten auftauchen, verschiedene ihren Weg verlieren, andere schnell aufgeben und am Schluss alle vereint im warmen Haus beim Nachtessen sitzen, berührt mich eigenartig mit seiner Symbolik. Spät abends stösst Erwin mit Tasso, seinem grossen Hund zu uns. Erwin gehört zum Anschlussteam und wird mit den Kids tagsüber arbeiten. Alle sind todmüde. Die Umstellung von den Schiffsgewohnheiten auf einen normalen Tages- und Nachtrhythmus bereitet noch Mühe.

Montag 7.11.94 - Freitag 18.11.94

Erwin ist in der Anschlussphase für den Arbeitsbereich zuständig. Er arbeitet mit den Kids in der Mulin während drei Tagen pro Woche. So können sie einen neuen Teamer gut kennenlernen. Sie müssen eine Wasserleitung ausgraben, die zwei Meter tief unter steinhartem Boden zerbrochen ist. Daneben flicken sie Fahrräder und hacken Brennholz für den Winter. Als nach ein paar Tagen unser Material aus Italien ankommt, muss es gereinigt, inventarisiert und im Lager des Vereins Plus eingeordnet werden. Bald kommen Verena, eine Betreuerin und Peter, der Leiter der Anschlussphase einen Tag in die Mulin. Sie stellen sich den vielen Fragen der Jugendlichen und berichten ihnen über die Freiheiten und Regeln der Anschlussphase. BigTrail, der erste Teil der Therapie ist gruppenorientiert. Im zweiten Teil wird die Orientierung nach aussen und die Integration ins normale Leben wichtig werden. Das individuelle Tempo wird durch jede einzelne selber bestimmt. Wer sich an die Regeln hält, kann schnell eine Schnupperlehre oder Arbeit ausser Haus annehmen und in freie Ausgänge gehen. Die Kids beobachten die zwei neuen Mitarbeiterinnen genau. Die Begegnung stimmt sie zuversichtlich und gleichzeitig spüren sie deutlich den Abschiedsschmerz.

Jürg, der Projektleiter besucht uns und kocht uns ein feines Willkommensessen. Es gibt Schinkengipfeli, Salat, Ananas, Mandarinen und Vanillecremeschnitten. Er spricht lange mit den Kids über die bevorstehende Trennung. Sie gestehen ihm ihre Trauer und die Ängste wegen dem Teamwechsel. Die Neuen, die sie bisher kennengelernt haben, seien schon recht, aber die Alten seien halt nicht ersetzbar. Er setzt sich mit Alain wegen der Anschlussphase auseinander. Alain möchte eigentlich die Therapie abschliessen und nach Hause zurückkehren. Da seine Eltern damit nicht einverstanden sind, muss er sich eine andere Lösung überlegen. Jürg teilt ihm mit, dass es nicht reiche, wenn er in die Anschlussphase eintrete, weil er keine bessere Idee habe. Er gibt Alain eine Woche Bedenkfrist. Nach dieser Woche, müsse er Jürg einleuchtend begründen, warum er mit der Therapie weiterfahren wolle. Alain zieht sich in dieser Woche oft zurück und macht einen nachdenklichen Eindruck. Bei Jürgs zweitem Besuch teilt er ihm mit, dass er in die Anschlussphase eintreten wolle. Er sei noch nicht weit genug, um problemlos allein leben zu können. Er spüre Vertrauen in die Gruppe und könne sich vorstellen, mit ihnen zusammen weiterzumachen. Die neuen Leute, die er bisher kennengelernt habe, hätten seine Angst vermindert, in ein grässliches Heim zu kommen. Nun stimmt Jürg einer Fortsetzung der Therapie zu. Wir freuen uns alle an der Entscheidung von Alain, der seit den letzten Tagen ernsthafter und erwachsener wirkt. Allen voran bemüht sich Rachel darum, dass er einen neuen Platz in der Gruppe bekommt.

Brigitte, die im Bereich Zukunftsplanung und Schulung der Anschlussphase arbeitet, besucht uns. Barbara macht mit ihr und jeder einzelnen Jugendlichen ein Übergabegespräch betreffend der Deutsch- und Mathematikdiagnosen. Die Kids besprechen mit Brigitte ihre Wünsche und Zukunftspläne und sie ist überrascht, über die klaren Vorstellungen, die die meisten schon über ihre nächsten Schritte haben. Sie strahlt und freut sich auf die spannende Herausforderung. Es gelingt ihr, die Kids für ihren Bereich zu begeistern. Das BigTrail-Team macht mit jeder Jugendlichen ein Abschlussgespräch. Nach der letzten schriftlichen Standortbestimmung auf dem Schiff haben wir einen Abschlussbericht geschrieben, der an die Behörden und das Anschlussteam geht. Wir besprechen mit ihnen diesen Bericht und jedes Teammitglied gibt eine persönliche Rückmeldung über die Entwicklung im letzten halben Jahr und die anstehenden Schritte für die nächsten Monate. Die Jugendlichen berichten ihrerseits über ihre Erfahrungen und Fortschritte. Am Schluss überreichen wir ihnen eine Karte mit Adressen und Telefonnummern und bieten ihnen an, sich so oft bei uns zu melden, wie sie dazu Lust haben. Die Gespräche sind sehr ernsthaft und von einer berührenden Intensität. Wir haben oft Tränen in den Augen.

Das Team, das die wissenschaftliche Begleituntersuchung macht, besucht uns für drei Tage und führt mit uns und den Jugendlichen mehrstündige Interviews durch. Sie sind begeistert von der Offenheit und Erzählfreude der Kids. Das Wetter ist oft regnerisch, kalt und nach ein paar Tagen fällt der erste Schnee. Manchmal schleichen Nebelschwaden um das Haus und erzeugen eine düstere Stimmung. Ivan wird beim Arzt gründlich untersucht. Er hat einen Nerv so stark gequetscht, das sein Fuss teilweise gelähmt ist, deshalb schleppt er ihn nach. Dies passierte in der letzten Nacht auf dem Schiff. Er war in einer ungünstigen Stellung eingeschlafen. Da der Alkohol seine natürlichen Schmerzreflexe und Reaktionen betäubt hatte, hat er diese Stellung nicht automatisch geändert und so den Nerv verletzt. Durch regelmässige Physiotherapiestunden und fleissige Übungen ist die Behinderung vielleicht rückgängig zu machen. Er bereut seinen Absturz bitter, den er nun so teuer bezahlen muss. Kurt leidet unter Ohrenschmerzen und Nicole unter Rippenschmerzen. Wir besuchen mit beiden den Arzt, der sie nach je zwei Minuten Behandlung entlässt und meint, es sei nichts Schlimmes und sie seien unaufhaltsam auf dem Weg zur Besserung.

Der Telefonbetrieb läuft immer heisser und beginnt zu überborden. Wir verordnen eine zweitägige Zwangspause und setzen das zugängliche Telefon hinter Schloss und Riegel. Verschiedene telefonische Kontakte zu den Eltern gestalten sich schwierig. Die Eltern haben uns Kinder mitgegeben, und nun sind junge Erwachsene zurückgekommen. Kinder und Eltern haben gegenseitig grosse Erwartungen und Ängste. Die Kids sind stolz und voller Pläne für die Zukunft und überfordern die Eltern mit ihrem Entwicklungssprung, den diese nicht miterlebt haben. Die Eltern freuen sich auf den Kontakt mit ihren Sorgenkindern und gleichzeitig kommen alte, schwierige Erfahrungen wieder ins Schwingen. Eine Mutter wird von den Verkehrsbetrieben angerufen mit der Mitteilung, ihr Sohn sei einmal mehr in der Stadt schwarzgefahren. Sie ruft uns in Panik an und ist unendlich beruhigt, ihren Sohn bei uns anzutreffen. Nachträglich stellt sich heraus, dass ein früherer Kollege von ihm dessen Name missbraucht hat.

Zwei Teamerinnen aus dem Anschlussteam übernehmen für ein Wochenende unseren Betrieb. Wir wollen, dass die Kids einmal eine Zeit mit den neuen Betreuerinnen erleben, ohne dass jemand aus dem BigTrail-Team dabei ist. Sie sollen erleben können, dass es auch ohne uns weitergeht. Die zwei Frauen organisieren ein spannendes Wochenende und gehen mit den Kids an einem Abend auswärts essen. Am Sonntag besuchen sie einen Reitstall in einem nahen Dorf und die Kids dürfen ausreiten. Nils bleibt in dieser Zeit mit Ivan in der Mulin. Er geniesst es, ein paar Stunden Zeit mit Ivan zu haben. Ivan ist ihm ein wichtiger Freund geworden. Seit dieser mit Lisa eine Beziehung angefangen hat, ist das Paar in jeder freien Minute zusammen und Nils wird links liegen gelassen. Wir hoffen, dass nach dem ersten Feuer die Männerfreundschaft wieder ihren Platz bekommt. Im Moment sieht es nicht so aus. Die Kids geniessen das Wochenende mit den neuen Teamerinnen, freunden sich mit ihnen an und sind nachher zuversichtlicher bezüglich der Trennung von uns. Wir freuen uns über das gelungene Wochenende, nur Barbara, die für unsere Buchhaltung zuständig ist, bekommt einen mittleren Schock, als sie die hohe Abrechnung über das Wochenende erhält. Die Jugendlichen sind nun bereit für den Wechsel und wollen lieber schon heute, als erst in einer Woche umziehen. Sie haben genug von dem Zigeunerleben und freuen sich darauf, ihre Zimmer persönlich einzurichten. Die Mulin ist ihnen zu düster geworden. Einzig Alain würde gerne hier geblieben. Er fühlt sich in der Mulin geborgen.

Ich reise nach Frauenfeld zum Gesamtteam der Anschlussphase, um mit ihnen ein ausführliches Übergabegespräch mit Fallbesprechungen zu machen. Ich sehe das Haus zum ersten Mal. Es hat helle Räume und eine warme Atmosphäre. An diesem Tag ist viel los. Ein Jugendlicher hat an seinem freien Wochenende Drogen konsumiert. Da er bereits vorher verwarnt wurde, muss er heute austreten. Zwei Teamerinnen begleiten ihn. Es ist ein richtiger und trotzdem schmerzlicher Entscheid. Die Situation löst Stress und Hektik aus. Es ist kein optimaler Tag, um sich mit einer Gruppe zu befassen, die noch gar nicht da ist. Wir geben uns alle Mühe und das Gespräch wird trotz allem spannend. Auf dem Heimweg besuche ich zwei junge Frauen, die mit mir vor zwei Jahren auf dem Segeltörn waren. Sie haben sich nach der Therapie in Ilanz niedergelassen und zusammen eine Wohnung gemietet. Es geht ihnen gut. Sie haben es geschafft, ihr Leben in den Griff zu bekommen. Der warmherzige Besuch bei ihnen gibt mir Mut, mit meiner Arbeit weiterzufahren.

In die turbulente Zeit fällt der siebzehnte Geburtstag von Lisa. Peter kann bei dieser Gelegenheit endlich seinen speziell leckeren Schokoladekuchen backen, von dem er uns im Busch viele Male vorgeschwärmt hatte. Er schmeckt wirklich wunderbar. An drei Abenden setzen wir uns zusammen und schauen die vielen Dias über die ganze Zeit der Therapie an. Es sind lustige Abende und auch sie tragen zur Abschiedsarbeit bei. Die Kids sind stolz auf ihre Wildniszeit. Obschon sie am Ende nichts lieber wollten, als zurück in die Zivilisation, schwärmen sie beim Anblick der Bilder über die abenteuerliche Zeit. Eines Tages, es fällt in dichten Flocken Schnee vom Himmel, beschliessen ein paar Jungs und Nicole ihren Abschiedsfrust im kalten Fluss abzukühlen. Unter viel Gekreische und mit einem applaudierenden Publikum springen sie mutig ins fünf Grad kalte Wasser. Die Zuschauer attackieren sie bei dieser Gelegenheit ausgiebig mit Schneebällen. Daraus entsteht im kalten Schneegestöber eine wilde Schneeballschlacht. Thomas meint, er sei nicht gewohnt Abschied zu nehmen und das komische Gefühl im Bauch sei nach einer solchen Aktion verschwunden.

Samstag 19.11.94

Jörg geht mit Peter, Rachel und Nils einkaufen, die die Verantwortung für das Abschiedsessen übernommen haben. Die Kids sind traurig und möchten den Abschied bereits hinter sich haben. Rachel sagt, sie möchte einfach hier einschlafen, im neuen Haus wieder aufwachen und alles wäre erledigt. Es sei schade, traurig und ärgerlich, dass wir weggehen. Wir seien eine gute Teammischung gewesen. Thomas stürzt sich einmal mehr in den kalten Fluss. Lisa findet Abschiednehmen unerträglich. Nils, Rachel und Peter fangen an mit kochen. Es gibt eine sorgfältig angerichtete Vorspeise. Peter lässt seine Fähigkeiten als Koch spielen. Anschliessend zelebrieren wir unser viertes Feuerritual. Draussen regnet es in Strömen, deshalb improvisieren wir es im Dunkeln am Kamin. Jede einzelne dankt für all die Erfahrungen, die sie machen durfte und bittet um Unterstützung für den weiteren Weg. Jede macht das auf ihre ganz persönliche Weise. Die Atmosphäre ist feierlich und sehr gefühlsvoll. Trotz der unendlich vielen Auseinandersetzungen, sind wir alle traurig, dass sich unsere Wege morgen trennen werden. Am Schluss fassen wir uns an den Händen und schreien den Schmerz und die Wut laut in das Feuer. Das Ritual ist von ganz besonderer Stärke und Innigkeit. Wir Teamerinnen schenken allen einen Halbedelstein, den ich passend zu ihrer Persönlichkeit ausgesucht habe. Er soll ihnen Mut und Kraft auf dem weiteren Weg geben und ein Anker in schweren Zeiten sein. Das Essen ist lecker, der Appetit eher mager. Wir machen halbherzig ein paar Spiele. Ein feines Dessert schliesst das festliche Abschiedsessen ab. Es wird auf Tellern serviert und ist von der Qualität eines Dreisternhotels. Immer wieder ist Wehmut spürbar, aber auch Stolz über das bereits Geschaffene und Neugier auf die Zukunft.

Sonntag 20.11.94

Unsere Ablösung schafft es nicht, zum Brunch um elf Uhr da zu sein. Verena kommt später, weil das eingeplante Postauto am Sonntag nicht fährt. Erwin ist aus unerklärlichen Gründen nicht aufgetaucht. Das BigTrail-Team ist bereit für die Übergabe. Alain macht kurz nach elf Uhr beim Tischtennisspiel einen schweren Fehltritt. Er hat grosse Schmerzen und ist kreidebleich. Es sieht nach Bänderriss aus. Jürg Sauter taucht auf und etwas verspätet setzen wir uns gemeinsam mit Verena an den Frühstückstisch. Jürg verabschiedet das alte Team mit Blumen und bedankt sich für unsere Arbeit. Rachel übergibt ihm das Originalexemplar der Zeitung, die auf dem Frachter gemacht wurde. Ich schenke dem neuen Team einen Bergkristall. Es soll ein Symbol dafür sein, wie kostbar uns die Kids geworden sind. Da sie aber auch schwierige Seiten haben, soll der Kristall dem neuen Team in solchen Situationen helfen, klarzusehen. Bei diesen Worten bricht mir die Stimme. Wir sitzen noch eine Weile da, bis Rachel meint: „Also geht jetzt, sonst wird es noch schwerer." Mit einer festen Umarmung und feuchten Augen verabschieden wir uns voneinander. Wir haben viel zusammen erlebt und durchlitten, haben uns genervt und geliebt. Nun sind sie fähig, etwas aus ihrem Leben zu machen. Die Kids winken uns nach. Neben aller Abschiedstrauer sind wir fröhlich und glücklich über das Gelingen unserer Arbeit. Am Bahnhof in Bern erwartet mich mein Mann. Er schenkt mir eine rote Rose.

3

Anschlussphase Epilog

3.1 Übertrittssituation

Alle neun Jugendliche, haben die erlebnispädagogische Phase im BigTrail erfolgreich abgeschlossen und sind plangemäss in die stationäre Anschlussphase eingetreten. Alain war noch unsicher und ängstlich mit seinem Entscheid. Gleichzeitig fühlte er sich in der Gruppe aufgehoben und wirkte verhältnismässig zuversichtlich. Sein Unfall im Moment des Abschieds vom BigTrail-Team liess auf eine grössere innere Unsicherheit und Verzweiflung schliessen, als äusserlich sichtbar war. Die anderen acht Jugendlichen waren traurig über den Abschied und konnten dies in Worten und mit Tränen ausdrücken. Daneben waren sie voller Tatendrang und Zuversicht für den nächsten Lebensabschnitt.

Artikel von Lisa und Ivan:
Was hat uns der Busch im Sinn einer Therapie gebracht?

„Im Busch waren wir gezwungenermassen nur auf uns selbst gestellt, jeder einzelne, wie auch in der Gruppe. Wir hatten keine Möglichkeiten uns abzulenken, so dass wir uns sehr intensiv mit uns selber auseinandersetzen und beschäftigen mussten. Man muss sich das so vorstellen: Nach einem körperlichen Entzug findest du dich in einem psychischen Nichts. Du tappst im Dunkeln. Du musst dich zuerst fragen, wer du bist. Mit den Drogen dämpft man sich in seiner Entwicklung, psychisch, aber auch physisch. Solche Auseinandersetzungen mit sich selber haben gar keinen Platz, können durch diese Dämpfungen also nicht stattfinden. Man bleibt stehen. Der Busch inspiriert mit seiner Umgebung, wieder neue Lebenslust in uns zu erwecken, um neu zu beginnen - ein neuer Weg. Wir lernten uns selbst von anderen Seiten kennen und diese auch zu akzeptieren. Seiten, die in unserem vorherigen Lebensabschnitt keinen Platz fanden.

Während den ganzen zehn Wochen Buschzeit veränderte sich (fast) jeder individuell. Das wirkte sich auch auf die ganze Gruppe aus, weil es klar ist, dass es keine Gruppenveränderungen geben kann, wenn nicht jeder einzelne an sich selber arbeitet. Aber um das alles einmal zu begreifen, braucht es eine gewisse, ziemlich lange Zeitspanne. Es ist sehr schwierig, sich von Altem zu trennen und neues Unbekanntes auf sich zukommen zu lassen, nur schon daran zu denken. Obwohl man weiss, dass es einem zugute kommt, fällt es einem nicht leicht. Für das Auffüllen dieses sogenannten psychischen Loches, bietet der Busch einen idealen Ort. Wir konnten von ihm und mit ihm viel Kraft schöpfen und Neues erlernen. Diese Erfahrung, die wir dort im Busch machten, nämlich uns selber fragen: Wer bist, und was willst du, würde jedem Menschen mehr Klarheit über sich selber schaffen, ob süchtig oder nicht spielt keine Rolle“ (BigTrail-Zeitung).

3.2 Anschlussphase

Die Anschlussphase dauert neun Monate und hat ein umfassendes Konzept. Ich umreisse es kurz, damit ein Eindruck entsteht, wie die Anschluss- und Transferphase der Therapie aussieht. Der Anschluss an BigTrail ist enorm wichtig. Die Jugendlichen brauchen noch Schutz und Unterstützung, damit sich ihre neue Stärke festigen kann und sie durch die grossen Anforderungen und Versuchungen des alltäglichen Lebens nicht erneut geknickt werden.

Einen Tag nach unserem Abschied ziehen die Jugendlichen mit dem neuen Team in das helle, grosse Haus der Anschlussphase. Die Wochen sind eingeteilt in Arbeits- und Schulungstage. Mit einem Arbeitsteam lernen sie sich in einem normalen Arbeitsalltag zurechtzufinden. Ein Schulungsteam hilft ihnen mit individueller Förderung, die persönlichen Schullücken zu füllen. Fehlt zum Beispiel der theoretische Teil einer Abschlussprüfung, so kann innerhalb der Therapie an diesem Abschluss gearbeitet werden. Ein grosses Gewicht hat die Zukunftsplanung. Es werden Berufsabklärungen, Schnupperlehren und Arbeitseinsätze ausserhalb der Institution organisiert. In der Anschlussphase ist der individuelle Entwicklungsstand jeder einzelnen Person massgebend. Sind sie bereits weit genug, so können sie sich entsprechend schneller nach aussen orientieren. Mit Ausgängen und freien Wochenenden wird soviel wie möglich geübt, im Leben draussen zurechtzukommen. Ein Betreuungsteam ist besorgt um Einzelbetreuung und Krisenbewältigung, Hilfe bei der Freizeitgestaltung, Arbeit mit der Familie, Aufarbeitung der Vergangenheit und Kontrolle der Abmachungen. Ziel der Anschlussphase ist es, dass jede Jugendliche beim Austritt über eine klare Berufs- und Lebensperspektive und eine gesicherte Wohnsituation verfügt. Sind diese Ziele erreicht, kann ein früherer Austritt aus der Therapie beantragt werden. Ebenso kann die Anschlussphase verlängert werden, wenn dies nötig und sinnvoll ist.

3.3 Austrittssituationen

Alain

Alain hatte eine mangelhafte Schulbildung mit riesigen Lücken mitgebracht. Er verkraftete die grossen Enttäuschungen bei den Berufsabklärungen schlecht. Zudem bereiteten ihm die Regeln der Anschlussphase Schwierigkeiten. Nach drei Monaten provozierte er durch offensichtlichen Konsum von Haschisch einen Rausschmiss aus der Therapie. Er lebte lange in einem Nachbardorf und arbeitete als „Allroundman" in einem Lokal, in dem er auch ein Zimmer hatte. Sein Stolz war es, ohne Therapie so weit zu kommen wie die anderen. Er blieb in regem Kontakt zu einer Betreuerin der Anschlussphase.

Ivan

Ivan hatte seinen Austritt gut organisiert. Er war begeistert vom Beruf als Tierpfleger und fand eine Aushilfsstelle in einem Tierspital. Er bezog ein Zimmer in der Nähe. Ivan verliess die Therapie einen Monat früher, weil er bereits seine Arbeitsstelle antreten konnte und keinen Sinn mehr sah, noch länger in der Anschlussphase zu bleiben. Er hatte im Verlauf der Anschlussphase mit einer externen ambulanten Therapie begonnen, die er auch nachher weiterführte.

Kurt

Kurt hatte von seinem früheren Lehrmeister die Zusage erhalten, nach erfolgreicher Therapie mit der Lehre weiterfahren zu können. Er ging für eine Schnupperlehre in diesen Betrieb zurück und schloss einen neuen Lehrvertrag ab. In den letzten Wochen der Anschlussphase arbeitete er temporär ausserhalb der Institution und richtete sich daneben liebevoll eine kleine Wohnung ein. In dieser Zeit tauchten viele Ängste auf zu scheitern. Er setzte sich damit auseinander und suchte das Gespräch mit den Betreuerinnen.

Lisa

Lisa fand eine Praktikumsstelle in einem Pflegeheim und bezog ein Zimmer im Personalhaus. Sie hatte während der Therapie die Aufnahmeprüfung für eine mehrjährige Pflegeausbildung bestanden und organisierte sich die nötige finanzielle Unterstützung, weil sie mit ihrem Praktikumslohn nicht alle Lebenskosten bestreiten konnte. Lisa verliess die Therapie zuversichtlich zum abgemachten Zeitpunkt.

Nicole

Nicole hatte vor der Therapie eine Lehre als Friseuse gemacht und beim Lehrabschluss einen Teil der Prüfungen nicht bestanden. Sie suchte mit zäher Ausdauer in der ganzen Schweiz nach einer Stelle in einem Frisiersalon, um ihren Lehrabschluss nachholen zu können. Nach vielen Absagen, hatte sie plötzlich zwei Stellen zur Auswahl. Sie hatte innerhalb der Therapie eine Beziehung zu einem jungen Mann aufgenommen. Die zwei entschlossen sich, in eine gemeinsame Wohnung zu ziehen und den Start zusammen zu wagen.

Nils

Nils hatte vor der Therapie eine Lehre als Mechaniker angefangen. Er machte erneut eine Schnupperlehre in diesem Beruf. Anschliessend konnte er mit dem Betrieb einen Lehrvertrag abschliessen. Die Firma bot ihm bis zum Beginn der Lehre eine Hilfsarbeiterstelle an. Er hat dort bereits während der Anschlussphase mit der Arbeit angefangen. Nils hatte bei Therapieabschluss keine Wohnung. Er wollte die Therapie nicht verlängern und zog zu Nicole und ihrem Freund. Später fand er ein Zimmer. Er hatte in der Anschlussphase eine Beziehung mit Rachel, die kurz vor dem Austritt aus der Therapie in Brüche ging.

Peter
Peter hatte vor der Therapie eine Lehre als Koch angefangen und war nach wie vor begeistert von diesem Beruf. Er konnte aus mehreren Lehrstellenangeboten wählen und entschied sich trotz vielseitigen Bedenken für ein Hotelrestaurant in der Nähe seiner früheren Heimat. Er fand keine eigene Wohnung und bekam ein Zimmer im Personalhaus des Betriebes. Peter hatte bereits während der Anschlussphase Probleme im Umgang mit Alkohol, die sich nach Austritt aus der Therapie schnell verstärkten.

Rachel
Rachel hatte vor der Therapie eine Bürolehre gemacht und bei der Lehrabschlussprüfung den schriftlichen Teil nicht bestanden. Sie schloss noch während der Therapie diese Lehre erfolgreich ab. Mit viel Umsicht und Ausdauer suchte sie erfolglos eine Stelle in ihrem Beruf. Obschon ihr die Verlängerung der Anschlussphase empfohlen wurde, trieb sie ihr feuriges Temperament unaufhaltsam hinaus ins Leben. Sie hatte ganz am Schluss von BigTrail eine Beziehung zu Nils aufgenommen, die mehrere Monate andauerte. Später lernte sie einen anderen jungen Mann kennen. Sie löste die Beziehung zu Nils auf und zog zu ihrem neuen Freund in dessen Wohnung.

Thomas
Thomas war in der Anschlussphase aktiv und ungeduldig. Nach vielen verschiedenen Schnupperlehren hätte er gerne Typograph gelernt. Er fand in diesem Beruf keine Lehrstelle und entschied sich für eine Lehre als technischer Zeichner. Er war hin und her gerissen zwischen dem Entscheid, die Anschlussphase abzuschliessen oder früher in das Lehrlingsheim zurückzukehren, in dem er bereits vor der Therapie gewesen war. Schlussendlich trat er nach fünf Monaten aus der Therapie aus, wohnte im Lehrlingsheim und fand eine Aushilfsstelle, bis er mit der Lehre beginnen konnte.

3.4 Epilog

Stand der Dinge im April 1997, zwanzig Monate nach dem Therapieaustritt.

Alain
Alain meistert sein Leben in der Nähe der Therapiestation über mehrere Monate erstaunlich gut. Er hat grosse Schwankungen in seinem Wohlbefinden. Manchmal ist er kraftvoll und zuversichtlich. Manchmal geht es ihm schlecht und er weiss nicht weiter. Später zieht er zu seinen Eltern und arbeitet mal hier und mal dort. Er hat Abstürze und gute Phasen. Vor neun Wochen ist er in die vier Monate dauernde,

obligatorische Rekrutenschule der Schweizer Armee eingetreten. Es gelingt ihm recht gut, sich in dem strengen Betrieb einzuordnen. Im sportlichen Teil ist er stark, und bei Wettbewerben belegt er Spitzenplätze. Seine weitere Zukunft ist noch unklar. Er will wieder eine Arbeitsstelle als Zimmermann suchen. Daneben wünscht er sich sehnlichst eine Freundin.

Ivan

Ivan arbeitet nach wie vor in einem Tierspital. Er sucht ausgesprochen intensiv einen Ausbildungsplatz, um die Lehre als Tierpfleger machen zu können. Trotz vielen Absagen bleibt er eisern am Ball. Sollte er in diesem Bereich keinen Ausbildungsplatz finden, will er mit Hilfe eines Berufsberaters nach anderen Berufsmöglichkeiten suchen. Ivan hat sein Leben nach der Therapie ernsthaft angepackt. Er hat mit seiner Vergangenheit abgeschlossen und hatte keine Probleme mehr mit Drogen. Er lebt erfolgreich und ist stolz auf das, was er bisher erreicht hat. Heute stresst ihn vor allem die ungewisse berufliche Situation. Er möchte endlich die Suche hinter sich lassen und auf ein Ziel hinarbeiten können. Die Beziehung zu Lisa ist ihm enorm wichtig, und er bemüht sich um eine gute Partnerschaft. Der Kontakt zu seinen Eltern ist entspannter geworden. P.S.: Ivan hat im Mai 97 eine Lehrstelle gefunden.

Kurt

Kurt steht kurz vor seiner Lehrabschlussprüfung als Metallbauzeicher. Das Lernen fällt ihm leicht, er hat gute Zensuren und sieht den Abschlussprüfungen gelassen entgegen. Er plant bereits eine längere, berufsbegleitende Zusatzausbildung. Da neben hat er den Führerschein erworben und ist stolzer Besitzer eines Kleinwagens. In seiner Freizeit treibt er viel Sport. Seit einem Jahr hat er eine glückliche Beziehung zu einer jungen Frau. Er besucht seine Mutter regelmässig und lässt sich von ihr bekochen. Sie hätte ihn gerne wieder zu Hause gehabt, akzeptiert aber seinen Wunsch nach Unabhängigkeit. Mit seinem Vater und mit seinem Bruder treibt er ab und zu Sport. Er hat mit seiner Vergangenheit abgeschlossen und Drogen interessieren ihn nicht mehr. Anfänglich habe er auf Technoparties noch Pillen genommen. Heute habe er diesen künstlichen Antrieb nicht mehr nötig. Er fühlt sich in seiner jetzigen Lebenssituation glücklich. Das Leben ohne Drogen sei spannender und er fühle sich freier. Kurt strahlt eine grosse Zufriedenheit und Selbstsicherheit aus.

Lisa

Lisa gefällt die Arbeit im Pflegebereich. Die Schule, an der sie die Aufnahmeprüfung bestanden hatte, schloss ihre Tore und sie suchte lange nach einem neuen Ausbildungsplatz. Kürzlich hat sie die Aufnahmeprüfung an einer Schule im Pflegebereich bestanden. Im Herbst kann sie mit der Ausbildung beginnen. Sie hatte am

Ende von BigTrail eine Beziehung mit Ivan angefangen und fühlt sich in dieser Partnerschaft gut aufgehoben. Seit kurzem leben sie zusammen in einer Wohnung und geniessen die gemeinsame Häuslichkeit. Sie meistert ihr Leben gut und kann mit ihren verschiedenen Stimmungsschwankungen umgehen. Drogen sind für sie kein Thema mehr. Sie hatte diesbezüglich keine Probleme nach der Therapie. Sie hat ein gutes Verhältnis zu ihrer Mutter aufgebaut. Der Kontakt zum Vater ist etwas distanzierter, aber ebenfalls entspannt. Lisa hat sich von einer Jugendlichen zu einer erwachsenen jungen Frau entwickelt, die zuversichtlich in die Zukunft blickt.

Nicole

Nicole hat ihre Lehre als Friseuse erfolgreich abgeschlossen. Sie arbeitet mit Begeisterung in ihrem Beruf und fühlt sich in dem Team, in dem sie arbeitet wohl. Neben dem alltäglichen Arbeitsbetrieb beteiligt sie sich an öffentlichen Wettbewerben, an denen sie auf einer Bühne frisiert. Zuerst musste sie ihre Schüchternheit überwinden. Mittlerweile liebt sie diese spannenden Herausforderungen. Nicole lebt seit zwei Jahren mit ihrem Partner zusammen, den sie innerhalb der Anschlussphase der Therapie kennengelernt hat. Er hatte nach der Therapie erneut Probleme mit Drogen und stürzte ab. Nicole nahm Kontakt mit den Betreuerinnen der Anschlussphase auf und liess sich beraten. Sie entschied sich, ihren Partner zu verlassen, falls er die Drogen nicht aufgeben wolle. Er entschied sich für die Partnerschaft und konnte sich zusammen mit ihr stabilisieren. Nicole ist sehr fröhlich und selbstsicher geworden. Sie war etwas schwergewichtig und hat sich nun zu einer schlanken Frau entwickelt, die sich in ihrer Haut wohl fühlt. Sie ist weniger schüchtern und sagt, was sie denkt und was sie will. Der Kontakt zu den Eltern ist ungezwungen geworden. Ihr Vater hat einen modernen Rollstuhl erhalten und freut sich an seiner neugewonnenen Bewegungsfreiheit. Nicole sagt von sich, die Therapie habe sie sehr verändert. Manchmal komme sie sich vor wie ein neuer Mensch.

Nils

Für Nils bedeuten bei Austritt aus der Therapie der Verlust der Gruppe und der Beziehung zu Rachel eine grosse Belastung. Zu den Betreuungspersonen hat er nur einen schwachen Kontakt aufgebaut. Obschon sein Arbeitgeber mit seinen Leistungen zufrieden ist, beginnt er seine Lehre nicht. Er verliert den Boden unter den Füssen und konsumiert wieder Drogen. Rachel weiss von seinen Schwierigkeiten, will ihm helfen und holt ihn in ihre Wohnung. Ihr Rettungsversuch scheitert. Seine Mutter unterstützt ihn im Suchen nach einem Ausweg aus der verfahrenen Situation. Nils lebt seit sechs Monaten in einer locker betreuten Therapiegemeinschaft im italienisch sprechenden Landesteil der Schweiz. Er fühlt sich dort am richtigen Ort und ist intensiver in Beziehung zu den Betreuerinnen getreten, als es bisher für ihn möglich war. Er will sich genug Zeit lassen und den neuen Start seriös planen. Er blickt hoffnungsvoll und zuversichtlich in die Zukunft. Seine grossen Stimmungsschwankungen haben sich etwas gedämpft, und er ist ruhiger geworden.

Peter

Peter begegnet in seiner früheren Umgebung alten Kollegen von der Gasse und es gelingt ihm nicht, sich von ihnen zu distanzieren. Nach einem guten Start an seiner neuen Lehrstelle stürzt er auf Alkohol und Drogen ab und verliert dadurch seine Stelle. Mit Hilfe seiner Verwandten versucht er wieder Fuss zu fassen. Einer seiner Brüder setzt sich sehr für ihn ein und zieht mit ihm in eine gemeinsame Wohnung. Peter entschliesst sich nach verschiedenen gescheiterten Versuchen unter anderem mit Methadon, für vier Monate zurück in die Anschlussphase zu gehen. Mit Hilfe dieser ihm bekannten Institution erholt er sich und bereitet einen neuen Start vor. Heute arbeitet er in einer Hotelküche im italienisch sprechenden Teil der Schweiz. Er geht mit deutlich mehr Bewusstsein den heiklen Situationen aus dem Weg, lernt Italienisch und hat sich in der neuen Umgebung bereits eingelebt. Er hat neue Freunde gefunden und fühlt sich an seinem Arbeitsplatz wohl. Mit Alkohol kann er nun umgehen und von den Drogen hat er sich bewusst und erfolgreich distanziert. Er hat mit der Sanierung seiner Schulden begonnen. Er ist zur Ruhe gekommen und will sich nächstens mit seiner beruflichen Zukunftsplanung auseinandersezten.

Rachel

Rachel wird von der Arbeitslosenkasse unterstützt und findet zwischendurch eine temporäre Stelle. Die Beziehung zu ihrem neuen Freund ist von kurzer Dauer. Sie versucht Nils zu retten, kämpft mit ihm zusammen gegen zunehmende Schwierigkeiten und gleitet immer mehr in die Drogensucht zurück. Ihr Stolz verhindert, dass sie sich rechtzeitig Hilfe holt. Sie lebt in einem ständigen Auf und Ab von Sucht, Methadon und besseren Zeiten. Erschwerend wirkt, dass die ihr seit Jahren bekannte Sozialarbeiterin ihre Stelle auf dem Sozialdienst verlassen hat. Später verliert Rachel die Wohnung. Ihre Familie versucht sie zu unterstützen und bietet ihr an, wieder nach Hause zurückzukehren. Sie nimmt in ihrer Not das Angebot an. Nach ein paar Tagen hält sie es nicht mehr aus, und sie kehrt zu den Drogen zurück. Langsam wird ihr bewusst, dass sie für einen Neuanfang den Schutz einer Institution benötigt. Ende März ist es ihr noch nicht geglückt, dieses Wissen in die Tat umzusetzen. Die einst kraftvolle junge Frau wirkt müde und von ihrem Schicksal enttäuscht.

Thomas

Die turbulente Wohnsituation im Lehrlingsheim hat ihn immer wieder gestresst. Für seine labile Seite ist es nicht der optimale Ort. Er kann nach zehn Monaten mit zwei anderen jungen Menschen in eine locker betreute Jugendwohnung ziehen. Dort fühlt er sich Zuhause, hat mehr Freiraum und ist ruhiger geworden. Thomas ist jetzt im zweiten Lehrjahr und bringt ohne viel Aufwand gute Schulleistungen. In seinem Lehrbetrieb ist er zufrieden. Er ist in einen Fussballklub eingetreten und trainiert zweimal in der Woche. Er hat Freunde gefunden und geniesst das Leben als Lehrling. Seine Ausbildung sieht er als berufliche Grundlage. Bald will er sich in der Berufsberatung über seine weiteren Berufsmöglichkeiten informieren. Sein Bruder, der beruflich sehr erfolgreich ist, dient ihm als Vorbild. Die Beziehung zu seinen Eltern ist gut. Sie sind stolz auf ihn.

4

Theoretisches und Praktisches Wissen und Können

In diesem Teil werde ich auf die wichtigsten Themenkreise eingehen, die mir in den vier Langzeitprojekten mit dissozialen und schwer süchtigen jungen Menschen immer wieder begegnet sind. Dabei habe ich den Schwerpunkt auf mein praktisches Erfahrungswissen gelegt. Zusätzlich zu BigTrail 94 lasse ich Erfahrungen aus einem Segelschiffprojekt und zwei weiteren Wildnisprojekten einfliessen. In all den Jahren habe ich viele theoretische Überlegungen gemacht. In der Praxis mussten die Konzepte und Strategien immer wieder an die Gegebenheiten angepasst und weiterentwickelt werden. Ein Team muss flexibel auf die Gruppe, die Einzelnen und die Umstände reagieren können. Konzepte können nur einen Rahmen bieten und daneben ist viel Kreativität gefragt. Eine abenteuerliche Reise lässt sich letztendlich nie im Detail berechnen. Sie würde ja sonst einen Teil ihrer Wirksamkeit verlieren. Jede Gruppe ist wieder vollständig anders und an sich ein Abenteuer. Ihren besonderen Charakter erfährt man erst im Laufe der Arbeit. So hatten wir 1994 eine grosse, ausgesprochen rebellische Gruppe, die über Monate an uns und unseren Regeln herumrüttelte. 1996 hatten wir eine kleine, angepasste und eher konfliktscheue Gruppe. Ich habe in verschiedenen Teams gearbeitet und nicht alles ist rund gelaufen. Wenn ich vielleicht manchmal eine Maxime etwas hart formuliere, stehen dahinter oft schwierige, kräfteraubende Erfahrungen, die für die Entwicklung der Jugendlichen nichts gebracht haben.

4.1 Team

Ein allgemeines Prinzip der sozialen Arbeit gilt hier in ganz besonderem Masse: Das Team muss mit äusserster Sorgfalt zusammengestellt werden. Es stellt den wichtigsten Faktor zum Gelingen des Unternehmens dar. Im Wildnisteil sind wir Erwachsenen für Monate der einzige sichere Bezugspunkt für die Jugendlichen. Ausser den Zelten wechseln Orte und Umstände ständig. Das Projekt bietet durch den Bezugsrahmenwechsel grosse Wachstumschancen und bedeutet dadurch eine hohe Verantwortung für das Team. Die Jugendlichen müssen sich mit uns sicher fühlen und uns vertrauen können, sonst können sie sich nicht der eigenen Entwicklung zuwenden. Das kleine Team muss während sechs Monaten auf zum Teil engem Raum (z.B. Segelschiff), einer grossen Herausforderung gewachsen sein. Ziehen alle am gleichen Strick, entsteht deutlich weniger Stress für die Mitarbeiterinnen und die Juendlichen können sich gut entwickeln. Stark konfliktträchtige Teambeziehungen beeinträchtigen die Qualität der Arbeit zu stark und haben in dieser speziellen Arbeitsform nichts zu suchen. Eine hohe Eigenständigkeit jeder einzelnen Mitarbeiterin stärkt die Effizienz des Teams. Klare Verantwortungsbereiche unterstützen die Eigenverantwortlichkeit des einzelnen Teammitglieds. Einzelkämpferinnen sind oft in einem solchen Team gut einsetzbar, weil sie gewohnt sind, Verantwortung zu übernehmen. Wichtig ist, dass jede weiss, wo die eigene Entscheidung gefragt ist und wo eine Absprache im Team nötig ist.

Beispiel: Barbara hatte 1994 die Verantwortung über den Bereich Lebensmittel. Sie stellte den täglichen Menüplan zusammen, sorgte dafür,dass die verschiedenen Lebensmittel über die ganze Wildniszeit regelmässig verteilt wurden und überprüfte laufend die Mengen. Sie musste früh genug im Team besprechen, was für Kleingruppen anstanden, um die entsprechenden Lebensmittel abzuwägen und die Körner an den Arbeitstagen mahlen zu lassen. Gingen Lebensmittel kaputt oder wurde davon geklaut, wurde es ebenfalls zu einer Angelegenheit im Team.

Das Team braucht gut qualifizierte Mitarbeiterinnen, deren fachliches Können sich ergänzt. Die einzelnen Teammitglieder sollten eine starke und stabile Persönlichkeit mitbringen. Die mehrmonatige, unmittelbare Nähe mit den Teilnehmerinnen setzt eine umfassende Belastbarkeit voraus. Mitarbeiterinnen, die in einer beruflichen oder privaten Krise sind und nach neuen Perspektiven suchen, werden dieser Arbeit kaum gewachsen sein. Es darf auch eine robuste Praktikantin im Team sein. Die Jugendlichen sind Lernenden gegenüber wohlwollend und testen vor allem die anderen Teammitglieder. Jede Mitarbeiterin muss ihre Fähigkeiten und Grenzen kennen. Wer junge Menschen in abenteuerliche Situationen führen will, damit sie ihre Grenzen erfahren und daran wachsen können, muss wissen, wo die eigenen Grenzen sind. Als Mitarbeiterin bin ich dazu da, Sicherheit zu bieten. Für meine eigenen Grenzerfahrungen ist hier nicht der richtige Ort. Natürlich braucht es keine Supermenschen in dieser Arbeit und es muss nicht jede im Team alles können.

Beispiel: Nach drei Wochen Leben im Busch machten wir 1994 kurze Expeditionen in Kleingruppen, begleitet mit je einer Leiterin. Für Barbara war das über der Grenze dessen, was sie sich zutraute. Sie besprach es ihm Team. Wir entschieden gemeinsam, dass sie in dieser Zeit das Hauptcamp führen kann, was für sie kein Problem bedeutete. Ich übernahm liebend gern ihre Expedition.

Beispiel: Anhand des Mediums Klettern gehe ich seit Jahren mit einem Bergführer an die Grenzen meines technischen und psychischen Könnens. Dabei lernte ich, meine Signale wahrzunehmen und mein Verhalten in Krisensituationen zu erkennen. Durch dieses Wissen über mich, gerate ich in Arbeitssituationen selten in Grenzsituationen. Passiert es mir dennoch, so kann ich es früh genug einordnen und im Team nach Entlastungsmöglichkeiten suchen. Auf technischer Ebene ist es einfacher. Beim Klettern muss ich den Schwierigkeitsgrad klettern, der mich nur so viel Energie kostet, dass ich den pädagogischen Auftrag daneben gut wahrnehmen kann. In der Wildnis dürfen wir Leiterinnen im Wildwasser nur Schwierigkeitsgrade fahren, die wir sicher beherrschen. Beim Ausloten meiner Grenzen lernte ich, in kritischen Situationen Energie zu mobilisieren d.h. die Reserve anzuzapfen und ich erlebte, dass anschliessend eine Erholungszeit unabdingbar ist. Ein weiterer wichtiger Punkt ist, dass ich durch meine persönlichen Erfahrungen weiss, was in solchen Momenten in einem Menschen vorgeht. Dadurch fällt es mir einfacher, Jugendliche in solchen Situationen zu begleiten.

In dieser besonderen Arbeitsform muss jedes Teammitglied allein sein können. Dies tönt im ersten Moment befremdlich, da wir ja als Gruppe ständig zusammenleben. Trotzdem ist es so. Wir leben monatelang ohne unsere Freunde und Partnerinnen. Ein gut funktionierendes Team, das sich gegenseitig emotional nährt, ist keine Selbstverständlichkeit, sondern ein Geschenk. Jede Mitarbeiterin muss Möglichkeiten kennen, sich selber zu genügen und es darf nicht so sein, dass sie von der Zuwendung der Jugendlichen abhängig ist. So meinte einmal ein für mich wichtiger Ausbildner: "Du bist nicht bezahlt, damit die Jugendlichen Dich gut finden, sondern Du bist bezahlt, damit Du gut arbeitest". Dies zu wissen ist vor allem in den ersten Wochen des Projekts wichtig, in denen die Jugendlichen alles unternehmen, um eine Beziehung zu den Erwachsenen zu verhindern.

Zitat von Barbara: „Wenn ich mit Monika alleine war, kam ich emotional wieder mal auf die Rechnung. Aber ich ging ja nicht in den Busch, um emotional auf die Rechnung zu kommen. Manchmal gab es allerdings schon Momente, in welchen ich mich alleine fühlte, vor allem wenn Jörg und Monika im Kanu weit voraus paddelten, spontane Entscheidungen trafen und ich hinten mit den Jugendlichen nachkam. In solchen Momenten war die Gefahr gross, mich mit den Jugendlichen zu verbünden (Kammermann u.a.1995, S. 105)".

Der Wunsch nach einem tollen, warmherzigen Team in dem man sich aufgehoben fühlt, ist verständlich und auch teilweise möglich. So richteten wir mit dem Zubereiten des Frühstücks eine Zeit am Feuer ein, in der wir als Team ungestört auch mal klagen, träumen und phantasieren konnten. Hier planten wir den Tag und teilten in aller Ruhe die anstehenden Arbeiten unter uns auf. Hatte eine Teamerin die Nase voll, suchten wir für sie nach der gemütlichsten Möglichkeit, den Tag zu gestalten. Zum Beispiel: Mit einer gutgelaunten Jugendlichen Pilze sammeln. Unvergleichlich waren auch die Momente, wenn wir als Team eine happige Krise bewältigen konnten oder wenn die x-te Strategie, eine Jugendliche zu erreichen, endlich gelang. Manchmal sehnten wir uns nach den seltenen Momenten, in denen alle Jugendliche „aus dem Haus" waren. Wir liessen uns mal für zwei Stunden in die Hängematten fallen und dachten an gar nichts mehr. Dann rief uns die Arbeit und die Gedanken an unsere Schutzbefohlenen wieder in die Realität zurück. Nicht zuletzt war die Natur für uns Teamerinnen eine unerschöpfliche Quelle der Kraft. Und trotzdem, ein Team ist eine Arbeits- und keine Lebensgemeinschaft.

4.1.1 Team - Teambildung

Um gut zu werden braucht ein Team eine schwierige Herausforderung, der alle innerlich zustimmen. Es braucht einen grossen Handlungsspielraum, auch finanziell. Verantwortlichkeit für die Resultate und neue Ideen müssen erwünscht sein (Vopel 1994, S. 11f.). Förderlich ist, wenn das Konzept durch das Team entwickelt werden kann. Es wird so besser verinnerlicht und entspringt aus den Fähigkeiten jeder einzelnen Person. Bei einem vorgegeben Konzept ist es wichtig, dass es genau durchdiskutiert wird und am Ende wirklich klar ist, welche Haltungen und Handlungszwänge hinter den Sätzen stehen. Haltungen werden oft erst klar, wenn ganz praktische Umsetzungen besprochen werden.

Die Teambildung ist von enormer Wichtigkeit. Sie sollte nicht nur am Schreibtisch oder bei einem guten Nachtessen angepackt werden. Finanzielle Einsparungen bei der Teambildung zahlen sich nicht aus. Ein paar Tage mit einer professionellen Begleitung ist eine lohnende Investition. Werden grosse Differenzen in Haltungsfragen sichtbar, müssen diese ernst genommen werden. Jetzt ist noch Zeit, ohne grösseren Schaden Teammitglieder auszuwechseln. Gut ist es, wenn das Team sich in der Vorbereitungszeit zusammen in eine Stresssituation begibt, sei es eine im Projekt zu erwartende Situation oder eine vergleichbare praktische Erfahrung. Eine gute Möglichkeit ist zum Beispiel, gemeinsam am Seil Felswände zu durchklettern. Klettern ist eine ausgezeichnete Teambildungsmethode. So kann abgeschätzt werden, ob die Teamzusammenstellung klappen wird oder ob eine Änderung angezeigt ist. Normalerweise scheut man sich, kurz vor Projektbeginn jemanden im Team zu ersetzen und die damit verbundenen Unannehmlichkeiten auf sich zu nehmen. Signale werden übergangen und man ist versucht zu glauben, es werde schon irgendwie gehen.

Beispiel: 1991 starteten wir als Dreierteam ein Wildnisprojekt mit acht Jugendlichen, die teilweise beachtliche kriminelle Vorgeschichten aufwiesen. Im Team war ein Mitarbeiter ohne pädagogische Erfahrungen, der aber gute Fähigkeiten zum Leben in der Natur mitbrachte. In der Einstiegsphase wurde schnell sichtbar, dass er wenig Autorität besass und den harten Jungs nicht gewachsen war. Wir zwei anderen Leiterpersonen versuchten ihn zu stützen und zu schulen und schätzten die Signale unter dem Druck des laufenden Projekts als zuwenig gravierend ein. In der Wildnis verschärften sich die Probleme und endeten mit dem Ausstieg dieses Leiters nach fünf Wochen. Er konnte nicht ersetzt werden. Das Projekt wurde zwar trotz allem erfolgreich abgeschlossen. Die Belastungen für das Restteam waren dabei hoch, jedoch nicht höher, als in einem schlecht funktionierenden Dreierteam.

Beispiel: 1992 hatten wir als Team die Möglichkeit das Segelschiff vor dem Projekt von Italien nach Spanien zu segeln. Wir hatten harte Segelbedingungen und ich war froh, meine ersten Erfahrungen auf See ohne Leitungsaufgaben machen zu können. Nachdem ich diese Wetterbedingungen überstanden hatte, fühlte ich mich sicher genug, die Arbeit bewältigen zu können. Unterwegs entwickelte ich ein solides Vertrauen in die technischen Fähigkeiten unseres Kapitäns. Der pädagogische Teamkollege, ein geübter Segler, fühlte sich auf dem stark schaukelnden, schwerfälligen Boot nie sicher. Er litt unter schwerer Seekrankheit und kündigte fristlos. Der neuangestellte Ersatzmann konnte diese Erfahrung leider nicht mehr nachholen. Er litt ein halbes Jahr an Seekrankheit und die Arbeit wurde ihm oft zur Qual.

Hat sich ein Team kennengelernt und entschieden, die Aufgabe zusammen in Angriff zu nehmen, sollte dieser Vertrag mit der Ernsthaftigkeit eines Eheversprechens geschlossen werden. Jedes Teammitglied ist so, wie es ist. Schwierige Persönlichkeitsanteile werden sich unter dem Druck der Arbeitsbelastung eher verschärfen als verlieren. Die Verantwortung für die Arbeit muss gemeinsam getragen werden. Fehler sollen passieren dürfen. Das gute Team sieht sie als Entwicklungspotential und sucht gemeinsam nach Lösungsmöglichkeiten, die vor allem der Sache dienen.

Beispiel: Auf einer kleineren Reise hatte Jörg für mich die Einkaufsliste für die Lebensmittel zusammengestellt. In der Wildnis verwaltete ich die Lebensmittel und bemerkte mit Schrecken, dass wir zuwenig eingekauft hatten. Meine erste Reaktion war Ärger auf Jörg. Das änderte an der Menge Lebensmittel nichts. Dann setzten wir uns zusammen und suchten nach Lösungen. Während mehreren Tagen organisierte ich nun alles rund um das Lager. Sobald wir am neuen Ort ankamen ging Jörg sofort fischen und ergänzte unser Essen mit reichlich frischem Fisch. Wir kamen über die Runden, ohne die Gruppe stressen zu müssen.

Gelingt es einem Team sich zu finden und sich mit der Aufgabe zu identifizieren, entstehen zwischendurch Phasen mit intensivem Vergnügen an der Arbeit. Dazu braucht es einen tiefen gegenseitigen Respekt. Ein solches Team erzählt von seiner Arbeit, von seinen Erfolgen und Misserfolgen, wie von einem Abenteuer. Jede ist stolz auf ihr Team und auf die Erfolge jeder einzelnen Mitarbeiterin. Das Team kann so zur Talentschmiede werden (Vopel 1994, S. 11f.).

4.1.2 Leitungsmodell - Teamspaltungsproblematik

Das Leitungsmodell wird am besten den Gegebenheiten des Teams angepasst. Für die Teammitglieder entsteht am wenigsten Stress, wenn das Modell mit den Fähigkeiten der einzelnen wirklich übereinstimmt. Ziel des Leitungsmodells ist es, dem Team zu ermöglichen, während der ganzen Projektzeit klar zu leiten und die Hierarchieebenen auseinanderhalten zu können. Nur so ist das Team wirksam. Im Verlaufe eines Projekts tauchen von den Jugendlichen immer wieder Wünsche und Ideen auf, dass wir alle gleich seien, das gleiche tun würden und im selben Boot sitzen. Ich mache sie dann liebevoll darauf aufmerksam, dass ich bezahlt bin, um hier zu sein, während für sie bezahlt wird. Dreierteams sind an sich nicht ganz einfach. Hierarchisch organisierte Teams laufen Gefahr, dass die Jugendlichen versuchen, die Mitarbeiterinnen ohne Leitungsfunktion auf ihre Ebene zu ziehen. Dies hat einerseits den Vorteil, dass das Team von Anfang an weiss, wo die Spaltungsversuche angesetzt werden und man sich entsprechend vorbereiten kann. Man darf anderseits nicht die Illusion haben, dass drogenabhängige Jugendliche keine Spaltungsversuche unternehmen werden.

Beispiel: 1994 standen zwei Modelle zur Verfügung. Von den beruflichen Erfahrungen her wäre ein gleichgestelltes Dreierteam durchaus möglich gewesen. Barbara, die keine Wildniserfahrung mitbrachte, wünschte sich nachdrücklich, keine Leitungsfunktion übernehmen zu müssen. Jörg und ich leiteten das Projekt nach dem Modell Vater- und Mutterposition. Die Position von Barbara entsprach der einer Tante. Barbara widerstand allen Spaltungsversuchen dank ihren pädagogischen Erfahrungen, und weil sie darauf vorbereitet war. Das Modell erwies sich als sehr tragfähig.

Das Thema Teamspaltung erhält besondere Brisanz, wenn die zwei Leitungspersonen aus verschiedenen Berufsgattungen kommen: Kapitän - Sozialarbeiterin, Bergführer - Therapeutin. Natürlich wäre auch möglich: Kapitänin - Pädagoge. Es ist jedoch nicht die Regel. Bevor überhaupt eine Jugendliche am Horizont erscheint, sollte die besondere Dynamik erkannt und entsprechende Handlungsstrategien besprochen werden. Grundlage einer erfolgreichen Teamleitung ist die gegenseitige Achtung vor dem Beruf und der Person des anderen und die Erkenntnis, dass es beide braucht. Der Kapitän oder der Bergführer, besonders wenn es ein Mann ist, wird immer den „Heldenbonus" haben. Allein kraft seines Berufes, wird er einen Vorschuss an Autorität haben. Dieses Wissen kann man gezielt einsetzen, um Regeln einzuführen, Grenzen zu setzen und die Strukturen über die ganze Projektzeit aufrechtzuerhalten. Der Kapitän muss das pädagogische Konzept verstehen, innerlich bejahen und voll unterstützen. Hat er Probleme, eine Frau als Leiterin zu akzeptieren, wählt er besser einen Pädagogen. Zweifelt er an der Notwendigkeit eines pädagogischen Konzepts, segelt er besser mit Urlaubsgästen. Eine Spaltung des Teams reduziert die Wirksamkeit der Therapie beträchtlich. Im schlechtesten

Fall kommt es zu verbalen und physischen Drohungen, Therapieabbrüchen oder Kündigungen. Gelingt es einem Team eine gemeinsame Linie zu verfolgen, so bietet das Segelschiff eine überschaubare Welt, Sicherheit und gute Entwicklungsmöglichkeiten für die Jugendlichen.

Beispiel: 1992 hatten der Kapitän und ich, als pädagogische Leiterin, nach einem guten Start an Land auf dem Schiff erhebliche Schwierigkeiten. Für ihn war plötzlich alles Arbeit, was schmutzige Hände macht und Pädagogik ein eigentlich unnötiges Geschwätz. Wir fanden heraus, dass wir auf keinen gemeinsamen Nenner kommen würden. Wir entschieden uns, gegenseitig den Verantwortungsbereich des anderen zu respektieren und uns „nicht auf die Seele zu treten". Kamen wir bei Entscheidungen zu keiner Einigung, so bestimmte die Verantwortliche, und die anderen unterstützten ihren Entscheid. Uns war klar, dass wir Uneinigkeiten auf der Teamebene aushandeln mussten. Die Loyalität im Team war trotz aller Schwierigkeiten hoch. Nachdem das Leben auf dem Schiff zur Routine geworden war, interessierte sich der Kapitän zunehmend für die Pädagogik. In der zweiten Hälfte der Therapie wurden wir zu einem starken Team, und wir lösten mit Leichtigkeit viele Probleme.

Eine Teamspaltung geschieht dann, wenn ein Teammitglied sich innerlich mit den Jugendlichen verbindet und so zu verstehen gibt, wenn es nach mir ginge, würde ich Euch mehr Freiheit lassen oder wenn dieser Pädagoge nicht wäre, würde alles gemütlicher laufen usw. Es ist eine Falle. Die Jugendlichen verlieren immer mehr die Orientierung und übernehmen allmählich die Macht. Ihre Störungen werden zementiert. Sie machen keine Fortschritte mehr. Eine der klassischen Spaltungsstrategien besteht darin, dass eine Jugendliche eine Teamerin in ein Geheimnis einweihen will, das diese nicht an die anderen Teammitglieder weitergeben darf. Auf solche Angebote darf man nicht einsteigen. Sie bringen unweigerlich Loyalitätskonflikte mit sich und machen die Geheimnisträgerin handlungsunfähig.

Zitat: „Die Homogenität des Teams in seiner ganzen Unterschiedlichkeit war ein ganz wesentlicher Wirkfaktor. Die Jugendlichen nahmen nicht nur den guten Teamzusammenhalt zur Kenntnis, sie erlebten die Erwachsenen auch sehr unterschiedlich in ihrer Persönlichkeit und in ihrer professionellen Rolle. Das gab ihnen die Möglichkeit, unterschiedlich auf die Erwachsenen zu reagieren und sich jene Erwachsene für ihre spezifischen Bedürfnisse auszuwählen, die ihnen am meisten geben konnte, ohne dass sie diese Unterschiedlichkeit nutzen konnten, um das Team auseinander zu bringen. Spaltungserscheinungen im Team sind besonders für Jugendliche, die an Spaltungstendenzen leiden, geradezu Gift" (Crain 1996, S. 21).

Von unschätzbarem Wert in der Arbeit mit Jugendlichen ist es, wenn das Leitungsteam aus einem Mann und einer Frau gebildet werden kann, die sich gegenseitig in ihrer Verschiedenheit achtungsvoll gegenüberstehen und die Hierarchieebene während der ganzen Zeit halten können. Die Jugendlichen kommen oft aus Familien, in denen die Hierarchie durcheinander geraten ist. Manche versuchten einen Elternteil zu ersetzen, andere gerieten in Loyalitätskonflikte zwischen den getrennten Eltern, oder sie waren zu oft sich selber überlassen. Es blieb wenig Zeit zum

Spielen. Anfangs gibt es in diesem Bereich verschiedene Machtkämpfe und bereits erwähnte Spaltungsversuche. Die Reise durch die unbekannte Welt erledigte die Hierarchiefrage schnell. Jörg und ich führen die Gruppe durch die Wildnis. Nach einigem Sträuben lassen sich die Jugendlichen führen, lehnen sich zurück und können sich nun ihrem persönlichen Wachstumsprozess zuwenden.

Zitat eines Jugendlichen: „Die erste Zeit ist ein Suchen. Du suchst immer etwas, woran Du nörgeln kannst, bis Du nichts mehr hast, und da musst Du nämlich bei Dir selber anfangen. Der schwierigste Schritt war, das was Du bis jetzt gut gefunden hast, einfach loszulassen. Loslassen und einen neuen Weg einschlagen, das ist total nicht einfach" (Kammermann u.a. 1995, S. 136).

Jörg und ich leiteten zusammen mehrere Wildnisprojekte. Wir sind sehr polare Persönlichkeiten und sind gemeinsam besser als jedes allein. Anfangs stressen wir die Jugendlichen oft, weil wir mit unserem Rollenverhalten nicht so berechenbar für sie sind. Jörg ist auf den ersten Blick der abenteuerliche Wildnisfachmann, der Grenzen setzt. Ich bin die verständnisvolle Sozialarbeiterin, die vor allem die therapeutischen Prozesse strukturiert. Daneben hat Jörg ein Flair, um eine festliche Atmosphäre zu schaffen. Er kann stundenlang am Feuer sitzen und aus einfachen Sachen ein festliches Geburtstagsessen kochen. Ich dagegen gehe gerne mit den Jugendlichen auf Expeditionen und Jagdausflüge. Da meinte mal ein Junge, als ich mit dem dritten Rebhuhn ins Lager kam: „Das nächste Hühnchen sollte Jörg treffen, sonst nagt das langsam an seinem Selbstvertrauen."

Klare Leitung und Regeln sind wichtig. Sie werden von den Jugendlichen ständig getestet und angegriffen. Im Innersten sind sie dankbar für die klare Linie, an der sie sich reiben können. In den drei Monaten in der Wildnis passen wir unseren Leitungsstil dem laufenden Prozess an. Anfangs sind wir direktiv und bestimmend und bieten viel Schutz und Sicherheit (entspricht der Kindheit). Zuwenig Leitung kann Chaos, Verwirrung und Wut auf das Team auslösen. Später greifen wir weniger in Entscheidungsprozesse ein und bieten vor allem den Rahmen, dass solche Prozesse möglich sind (entspricht der Jugendzeit). Gegen Ende eines Projekts bauen wir Phasen ein, in denen Entscheidungsprozesse ohne unsere Anwesenheit stattfinden können (entspricht der Erwachsenenwelt). Führen und erziehen heisst, sich als Autoritätsperson mehr und mehr zurückzunehmen (Amesberger 1992, S. 62, S. 106).

4.1.3 Die kanadische Familie

Die kanadische Familie hatte eine vielseitige Funktion. Während dem fünfwöchigen Farmaufenthalt gehörte das Bauernehepaar mit These und Häni Gasser zum erweiterten Team. Sie sorgten für Arbeit und Unterkunft. These beschäftigte ein bis zwei Jugendliche in Haushalt und Garten. Häni organisierte die Arbeit für alle anderen und delegierte an uns Teamerinnen verschiedene Vorarbeiterjobs. Jeden Morgen traf sich ein Teammitglied mit ihnen im Haus, um den Tag zu besprechen. Auf der Farm herrschte ein lebendiger Betrieb und jeden Tag konnte wieder eine dringende zusätzliche Arbeit auftauchen, zum Beispiel als eine tiefvergrabene Wasserleitung brach und der ganze Betrieb ohne Wasser war. Federführend blieb aber das Dreierteam von BigTrail. Der junge, dynamische Bauer, der eine hohe natürliche Autorität ausstrahlte, war bei allen beliebt. Er arbeitete selber viel, gab den Jugendlichen so viel Autonomie wie möglich und ermutigte sie, selbst nach Lösungen zu suchen. Er wusste auch eigenwillige Persönlichkeiten zu packen und sie arbeiteten alle gerne mit ihm.

Unser Lager war etwa zweihundert Meter unterhalb des Hofes. Die Jugendlichen wohnten in einem grossen Wohnwagen und konnten sich dadurch vermehrt in ihre Peergruppe zurückziehen. Verstärkt wurde dieser Rückzug, als Nils von seinem Taschengeld einen Ghettoblaster kaufte und für Musik sorgte. Wir Teamerinnen dagegen sassen manchmal mit der Farmerfamilie zusammen und plauderten über den Tag. Diese Neustrukturierung war ein erster wichtiger Schritt weg von der Ersatzfamilie BigTrail und bereitete die Trennungsphase vor. Durch die zusätzlichen Mitarbeiterinnen, konnten wir Teamerinnen abwechslungsweise eine Woche Urlaub nehmen. Neben der Erholung war der Urlaub wichtig, um für die Jugendlichen die bevorstehende Trennung vom Team erleben zu lassen. Wir konnten anfangen, den Abschied zu üben.

Die drei Kinder der Familie waren oft mit unseren Jungendlichen zusammen und spielten mit ihnen. Die Ebene des Spielens tat allen gut. Manchmal brachten sie Freundinnen und Schulkolleginnen mit. Nach ein paar Wochen hatten sich alle ins Herz geschlossen. Als der Winter langsam Einzug hielt, waren wir zu einer Grossfamilie geworden. BigTrail rückte näher zum warmen Bauernhaus. Wir Erwachsenen sassen oft zum Plaudern zusammen, während die Kinder und Jugendlichen spielten oder einen Videofilm anschauten. Die Popkornmaschine hatte Hochbetrieb. Die langsame Öffnung von unserer kleinen Gruppe in ein grösseres, überschaubares System, in dem viele Nachbarinnen und Freunde ein und aus gingen, erlebten wir als wichtig und richtig. Kostbar war auch das Erleben einer intakten, warmherzigen Familie, die temperamentvoll ihre Konflikte untereinander austrug.

4.2 Umfeld

4.2.1 Projektleitung

Der Projektleiter ist der direkte administrative und fachliche Vorgesetzte des erlebnispädagogischen Teams. 1994 übernahm Jürg Sauter, neben seiner üblichen Funktion als Geschäftsführer des Vereins Plus, die Projektleitung von BigTrail. Er war an den verschiedenen Schnittstellen tätig. Er führte die Erstgespräche mit den Jugendlichen, koordinierte das Aufnahmeverfahren, war Kontaktperson zu den Eltern, den Behörden und zum Anschlussteam. Er begleitete uns über die ganze Zeit aus verschiedenen Distanzen. Wir konnten ihn in Krisensituationen beiziehen. Er besuchte uns in Kanada auf dem Hof, verfolgte die Prozesse der einzelnen Teilnehmerinnen und gab ihnen entsprechende Rückmeldungen. Die Jugendlichen erzählten ihm stolz von ihren Fortschritten.

Die Projektleitung von BigTrail ist nicht ganz einfach, weil wir während vier Monaten für den Projektleiter praktisch unerreichbar sind. Er muss Zuhause eine Arbeit verantworten, auf die er wenig praktischen Einfluss nehmen kann. Voraussetzungen für ein gutes Arbeitsverhältnis ist viel gegenseitiges Vertrauen und eine hohe Eigenständigkeit des Teams. Eine wichtige Funktion des Projektleiters ist die Verkörperung der Institution und des Bezugs zur Schweiz. Sein Blick ist einerseits auf die Wachstumsprozesse der Jugendlichen und andererseits auf die Anschlussphasen und die Integration in die Gesellschaft gerichtet. So rückten bei seinem Besuch in Kanada der Abschied vom BigTrail-Team und die zukünftigen, anspruchsvollen Aufgaben und Herausforderungen schärfer ins Bewusstsein. Bei unserer Rückkehr sorgte der Projektleiter für einen festlichen Empfang und vermittelte dadurch den Teilnehmerinnen, dass sie in der Schweiz willkommen sind.

4.2.2 Institution

Das Team sollte die Institution, für die es arbeitet, grundsätzlich in Ordnung finden, damit es ihr gegenüber loyal sein kann. Findet man eine Institution schlecht, sollte man sich überlegen, ob man die Arbeitsstelle annehmen will. Entstehen im Verlauf der Projektzeit Schwierigkeiten zwischen Team und Institution, müssen sie auf dieser Ebene ausgehandelt werden. Sind Institution und Team so weit weg, wie Big Trail oder das Segelschiff, kann es leicht zu Kommunikationsproblemen kommen. Es besteht die Gefahr, dass man seinem Ärger in Hörweite der Jugendlichen Luft verschafft, sei es bei einer Anweisung über Funk oder bei aus der Ferne übermittelten Vorschriften, die manchmal in der Praxis keinen Sinn machen. Die Jugendlichen sollten mit Schwierigkeiten zwischen Team und Institution nicht belastet werden. Sie solidarisieren sich sonst mit dem Team. Die Institution symbolisiert noch stärker als der Projektleiter Gesellschaft und Schweiz. Offene Uneinigkeit mit der Institution erschwert die Ablösung vom Team und die Integration der Jugendlichen, die in der

Anschlussphase weiter zusammenleben werden. Die Jugendlichen beziehen dann die Position, hier können wir sowieso nichts lernen. Anstatt an sich zu arbeiten und aktiv ihre Zukunft zu planen, bleiben sie in der Kritik an der Institution und den Mitarbeiterinnen der Anschlussphase stecken. Schlussendlich vermindert sich dadurch die Wirkung der Arbeit in der erlebnispädagogischen Phase.

4.2.3 Behörden

Bei den Behörden handelt es sich fast ausschliesslich um die öffentlichen Institutionen der Wohnsitzgemeinden der Jugendlichen. Dazu gehören die kommunalen Sozialdienste und Jugendämter. Diese entscheiden schlussendlich, ob eine Therapie gutgeheissen wird und die Kosten von der öffentlichen Hand übernommen werden (siehe 4.4.6 Finanzierung). Die Abklärungen und entsprechenden Anträge übernehmen die in diesen Ämtern arbeitenden Sozialarbeiterinnen. Manchmal besteht zwischen ihnen und den Jugendlichen schon eine längere Arbeitsbeziehung, die nach der Therapie wieder wichtig werden kann.

Der Kontakt zu den Behörden läuft vor allem über den Projektleiter. Er setzt sich so früh wie möglich mit ihnen in Verbindung und informiert sie umfassend über Konzepte und Hintergründe der Therapie. In den letzten Jahren hat der Spardruck stark zugenommen und es ist schwierig geworden, eine Kostengutsprache für eine Therapie zu bekommen. Häufig werden erlebnispädagogische Therapieangebote mangels besseren Wissens mit Ferienprojekten gleichgesetzt. Ein umfassendes Informationsgespräch kann vieles klären. Ist eine Jugendliche in die Therapie eingetreten, werden die Behörden über deren Entwicklung informiert. Droht ein Therapieabbruch, werden sie, wenn immer möglich, in die Situation einbezogen.

4.2.4 Eltern

Die Beziehungen zu den Eltern sind während der ganzen Therapie ein wichtiges Thema. Was auch immer zwischen Eltern und Kindern vorgefallen ist, die Beziehung zu ihnen ist einmalig. Man hat nur einen Vater und eine Mutter im Leben. Hier gibt es zwei Fallen, in die das Team nicht hineintreten darf. Erstens: Teamerinnen können nie die besseren Eltern für die Jugendlichen sein. Sie können höchstens zu guten Ersatzeltern auf Zeit werden. Zweitens: Als Teamerin darf man sich nie mit den Jugendlichen gegen die „bösen“ Eltern verbünden. Manche Jugendliche haben mit ihren Eltern neben guten, auch schlimme Erfahrungen gemacht. In der Therapie werden solche Erlebnisse und die dazu gehörenden Gefühle so gut wie möglich aufgearbeitet. Jede Therapeutin muss wissen, dass die Bindung zu den Eltern sehr tief ist. Je grösser die Probleme zwischen Eltern und Kind waren, desto intensiver ist in der Regel die Bindung. Tritt man in eine der zwei erwähnten Fallen, bringt man die Jugendlichen in einen schlimmen Loyalitätskonflikt. Sie werden ihre Geschichten verschweigen oder beschönigen und in der Therapie läuft nichts mehr.

Der Projektleiter hält die Eltern auf dem Laufenden und versucht sie darauf vorzubereiten, dass die Jugendlichen sich während der Therapie wesentlich verändern werden. Für die Eltern geht in dieser Zeit das Leben im normalen Alltagsrhythmus weiter. Sie können die Entwicklungsschritte ihrer Sorgenkinder nicht direkt miterleben. Er ermutigt sie, diese Zeit zu nutzen, um sich einen lange fälligen Urlaub zu gönnen, sich wieder vermehrt den eigenen Interessen zuzuwenden, sich in einer Elterngruppe mit anderen betroffenen Eltern auszutauschen oder in eine Familienberatung zu gehen. Meistens schreiben die Jugendlichen lange Briefe an ihre Eltern und hoffen auf Post von Zuhause. Der Projektleiter koordiniert die wenigen Posttermine, um die Frustrationen so weit wie möglich zu verhindern. Wenn nach sechs Wochen Kontaktpause in der Wildnis ein Jugendlicher keinen Brief bekommt, ist das eine herbe Enttäuschung, auch wenn er ein „harter" Junge ist.

Zitat eines Jugendlichen: „Die Beziehung zu meinen Eltern stresst mich. Ich habe mich geändert und ich will ihnen Zeit lassen, um zu sehen, dass ich anders bin. Am Telefon war es komisch. Sie trösteten mich, dass es nur noch acht Monate ginge, dabei ist die Therapie gar kein Zwang mehr für mich. Sie meinen ich sei noch der gleiche, aber sauber (ohne Drogen). Ich muss es behutsam angehen" (Kammermann u.a. 1995, S. 137).

4.2.5 Lebenspartnerinnen

Wenn in einer Beziehung eine Partnerin in einem erlebnispädagogischen Langzeitprojekt arbeitet, hat dies unweigerlich Auswirkungen auf die Partnerschaft. Ich habe meinen Mann Stephan gebeten, über dieses Thema zu schreiben. Wir leben seit zwölf Jahren zusammen und haben vor dem Projekt BigTrail geheiratet.

„Meine Frau Monika arbeitet seit Jahren regelmässig in Projekten, die bedingen, dass wir uns über mehrere Monate nicht sehen und schriftlich nur beschränkt miteinander in Kontakt sein können. Dies ist für die Beziehung die einschneidenste Konsequenz. Folgende Gründe erleichtern es mir, diese unangenehme Seite zu akzeptieren: Diese Arbeit entspricht meiner Frau, sie kann ihre fachlichen und persönlichen Kompetenzen voll einbringen. Trotz vielen Anstrengungen erlebe ich bei ihr eine grosse Zufriedenheit. Ich habe sie deshalb auch immer ermutigt in diese Projekte einzusteigen. Dazu kommt, dass ich von dieser Arbeit überzeugt bin und sie sinnvoll finde. Während den Projekten gibt es immer wieder Momente, in denen ich sie vermisse und mich ärgere und auch ein wenig bemitleide. Ich erlebe das Getrenntsein anders als Monika. Sie ist durch ihre Arbeit in einer ganz anderen Umgebung absorbiert. Ich lebe in der normalen Alltags- und Arbeitswelt. Ich versuche mich nicht auf ihre Abwesenheit zu fixieren und die Zeit mit eigenen Projekten und Ideen kreativ zu füllen. Ich besuche Monika bei ihrer Arbeit so oft es geht. Während BigTrail haben wir uns vier Mal gesehen. Der wichtigste Besuch fand auf der Farm

statt. Das Wiedersehen nach drei Monaten und die paar Tage Urlaub waren fast wie Flitterwochen. Die Besuche ermöglichen mir einen umfassenden Einblick in ihre Arbeit. Die Begegnungen mit den Kids und vor allem ihre deutlichen Entwicklungsschritte berühren mich tief. Die Arbeit macht Sinn und die Unannehmlichkeiten unserer Trennung treten in den Hintergrund."

Zitat aus einem Brief meines Mannes an mich beim Start von Big Trail: „Ich bin gut wieder in Bern angekommen, zwar etwas traurig, doch auch zuversichtlich. Wenn ich die Kids sehe, wenn ich die Angehörigen sehe, so spüre ich viel Hoffnung und Zuversicht. Es ist gut, was Du machst und wie Du es machst."

Die Besuche meines Mannes sind auch für die Jugendlichen wichtig. Sie lösen in der Gruppe viele Fragen und Diskussionen über Liebe, Partnerschaft, Trennung und Verlustängste aus. Das Erleben eines Erwachsenen, der Schokolade mitbringt, statt Vorschriften zu machen, ist eine angenehme Abwechslung. Er seinerseits kennt die ablaufenden Dynamiken gut genug und weiss, dass ich oft keine Zeit für ihn habe, auch wenn wir uns lange nicht gesehen haben. Stephan ist sehr vertraut mit meiner Arbeit und fühlt sich mit den Jugendlichen wohl. Für die meisten Partnerinnen von Mitarbeiterinnen, die ich kennengelernt habe, sind Besuche nicht so einfach. Manche ziehen eine klare Trennung vor. Mehrere Abschiede wären für sie eine zu grosse Belastung. Besuche innerhalb des laufenden Projekts sind nur in beschränktem Mass sinnvoll. Sie müssen im Team abgesprochen und gutgeheissen werden, sonst entstehen unproduktive Spannungen.

Zitat eines Jugendlichen aus einem Gespräch unterwegs: „Ich würde meine Freundin nie so lange weggehen lassen. Schon gar nicht mit so einem Typ wie Jörg."

4.3 Arbeitsmethoden - Pädagogisch-Therapeutisches Konzept

4.3.1 Grundsätze - Haltungen

Die grundsätzliche Haltung Menschen und Entwicklungsprozessen gegenüber sollte innerhalb eines Teams ähnlich sein. Hier möchte ich ein paar Grundsätze erwähnen, die sich im Laufe der Jahre für mich als wichtig herauskristallisierten und die Arbeit wesentlich erleichterten.

- **Liebe und Achtung** zu jeder einzelnen Teilnehmerin und Respekt gegenüber ihrer spezifischen Störung gehören zu den wichtigsten Voraussetzungen in dieser Arbeit. Ich habe viele schlimme Geschichten erfahren und staune immer wieder, mit welcher Kraft diese jungen Menschen ihr Schicksal gemeistert haben. Viele haben geniale Verhaltensstrategien entwickelt, um ihre Kindheit zu überstehen. Diese Strategien leben sie immer noch, wenn sie bei uns eintreten. Sie erschweren die Arbeit mit ihnen, sind nicht mehr der heutigen Situation angepasst und müssen sorgfältig verabschiedet und durch neue Verhaltensweisen ersetzt werden.

- **Kongruent sein**. Das was wir Teamerinnen erzählen und was wir besprechen, muss mit unserem Handeln übereinstimmen. Zum Beispiel verlangen wir in der Wildnis, dass niemand ohne Survivalkit das Lager verlassen darf. Obschon dies für uns Leiterinnen in vielen Situationen nicht nötig ist, halten wir uns ebenfalls an diese Regel.

- **Transparent sein**. Wir versuchen möglichst viel Einblick in unsere Entscheidungen zu geben. Tagtäglich werden uns hunderte von Fragen gestellt: „Wer wird in der Dreiergruppe zusammen sein? Was gibt es am Sonntag zum Frühstück? Wann habe ich das Einzelgespräch? Wieviel Sackgeld werde ich am Ende des Busches haben? Werden wir später kanadische Grossstädte sehen? Warum durfte Rachel heute ohne Schwimmweste kanufahren?“ usw. Wollen wir eine Frage nicht beantworten, sagen wir das. Die Jugendlichen akzeptieren, wenn man sagt: „Darauf will ich Dir jetzt keine Antwort geben“, oder „Das weiss ich noch nicht.“ Versucht man sie mit einer ausweichenden Antwort abzuwimmeln, entsteht daraus eine verärgerte Stimmung. Durch sorgfältigen Umgang können wir unser Arbeitsklima verbessern. Dies lohnt sich, weil unsere Arbeitszeit ja nicht nach neun Stunden beendet ist. Es kann aber ganz schön anstrengend sein. Manchmal sage ich auch: „Ich bin jetzt einfach zu müde, bitte lass mir ein wenig Zeit.“

- **Hierarchieebenen einhalten**.
  In dieser engen Lebensform ist es nicht so einfach, die Strukturen immer klar zu halten. Die Unterwanderungsstrategien und der Machtkampf der Jugendlichen können sehr subtil sein. In unseren Gruppen waren meistens mehrere sehr scharfe Beobachterinnen, die uns während der Wochen genau ins Visier nahmen und sofort einhakten, wenn sie eine Möglichkeit entdeckten. Sieht man keine Chancen, einen Machtkampf zu gewinnen, ist es besser einer Verweigerung zuvor zu kommen, als ihr ausgeliefert zu sein.

Beispiel: Einmal war ich mit einer Gruppe Jungs ein paar Tage allein, die ich nur mit viel Anstrengung dazu brachte, die Arbeitszeiten einzuhalten. An einem heissen Tag spürte ich, dass es mir zu entgleiten drohte und die ganze Gruppe vom dominierenden Jungen zur Arbeitsverweigerung verleitet werden könnte. Ich verordnete ihnen einen Ausflug und anschliessend zwei Stunden Baden und Kleiderwaschen. Wir genossen zusammen den sonnigen Tag. Ich behielt die Leitung und die nächsten Tage wurde wieder gut gearbeitet.

- **Sich Spielraum verschaffen**.
  Die einzelne Leiterin wird häufig mit Fragen konfrontiert, deren Beantwortung Entscheidungen beinhalten. Wir haben durch die täglichen Gruppengespräche eine Entlastungsmöglichkeit, die uns weniger dazu verleitet, Vorentscheidungen zu treffen, die uns im Nachhinein hinderlich sind. So verweisen wir oft auf das abendliche Gespräch und bitten die Betreffenden, ihr Anliegen und ihre Reklamationen dort vorzubringen. Fühle ich mich in einer Frage unsicher, verschafft mir ein Satz wie: „Das weiss ich noch nicht," oder „Ich werde es mir in Ruhe überlegen" oft die nötige Distanz. Vielleicht tönt das alles banal. Meine Erfahrung ist, dass wir in der ersten Phase eines Projekts mit einer Gruppe rebellierender Jugendlicher ständig mit Fragen, auch Fangfragen in die Enge getrieben werden. Da wir pausenlos mit ihnen zusammenleben, bewährten sich ein paar Kniffe, um sich Luft zum klaren Denken zu verschaffen. Eltern von pubertierenden Jugendlichen wissen sicher wovon ich spreche. Sie kennen die Sätze, die anfangen mit: „Aber Du hast doch gestern gesagt....".

- **Versprechen halten**. Bevor wir ein Versprechen geben, überlegen wir uns, ob wir es wirklich einhalten können.

- **Strafdrohungen einhalten**.
  In unserem Zusammenleben gibt es Regeln und damit auch Regelverstösse. Die Jugendlichen bringen uns immer wieder in die Situation, dass wir Konsequenzen ergreifen müssen. Wir haben die besten Erfahrungen gemacht, wenn wir jede Situation neu anschauen und daraus die Konsequenzen erarbeiten. Nicht bewährt haben sich unüberlegte Strafdrohungen aus einer Wut heraus. Sie verpflichten zu Konsequenzen, die vielleicht nicht mehr stimmen, wenn die Wut verraucht ist. Wir haben die Regel, dass der Tagesablauf Priorität hat. Probleme werden, wenn immer möglich, in der Abendgruppe besprochen. Es ist praktisch, wenn man sich auch bei grossem Ärger ein wenig Zeit lassen kann, bevor man handelt. Manchmal packe ich in solchen Momenten eine Axt und hacke Feuerholz. Es hilft mir, die Wut los zu werden und Klarheit über den Vorfall zu bekommen. Mein anschliessendes Handeln ist oft wirkungsvoller.

- **Nicht lügen**. Jugendliche haben ein ausgesprochenes Gerechtigkeitsgefühl und vertragen nicht, wenn man sie belügt, auch nicht mit Notlügen; dies obschon wir von einigen von ihnen in den ersten Monaten oft angelogen werden. Damit meine ich nicht, dass wir ihnen alles erzählen müssen, aber was wir erzählen, muss stimmen.

  So kostbar ist die Wahrheit, dass der Mensch naturgemäss sparsam damit umgeht (Mark Twain, Schriftsteller).

- **Keine Geheimnisse entgegen nehmen**. Es entsteht eine besondere Atmosphäre, wenn eine Jugendliche mit verschwörerischer Stimme sagt: „Ich würde Dir gerne ein Geheimnis erzählen, aber Du musst mir versprechen, dass Du es für dich behältst. Kannst Du schweigen?“ Die Neugier ist sofort auf Vordermann und die Ohren spitzen sich bei den ersten Worten. Nichts desto trotz, sind Geheimnisse meistens Spaltungsversuche, bringen die betroffene Leiterin in einen Loyalitätskonflikt zwischen dem Team und der Jugendlichen und binden ihr die Hände. Es ist gut um diese Dynamik vor einem Projekt zu wissen, um nicht in diese Falle zu treten.

- **Kontakt überprüfen**. Wir überprüfen laufend, ob jede Jugendliche zu mindestens einer Teamerin eine unbelastete Beziehung hat. Ärgert sich das ganze Team über eine Jugendliche, machen wir eine Fallbesprechung und suchen nach neuen Behandlungsstrategien. Wir versuchen in einer Art Forschungsauftrag zu verstehen, was die Hintergründe der Schwierigkeiten sein könnten. Manchmal kann uns auch die betreffende Jugendliche in einem Gespräch einen wichtigen Hinweis geben. Jede Jugendliche braucht mindestens einen sicheren Kontakt zu einer Leiterin, um sich in Ruhe dem eigenen Prozess zuwenden zu können.

- **Loyal sein**. Wir sind in unserem Projekt viel in der Öffentlichkeit unterwegs. Manchmal benehmen sich die Jugendlichen so, dass wir uns im ersten Moment am liebsten von ihnen distanzieren würden. Oder sie kleiden sich so auffällig, dass ein Ausflug mit ihnen einer Prozession gleichkommt. Hier müssen wir uns früh genug mit ihnen auseinandersetzen und Bedingungen stellen. z.B.: „In dieser Aufmachung sind wir nicht bereit mit Euch in ein Restaurant zu gehen,“ oder „ Wir übernachten nur in einem Hotel, wenn Ihr Euch zivilisiert benehmt.“ Falsch finde ich, die Auseinandersetzung mit ihnen zu scheuen und in einer öffentlichen Situation so zu tun, als würden die „Schmuddelkinder“ nicht zu uns gehören und sie quasi zu verleugnen.

4.3.2 Einzeltherapiegespräche

Alle Jugendlichen haben eine feste Bezugsperson im Team, an die sie sich jederzeit wenden können. Mindestens einmal wöchentlich findet ein Einzelgespräch statt. Es können natürlich auch zusätzliche Termine verlangt werden. Dieses Setting tönt auf den ersten Blick einfach. Es braucht jedoch viel logistisches Denken und Disziplin, damit die Gespräche zwischen all den Kleingruppen, den Tagesabläufen, den Gewittern und der nicht seltenen Müdigkeit regelmässig ihren Platz finden. Manchmal muss man sich gegen die eigene Trägheit wehren, insbesondere, wenn die Jugendliche mit einem verschlossenen Gesicht auftaucht und sagt: „Mir stinkt das Gespräch. Ich habe heute nichts zu sagen." Unsere Erfahrung ist, dass sich ein Einzelgespräch bei solchen Aussagen meistens lohnt. Wir Teamerinnen entlasten uns gegenseitig, wo immer es geht, um Zeit für die Gespräche zu finden.

In unserem Team hatten die Einzeltherapiegespräche einen hohen Stellenwert. Sie halfen den Jugendlichen, sich mit sich und ihren ganz individuellen Problemen auseinanderzusetzen, ihre ursprünglichen Ziele im Auge zu behalten und das tägliche Erleben zu verarbeiten. In Wechselwirkung mit dem Leben in der Gruppe und in der Wildnis ist ein tiefer Entwicklungsprozess möglich. Festgefahrene Rollen und Verhalten innerhalb der Gruppe können immer wieder aufgeweicht werden. Mit der Zeit entsteht eine vertrauensvolle, therapeutische Beziehung zwischen der Jugendlichen und der betreffenden Teamerin. In diesem intimen Rahmen wird es auch möglich, die Vergangenheit und die persönliche Geschichte aufzuarbeiten. Die Arbeitsmethodik im Einzeltherapiegespräch und die Tiefe des Prozesses ist unter anderem abhängig von der Qualifikation der Bezugsperson und von ihrer Fähigkeit, trotz der unmittelbaren Nähe zu den Jugendlichen, eine klare Beziehung aufrecht zu erhalten.

Eine Aufgabenteilung innerhalb des Teams kann hier sinnvoll sein. 1994 hatten wir ein paar rebellische Jungs dabei. Jörg, der solche Jugendliche besonders mag, übernahm die Einzelgespräche mit den grössten Rebellen. Da er als einziger Mann im Team und auch wegen seiner persönlichen Art ständig Auseinandersetzungen mit diesen hatte, wurde die Arbeit auf der individuellen Ebene schwierig. Bei zwei Jugendlichen übernahmen später Barbara und ich die Einzelgespräche. Auf Grund dieser Erfahrungen stieg Jörg 1996 in keine Einzeltherapiegespräche mehr ein. Er legte sein Schwergewicht auf die Gruppengespräche und schlüpfte mehr in die Rolle des Bösewichts des Teams als wir anderen. Ich war zwar mindestens so konsequent wie er, konnte mir aber einen sanfteren Ton leisten. Mit dieser Aufteilung machten wir gute Erfahrungen. Sie verträgt sich etwas leichter mit dem einzeltherapeutischen Auftrag.

4.3.3 Standortbestimmungen - Berichte

Wir liessen alle sechs Wochen eine schriftliche Standortbestimmung durchführen. Für ein bis zwei Stunden zog sich jede Jugendliche allein zurück und setzte sich mit den vorgegebenen Fragen auseinander. Die Fragen bezogen sich auf das persönliche Wohlbefinden, die Situation in der Gruppe und die konkreten Ziele für sechs Wochen. Alle sechs Wochen wurden die Ziele der letzten Wochen überprüft und Ziele für die nächsten Wochen ausgearbeitet. Dabei legten wir Wert darauf, dass die Ziele in dieser Zeit erreichbar waren.

Beispiel einer jungen Frau: 2. Standortbestimmung im Wald:

- Wie fühlst Du Dich?
  Ich fühle mich im Moment hin- und hergerissen. Ein Kampf ist in mir drin zwischen zwei Seiten. Doch gibt es auch Momente, in denen ich echte Glücksgefühle habe. Das gibt mir immer wieder Hoffnung.

- Hast Du Dich in der Wildnis gut eingelebt?
  So draussen in der Natur leben, finde ich auf der einen Seite sehr schön und spannend, aber manchmal auch unangenehm: z.B. sich waschen, WC und Eintönigkeit.

- Hast Du Dir das Leben hier so vorgestellt?
  Da ich mir keine richtigen Vorstellungen vom Busch gemacht habe, sondern es einfach auf mich zukommen liess, nehme ich es, wie es kommt. Die Vorstellung von der schönen Natur, Sonnenuntergänge, Mond, Sterne haben mich nicht enttäuscht, im Gegenteil.

- Was gefällt Dir?
  Sonnenuntergänge geniessen, im See baden und Blaubeeren „schlecken" gefällt mir am besten.

- Mit was hast Du Schwierigkeiten?
  Arbeiten, etwas tun und an etwas dranbleiben macht mir Schwierigkeiten.

- Was vermisst Du am meisten?
  Am meisten vermisse ich die Menschen, die ich lieb habe, meine Familie und den Hund, meine gewohnte Umgebung. Dann anständiges Essen, Schokolade, ein weiches, warmes Bett und ein warmes Bad fehlen mir auch sehr stark.

- Wie kommst Du mit dem Team zurecht?
  Mit den Leitern habe ich es gut. Ich finde sie zwäg[1] und gut. Vor allem die Monika habe ich gerne bekommen. Ich freue mich immer auf das Einzelgespräch bei ihr.

- Fühlst du Dich in der Gruppe wohl?
  In der Gruppe fühle ich mich ziemlich wohl. In der Position als Frau fühle ich mich eher unsicher.

- Was für eine Rolle hast Du in der Gruppe? (Anführein, Rebellin, Organisatorin usw.)
  Meine Position ist schwierig zu bestimmen. Ich bin eine, die sich immer ein wenig durchschlängelt.

- Getraust Du Dich, Deine Meinung und deine Gefühle in der Gruppe offen mitzuteilen?
  Es fällt mir nicht schwer, meine Meinung vor der Gruppe zu vertreten und Stellung zu beziehen.

- Zu wem in der Gruppe hast Du am meisten Vertrauen?
  Zu F. habe ich am meisten Vertrauen und die Freundschaft zu ihr ist mir sehr wertvoll. Es tut mir gut, mit ihr zu sprechen, einfach mit ihr zusammen zu sein. Ich habe sie ganz fest lieb.

- Wie erfüllst Du deine Aufgaben und Arbeiten in der Gruppe?
  Meine Aufgaben und Arbeiten in der Gruppe mache ich nicht schlecht, finde ich.

- Hast Du die drei Ziele erreicht, die Du Dir das letzte Mal vorgenommen hast? (Ihre drei Ziele waren: 1. Mehr Sicherheit entwickeln und die Ängste, Ängste sein lassen. 2. Mehr essen und körperlich fit werden. 3. Nicht mehr im letzten Moment davonlaufen, sich jetzt eine Chance geben.
  Meine Ziele, die ich mir für die letzten sechs Wochen vorgenommen habe, habe ich erreicht!

- Überlege Dir wieder drei erreichbare Ziele für die nächsten sechs Wochen.
  1. *Ich will mich endgültig und ehrlich entscheiden, was ich aus meinem Leben machen will (sie meinte damit pro oder kontra Drogen)*
  2. *Besser zu mir schauen und mich ein wenig lieber bekommen.*
  3. *In meinen „Tiefs“ nicht versinken, sondern lernen, etwas dagegen zu tun.*

[1] zwäg: in Ordnung

Meistens ging ein grosses Stöhnen durch die Gruppe, wenn wieder eine Standortbestimmung angesagt war. Es ging uns vor allem darum, sie in die Verantwortung ihres Wachstumsprozesses verbindlich einzubeziehen. Wir staunten immer wieder, wie gut sie ihre Situation beschreiben und einschätzen konnten. Oft kamen wichtige Themen aufs Papier, die wir anders eingeschätzt oder übersehen hatten. Ihre Sicht der Dinge war uns ein wichtiger Hinweis über ihren Entwicklungsprozess. Wir besprachen die Standortbestimmungen im Team und nahmen sie als Grundlage für eine Fallbesprechung. So konnten wir regelmässig den Therapieverlauf der Jugendlichen überprüfen. Die Bezugspersonen bekamen neue Ideen für ihre Gespräche, und alle Teamerinnen waren auf dem aktuellen Stand der Dinge und konnten im alltäglichen Kontakt angemessener reagieren. Die Standortbestimmungen wurden anschliessend im Einzelgespräch mit den Jugendlichen ausführlich bearbeitet.

Dadurch, dass sie sich mit umsetzbaren Zielen auseinandersetzen mussten, wurde für sie der eigene Prozess überblickbar und sie lernten, dass sie handelnd in ihr Schicksal eingreifen und Erfolge erzielen konnten. Die ganze Therapie wurde für sie fassbarer. Sie kamen mit generellen Zielen wie: „Ich will keine Drogen mehr nehmen." Dies ist ein übermächtiges Ziel, an dem sie nicht konkret arbeiten können. Die Gefahr ist gross, dass sie passiv bleiben und sich zurücklehnen mit der Devise: „Bald ist alles besser, da ich ja jetzt therapiert werde." Der Weg zur Drogenfreiheit führt unter anderem über das persönliche Wachstum, das so weit fortschreiten muss, dass sie ihre Ziele erreichen können. Mit den Standortbestimmungen wollten wir erreichen, dass jede sofort anfangen kann, an sich zu arbeiten.

Wir mussten für den Verein und die Behörden einen Zwischen- und einen Abschlussbericht schreiben. Diese Berichte besprachen wir ausführlich mit den Jugendlichen. Meinungsverschiedenheiten gingen wir auf den Grund, bis wir uns gegenseitig verstanden. Es konnte auch mal sein, dass wir auf das Anliegen einer Jugendlichen einstiegen, die sagte: „Das stimmt zwar, aber bitte schreib es nicht in den Bericht, es ist mir zu intim." Wir erlebten eine grosse Offenheit und viel Interesse bei der Besprechung der Berichte. Einige waren gewohnt, dass Berichte über ihren Kopf hinweg geschrieben wurden und sie einem Urteil hilflos ausgeliefert waren. Nach den ersten Unsicherheiten, freuten sie sich auf den Bericht, wie auf ein Zeugnis. Sie sagten zwar, nun sei dieser „doofe" Bericht wieder fällig, fragten aber ständig danach. Es war eine Mischung aus Angst vor der Wahrheit, Stolz auf einen Leistungsausweis und Freude, ernst genommen zu werden. Sie strahlten, wenn sie schwarz auf weiss ihre Entwicklungsschritte aufgeschrieben sahen. Die kritischen Punkte, an denen weitergearbeitet werden musste, konnten sie in dieser Form gut annehmen. Unsere Ängste, Probleme aufzuzeigen, waren oft grösser als ihre Fähigkeiten, diese Einschätzungen zu verstehen und zu akzeptieren. Die Berichte wurden wie die Standortbestimmungen zu einem wichtigen Arbeitsinstrument.

4.3.4 Gruppengespräche - Gruppenprozesse

Unsere Gruppengespräche dienten zwei unterschiedlichen Anliegen, die klar voneinander abgegrenzt wurden. Einerseits standen Organisation und Planung und anderseits pädagogische, therapeutische und gruppendynamische Prozesse im Mittelpunkt. Der organisatorische Teil stiess auf reges Interesse. Der zweite Teil war wesentlich anspruchsvoller durchzuführen. Hier ging es um Tagesreflexionen, persönliche Befindlichkeiten und Prozesse, Kritik entgegennehmen und offen äussern, sich mitteilen und sich zeigen. Mit anderen Worten, es ging um intensive, persönliche Arbeit. Es bereitete den Jugendlichen über lange Zeit Mühe, innerhalb der Gruppe über wesentliche Punkte von sich zu sprechen. Manchmal erschöpfte sich das Gespräch schnell mit den Worten: „Mir geht es gut, aber das Wetter ist mies und das Essen karg". 1994 sind wir neben vielen spannenden Gesprächen auch immer wieder auf einer banalen Ebene stecken geblieben. In solchen Phasen war es anstrengend, dieses Setting aufrecht zu erhalten. Manchmal schlichen sich einleuchtende Ausreden durch unsere Köpfe, um das Gruppengespräch ausfallen zu lassen. Es lohnt sich jedoch durchzuhalten, weil nur so viele Entwicklungschancen genutzt werden können. Zudem werden Probleme weniger verschleppt, die später zu einem „Bumerang" werden können. In der zweiten Hälfte der Therapie erlebten wir viele dichte und gehaltvolle Gespräche. Es kam vor, dass Jugendliche das Gruppengespräch herbeisehnten, um ein bestimmtes Problem besprechen zu können. Sie lernten ihre Hemmungen zu überwinden, sich zu exponieren und für sich einzustehen.

Die Gruppengespräche haben wir im Team meistens kurz vorbesprochen. Die Leitung wurde täglich von einem anderen Teammitglied übernommen. 1996 haben wir unser Repertoire umfassend erweitert und vermehrt mit Bildern und Interaktionsspielen gearbeitet. In diesem Bereich gibt es hilfreiche Literatur (z.B. Reiners 1993 und Gudjons 1992). In der Regel fand, ausser am Sonntag, jeden Tag ein Gruppengespräch statt. Es ermöglichte uns einen handlungsorientierten Tagesablauf, da alle offenen Fragen, Probleme und Unzufriedenheiten ihren fest vorgesehenen Platz im abendlichen Gespräch finden konnten. Störungen während des Tages hatten, wenn immer möglich, keinen Vorrang. Die Arbeit oder das Vorwärtskommen hatten Priorität. Wir versuchten so, einer in diesen Gruppen häufig angetroffenen Trägheit und Lustlosigkeit entgegenzuwirken. Oft waren die Jugendlichen abends müde und zufrieden mit sich selber oder schimpften kraftvoll über den mühsamen Tag. Lässt man ihnen in den ersten Wochen zuviel Freiraum, versinken viele in eine passive, düstere Stimmung, in der alles sinnlos erscheint. Die meisten Jugendlichen, die mit uns unterwegs waren, kamen aus einer fremdbestimmten Welt. Ihre Sucht und die Drogenbeschaffung hatten sie auf Trab gehalten. Fällt dieser Antrieb weg und sind keine Ablenkungsmöglichkeiten wie Musik vorhanden, entsteht ein Vakuum und eine Orientierungslosigkeit. Es braucht viel Zeit, bis die einzelnen ihre wirklichen Bedürfnisse spüren und Eigeninitiative entwickeln können.

Zitat eines Jugendlichen: „Immer haben die Jugendlichen gemacht, was das Team wollte. Jörg bestimmte etwas im Sinne des Teams und dann war es einfach so - stur, konsequent und streng. Ich hatte dann einen Riesenhass auf ihn. Da wollte ich über die Verfügung diskutieren, das nützte aber nichts. Ich fing darauf an, das Team zu stressen, fing an zu nörgeln, und vor allem Jörg stresste ich. Er gab mir dann zurück oder lief weg. Ich erlebte Frust. Am Abend gab es dann das Gruppengespräch und nachher war es wieder gut" (Kammermann u.a.1995, S. 100).

Nach einer anfänglichen Euphorie fanden die Jugendlichen während langer Zeit die Therapie oft sinnlos und das Team mit seinen Regeln und Vorschriften völlig blöd. Trotz vieler Uneinigkeiten untereinander, schlossen sich die Jugendlichen als Peergruppe eng zusammen und deckten sich gegenseitig dem Team gegenüber. Dies ist ein bekanntes Normverhalten innerhalb einer jugendlichen Peergruppe. Es wird jedoch noch verschärft durch die Erfahrungen in der Drogenszene, in der Schweigen das höchste Gut war. Verrat konnte zum Ausschluss aus der Gruppe oder zu lebensgefährlichen Bedrohungen führen. Nicht zu unterschätzen ist die erregende Spannung der Zugehörigkeit innerhalb einer konspirativen Gruppe. Es dauerte lange, bis sich die ersten Jugendlichen gegen die engen Normen in der Peergruppe auflehnten und anfingen, eigenständige Meinungen zu äussern und entsprechend zu handeln. Verantwortliches Verhalten im Therapieprozess z.B. melden, wenn jemand Drogen einschleppt, wird noch lange mit „Verrat" gleichgesetzt. Das Team muss unterdessen im Vertrauen auf die Entwicklung seriös und genau weiter arbeiten und warten können. Es war die Zeit, in der wir Teamerinnen manchmal zueinander sagten: „Kein Mensch würde im Moment glauben, dass sie uns in ein paar Monaten nicht mehr gehen lassen wollen." In diesen Wochen ging es häufig um ein Aushalten der Situation und der Jugendlichen mit all ihren dunklen Stimmungen.

Zitat einer Jugendlichen: „Ich fand diese Teamer Idioten. Die gingen doch tatsächlich freiwillig mit uns in diesen Busch. Inzwischen änderte sich meine Einstellung allerdings, da ich gerne wieder in den Busch ginge. Wir wurden nie schikaniert. Ich hatte aber sehr oft eine totale Wut gegen die Teamer. Sie waren die Sündenböcke" (Kammermann u.a. 1995, S. 109).

In jeder Gruppe gibt es speziell schwierige Teilnehmerinnen, die oft zu Sündenböcken werden. Manchmal ist man als Teamerin versucht zu denken, alles wäre einfacher, wenn die schwierigste Person nicht in der Gruppe wäre (z.B. Alain 1994). Das ist in der Regel ein Trugschluss. Sündenböcke bieten sich zwar an, an ihnen ein Exempel zu statuieren und sie gar rauszuschmeissen. Schliesst man sie aus, übernimmt schnell eine andere Person diese Funktion. Die Gruppe ihrerseits drängt oft auf einen Ausschluss des Sündenbocks. Wird er aber wirklich ausgeschlossen, verunsichert das die ganze Gruppe und erhöht den Angstpegel. Jede macht sich Sorgen, dass das Team mit schwierigen Teilnehmerinnen nicht zurecht kommt und fürchtet, die nächste zu sein, die fallen gelassen wird. In der Folge darauf reduziert sich das Vertrauen und die Offenheit aller. Also tut das Team gut daran, immer neu nach Strategien zu suchen, um die schwierige Teilnehmerin zu integrieren und ihr Potential zu nutzen, ohne sich manipulieren zu lassen. Trotzdem gelingt es nicht in jedem Fall, alle Jugendlichen so zu erreichen, dass sie es schaffen zu bleiben.

Ein Sündenbock bringt oft einiges in Gang und löst fruchtbare Diskussionen aus. Hat diese Person eine negative Führungs- und Machtposition, ist es wichtig, ihr in dem Moment, in dem sie diese Position verliert zu helfen. Sie muss die folgende Orientierungslosigkeit aushalten und einen neuen Platz in der Gruppe finden. Besonders schwierig ist es, wenn sich zwei oder drei Teilnehmerinnen in dieser Position zusammenschliessen. Kann das Team die Untergruppe nicht einbinden, besteht die Gefahr, dass diese das Zepter übernimmt, die anderen dominiert und den Entwicklungsprozess der ganzen Gruppe behindert. Zudem entsteht das Risiko, dass die einzelnen Jugendlichen gruppenloyal sein müssen, sich abspalten, die Therapie abbrechen oder ausgeschlossen werden müssen. Dadurch wird das ganze Projekt gefährdet. Bei schwierigen Jugendlichen halte ich mir immer wieder vor Augen, dass sie mit der Absicht gekommen sind, ihr Leben zu ändern und dazu unsere Hilfe wollten. An diesem Auftrag orientiere ich mich mit einer flexiblen Sturheit. Ich erkläre mich als Anwältin und Verbündete ihres Persönlichkeitsanteils, der wachsen will.

In der grossen Krise verloren alle das Vertrauen in die Gruppe und hätten gerne die Therapie abgebrochen. Auf dem nachfolgenden Single wurde viel nachgedacht und nach Lösungen gesucht, um als erfolgreiche Gruppe termingerecht in die Zivilisation zurückkehren zu können. Anschliessend war ein ständiger Fortschritt in der Gruppe spürbar. Die einzelnen setzten sich als eigenständige Personen mit den anderen auseinander und begannen, sich gegenseitig zu unterstützen. Der Erfolg beflügelte sie, und sie wurden zunehmend unter sich und vom Team unabhängiger. Natürlich gab es noch viele Wellenbewegungen. Doch schlussendlich verliessen wir in der Schweiz eine fest zusammengewachsene BigTrail-Gruppe, die fähig war, die Trennung von uns Teamerinnen zu bewältigen.

4.3.5 Kleingruppen - Single

Nach einer Ausbildungs- und Angewöhnungszeit in der Grossgruppe änderten wir die Gruppenzusammensetzungen mehrmals. Für erste kurze Reisen teilten wir die Gruppe und die Leiterinnen auf. Danach folgten begleitete kleine Expeditonen, meist mit dem Auftrag, das Gebiet für andere Reisen zu erkunden. Der nächste Schritt war die Aufteilung der Jugendlichen in zwei Gruppen, ohne Begleitung der Leiterinnen. Die Distanz der Gruppen zum Hauptlager war abhängig von deren Fähigkeiten. Manchmal waren sie nur ein paar hundert Meter um die Ecke plaziert.

Anschliessend wurden die Gruppen immer kleiner und die Distanzen zu uns grösser. Schwierig war die Aufgabe, sich als ganze Gruppe ohne Leitung ein paar Tage zu organisieren. Viele verschiedene Meinungen und Temperamente mussten berücksichtigt werden und die Gefahr einer Gruppenspaltung war latent vorhanden. Nach jedem Gruppensetting kamen wir in der Grossgruppe zusammen und tauschten intensiv die jeweiligen Erfahrungen aus. Manchmal blieben wir eine Weile zusammen oder reisten gemeinsam zum nächsten Lagerplatz. Gegen Ende der Wildniszeit, als alle gut ausgebildet und dem Leben in der Wildnis gewachsen waren, kam der Single. Für drei Nächte lebte jede mit wenig Material allein im Busch. Auf der Flussreise zurück in die Zivilisation reisten wir tagsüber alle zusammen. Lagerleben und Nahrungsbeschaffung organisierten die Jugendlichen nun selbständig in einem benachbarten Camp. Wir trafen uns zur abgemachten Zeit am frühen Morgen in den Booten für die Flussfahrt. Am Nachmittag und Abend besuchten wir sie für die Gruppen- und Einzelgespräche. Es gehörte zum Stolz der Jugendlichen, alles so zu planen, dass sie am Morgen pünktlich mit uns die Weiterreise antreten konnten.

Die verschiedenen Gruppenzusammensetzungen haben zum Zweck, dass immer neue Lernsituationen entstehen und ganz unterschiedliche Erfahrungen gemacht werden können. Jugendliche brauchen ständig wechselnde Situationen, um gut lernen zu können. Bei gleichförmigen Situationen ermüden sie rasch, werden träge und ihre alten Verhaltensmuster rasten schnell wieder ein. Am Anfang stossen die vielen Gruppenwechsel auf Ablehnung, später werden sie geschätzt und bedeuten eine willkommene Abwechslung in der für sie unendlich langen Zeit in der Wildnis. Ein weiterer Gewinn ist das Durchbrechen von festen Normen und Zwängen innerhalb der Peergruppe. Plötzlich entstehen Beziehungen zwischen Teilnehmerinnen, die sich bisher aus dem Weg gegangen sind. Jemand machte z.B. die Erfahrung, dass es ebenso interessant sein kann, mit einer aktiven Fischerin zusammen zu sein, wie mit einem Jungen, zu dem die gemeinsame Basis die Auflehnung gegen das Team ist. In den Kleingruppen trennen wir allfällige Paare und ermöglichen ihnen so ein Stück unabhängige Erfahrung. Nicht selten merken sie während der Trennung, dass die Partnerschaft sie mehr einengt, als sie sich eigentlich wünschen. Wir passen die verschiedenen Settings flexibel der aktuellen Situation in der Gruppe und der Umgebung an. Das Wichtigste ist uns dabei, die Eigenständigkeit und Entwicklung jeder einzelnen Teilnehmerin zu fördern. Die Jugendlichen lernen erst wirklich ihr Wissen zu nutzen und eigene Techniken zu entwickeln, wenn sie ausserhalb von unserem Bannkreis sind.

Zitat einer Jugendlichen: „Diese ganze Gruppenaufteilung hatte einen bestimmten Grund. In der Zivilisation kann man sich die meisten Menschen aussuchen, mit denen man verkehren will. Bei uns war es anders, denn diese Gruppe bestand aus neun Leuten. Mit denen musste man zusammen leben, ob man wollte oder nicht. Klar, man konnte die Leute aussuchen, die einem zusagen, doch meistens sind das 1 oder 2 von 9 Menschen. Wir mussten lernen, miteinander unter einem Dach zu leben, das war nicht immer einfach. Denn wenn man jemanden nicht mag, musste man trotzdem einen Weg finden, bei dem man dann nicht zusammenprallte. Dass Streit dazu gehört ist normal und zum Teil auch gut. So lernt man sich wehren und seine Meinung sagen" (BigTrail-Zeitung).

Der Single in der Wildnis ist eine grosse Herausforderung. Darauf stellen sich alle innerlich lange vorher ein. Manche freuen sich auf die Zeit allein, in der sie einen guten Fischfang oder einen Sack voller Pilze nicht mit den anderen teilen müssen. Andere sind nicht sicher, ob sie das Alleinsein aushalten werden. Wir sprechen oft über die Singlezeit und fordern von allen eine aktive Entscheidung für oder gegen den Single. Er ist nicht obligatorisch, aber wir ermuntern die Zaghaften, den Schritt zu wagen, verbunden mit dem Angebot, jederzeit ins Hauptlager zurückkehren zu können. Kurz vor dem Weggehen werden die Ängste grösser und die Entscheidungen oft wackelig. In diesem Moment steigen wir nicht mehr auf eine Meinungsänderung ein und unterstützen die Jugendlichen in ihrem einmal getroffenen Entschluss. Wir besprechen mit jeder Jugendlichen, in welcher Distanz zu uns sie leben möchte. Es ist auch möglich, in Sichtkontakt zu bleiben. Wir besuchen sie mindestens einmal während ihrer Singlezeit und überprüfen, wie es ihnen geht. Oft entstehen tiefgreifende Gespräche und es werden wichtige Lebensentscheidungen gefällt. Für uns ist die Singlezeit sehr anstrengend und der Druck der Verantwortung beeinträchtigt unsere Schlafqualität. Das Wissen um die tollen Entwicklungssprünge, die in dieser Zeit möglich sind, macht den Stress erträglicher.

Zitate von drei Jugendlichen:

- *„Vor allem auf dem Single kam alles herauf. Ich begann mit einem „smile", doch dann habe ich stundenlang geheult. Ich war wütend auf mich selber, eineinhalb Jahre meines Lebens aus dem Fenster geschmissen zu haben. Ich hatte mich in dieser Zeit „eingeflasht" (betäubt), um zu vergessen. Ich weinte alles heraus, was ich meinen Eltern angetan hatte und vor allem mir selber" (Kammermann u.a. 1995, S.150).*
- *„Etwas hat sich auf dem Single in mir verschoben. Ein inneres Licht ist aufgegegangen und immer deutlicher entstehen Wärme und Geborgenheit. Ich bin zufriedener geworden und mache selbstverständlicher, was zu tun ist" (Gesprächsprotokoll).*
- *„Der Single war sehr gut. Ich habe dort mein Lager aufgebaut und konnte über mich nach denken. Es war so etwas wie ein Durchbruch" (Kammermann u.a.1995, S.137).*

4.3.6 Astrologie

Von den Jugendlichen, die das wollten, nehme ich das Geburtshoroskop mit in die Wildnis. Ich habe mich in einem umfassenden Lehrgang zur diplomierten Astrologin ausbilden lassen und manchmal arbeite ich in den Einzelgesprächen mit diesem Wissen. Die astrologische Persönlichkeitsanalyse ist eine gut geeignete, ergänzende Methode in der Arbeit mit Jugendlichen, die ihnen gefällt. Sie ermöglicht, aus einem neuen Blickwinkel und mit einer anderen Distanz über heikle Themen zu sprechen. Die Jugendlichen und ich können quasi als verschiedene Fachpersonen zusammen das Bild begutachten und gemeinsame Strategien zur Bewältigung von Schwierigkeiten entwickeln. Mein Hauptanliegen ist dabei, dass sie ihre verschiedenen Persönlichkeitsanteile erkennen, sie auch bildlich sehen und ihre widersprüchlichen Seiten mit der Zeit akzeptieren und integrieren können. Ich möchte die Neugier für ihre innere Dynamik wecken und sie für die Entwicklung ihrer Potentiale begeistern. Auf dieser Basis können in vielen weiteren Schritten die persönlichen Handlungsspielräume erweitert werden. Dazu braucht es die harte Kleinarbeit an sich selbst. Die Persönlichkeitsanalyse kann nur Erkenntnisse und Impulse geben. Ich habe immer wieder erlebt, dass in festgefahrenen Situationen ein Gespräch anhand des Geburtshoroskops einen Ausweg finden half. Als Astrologin bin ich auch mit unsorgfältigem Gebrauch des astrologischen Wissens konfrontiert. Ich möchte besonders in der Arbeit mit Jugendlichen davor warnen, leichtfertig mit Halbwissen zu experimentieren oder gar prognostisch zu arbeiten. Worte sind die mächtigste Droge, welche die Menschheit kennt (Rudyard Kipling). Die astrologische Persönlichkeitsanalyse kann eine tolle Ergänzung in der Einzelarbeit sein, doch das komplexe Wissen muss sorgfältig gelernt und angewendet werden.

Beispiel: In einem früheren Projekt war ein Junge dabei, der sehr verschlossen war. Er sprach wenig und wir wussten lange nicht, was in ihm vorging. Er verlangte nachdrücklich eine Horoskopbesprechung. Eines Tages setzte ich mich mit ihm und seinem Horoskop zusammen. Ich erzählte ihm ein paar Dinge, die ich sah. Auch in diesem Gespräch redete er wenig und ich fragte ihn mehrmals, ob er mich verstehe. Am Schluss sah er mir in die Augen und sagte: „Kannst Du nicht meinen Eltern dies alles erzählen, damit sie verstehen, wie ich wirklich bin?“ Fünf Jahre später erzählte er mir spontan am Telefon: „Ich betrachte noch heute ab und zu mein Horoskop.“

4.3.7 Rituale

Wir haben verschiedene wichtige Phasen mit einem einfachen Ritual bewusst abgeschlossen. Den Ablauf gestalteten wir immer ähnlich. Am späten Abend setzten wir uns rund um ein Feuer. Je nach Gruppe kann das Ritual nach alten indianischen Überlieferungen gestaltet werden. Nacheinander ging nun jede von uns einzeln mit einem Säcklein Kräuter zum Feuer und bedankte sich für Unterstützung und Hilfe während dieser Phase und bat um Beistand und Schutz für die nächste Phase (z.B. gute Jagdgründe, keine Unfälle, persönliche Entwicklung). Gleichzeitig wurden Kräuter ins Feuer geworfen. Die Leiterinnen machten den Anfang. Rituale sind für die meisten Jugendlichen ungewohnt und sie reagieren erst mal scheu. Sie durften auch passiv bleiben oder die Kräuter lautlos dem Feuer übergeben. Die Rituale mit Danken und Bitten brachten eine zusätzliche, schwer zu beschreibende Ebene in die Gruppe, die wir als etwas sehr Kostbares erlebten.

Beispiel BigTrail 1994: Das erste Ritual fand am letzten Abend statt, bevor wir die Schweiz mit den Fahrrädern verliessen. Die Stimmung war ernsthaft und aufgeregt und der Ablauf noch etwas unbeholfen. Beim zweiten Ritual lebten wir seit zehn Tagen in der Wildnis. Es war der Abend vor der Umstellung des Zivilisationsessens auf die Wildnisnahrung. Das Ritual hatte bereits etwas selbstverständliches bekommen, ausser für Thomas, der erst in Paris zu uns gestossen war. Die besondere Stimmung verwirrte ihn, und er reagierte darauf mit einem unstillbaren Lachanfall. Die anderen liessen sich dadurch kaum stören. Das dritte Ritual zelebrierten wir am letzten Abend in der Wildnis. Einzelne Jugendliche freuten sich bereits Tage vorher darauf. Es war erfüllt von grosser Dankbarkeit für die reiche Nahrung aus der Natur und die gesund überstandene Zeit in der Wildnis. Beim vierten Ritual, am Abschiedsabend in der Schweiz, öffnete der Himmel seine Schleusen und wir trafen uns vor dem Kaminfeuer. Das letzte Ritual war von einer gefühlvollen Intensität und berührte uns alle tief in der Seele. Es gab dem Abschied die nötige Schwere und Würde.

4.3.8 Erlebnispädagogik - Wildnis

Der erlebnispädagogische Ansatz bietet optimale Entwicklungsmöglichkeiten für junge Menschen in einer massiven Lebenskrise. Sie brauchen primäre Erlebnisse, um echt berührt zu werden. Wir leben in einer Zivilisationsphase, in der vor allem sekundäre Erlebnisse im Vordergrund stehen. Sie werden häufig mit primären Erlebnissen verwechselt (siehe 21.7.94, Cameltrophy-Effekt). Primäre Erlebnisse sind z.B. Gummitwist, Fussballspielen, Hüttenbauen oder Theaterspielen, bei denen die eigene Geschicklichkeit, Initiative und Kreativität gefragt sind. Sekundäre Erlebnisse findet man vor allem bei konsumierten Erlebnissen über Videofilme, Fernseher, Walkman oder Drogengebrauch. Die Jugendlichen sind eingeklemmt zwischen Erlebnisarmut und Reizüberflutung. Echte Risiken und abenteuerliche Spiele, die zur Entwicklung der Persönlichkeit junger Menschen dringend nötig sind, fehlen. Als Leiterin muss ich mir der unterschiedlichen Sozialisation bewusst sein und versuchen, mich in die Realität der Jugendlichen einzufühlen, sonst entsteht die Gefahr, in eine moralisierende Haltung abzugleiten.

Mit dem Wildnisaufenthalt bauen wir eine reizarme Zeit ein, in der die Jugendlichen langsam wieder erlebnisfähig werden. Der Weg ist steinig und führt über viele Gefühlsschwankungen, Krisen und schwer aushaltbare Langeweile. So meinte mal ein Jugendlicher: „Diese vielen Bäume nerven mich langsam. Ich sehne mich nach ein bisschen Beton und Strassenlärm." Indem wir uns zu einem grossen Teil aus der Wildnis ernähren, müssen viele Fertigkeiten wie Fischen, Sammeln und Kanufahren gelernt werden. Die freundlichen Fische gehen bei allen an die Angel und sind uns eine grosse Hilfe. Es werden häufige Erfolgserlebnisse möglich. Alle lernen Dinge, die sie sich vorher nicht zugetraut haben. Die meisten Jugendlichen, die mit uns unterwegs waren, brachten ein beschädigtes Selbstbewusstsein mit. Tägliche Erfolgserlebnisse wirken heilend und langsam entsteht Vertrauen in die eigene Person. Unweigerlich kommen wir in Kontakt mit Urgefühlen wie Hunger, Durst und Angst. Es ist ein unvergessliches Erlebnis, wenn zwischen mir und einem Bären weder ein Gitter, noch eine Mattscheibe steht.

Heute leben viele Jugendliche in einem nie dagewesenen materiellen Wohlstand und Überfluss, sind verwöhnt und behütet. Daneben gehören sie einer weitgehend überflüssigen Generation an, die vor allem noch als Konsumentinnen gebraucht wird. Viele Studienplätze, Lehr- und Arbeitsstellen könnten mehrfach besetzt werden. Sie haben alles, nur keine Perspektive und Sicherheit. Geld und Konsumgüter dominieren das Leben. Das Leben ist gefährlich langweilig geworden (Bedacht 1992, S. 127). Viele Jugendliche suchen hilflos über propagierte Markenartikel nach Identität und Zugehörigkeit (z.B. Levis 501, Adidas). Ihre eigentlichen Bedürfnisse sind jedoch nicht das Materielle. Sie sehnen sich nach Kreativität, Freiheit, Abenteuer, sinnvollen Aufgaben, Liebe, Kommunikation und Aufgehobensein. Für manche endet die Suche nach Abenteuer und Grenzsituationen oder die Flucht vor der Sinnlosigkeit im Drogenkonsum.

Zitat einer Jugendlichen: „Irgendwie komisch...du bist jung und hast alles, Fernseher, Kollegen, Kleider, Musik, aber in all dem Zeug fehlt etwas, es scheisst dich trotzdem an. Es fehlt dir etwas, du suchst etwas, das dich an einen anderen Ort bringt. Du bist nicht zufrieden mit dem, wie die Welt ist" (Crain 1997, S. 10).

Mit dem Konzept BigTrail setzten wir bei einem Grundbedürfnis Jugendlicher nach abenteuerlicher Herausforderung an. Ihre Vorstellungen von der Wildnis, von Freiheit und Abenteuer begeisterten sie und ermöglichten ihnen, die schwierigen ersten Wochen in der Schweiz durchzuhalten. Die Wirklichkeit in der Wildnis war dann eine andere Geschichte. Wir versuchten sie zwar realistisch vorzubereiten, aber die Mücken stechen auf den Bildern nicht. Ein weiterer, unschätzbarer Vorteil der Wildnis ist die Unentrinnbarkeit für Jugendliche und Betreuerinnen. Es ist eine Art grünes Gefängnis. Wer die Arbeit mit Drogenabhängigen kennt, kann nachvollziehen, dass wir jedesmal aufatmen, wenn wir mit allen im Busch angekommen sind. Hier gibt es kein Weglaufen, aber auch kein Wegschicken mehr. Der teure Kreislauf von Entzugs- und Therapieabbruch wird für ein paar Wochen durchbrochen und die Kosten für den Flug nach Kanada sind schnell amortisiert. Die Arbeit kann nun in Ruhe stattfinden. Es besteht eine grosse Chance, dass die verschiedenen, oft unbewussten Strategien der Jugendlichen, die Erwachsenen durch Fluchtversuche, Arroganz, Wutausbrüche, Ausweichmanöver und Regelwidrigkeiten von sich fernzuhalten, mit der Zeit nicht mehr wirksam sind. Die Wildnis und das Meer bieten ideale Bedingungen, um einen Beziehungsaufbau zu ermöglichen. Wir Teamerinnen sind gezwungen, auch mit ausserordentlich schwierigen Jugendlichen immer neu einen Weg zu finden, sonst machen wir uns das Leben schwer.

In meinen Augen ist ein Wildnisaufenthalt für Frauen und Männer geeignet. Unser Leben dreht sich häufig um Nahrungssuche und Essenszubereitung. Ein grosser Teil der Zeit verbringen wir am Lagerfeuer, rund um den „Herd“. Manche Tätigkeiten sind nicht viel anders, als in einem gewöhnlichen Haushalt, nur unbequemer. Wir haben die Erfahrung gemacht, dass die Frauen zu Beginn unsicher sind, ob sie das Abenteuer schaffen werden. Sie fangen bei null Erwartungen an zu lernen und machen stetige Fortschritte. Die Männer kommen eher mit der Vorstellung, als Held in einen Abenteuerfilm einzutreten. Sie werden dadurch bei Schwierigkeiten mehr frustriert. Die Frauen, mit denen ich unterwegs war, insbesondere sehr ängstliche, haben tolle Entwicklungen gemacht. Sicher ist BigTrail nicht für alle Frauen geeignet, so wenig wie es für alle Männer geeignet ist. Daneben können erlebnispädagogische Projekte sehr unterschiedlich geführt werden. Jörg und ich leiteten BigTrail als ebenbürtiges Team. Beziehungsarbeit stand im Mittelpunkt unseres Interesses. Unser Rollenverhalten ist nicht immer nach den klassischen Vorstellungen einzuordnen. So jage ich gerne mit Pfeil und Bogen, während Jörg ein vorzüglicher Koch ist. Es ist sicher möglich, ein Projekt in der Wildnis mehr zu einer Überlebensübung zu machen, als wir das tun. Viele unserer Jugendlichen können jedoch bereits überleben. Sie müssen lernen zu leben.

Was mich an der erlebnispädagogischen Arbeit immer wieder begeistert, sind die vielen praktischen und unmittelbaren Lernmöglichkeiten. Erlebnisse, Reflexionen, Stimmungen, Misstrauen, Verhaltensmuster, Fortschritte, Alltägliches, Gespräche, Vertrauen, Rückschritte, Euphorie und vieles mehr sind in einem ständig sichtbaren Lernprozess verwoben. Diese Arbeitsmethode ist ein Segen bei Jugendlichen und Menschen, für die Gespräche in einem Büro eine Überforderung sind. Jedoch genügen die Erlebnisse allein nicht. Als Teamerin muss ich fähig sein, mit allem was passiert und mit der richtigen Distanz zu arbeiten. Dazu braucht es genügend Professionaltät. Je schwieriger die Telinehmerinnen sind, desto qualifizierter müssen die Mitarbeiterinnen sein. Lernchancen und glückliche Fügungen bieten sich viele. Man muss sie jedoch sehen und sofort zupacken, sonst sind sie vorbei. Das bedeutet ständige Achtsamkeit und Arbeit.

Die Unausweichlichkeit solcher Projekte bietet neben Chancen auch Gefahren. Macht und Kontrolle sind Bereiche einer ständigen Gratwanderung. Ich kenne kaum ein Team, das nicht mit idealisierten Vorstellungen und guten Vorsätzen in eine solche Arbeit eingestiegen ist. Die ersten Wochen und Monate sind jedoch gezeichnet von tiefem Misstrauen, unerbittlichem Widerstand und geballten Projektionen der Jugendlichen. Wichtig ist in diesen Phasen stur und flexibel weiterzuarbeiten, mit dem Wissen, dass Änderungen manchmal erst Monate später zum

Tragen kommen d.h. man muss „ins Leere“ arbeiten können. In diesen Zeiten ist grosse Versöhnlichkeit ein gutes Kapital. Das Team muss die Macht haben, darf sie aber nicht missbrauchen. Es muss Widerstand und Reibungsfläche so bieten, dass die Jugendlichen weder ohnmächtig noch passiv, sondern zu geschliffenen Diamanten werden. Entmachtete und gespaltene Teams zementieren im schlechtesten Fall die mitgebrachten Störungen der Jugendlichen. Eine weitere Gefahr bilden die umfassenden Kontrollmöglichkeiten. Sie können zu einer „totalen Institution“ führen, die vor allem angepasstes Verhalten fördert und persönliches Wachstum verhindert. Durch die verschiedenen Settings versuchen wir, diese Probeme zu entschärfen. Zu dieser Thematik gibt es eine spannende Untersuchung von zwei Schiffprojekten (Sommerfeld 1993).

4.3.9 Supervision

Durch die unmittelbare Nähe ist die Gefahr höher, sich als Team mit den Jugendlichen zu verstricken. Eine Supervision ist hier hilfreich. Für Reiseprojekte ist sie kompliziert zu organisieren. Trotzdem lohnt es sich, den Aufwand zu leisten. Manchmal sind auch kreative Lösungen gefragt. So beschrieb ich auf dem Segelschiff einem Supervisor das Verhalten und die Entwicklung einzelner Jugendlicher. Er seinerseits sandte mir ein besprochenes Tonband mit wertvollen Rückmeldungen und Hinweisen. Ein neutraler Blick aus Distanz kann in einer festgefahrenen Situation oft schon Wunder wirken. Bei BigTrail ist eine Supervision während dem Aufenthalt in Kanada nicht machbar. Wir konzentrierten uns in der Anfangsphase auf die Teambildung und versuchten, so viel wie möglich über uns Teamerinnen zu erfahren. Wir erfuhren voneinander, wie wir uns in der Regel in Stresssituationen verhalten und was uns aus einer allfälligen Krise heraushelfen könnte. Wir sprachen über unsere Stärken und Schwächen, über Werte, Normen und Dinge, die bei einer Zusammenarbeit auf engem Raum wichtig werden. Etwa drei Wochen nach Projektbeginn ist eine Fallsupervision mit Schwerpunkt Diagnostik und Behandlungsmöglichkeiten sinnvoll. Sie erleichtert die Arbeit der nächsten Wochen.

4.4 Besondere Problemkreise

4.4.1 Jugendliche - Sucht

Heute werden praktisch alle Jugendliche mit Drogen konfrontiert. Rauschmittel haben die Menschen immer gekannt, aber nie waren sie so allgegenwärtig und für alle so leicht zugänglich.

> *Das Verhältnis zwischen Rausch und Sucht ist nicht so eng wie vielfach angenommen und zudem eher durch Gegensätze als durch Berührungspunkte gekennzeichnet. So hat es das Bedürfnis nach Rauscherlebnissen in der Geschichte der Menschheit von Anfang an gegeben, aber nie etwas Vergleichbares in Bezug auf die Sucht. Der Rausch ist Teil existenzieller psychischer Bedürfnisse nach Selbsterkenntnis durch Grenzerfahrungen. Der Sucht als einer pathologisch reduzierten und monoman zugespitzten Selbststimulierung kommt eine entsprechende Dignität nicht zu. Im Rausch liegt zudem ein Moment ekstatischer Glückseligkeit, das die Trennung zwischen Ich und Du, zwischen Subjekt und Objekt eine Zeit lang aufzuheben vermag. Derartige „Gipfelerlebnisse“ tragen für denjenigen, der sie erlebt, ihren Sinn in sich selbst. Die Sucht hingegen ist der missglückte Versuch einer Verewigung des Wohlbefindens (Scheerer 1995, S. 36).*

Viele junge Menschen realisieren die grosse Gefahr von Rauschmitteln und sind nicht bereit, die daraus folgende Leistungsbeeinträchtigung in Kauf zu nehmen oder ihre Zukunft zu gefährden.

Intelligente und kreative Schüler sind in aller Regel weder intensive Drogenkonsumenten noch drogenabstinent, sondern haben meistens schon das eine oder andere probiert, konsumieren es gelegentlich auch weiter, räumen dem Drogenkonsum aber angesichts vieler, sich konkurrierender Interessen einen sehr beschränkten Stellenwert in ihrem Alltag ein (Scheerer 1995, S. 44).

Die Jugendlichen, die eine längere Therapie benötigen, sind diejenigen, die aus verschiedenen Gründen in eine massive Sucht abgeglitten sind, der sie allein nicht mehr entrinnen können. Sie werden auch nach einer geglückten Therapie nie mehr gefahrlos mit Rauschmitteln umgehen können. Das Konzept und die Arbeitsweise von BigTrail eignen sich für verschiedene Problematiken und Krisen von jungen Menschen. Besonders erfolgsversprechend ist, wenn bereits im frühen Stadium einer Krise gearbeitet werden kann, in dem eine allfällige Sucht erst als Gefährdung am Horizont aufgetaucht ist. In den letzten Jahren erhielten jedoch praktisch nur noch schwer Drogenabhängige die finanzielle Unterstützung für eine Therapie bei uns. Sie traten nach einem mindestens zweiwöchigen, körperlichen Entzug direkt bei uns ein. Unter Drogen sind keine wesentlichen Persönlichkeitsentwicklungen möglich.

Bei den meisten Jugendlichen ist die Entwicklung ihrer Persönlichkeit in dem Zeitpunkt stehen geblieben, als der Drogenmissbrauch anfing. Oft geschieht dies in der frühen Pubertät, in der das körperliche und seelische Wachstum in vollem Gang, und das Selbstbild noch unsicher ist. Neben illegalen Drogen spielen Alkohol, Medikamente und exzessiver Zigarettenkonsum eine grosse Rolle. Die Probleme und Schwierigkeiten reichen oft viel weiter zurück und unterstützten den Griff zu den Drogen. Hinter einer Sucht können verschiedene, schwere Störungen, wie Depression, Borderline und Narzissmus verborgen sein (Doppeldiagnose). Bei vielen Süchtigen ist Drogenkonsum unter anderem ein unbeholfener Selbstheilungsversuch. Oft wird erst Wochen nach dem Entzug klar, mit welchen Schwierigkeiten die Einzelnen zu kämpfen haben. Bei manchen wird es möglich, in der überschaubaren Sicherheit der kleinen Gruppe an den Punkt zurückzugehen, an dem die Entwicklung gestoppt worden ist und den Reifeprozess nun nachzuholen. Sie kommen als Kinder und verlassen die Therapie als junge Erwachsene. Das aussergewöhnliche Leben in der Wildnis kann für einzelne eine Überforderung sein und im Extremfall psychotische Reaktionen auslösen, die zur schnellen Rückkehr in die Zivilisation zwingen. Wir versuchen bei den Aufnahmen die Eignung diesbezüglich abzuklären, müssen aber immer mit aussergewöhnlichen Reaktionen der Jugendlichen rechnen.

Viele Jugendliche haben lange in einer Randgruppe gelebt, die ihre speziellen Werte und Normen hatte. Im Zentrum stand häufig der persönliche Vorteil. Mit Wahrheit und kriminellen Taten wurde lockerer umgegangen, als das in der durchschnittlichen Bevölkerung üblich ist. Der Drogenkonsum ermöglichte dieses Verhalten, ohne es zu spüren. Die Erhöhung der Reizschwelle bringt ihrerseits eine Suche nach immer stärkeren Reizen und Nervenkitzel. Manche fühlten sich eine Weile in der Randgruppe geborgen und wichtig, was vielen zuhause und in der Schule fehlte. Die illegale Droge beschleunigte den Prozess des erregenden Gemeinschaftgefühls. All diese Erfahrungen machen die Anfangszeit in einer Therapie kompliziert. Einerseits bringt der klösterliche Rückzug die ersehnte Zeit und Ruhe, um sich neu orientieren und wachsen zu können. Anderseits stresst sie dieser Reizentzug am Anfang genauso und die tolle Natur wirkt öde und langweilig. Es sind klare Strukturen und viele Impulse und Wechsel nötig, um die Jugendlichen auf ihrem gewohnten Terrain abzuholen und zu erreichen. So übernimmt beispielsweise die einsichtig notwendige Nahrungssuche eine ähnlich antreibende Funktion, wie es früher die Drogenbeschaffung tat.

Als Mitarbeiterin trifft man immer wieder auf Gespräche rund um Drogen. Sie sind kaum einzudämmen. Es ist für viele der einzige gemeinsame Nenner und das, was sie in den letzten Monaten oder Jahren erlebt haben. Nach einer kurzen Zeit der Abscheu werden die Drogen und die Erlebnisse langsam wieder idealisiert. Die grässlichen Seiten werden vergessen und die Augen fangen beim Erzählen an zu leuchten. Die Erzählungen haben oft Ähnlichkeiten mit den Berichten vom Militärdienst oder Heldentaten. Obschon sich alle darüber nerven, werden sie beliebig oft zum besten gegeben. Viele hatten zwischendurch Zugang zu überdurchschnittlich viel Geld. Die Schulden und das finanzielle Desaster genügen nicht zu einer nüchternen Beurteilung der wirklichen Situation. Immer wieder entstehen Fantasien vom grossen Geld, wenn man es nur schlau genug machen würde. Sie können sich lange nicht vorstellen, von einem gewöhnlichen Lehrlingslohn zu leben. Wir haben die Erfahrung gemacht, dass es wenig bringt, generell zu verbieten über Drogen zu reden. Wir stellen viele kritische Fragen, sagen wie langweilig uns die wiederholten Geschichten werden und verbieten das Gespräch darüber, wenn es ausufert oder eine schlechte Stimmung auslöst. Häufige Wiederholung kann helfen, die Geschichten zu verarbeiten und ihr Glanz wird dabei matter. Eine optimale Gebrauchsanweisung zu diesem Thema kenne ich nicht.

4.4.2 Krisen - Widerstandsformen

Krisen sind treue Begleiterscheinungen unserer Arbeit. Die Jugendlichen kommen mit einer ernstgemeinten und trotzdem brüchigen Motivation. Sie möchten sich ändern und gleichzeitig fürchten sie sich davor. Das scheint mir eine normale Reaktion von uns Menschen zu sein. Hier passt der Ausspruch: „Wasch mich, aber mach mir den Pelz nicht nass." Da sie Gefühlen und Ängsten oft durch Betäubung aus dem Weg gegangen sind, tauchen diese jetzt um so bedrohlicher wieder auf. Die ersten vier Wochen sind bei vielen gezeichnet von persönlichen Krisen und dem Wunsch aufzugeben. Hier gilt es für uns Teamerinnen mit viel Ermutigungen und Zuversicht, die fragmentarische Motivation am Leben zu erhalten und immer wieder neu beim Kitten zu helfen. Wenn gleichzeitig mehrere Jugendliche krisenhaft sind, ist es wichtig, dass sie sich nicht unter sich zurückziehen können. Die Gefahr ist sonst gross, zur Bewältigung der schwer aushaltbaren Situation nach Drogen Ausschau zu halten oder auszureissen. Der Sog der Gruppe kann plötzlich sehr stark werden. Es gehört zu den Aufgaben der Leiterinnen die Motivation der Jugendlichen zu unterstützen, bis sie nicht mehr belebt werden muss, weil die Freude am Leben kräftiger geworden ist.

In der ersten Euphorie fanden 1994 die meisten Jugendlichen, dass sie den besten Therapieplatz gewählt haben. Wir Teamerinnen waren auch nicht so schlimm, wie sie sich ausgemalt hatten. Nach wenigen Wochen, als der Alltag eingezogen war und sie merkten, dass es Regeln gibt und viel von ihnen verlangt wird, entstand neben deutlichen Fortschritten unterschwellig ein wachsender Widerstand gegen die „Scheisstherapie" und einfach gegen alles. Die Jugendlichen tauchten in die Dunkelheit ihrer inneren Auseinandersetzungen ein. Das Licht am Ende des Tunnels war lange nicht in Sicht.

Man muss warten und aushalten können. Man muss in der Lage sein, die verschiedenen schwierigen Verhaltensweisen der Jugendlichen auch als Therapiewiderstand zu interpretieren. Man muss es aushalten, dass man immer wieder in eine Bestrafungsfalle hineinmanövriert wird, dass man lange nicht an die Jugendlichen herankommt, weil sie sich völlig unverbindlich geben, oder dass man mit ihrer Arroganz konfrontiert wird. Man muss es aushalten, dass man ein „Scheisssozialarbeiter" ist. Man muss in der Lage sein, die Aggressionen der Jugendlichen nicht nur unter dem Aspekt einer defizitären Entwicklung zu sehen, sondern als Test: halten die Erwachsenen meine Aggressionen gegen sie aus? Man muss wissen, dass ein Umschwung im Verhalten kommen kann. Im Extremfall heisst das: Man muss in der Lage sein, die Grundeinstellung den Jugendlichen gegenüber durchzuhalten, auch wenn es gar nie zu diesem Umschwung kommen sollte (Crain 1996, S. 20).

Der Widerstand gipfelte in mehreren Einbrüchen in Blockhütten etwa in der Halbzeit von BigTrail. Die Wende kam mit der erfolgreichen Bewältigung dieser Krise. Im Anschluss daran machten die meisten schnelle Fortschritte und gingen mit uns verbindliche Beziehungen ein. Die Arbeit wurde leichter und das Verhalten der Jugendlichen zunehmend erwachsener. Krisen haben ein grosses Wachstumspotential und nur einen wirklichen Nachteil: Es kann zum voraus niemand wissen, ob es gelingt, die Krise zu bewältigen oder ob man daran scheitern wird. Unser Vorteil war, dass wir in der Wildnis waren und niemand sich der Krise entziehen konnte. In der Zivilisation kann eine solche Krise schneller zu Therapieabbrüchen führen. Ich hatte nicht in jedem Projekt mit einer solchen Eskalation zu tun und 1996 fehlte eine deutliche Gruppenkrise.

Aus meiner Sicht, d.h. aus der Sicht des Aussenstehenden, so wie aus zeitlicher Distanz war diese Krise äusserst wichtig. Es ist ein Paradox in der Sozialpädagogik, dass die Entwicklung häufig krisenhaft verläuft, dass Krisen sinnvoll sind, dass sie aber nicht künstlich herbeigeführt werden können. Auf diese Krisen, so sinnvoll sie sein mögen, kann natürlich nicht bejahend reagiert werden. Wut und Enttäuschung auf Seiten des Teams sind eine verständliche und sinnvolle Reaktion, obwohl die Erwachsenen den Jugendlichen sozusagen dankbar sein müssten, dass sie diese Krise herbeigeführt haben (Crain 1996, S. 16).

Zitat eines Jugendlichen:
„Im Busch kam es zu einer Riesenkrise. Diese löste etwas aus. Von da an war es wieder gut bis jetzt. Sympathien änderten sich. Ich wollte aber keinen engen Kontakt, da Vertrauen, dass ein Gespräch nicht weitererzählt wird, nicht da war. Konflikten war ich anfänglich ausgewichen, habe den anderen links liegen gelassen. Inzwischen interessiert mich die Lösung eines Problemes und ich konfrontiere mich mit den anderen" (Kammermann u.a. 1995, S. 107).

4.4.3 Gemischtgeschlechtliche Gruppen

Gemischte Gruppen sind unbequem und trotzdem ab etwa dem siebzehnten Altersjahr sinnvoll. Paarbildungen sind kaum zu vermeiden und erhöhen den Stress des Teams beträchtlich. Niemand im Team versuchte, eine dieser jungen Lieben zu verbieten. Es wäre wohl ein Ding der Unmöglichkeit. Ein Team muss sich klar über die gelebte Form sein und dafür sorgen, dass diese eingehalten wird. Es wird zu einer intensiven Auseinandersetzung mit heiklen Themen wie Paarbeziehungen, Sexualität und Schwangerschaftsverhütung gezwungen. Bei uns waren Rückzug als Paar und Sexualität in den ersten vier Wochen verboten. Da wir mit einer Altersgruppe arbeiteten, zu deren Entwicklungsprozess es gehört, Gebote zu übertreten, mussten Schutz und Verhütung von Anfang an ein Thema sein. Ebenso mussten Kondome frei zugänglich sein. Am Anfang kommt man damit vielleicht in einen Konflikt. Ich benenne ihn jeweils klar: „Wir wollen, dass ihr in den ersten Wochen keine Sexualität lebt. Falls es euch nicht gelingt, diese Regel zu befolgen und ihr schafft es, hinter unserem Rücken zusammen zu schlafen, dann bitte schützt euch.“ Die Folgen einer unerwünschten Schwangerschaft sind um vieles problematischer, als die eigentliche Regelübertretung.

Wir hatten immer wieder junge Frauen dabei, die mehr oder weniger bewusst eine diffuse Sehnsucht nach einem eigenen Kind fühlten. Manchmal waren diese Gefühle ein Gemisch von eigener Bedürftigkeit und dem Wunsch, jemanden lieben und umsorgen zu dürfen. Auf dem Schiffstörn nahmen wir eine junge Katze mit auf das Segelschiff. Sie nahm unsere Zuwendungen bedingungslos entgegen und sorgte ansonsten für sich selber. Ich fand sie genial und würde sofort wieder eine Katze mitnehmen. Leider kam sie nach fünf Monaten von einem Landgang nicht mehr zurück und lehrte uns eine schmerzhafte Lektion über die Härte einer unerwarteten Trennung von einem liebgewonnen Lebewesen. Wichtig können auch altvertraute Schmusetiere sein. Im letzten BigTrail reisten drei solche Tiere in den Rucksäcken mit.

Wichtig ist ein getrenntes Männer- und Frauensetting am Anfang der Therapie. So können in aller Ruhe die bisherigen Lebenserfahrungen ausgetauscht und Vorstellungen und Ziele für die nächsten Wochen entwickelt werden. 1996 machten die bereits kräftigen Jungs mit den Leitern eine anspruchsvolle, mehrtägige Fahrradtour. Unterdessen konnte ich mit den körperlich noch geschwächten Mädchen geruhsame Aufbauarbeit machen. Gleichzeitig hatten wir Zeit für viele Gespräche unter uns Frauen. Wir arbeiteten innerhalb des Projekts in verschiedenen Gruppenzusammensetzungen, in denen wir die Paare immer wieder auftrennten, damit die individuelle Entwicklung genug Raum bekam. Paare, die sich aus Angst vor dem Therapieprozess gefunden haben, haben sich meistens in der Wildnis wieder getrennt. Wir arbeiteten mehrmals in Frauen- und Männergruppen. Wichtig ist bei

einer gemischten Gruppe, dass eine Frau und ein Mann gemeinsam für die Leitung des Projekts zuständig sind. Das Team muss darauf achten, dass die einzelnen genug Schutzraum für den persönlichen Entwicklungsweg haben und sich nicht in einer Beziehung verlieren. Das bedeutet viele heisse Auseinandersetzungen und manche unfreundliche Bemerkungen über konservative Erwachsene, die keine Ahnung vom Leben haben.

Zitat einer Jugendlichen: „Zwischen dem Team und der Gruppe gab es verschiedene Stimmungen. Da das Team zu der älteren Generation gehört, hat man immer das Gefühl, eine Mutter und einen Vater dabei zu haben, die einem auf die Finger schauen. Wir waren Leute, die noch Zuhause wohnen, doch es gibt auch Leute, die nicht mehr bei den Eltern sind. Das ist dann wieder eine Umstellung, und man fühlt sich vom Team angegriffen, obwohl es nicht stimmt. Denn das Team macht das Beste für uns. Sie haben Erfahrung, aber auch sie machen Fehler, wie jeder andere auch" (BigTrail-Zeitung).

Gemischte Gruppen bieten vielfältige Lernmöglichkeiten. Die Jugendlichen kamen oft aus sehr verstrickten Beziehungsmustern. Sie lernten diese Muster erkennen und eine eigenständige Position entwickeln. Sie lernten sich auseinandersetzen und sich gegenseitig schätzen. Ich denke, dass sie bessere Erfolgschancen haben, wenn diese wichtigen Themen innerhalb der Therapie nicht nur prophylaktisch angegangen werden können. Paare und Beziehungswünsche bedeuten für die ganze Gruppe Auseinandersetzungen und Stress und bieten dadurch Lernfelder für alle.

4.4.4 Ablösung - Abschied

Im Zentrum unserer Arbeit steht die Beziehung. Wir gehen davon aus, dass gut verinnerlichte Beziehungen zu Erwachsenen den Jugendlichen zu mehr Stabilität verhelfen können. Voraussetzungen für beziehungsorientierte Arbeit sind eine grundsätzliche Sympathie und Liebe diesen Menschen gegenüber, eine gute Professionalität und Freude an einem turbulenten Prozess. Die Mitarbeiterinnen müssen immer wissen, dass es eine Beziehung auf Zeit ist, die sorgfältig wieder aufgelöst werden muss. Viele Jugendliche erlebten missbräuchliche Beziehungen veschiedenster Art. Es ist an den Erwachsenen zu verhindern, dass sich diese Erfahrungen wiederholen. Es gibt Zeiten, in denen sie die Teamerinnen idealisieren und der Schritt zum narzisstischen Missbrauch ist klein. Helden im Team sind besonders gefährdet. Die Jugendlichen sind nicht dazu da, Beziehungsdefizite von Teamerinnen auszugleichen.

Ein Teamwechsel ist ausgesprochen anspruchsvoll, besonders nach einer intensiven Zeit in der Wildnis. Eine sorgfältige Abschiedsarbeit steht im Mittelpunkt unseres Blickfeldes und wird von Anfang an wichtig genommen. Glückt uns diese Arbeit, so wird sie zu einer Basis für die anstehende Ablösung von den Eltern. In der Regel wandeln sich die Jugendlichen in einem halben Jahr von abhängigen zu eigenständigen Menschen. Sie bekommen mit einem Teamwechsel die Chance, mit ihrer gewachsenen Persönlichkeit neu anzufangen und manche können aus einer nicht mehr passenden Rolle aussteigen. Wichtig ist, dass die neuen Teamerinnen genug Zeit haben, um mit den Jugendlichen in Beziehung zu treten. Das ist am einfachsten, wenn sie in der ersten Zeit, Intensivwochen oder -tage ausserhalb des gewohnten Hauses anbieten. Die Jugendlichen werden so mit einem vertrauten Setting schneller erreicht. Ein Intensivkurs zum Thema Arbeitssuche, ein karitativer Arbeiteinsatz oder eine Woche zum Thema Sucht können viel bringen. Trennungen bedeuten immer auch Wut und Trauer. Es ist gut, wenn diese Gefühlsbäder innerhalb der Therapie durchlebt werden können. Wir haben die Erfahrung gemacht, dass Beziehungen im neuen Team schneller geknüpft werden können, als anfangs der Therapie, weil das Vertrauen in die Erwachsenen gewachsen ist. Der zweite grosse Abschied beim Therapieaustritt wird bereits bedeutend einfacher verkraftet.

Die ersten Trennungen finden bereits in der Wildnis statt. Die Jugendlichen verlassen mehrmals das Hauptlager ohne Team und leben ein paar Tage eigenständig. Wir gestalten den Abschied und die Rückkehr immer sorgfältig. Der Single und das Setting mit der getrennten Lagerorganisation sind die nächsten Schritte der Loslösung. Nach der Wildnis öffnet sich die Gruppe und lebt in einer überblickbaren Welt auf der Farm. Dadurch, dass die Jugendlichen in ihrem eigenen Wohnwagen untergebracht sind und sich oft als Gruppe ohne Team zurückziehen können, geschieht ein weiterer Schritt der Ablösung. Er wird verstärkt durch den freundschaftlichen Kontakt, den wir Teamerinnen mit dem Farmerpaar und befreundeten

Nachbarinnen auch mal ohne Jugendliche pflegen. Es ist uns wichtig, dass die Jugendlichen sich als Gruppe ohne uns formieren, um gemeinsam die spätere Trennung zu bewältigen. Auf dem Hof können wir Urlaub nehmen und zum ersten Mal wird erlebt, dass wir weggehen. Wir vermissen uns gegenseitig und erleben Abschied und Rückkehr intensiver. Die Stufen der Ablösung werden in den Gruppengesprächen laufend thematisiert.

Wichtig in einem Abschiedsprozess sind Zukunftsthemen. Der Besuch des Projektleiters macht deutlich, dass die Zeit der BigTrail-Phase zur Neige geht. Gleichzeitig wird informiert über die Anschlussphase und damit verdeutlicht, wie es für die Jugendlichen nach der Trennung weitergeht. Der Besuch meines Mannes macht klar, dass das Leben auch für die Teamerinnen weitergeht. Die Deutsch- und Mathematikdiagnosen dienen als Basis für die individuellen Lernprogramme der Anschlussphase.

Der erste grosse Abschied passiert beim Verlassen der Farm. Die sichtbare Traurigkeit der drei Farmerkinder und ihre kreativen Fähigkeiten damit umzugehen, lehren und berühren uns tief. Sie sind sauer, traurig, schreiben Briefe, zeichnen und schenken uns farbige Bänder. Der Abschied ist für die Jugendlichen endgültig und die Kinder demonstrieren das deutlich. Nach der Farm nehmen wir auf einer langen Eisenbahnfahrt Abschied von Kanada und gleichzeitig geschieht eine weitere Öffnung in die Welt. Die Jugendlichen nehmen eigenständig mit anderen Reisenden Kontakt auf. Sie möchten uns eigentlich lieber nicht in der Nähe haben und unsere Anwesenheit ist ihnen lästig. Wir stehen ihrer Freiheit im Weg. Auch das ist ein wichtiger Schritt zur Ablösung.

Während der geruhsamen Heimreise auf dem Schiff stellten wir die BigTrail-Zeitung her. In vielen spannenden Artikeln wurde auf die ganze Therapiezeit Rückschau gehalten. Jörg brachte mit seinen Karikaturen viel Tumult in die Gruppe und zeigte die Möglichkeit auf, auch mit schwarzem Humor, Kritik und Witz zu arbeiten. Jede Redaktionssitzung begann mit grosser Spannung und Neugier auf die neuesten Comics. Die Zeitung war ein wichtiger Teil in der Abschiedsarbeit und sie konnte in die Anschlussphase mitgenommen werden. Während Wochen dekorierte sie die Wände im neuen Zuhause.

Während den zwei letzten Wochen in der Schweiz war das Thema Abschied ständig präsent. Der Projektleiter und verschiedene Mitarbeiterinnen aus der Anschlussphase besuchten uns und übernahmen für ein Wochenende die Gruppe, während das BigTrail-Team ein freies Wochenende hatte. Die Jugendlichen überlebten die Tage ohne uns gut und schauten nachher zuversichtlicher in Richtung Trennung. Optimal ist, wenn das erste Team das Anschlussteam gut findet. Den

Jugendlichen gelingt dadurch der Wechsel besser. Das Team der Begleituntersuchung kam zu weiteren Interviews. Das Thema Trennungsschmerz war ein wichtiger Bestandteil in ihren Gesprächen. Wir besprachen die Abschlussberichte, hatten anhand der Deutsch- und Mathematikdiagnose Übergabegespräche mit der Schulverantwortlichen und führten mit jeder Jugendlichen ein Abschlussgespräch durch. Die Jugendlichen haben für immer die Möglichkeit, mit uns in Kontakt zu bleiben. Nach einem Ritual und einem Abschiedsfest waren wir alle bereit, die Trennung nun zu vollziehen. Die Zeit war reif.

Zitate von Jugendlichen (Kammermann u.a. 1995, S. 112):

- *„Diese Trennung ist schrecklich - aber zum Glück ist die Möglichkeit da, in Kontakt zu bleiben. Das ist für mich wichtig."*
- *„Es macht mir Mühe, dass sie ausgerechnet jetzt gehen, wo so ein schwieriger Abschnitt kommt. Ich finde eigentlich den Wechsel schon gut, aber das Gefühl, dass sie dich jetzt einfach so übergeben - Ich fühle mich hilflos, unsicher was jetzt kommt. Im Moment verdränge ich es noch, ich weiss aber, dass es sehr schwierig wird."*
- *„Von dieser Trennung habe ich keine Vorstellung. Es macht mich traurig, daran zu denken. Ich spüre eine Leere. Zum Glück habe ich Kontaktmöglichkeit."*
- *„Ich kann meine Gefühle über diese Trennung nicht formulieren. Ich glaube nicht, dass ich das Kontaktangebot brauchen werde. Ich kann mir diese Trennung nicht vorstellen und hoffe, dass das neue Team auch gut ist."*
- *„Jetzt gehen die einfach, das ist total brutal. Sie sind mir ans Herz gewachsen. Diese Trennung scheisst mich total an. Bin am Punkt von Vertrauen und das soll jetzt einfach so fertig sein. Ich muss den Kontakt behalten - ich brauche sie."*
- *„In letzter Zeit war es super, jetzt stinkt mir die Trennung gewaltig. Ich habe Angst vor dem was kommt. Die Kontaktmöglichkeit will ich nutzen."*

Zu einer guten Abschiedsarbeit gehören nach der Trennung ein paar festeingerichtete Kontakte. Ein wichtiger Anlass war eine Lichtbilderschau am neuen Ort, zu dem auch die Eltern der Jugendlichen eingeladen wurden. Der Abend war erfüllt von Stolz und Freude aller Beteiligten. Etwa vier Monate später führte ich zusammen mit einem Bergführer mit allen Jugendlichen der Anschlussphase eine Kletterwoche durch. Diese Woche wurde als wichtig erlebt. Wir waren schnell wieder vertraut miteinander. Die Woche zeigte gleichzeitig auf, dass auch in der Schweiz abenteuerliche Lernprozesse möglich sind.

4.4.5 Transfer - Erfolg

Im Ganzen kann die Erlebnisphase von Big Trail als erfolgreich bezeichnet werden. Das Konzept hat sich bewährt. Es konnte plangemäss umgesetzt werden. Es hatte keine Unfälle, keine gefährlichen Begegnungen mit Bären gegeben. Die Jugendlichen hatten grosse Fortschritte gemacht. Sie waren selbstsicherer, klarer, bewusster und offener geworden und hatten ihre pessimistische Haltung dem Leben gegenüber abgelegt. Sie hatten eine andere Beziehung zu den Gruppenmitgliedern und zum Team aufbauen können; eine Beziehung, die weniger auf Missbrauch, Manipulation und Abwehr ausgerichtet war. Es war bei keinem einzigen Jugendlichen zu einem Therapieabbruch gekommen. Vor allem die ersten Wochen mit der Fahrradtour nach Paris wurden von sämtlichen Jugendlichen gut bewältigt. In dieser Phase wäre ein Therapieabbruch sehr wohl möglich gewesen (Crain 1996, S. 18).

Was bringt der Auslandaufenthalt und die besondere Lebensweise in der Wildnis? Müssen sich die Jugendlichen nicht vor allem in der Schweiz bewähren? Solche und ähnliche Fragen werden uns häufig gestellt. Ich gehe deshalb nochmals kurz darauf ein, auch auf die Gefahr hin, mich zu wiederholen. Die Integration ist uns ein wichtiges Anliegen. BigTrail ohne Anschlussphase wäre nur eine halbe Sache. Bereits in der Selektionsphase und während der ganzen Projektdauer, ist die Anschlussphase ein wichtiges Thema. Sie ist ein Teil des Ganzen. Was die Jugendlichen direkt mitbringen ist eine erstarkte Persönlichkeit, grössere Beziehungs- und Gruppenfähigkeit und mehr Frustrationstoleranz. Durch ein geschicktes Vorgehen in der Anschlussphase, können diese Qualitäten sofort genutzt (transferiert) werden. Der Rückzug in die Wildnis, der krasse Bezugsrahmenwechsel, die vielen Lernmöglichkeiten, die Unausweichlichkeit und der Schutz vor Suchtmitteln usw. bieten schnelle und effiziente Entwicklungsmöglichkeiten. Von mir aus muss es nicht Kanada sein.

Viele junge Menschen, die sich bei uns meldeten, fanden die Schweiz langweilig und das Leben öde, auch wenn ihnen materiell nichts fehlte. Im Verlauf der Wildnisphase, die geprägt war von viel Verzicht und Anstrengung, lernten sie schätzen, was sie vorher so selbstverständlich zu Verfügung hatten. Dadurch, dass sie wieder beziehungsfähig wurden, konnten sie einen neuen Zugang zu sich selber finden. Mit der Zeit wurden sie wieder genussfähiger und sahen die Schönheiten der Welt rund um sich. Während der Farmzeit, bekamen sie einen realistischen Einblick in die Arbeitswelt in Kanada. Die Farmersfamilie arbeitet hart und kann sich ihre Existenz knapp sichern. Auch problemlose junge Menschen haben weniger spannende Möglichkeiten in Kanada, als in der Schweiz. Unseren Jugendlichen ging es nicht anders als vielen normalen Menschen. Sie konnten durch den Auslandaufenthalt ihren Horizont erweitern und zugleich sehen, dass sie eigentlich zu Hause viele Möglichkeiten haben. Manche konnten gegen Schluss kaum erwarten, zurückzukehren und ihr Leben eigenständig anzupacken. Natürlich holte sie da und dort die Vergangenheit ein und die Belastungen dämpften ihren Enthusiasmus. Doch sie gingen mit guter Kraft voran.

Die Erinnerung an die Wildniszeit ist vielen Teilnehmerinnen zu einer Kraftquelle geworden. Sie denken oft an diese Wochen zurück, vor allem in schweren Zeiten. Ein Jugendlicher, der kurz abgestürzt war, nahm die Fotos von BigTrail mit in den Entzug. Er habe sie immer wieder angeschaut und sich gesagt, das alles will ich nicht mehr aufgeben, auch nicht für Drogen. Eine Jugendliche hat sich, wenn sie vor einem schwierigen Schritt stand, ihre Singletage vorgestellt. Sie habe sich dann gesagt, sie werde das schon schaffen, schliesslich habe sie schon schwierigere Situationen gemeistert. Ein anderer erzählte, dass er sich in einer Krise an eine Kenterung erinnert habe. Damals sei er schnell ans rettende Ufer gegangen, habe mit Hilfe der anderen das Wasser aus seinem Boot geleert und habe alles wieder in Ordnung gebracht. Nach einem kurzen Schrecken sei die Fahrt wieder weitergegangen. So habe er auch seine Krise überwunden.

Systematische, statistische Erhebungen über den Therapieerfolg beim Verein Plus, der vor allem Segelprojekte durchführt, gibt es nicht. Ich beschränke mich deshalb auf BigTrail, das bisher zweimal durchgeführt wurde. Die Jugendlichen des zweiten Projekts treten Ende Mai 1997 aus der Anschlussphase aus. Ich habe mit allen Jugendlichen des BigTrail 1994 Ende März 1997 Kontakt aufgenommen und die Ergebnisse dieser Gespräche in Kapitel 3.4. kurz dargestellt. Die Gespräche haben mich ermutigt, dieses Buch fertigzustellen. Wenn ich mir vorstelle, wie lange ich manchmal brauche, um etwas zu lernen oder eine Erfahrung umzusetzen, so kann ich nur respektvoll über die Fortschritte dieser jungen Menschen staunen. 15 Monate Therapie ist in manchen Fällen knapp bemessen. Viele Teilnehmerinnen mussten nach der Therapie Krisen und schwierige Situationen bewältigen und bis auf eine junge Frau haben sie immer wieder einen Weg gefunden und sich die entsprechende Hilfe holen können. Erschwerend war bei ihr, dass sie einfach keine Arbeit fand. Ich glaube, dass auch sie es noch schaffen wird.

Man kann in einer noch so guten Therapie nicht einfach zu einem völlig neuen Menschen werden, und es ist unmöglich, sämtliche Altlasten, die man aus der eigenen Biographie mitbringt endgültig und vollständig zu entsorgen (Crain 1996, S. 32).

Erfolg ist ein komplexes Thema. Es wäre vermessen zu glauben, dass nach einem Jahr Therapie keine der Jugendlichen mehr Schwierigkeiten haben würde. Dazu sind die mitgebrachten Probleme zu vielfältig und manchmal zu schwer. Das Leben der Teilnehmerinnen von BigTrail 1994 verlief nach Austritt aus der Therapie unterschiedlich. Einigen gelang es schnell, auf Erfolgskurs zu gehen. Bei anderen brauchte es einen Umweg. Alle haben jedoch ihre Unschuld so weit verloren, dass sie nun erkennen, wie sie auf ihr Leben Einfluss nehmen können. Sie wissen sich allenfalls Unterstützung zu organisieren. Sie sind nicht mehr ohnmächtig einem Schicksal ausgeliefert und wissen, welches die notwendigen Schritte sind. Die Fortschritte, die sie in der verhältnismässig kurzen Zeit machten, sind für mich so vielversprechend, dass ich erneut bereit bin, mein interessantes, mückenfreies und übersichtliches Privatleben mit einem tollen Ehemann und vielen lieben Freundinnen für lange Monate an den Nagel zu hängen und eine weitere Gruppe junger Menschen auf Zeit zu begleiten, mit ihnen zu streiten und mich an ihren Prozessen zu freuen.

Dazu ein Gedicht, das die Jugendlichen beeindruckt hat. Ich erlaube mir es zu zitieren, obschon ich leider die Quelle nicht mehr ausfindig machen konnte:

Autobiographie in fünf kurzen Kapiteln von Portia Nelson

1. Ich gehe die Strasse hinab,
Im Bürgersteig ein tiefes Loch.
Ich falle hinein.
Ich bin am Ende... Ich bin hilflos,
Aber ich kann nichts dafür.
Es dauert ewig, hier wieder herauszukommen.

2. Ich gehe die gleiche Strasse hinab.
Im Bürgersteig ein tiefes Loch.
Ich tue, als sähe ich es nicht.
Ich falle hinein.
Ich kann nicht glauben, dass ich wieder drin stecke.
Aber ich kann nichts dafür.
Und wieder dauert es lange, bis ich herauskomme.

3. Ich gehe die gleiche Strasse hinab.
Im Bürgersteig ein tiefes Loch.
Ich sehe, dass es da ist,
Und falle wieder hinein... Es ist schon Gewohnheit.
Meine Augen sind auf.
Ich weiss, wo ich bin.
Ich kann sehr wohl etwas dafür.
Ich steige sofort aus.

4. Ich gehe die gleiche Strasse hinab.
Im Bürgersteig ein tiefes Loch.
Ich gehe drum herum.

5. Ich gehe eine andere Strasse hinab.

4.4.6 Finanzierung

Die Kosten für die sechs Monate dauernde Erlebnisphase des Big Trail beliefen sich total auf Fr. 430'000.--. Sie setzten sich wie folgt zusammen:

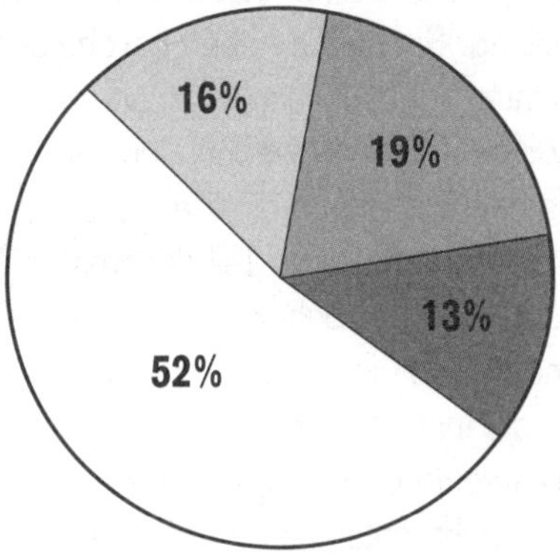

Institutionelle Kosten (Projektleitung, Spesen, Verwaltung, Werbung)

Haushalt, Lebenskosten, Material, Taschengeld

Reisekosten Jugendliche und Team (Flüge, Bahn, Schiff und Unterkunft)

Löhne Team (Vorbereitungs- und Projektphase) inkl. Sozialleistungen, Ferien- und Wochenendkompensation

Die Finanzierung von Big Trail erfolgte ausschliesslich über die Taggelder der Jugendlichen. Der Verein Plus muss die gesamten Projektkosten und seine Infrastruktur damit finanzieren. Er erhält keine direkten Subventionen oder Betriebsbeiträge. Will eine Jugendliche an diesem Projekt teilnehmen, muss sie neben den anderen Aufnahmebedingungen eine Kostengutsprache der Wohnsitzgemeinde vorlegen. Das heisst, die Gemeinde muss dafür garantieren, dass die Kosten übernommen werden. Die örtlichen Gemeindebehörden, meistens sind dies nach parteipolitischen Kriterien zusammengesetzte Kommissionen, entscheiden auf Grund von Anträgen der Sozialarbeiterinnen und allfälligen Arztberichten, ob diesem Begehren entsprochen wird. Es handelt sich hier um Beiträge der öffentlichen Fürsorge, die wiederum je nach kantonalen Gesetzen vollumfänglich zu Lasten der Gemeinde gehen oder teilweise dem Kanton verrechnet werden können. Je nach Einkommens- und Vermögenslage der Eltern, kann die Gemeinde eine Kostenbeteiligung verlangen. Hat die Gemeinde eine Kostengutsprache erteilt und die Jugendliche nimmt am Projekt teil, erhält der Verein Plus mit grosser Wahrscheinlichkeit nachträglich vom Bundesamt für Sozialversicherung einen Subventionsbeitrag von Fr. 80.- pro Aufenthaltstag in der Schweiz. Während des Auslandaufenthaltes in Kanada fällt dieser Beitrag weg. Diese Finanzierungsart ist in der Schweiz üblich. Für Jugendliche mit strafrechtlichen Massnahmen verläuft die Finanzierung ganz anders. Es kommt aber nur selten vor, dass diese an einem Projekt mit integriertem Auslandaufenthalt teilnehmen dürfen.

1994 betrug der Taggeldansatz, den die Gemeinden bewilligen mussten, für das Projekt BigTrail Fr. 295.-. In Folge des zunehmenden Spardrucks, wurde er 1996 durch eine Mischrechnung mit der stationären Anschlussphase auf Fr. 255.- hinuntergedrückt. Er liegt im Vergleich zu anderen therapeutischen Einrichtungen in der Schweiz im oberen Bereich. Die Preise bewegen sich dort zwischen Fr. 180.- bis Fr. 300.-, wobei die Angebote inhaltlich sehr unterschiedlich sind. Institutionen und Heime der Justiz haben eine breitere Kostenverteilung. Sie bieten neben psychologischen und pädagogischen Angeboten oft auch interne Ausbildungen an und haben einen grossen Personalaufwand. Die effektiven Kosten bewegen sich zwischen Fr. 400.- und Fr. 500.-. Ein Teil der Lohnkosten wird durch direkte Bundessubventionen abgedeckt. Daneben übernehmen die Kantone einen Teil der Kosten. Je nach Alter der Klientinnen müssen die Eltern und die Schulbehörden etwas an die Kosten beisteuern. Eine einweisende Gemeinde muss hier noch zwischen Fr. 60.- und Fr. 180.- bewilligen, je nach dem, ob die Institution im eigenen Kanton ansässig ist. Eine weitere Möglichkeit ist ein Klinikaufenthalt. Falls die Krankenkasse keine Vorbehalte wegen Selbstverschulden macht, entstehen für die Gemeinde wenig Kosten. Die Spitalkosten werden in der Regel zu 50% vom Staat und zu 50% über die öffentlichen Krankenkassen finanziert und treten bei den Prämienexplosionen wieder in Erscheinung.

Die Teilnahme an einem Projekt wie BigTrail hängt im Wesentlichen vom Entscheid der Gemeindebehörde des Wohnortes des Jugendlichen ab. Es gibt keine kantonale oder schweizerische Gleichbehandlung. Die angespannte finanzielle Situation der öffentlichen Hand hat in den letzten Jahren dazu geführt, dass die Erteilung der Kostengutsprachen immer grössere Probleme aufwirft und vermehrt verweigert wird. Jugendliche ohne engagierte, professionelle Fachperson oder Eltern, die sich für sie einsetzen, haben eine geringere Chance, diese Hürde zu nehmen. In den letzten zwei Jahren haben viele Gemeinden die Kostengutsprachen bei Fr. 200.- limitiert. 1996 haben von zehn Jugendlichen, die die Aufnahmebedingungen erfüllt und die Therapie bitter nötig gehabt hätten, sechs eine Kostengutsprache erhalten. Der Spardruck nimmt noch zu. In der Folge davon werden kurze und billige Therapien bevorzugt berücksichtigt. Der Spardruck der Behörden bildet eine ungünstige Verbindung mit der Ambivalenz der Jugendlichen einer längeren Therapie gegenüber. Diese möchten gerne möglichst schnell therapiert werden, um schneller frei zu werden. Nach mehreren gescheiterten Kurzversuchen verlieren sie die Hoffnung und geben auf. Jüngste Untersuchungen zeigen gleichzeitig, dass Therapien mit Drogenabhängigen erst bei einer längeren Therapiezeit günstige Erfolgsraten aufweisen (Dobler-Mikola 1996). Unkonventionelle Projekte kommen in einen Konflikt zwischen Überleben und Qualitätseinbusse. Sie realisierten in den letzten Jahren, dass eine gute Professionalität nötig ist und müssen zugunsten der Kostensenkung gerade in diesem Bereich Konzessionen machen. Diskussionen darüber, was langfristig oder gesamtgesellschaftlich billiger kommt, werden nicht geführt, und es gibt darüber keine verlässlichen Zahlen. Es ist momentan schwer einschätzbar, wie die Finanzierungspolitik weitergehen wird.

4.4.7 Begleituntersuchung

1994 und 1996 wurden die zwei erlebnispädagogischen Langzeitprojekte BigTrail durch eine wissenschaftliche Begleituntersuchung, unter Leitung von Dr. Fitzgerald Crain ausgewertet. Dr. F. Crain ist Leiter des Instituts für spezielle Pädagogik und Psychologie an der Universität Basel. Hauptanliegen der Untersuchungen sind, das Konzept und die Ziele mit dem tatsächlichen Geschehen zu vergleichen. Ruth Kammermann und Michelle von Wattenwyl untersuchten 1994 im Rahmen ihrer Diplomarbeit unser Projekt. Tatiana Beltensberger-Ries und Sibylle Schmocker-Güntert sind noch mit den Auswertungsarbeiten von 1996 beschäftigt. Die Studentinnen besuchten uns am Anfang und am Schluss der Projektzeit. Sie befragten das Team und besonders intensiv die einzelnen Jugendlichen. Die Interviews mit den Jugendlichen führten sie in der Anschlussphase weiter. Manche erzählten stolz von ihren Fortschritten, während andere eher scheu reagierten. Die Wissenschaftlerinnen gestalteten ihre Besuche mit viel Einfühlungsvermögen und störten unseren Betrieb kaum. Ihr Interesse an unserer Arbeit und ihre spannenden Fragen habe ich in angenehmer Erinnerung. Als Team schätzten wir das Hinterfragen unserer Arbeit sehr. Eine solche Untersuchung ist eine Orientierungshilfe, ähnlich wie ein Kompass. Wir wissen dann oft besser, ob wir richtig liegen und in welcher Richtung die Entwicklung weitergehen sollte. Neben einer gewissen Nervosität, vergleichbar mit Prüfungsstress, ist es interessant und wohltuend, in der Arbeit gesehen zu werden. Ich finde dies ausgesprochen wichtig in einer Arbeitsform, die über weite Strecken in einem engen System stattfindet. Dr. F. Crain hat sich bereit erklärt, aus seiner Sicht ein Nachwort zu meinem Buch zu schreiben.

4.5 Weitere Themen

4.5.1 Ernährung

Wir ernährten uns in der Wildnis soweit wie möglich aus der Natur. Die Nahrungsbeschaffung beanspruchte einen grossen Teil des Tages und bot viele Lerninhalte. Ich habe zu der Nahrung, die wir in der Wildnis fanden ein Glossar zusammengestellt und gehe hier nicht näher darauf ein. Pflanzen- und Pilzbestimmungsbücher über die entsprechende Region sind Teil meiner Ausrüstung. Sie sind für mich so spannend zu lesen wie ein guter Krimi. Dabei habe ich eine etwas einseitige Optik: Ist etwas essbar, ungeniessbar oder giftig? Welche medizinische Wirkung hat diese Pflanze? Es ist wichtig, auch die hochgiftigen Pflanzen zu kennen. Wenn man sich aus der Natur ernährt, kaut man manchmal unbedacht an Pflanzen herum. Der Wasserschierling verzeiht das nicht. In der ersten Zeit, wenn noch wenig Beeren,

1 Wasserschierling: Hochgiftige Pflanze, siehe Glossar

Pflanzen und Pilze vorhanden sind, muss man darauf achten, mit Tannensprossen, Birkenblättern, Weidenröschen oder Dörrfrüchten genug Vitamine zu sich zu nehmen. Vitaminmangel und Nahrungsumstellung können starke Müdigkeit bewirken.

Zehn Tage, in denen wir die Zeit zum Lernen und Anpassen benötigten, lebten wir hauptsächlich von mitgebrachten Lebensmitteln und legten uns einen Vorrat an geräucherten Fischen an. Anschliessend stellten wir auf Wildnisnahrung um. Pro Person und Tag hatten wir im Sommer während sieben Wochen 300g und im Herbst drei Wochen 350g Grundnahrungsmittel wie Reis, Weizen, Roggen, Gerste, Hafer, Hirse, Mais, Teigwaren und Hülsenfrüchte dabei. Daneben nahmen wir Salz, Öl, Bouillon, Backpulver, Tomaten- und Apfelpulver, Tee, Hefe, Sonntagskaffee, Milchpulver und Geburtstagscremen mit. Wir beschränkten uns auf das Notwendige, um unsere Boote nicht zu überladen. Auf Zucker und Süssigkeiten haben wir weitgehend verzichtet, weil sie nicht lebensnotwendig sind. Trotzdem wogen die Nahrungsmittel 430 Kilogramm. Es ist nicht sinnvoll, weniger Lebensmittel mitzunehmen, da die Jugendlichen sich noch im Wachstum befinden. Die Zeit in der Wildnis sollte nicht zu einer Überlebensübung werden, sondern dem Wachstum dienen.

Die Lebensmittelmengen waren so eingeteilt, dass es wirklich sinnvoll und nötig war, zu fischen, zu jagen und zu sammeln. Dazu war der Hunger ein notwendiger Motor. Es gab Momente in denen wir Hunger hatten, sei es vor dem Essen oder wenn die Fische einfach nicht anbeissen wollten. Die Hungergefühle waren jedoch oft ein wildes Gemisch aus Angst, nicht genug zu bekommen, Verlangen nach Süssigkeiten, Lust nach mehr Abwechslung, Reaktionen auf die Änderung der Essgewohnheiten und die ungewohnte Reizarmut. Das eingeschränkte Nahrungsangebot und die tägliche Nahrungssuche stellten für die Jugendlichen Stress und eine grosse Herausforderung dar. Die Gespräche drehten sich immer mehr um das Essen. Aus unseren einfachen Lebensmitteln wurde mit viel Fantasie nach Kochvarianten gesucht. Viele malten sich in den buntesten Farben aus, was sie als erstes in der Zivilisation essen möchten und wie sie auf der Farm kochen werden. Das Thema Drogen verlor allmählich den dominierenden Platz. Einige Jugendliche verloren ein paar Kilo an Gewicht. Es gab auch welche, die im Busch zugenommen haben. Wir haben 1996 bereits in den letzten Wochen die Menge der Grundnahrungsmittel erhöht und mit etwas Zucker ergänzt, um einen sanfteren Übergang zu erreichen. Diese Jugendlichen langweilten sich mehr, weil sie träger wurden, aber die Umstellung gelang ihnen einfacher.

Zitate von Jugendlichen:

- *„Ich hatte recht Probleme mit dem Essen. Sie hatten gesagt, dreihundert Gramm gäbe es im Tag. Ich dachte, locker, kein Problem, aber es ist schon krass. Du hast einfach immer einen Topf mit Essen, und der muss für alle zwölf reichen. Du hast einfach das Gefühl, du bekämest nicht genug. Du hattest einen Teller voll und hattest irgendwie immer noch Hunger. Es fehlte dir einfach etwas, zum Beispiel Zucker. Ich hatte früher immer viel Süsses gegessen. Das merkst du schon" (Kammermann u.a. 1995, S.69).*
- *„Das Eindrücklichste in der Buschzeit war der Hunger. Mal richtig Hunger haben über eine lange Zeit. Keine Gewürze, kein Zucker, das war ein kostbarer Eindruck. Hart, es wurde mir teilweise fast zuviel. Der Hunger war mein totales Hauptproblem" (Kammermann u.a. 1995, S.69).*
- *Wir bekamen für die Zeit im Busch 3 x 100 g Korn am Tag. Ich glaube, dass es für unser Alter sehr wenig ist. Also mussten wir auf Jagd. Wir haben Pfeilbogen zum Rebhühner schiessen. Dann haben wir auch Fischerlizenzen, die wir sehr gut ausnützen können. Fisch ist unsere Hauptnahrung; wir haben genug mit Fisch. Aber wir gehen auch noch Pilze sammeln. Was wir viel hatten, waren Flechten vom Boden und von Steinen, die leider nicht so köstlich sind. Wir probierten auch noch einiges vom Survivalbuch aus: Birkenrindenspaghetti, die zum Kotzen waren. Von Seerosenblüten gab es kleine Samen, die wir trockneten und Pop-Corn zu machen probierten. Patatoes aus den Wurzeln der Seerosen, bitter wie die Sau. Die Delikatesse war ein 110 cm Hecht und 3 megafeine Wildgänse. Eine Zeitlang hatten wir viel und köstliche Heidelbeeren. Man konnte wirklich hinsitzen und eine Halbestunde um sich herumfressen" (BigTrail-Zeitung).*

4.5.2 Gesundheit - Medizin

Als ich das erste Mal mit einer Gruppe für längere Zeit in die Wildnis reiste, machte ich mir Sorgen, ob ich wirklich für alle Fälle die nötigen Medikamente dabei hatte. Zu meiner grossen Überraschung wurde nie jemand ernsthaft krank. Ich denke, die folgenden Gründe spielten dabei eine wesentliche Rolle. Sicher gibt es weniger Bakterien und Viren, weil kaum Menschen dort leben und uns selten jemand begegnete. Deshalb sind ja früher viele Indianer im Kontakt mit der Zivilisation an eigentlich harmlosen Krankheiten gestorben. Unsere Ernährung war gesünder, auch wenn die Jugendlichen viel vermissten. Das Leben in der Wildnis hat durchaus seine stressigen Seiten. Es ist aber gleichzeitig reizarm, geruhsam und gut überschaubar. Die Aufgaben und Anforderungen waren klar und lagen im Bereich der Fähigkeiten aller.

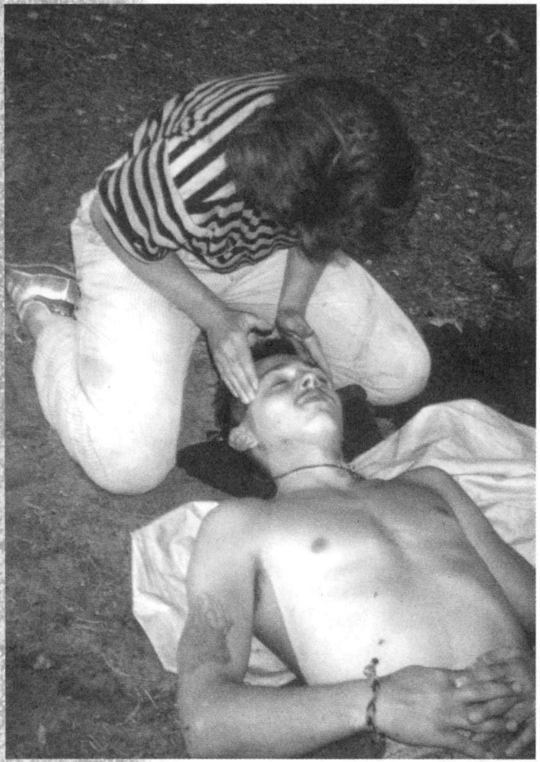

Unfälle und Verletzungen waren häufiger. Bis jetzt hatten wir das Glück, dass sich niemand schwer verletzte. Wir machten in den ersten Wochen in der Schweiz einen Nothelferkurs, damit alle lernten, wie sie in einer Unfallsituation handeln müssen. Bei einer Gesichtsverbrennung mit heissem Öl erlebte ich wohltuend, dass keine Panik entstand, weil alle wussten, was zu tun ist. Der Nothelferkurs verdeutlichte, dass wir uns ausserhalb des normalen Sicherheitsnetzes mit Ambulanz, Helikopter und Spital befinden werden. Durch eine beigezogene Fachkraft wurde die Ernsthaftigkeit der Situation noch unterstrichen. Die grössten Verletzungsgefahren entstehen beim Bäumefällen und im Umgang mit Säge und Beil. Wir schulten die Jugendlichen entsprechend und sie arbeiteten meistens sorgfältig. Schlimm können Zahnprobleme werden. Deshalb gehörte eine abgeschlossene Zahnbehandlung zu unseren Aufnahmebedingungen.

Wir hatten eine klassische Apotheke mit den üblichen Medikamenten dabei, die auch Nadel und Faden enthielt. Jörg, mit seiner Erstausbildung als Biologielaborant, könnte ohne Probleme eine klaffende Wunde nähen. Zum Glück war es nie nötig. Sollte jemand auf die ungewohnten Lebensbedingungen mit psychischen Ausnahmezuständen z.B. psychotisch reagieren, hatten wir notfalls entsprechende Medikamente bei uns. Meistens bedingen solche Reaktionen das Verlassen der Wildnis. In Kanada ist dieses Phänomen in der Bevölkerung unter dem Namen „bushcrazy“ (buschverrückt) bekannt, und es verschwindet in der Regel einige Stunden nach der Rückkehr in die Zivilisation. Ich hatte zusätzlich Naturheilmittel und verschiedene Teemischungen dabei und kenne ein paar Heilpflanzen, die dort wachsen. Meine zurückhaltende Art Medikamenten gegenüber, beeinflusste mit der Zeit die Jugendlichen. Unser Verbrauch an Medikamenten war in der Wildnis gering. Sobald wir in der Zivilisation waren, tauchten mehr Krankheiten auf und das Bedürfnis nach Medikamenten stieg wieder.

4.5.3 Sicherheit

Mit verschiedenen Massnahmen waren wir für die bestmögliche Sicherheit besorgt. Es war und blieb jedoch eine abenteuerliche Reise. Unfälle hätten passieren können und alle Beteiligten mussten das wissen. Für die Teilnehmerinnen musste eine Zusatzversicherung für Behandlung und Spitalaufenthalt im Ausland abgeschlossen werden. Wir besassen ein Flugfunkgerät, mit dem wir im Notfall mit der Aussenwelt hätten Kontakt aufnehmen können. Das ganze Team kannte die Regeln des Funkverkehrs. Am Ausgangsort informierten wir die Polizei und die Flugbasis über unsere Route und das Timing. Bei einem der gefürchteten Waldbrände hätten sie uns informiert und allenfalls eine Rettungsaktion gestartet. Die Mitnahme einer Waffe ist umstritten und mühsam, da sie ständig in Obhut eines Teammitgliedes sein muss. Wir hielten uns in reinen Schwarzbärengebieten auf und führten mehrheitlich keine Waffe mit uns. Wir hatten Signalpistolen dabei, um uns gegenseitig zu verständigen und notfalls einen frechen Bären in die Flucht zu schlagen.

Um heikle Situationen gar nicht erst entstehen zu lassen, wurden die Jugendlichen in den wichtigen Bereichen geschult und trainiert: Karte und Kompass lesen, Verhalten in Notsituationen wie verirren im Wald, Gebrauch des Survivalkits, Unfallverhütung bei den Waldarbeitern, Verhaltensregeln gegenüber Bären, Nothilfekurs, Waldbrandverhütung, Pflanzenkunde, Kanutechnik usw. Auf dem Wasser war das Tragen einer Schwimmweste obligatorisch. Die Jugendlichen waren im Allgemeinen recht zuverlässig, insbesondere wenn sie allein unterwegs waren. Es blieb jedoch ein ständiger Stress für uns Leiterinnen, ob sie wirklich alles begriffen hatten und ob sie im Ernstfall richtig handeln würden. So gerne ich in die Wildnis gehe, bin ich doch jedesmal glücklich, wenn wir als ganze Gruppe, um viele Erfahrungen reicher, heil in die Zivilisation zurückkehren können.

Zitat eines Jugendlichen (BigTrail-Zeitung):

- *„Wir lernten mit dem Kompass umgehen, was nicht sehr einfach ist. Grade einstellen und sich genau an die zu halten, ob jetzt ein Baum im Weg ist oder nicht, ob das Gefühl nein sagt. Der Kompass hat immer recht, es sei denn, er wäre kaputt. Wenn man sich einmal im Busch verläuft, ist es zu spät, es sei dann, man hat das Survivalkit dabei. Das besitzt Desinfiziermittel, Pflaster, Salz, Teebeutel und einen Signalspiegel mit dem man Flugzeuge anpeilen kann. Wenn man das Survivalkit nicht dabei hat, sieht es schlecht aus, weil der Busch ist voll von hungrigen Bären. Deshalb immer Survivalkit und Kompass! Oder sonst...? Falls wir uns verlaufen hätten mit Survivalkit, haben wir gelernt Feuer mit Magnesiumstab zu machen. Im Survivalkit befindet sich auch noch ein Blinker und Silk mit dem wir fischen können. Wir haben auch gelernt, einen Shelter zu bauen, und wir haben auch noch eine Astronautendecke. Mit viel Glück kommt der Chef uns holen.“*

- *„Wir mussten im Busch in den Seen und Flüssen baden, die oft sehr kalt waren. Im Busch war Sauberkeit etwas wichtiges. Starker Geruch wie z.B Fische, ziehen Bären an. Das ist ein Grund, dass ich öfters Baden ging. Wir hatten vor einen Sprungturm zu bauen, doch leider waren wir zu faul. Auch Kleiderwaschen mussten wir im See und Fluss. Wir mussten Kernseife gebrauchen, weil Bären diesen Geruch nicht so schmecken können, aber Shampoo wäre lebensmüde. Wir hatten einen Fisch-, Bade- und Bootssteg, die wir alle sehr sauber halten mussten, zu unserer eigenen Sicherheit".*

4.5.4 Planung - Organisation

Die Planung und Organisation einer langen therapeutischen Reise ist kompliziert und muss früh genug angepackt werden. Kanada ist ein beliebtes Reiseziel und die Flüge müssen weit zum Voraus gebucht werden. Es braucht logistische Fähigkeiten vor und hohe Flexibilität während dem Projekt. Wir teilten möglichst viel in Verantwortungsbereiche auf. Die einzelnen Teamerinnen arbeiteten in der Vorbereitungszeit weitgehend für sich allein. Jörg besorgte zum Beispiel alles Material und war für die Reise verantwortlich. Barbara bereitete das Schulmaterial und die Buchhaltung vor, während ich das Detailprogramm der ersten vier Wochen und die Selektion organisierte. Es ist ein Kunstwerk, am richtigen Ort die richten Dinge zur rechten Zeit zu haben. Was braucht man auf der Fahrradtour? Wer bringt unser restliches Gepäck zum Flughafen und nimmt zurück, was wir nicht mehr brauchen? Pässe müssen besorgt werden. Mit den Kostengutsprachen entstanden Probleme. Bei einem Späteinsteiger, der Zahnschmerzen nicht kannte, entdeckte der Zahnarzt zwei Wochen vor der Abreise zwanzig Löcher. Bei einem andern brach eine akute Hepatitis A aus. Er musste ins Spital. Eine dritte drehte beinahe durch, weil sie nach dem Drogenentzug nicht schlafen konnte. Daneben war ein normaler Tagesablauf wichtig. Der Start des Flugzeugs unterbrach die grosse Hektik, die vor dem Flug in die Wildnis noch einmal kurz aufflackerte. Haben wir wirklich alles dabei? Fehlt uns auch kein Bootsgestänge? Habe ich keine Rechenfehler in der Lebensmittelliste gemacht? Es braucht viel, um einfach leben zu können.

Glossar: Wildnisnahrung

Ich erwähne in diesem Glossar die Pflanzen und Tiere, die für unsere Ernährung eine Rolle spielten und verwende die deutschen und lateinischen Bezeichnungen. Ich benutze viele Bestimmungsbücher in englischer Sprache und setze deshalb in Klammern den englischen Namen dazu. Es war mir nicht immer möglich, die Pflanzen und Tiere genau zu bestimmen und so musste ich mich damit begnügen, sie den Gattungen oder Familien zu zuordnen.

Analgetikum: Schmerzstillende Mittel, die meistens auch fiebersenkend und entzündungshemmend wirken.
Borke: Innere Rinde eines Baumes oder Busches.
Skorbut: Eine Krankheit, die durch Mangel an Vitamin C entsteht. Früher war sie eine gefürchtete Krankheit der Seeleute.
Sud: Die Pflanzenbestandteile werden in Wasser gekocht und diese Lösung wird weiterverwendet z.B. zur Reinigung von Wunden.

Pflanzen, Büsche und Bäume

Birke, lat.: Betulaceae (birch). Die Birke ist eine edle Schönheit und vielseitig nutzbar. Der Baum wird in Kanada „the lady of the wood“, die Dame des Waldes, genannt. Im Frühjahr sind die jungen Blätter und Blütenkätzchen roh gegessen eine Vitaminquelle. Die Borke kann roh oder in Suppen verwendet werden. Sie ist reich an Vitaminen und Mineralien. Getrocknet und zerrieben ist sie als Ersatzmehl nützlich. Im Frühjahr kann die Birke angezapft werden. Birkensaft ist ein Stärkungs- und Blutreinigungsmittel, hilft gegen Frühjahrsmüdigkeit und schützt vor Skorbut. Birkensaft enthält ein Analgetikum, das verwandt ist mit einem Wirkstoff im Aspirin. Birkenblättertee hilft bei Nieren- und Blasenleiden, bei Nierensteinen, bei Wassersucht, bei Rheuma und Gicht. Frisch zerriebene Blätter wirken Wunder bei Wespenstichen. Aus der Borke wurde früher von Gefässen bis zu Kanus alles hergestellt. Wir benutzen die äusserste Rinde der Birke als Zunder. Die Rinde enthält Teer und brennt ausgezeichnet. In der Wildnis haben wir immer trockene Birkenrinde griffbereit.

Brennessel, lat.: Urticaceae (nettle). Die Brennessel wächst früh im Jahr und kommt im Norden in kleinen Mengen vor. Sie enthält Vitamin A und C und ergibt einen vorzüglichen Spinat. Als Heilpflanze kann sie bei Nieren- und Blasenentzündungen und bei Verstopfungen verwendet werden.

Heckenrose, lat.: Rosa spec. (wild rose). Die Heckenrosen sind weit verbreitet. Im Frühjahr sind die rohen Blütenblätter eine gesunde Delikatesse. Besonders wertvoll sind die reifen Früchte, die roten Hagebutten. Sie tauchen im späten Sommer auf und sind auch im Winter geniessbar. Man sagt, dass drei Hagebutten die gleiche Menge Vitamin C enthalten wie eine Orange. Daneben enthalten sie Vitamin A, B, E und K. Hagebutten gehören zu den wichtigsten Überlebensnahrungsmitteln.

Minze, lat.: Mentha spec. (mint). Es gibt verschiedene Arten von Minzen. Wir fanden häufig die Wasserminze, Mentha aquatica (water mint) und die wilde Minze, Mentha arvensis (wild mint). Minzentee ist erfrischend und durstlöschend. Eine starke Teebrühe hilft bei Magenbeschwerden.

Seerose gelb, lat.: Nuphar variegatum (yellow pond lily). Die gelbe Blüte bildet einen kleinen Becher mit einem Blütenstempel mittendrin. Die jungen grünen Blätter können wie Spinat zubereitet werden. Die grossen Wurzeln sind essbar. Sie müssen in mehrmals gewechseltem Wasser gekocht werden und sind bitter. Die verblühten Seerosen entwickeln sich zu dicken Knollen voller Samen. Diese goldgelben Körner können wie Popkorn zubereitet werden. Sie müssen reif und gut gewaschen sein, sonst sind sie bitter.

Sumpfknöterich, lat.: Poligonum amphibium (water smartweed). Der Sumpfknöterich blüht rosarot und ist von weitem auf dem Wasser als farbiger Teppich sichtbar. Die jungen grünen Blätter können wie Spinat zubereitet werden. Sie schmecken besser als die Blätter der gelben Seerose.

Tannenknospen, lat.: Pinaceae (spruce). Junge Tannentriebe enthalten reichlich Vitamin C. Sie können roh gegessen oder als Tee getrunken werden. Der Tee hilft auch bei Husten, Grippe, Vitaminmangel und Zahnfleischbluten.

Wasserschierling, lat.: Cicuta ma-culata (water-hemlock). Der Wasserschierling ist eine sehr **giftige** Pflanze, die an Fluss- und Seeufern wächst. Ein Stück der Pflanze von der Grösse einer Haselnuss kann in kurzer Zeit zum Tod führen. Es ist wichtig, diese giftige Pflanze zu kennen.

Weidenröschen, lat.: Epilobium angustifolium (fireweed). Das Weidenröschen kommt in diesen Breitengraden häufig vor. Es enthält Vitamin C und beta-Karotin. Es ist eine der wenigen Grünpflanzen, die früh im Jahr wachsen und wir schätzen sie in unserer Küche als wichtigen Vitaminträger. Die grünen Blätter und die violetten Blütenblätter können roh und gekocht gegessen werden. Das Weidenröschen ist daneben eine vielseitige Heilpflanze. Sie kann bei Halsschmerzen, Entzündungen, Geschwüren und Verbrennungen angewendet werden. Sie heilt nicht nur Mensch und Tier, sondern auch die Erde. In Waldbrandgebieten taucht sie als erste Pflanze in grossen Mengen auf und hilft mit ihren Wurzeln die Humusschicht erhalten, die sonst erodieren würde. So hilft sie die Brandwunden des Bodens heilen.

Zistrose, lat.: Ledum groenlandicum (labrador). Die Labradorpflanze ist ein kleiner Busch, der häufig an feuchten Ufern vorkommt. Manchmal überwuchert er die Uferzone und erschwert das Landen mit dem Boot. Labradorkraut kann frisch oder getrocknet verwendet werden. Er kann als Schlaf- und Beruhigungstee eingesetzt werden, wirkt krampflösend und enthält Vitamin C. Er bildete früher einen Bestandteil der indianischen Tabakmischung. Starker Sud aus den Blättern kann zur Bekämpfung von Milben, Hautparasiten, Insektenstichen und Hautausschlägen verwendet werden.

Beeren

Bärentraube, lat.: Arctostaphylos uva-ursi (bearberry oder kinnikinnick). Die frischen Beeren werden im Spätsommer reif und schmecken nicht so gut. Im Frühjahr sind die letztjährigen, an den Stauden getrockneten Beeren ein Leckerbissen. Die Indianer brauchten die Beeren als Medizin bei Menstruationsbeschwerden. Wir haben festgestellt, das wir Frauen wenig Schmerzen und eine schwache Blutung hatten, weil wir immer wieder von den Beeren gekaut haben. Die Blätter der Bärentraube können als Tabakersatz benutzt werden. Der Name Kinnikinnick ist indianisch und bedeutet Tabakmischung. Bärentraube war ein wichtiger Bestandteil der indianischen Tabakmischung.

Blaubeeren, lat.: Vaccinium spec. (blueberry). Es gibt verschiedene Blaubeeren : vaccinium myrtilloides (common blueberry), vaccinium ovalifolium (huckleberry), vaccinium uliginosum (bog bilberry), vaccinium caespitosum (dwarf bilberry). Die Blaubeeren kommen in grossen Mengen weit verbreitet vor und bilden eine unserer Hauptnahrungsquellen. Sie sind von unterschiedlichem Geschmack.

Brombeere, lat.: Rubus spec. (blackberry). Die Brombeere kommt in diesem Gebiet nur selten vor.

Himbeere, lat.: Rubus idaeus (wild red raspberry). Die wilden Himbeeren sind etwas kleiner und schmecken süsser, als die domestizierte Sorte.

Johannisbeere rot, lat.: Ribes triste (wild red currant). Die wilde Johannisbeere ist kleiner und schmeckt herber als die domestizierte Johannisbeere.

Johannisbeere schwarz oder Cassis, lat.: Ribes americanum (wild black currant). Sie sind vergleichbar mit den domestizierten schwarzen Johannisbeeren, sind aber kleiner und haariger.

Kanadische Felsenbirne, lat.: Amelanchier alnifolia (Saskatoon oder Serviceberry). Diese leckeren Beeren wurden früher in Form von Fruchtschnitten als Nahrungsreserven aufbewahrt (z.B. Pemming). Sie wachsen mit Vorliebe in Pappelwäldern.

Kirsche wild, lat.: Prunus pensylvanica (pin cherry). Die wilde Kirsche kommt häufig vor. Sie wächst als Busch oder kleiner Baum. Die Früchte werden dunkelrot und schmecken auch im reifen Stadium säuerlich.

Krähenbeere schwarz, lat.: Empetrum nigrum (crowberry). Die Krähenbeere hat einen herben, nicht so beliebten Geschmack. Sie wird im Frühsommer reif und ist dadurch attraktiv.

Moltebeere, lat.: Rubus chamaemorus (cloudberry). Die Moltebeere wächst im Sumpf und ist mühsam zu pflücken. Sie schmeckt wunderbar und enthält grosse Mengen Vitamin C.

Moosbeere, lat.: Vaccinium oxycoccus (small bog cranberry). Die kleine Moosbeere geht meistens in der Blaubeereneuphorie unter.

Puddingbeere, lat.: Cornus canadensis (bunchberry). Die Puddingbeere ist auf feuchtem Boden weit verbreitet. Sie sind nicht sehr süss, schmecken aber gut.

Preiselbeere, lat.: Vaccinium vitisidaea (mountain cranberry). Die Preiselbeeren sind erst gegen Herbst reif. Sie sind herb im Geschmack. Lecker sind im Frühjahr die letztjährigen Beeren, die durch den Frost einen besonderen Geschmack bekommen. Da die Preiselbeere eine leichte Verstopfung hervorruft, ist sie eine gute Ergänzung zu den leicht abführenden Blaubeeren.

Schneeball, lat.: Viburnum edule (low bush-cranberry), Viburnum opulus (high bush-cranberry). Die saftige Beere wird erst im Herbst reif und gewinnt mit dem ersten Frost an Qualität. Aus ihrem Saft wird ein in Kanada weit verbreitetes Getränk hergestellt.

Stachelbeeren, lat.: Ribes spec. (gooseberry). Es gibt verschiedene Arten von Stachelbeeren: ribes lacustre (black gooseberry), ribes oxyacanthoides (northern gooseberry), ribes inerme (gooseberry). Sie wachsen den Flussufern entlang.

Steinbeere, lat.: Rubus pubescens (dewberry). Die Steinbeere haben wir nicht sehr häufig gefunden. Sie schmeckt etwas fad.

Wachholder, lat.: Juniperus communis (ground juniper), juniperus horizontalis (creeping juniper). Wachholderbeeren brauchen zwei Jahre bis sie reif sind. Sie haben einen starken Eigengeschmack und werden vor allem als Gewürz verwendet.

Walderdbeere, lat.: Fragaria vesca, Fragaria glauca, Fragaria virginiana (wild strawberry). Wilde Erdbeeren kommen in diesem Gebiet leider selten vor.

Flechten

Flechten kommen in vielen Farben und Formen vor. Sie werden gebildet aus der symbiotischen Lebensgemeinschaft einer Alge und eines Pilzes. Für die Rentiere, Hirsche und Elche bilden die Flechten vor allem im Winter die Hauptnahrungsquelle. Für uns Menschen sind Flechten kein optimales Nahrungsmittel und ihr Nährwert ist eher klein. Unser Verdauungssystem ist nicht dazu eingerichtet, Flechten vollständig aufzuschliessen. Überbrühen mit heissem Wasser, über Nacht einlegen, mehrmals das Kochwasser wechseln oder beifügen von Backpulver oder Asche, erhöhen den Verwertungsgrad der Flechten. Wir verwenden drei Sorten Flechten in unserer Küche.

Sommersprossenflechte, lat.: Peltigera aphthosa (freckle pelt). Diese Flechte ist grossblättrig und wächst häufig kreisförmig in feuchtem Moos. Sie ist hellgrün mit schwarzen Tupfen. Wir fanden sie über die ganze Saison und bereicherten damit Suppen und Eintöpfe. Sie war die beliebteste Flechte. Wir tauften sie „Buschkohl".

Froschflechte, lat.: Peltigera neopolydactyla (frog pelt). Die Froschflechte ist sehr verbreitet. Sie ist dunkelgrün und wird später grau. Ihre Blätter sind mittelgross und haben an der Spitze braune Sporen. Sie ist aufwendiger zu säubern und wir verwendeten sie vor allem, wenn wir die Sommersprossenflechte nicht fanden.

Nabelflechte, lat.: Umbilicariahyperborea (blistered rocktripe). Die Nabelflechte wächst auf Steinen und Felsen. Sie ist an einem Punkt angewachsen, dem Nabel und wächst rund um diesen herum. Je nach Klima kann sie einen Durchmesser von ein bis zehn Zentimeter erreichen. Bei trockenem Wetter zerbricht sie schnell. Man kann sie roh essen wie Chips. Bei Regenwetter wird sie weich und kann gut gewonnen werden. Sie wurde früher in Hungerzeiten in grossen Mengen gegessen. Im Gegensatz zu den anderen zwei Flechten wird sie schnell weich und zerfällt beim Kochen.

Pilze

Ich erwähne hier diejenigen Pilze, die wir bestimmen konnten und gegessen haben. Für Jugendliche ist es schwierig, die Pilze genau zu unterscheiden, besonders , wenn sie Hunger haben. Weil unser Konzept so angelegt war, dass sie oft tagelang ohne Leitung unterwegs waren, verzichteten wir auf eine allzu differenzierte Pilzfreigabe.

Bovist, lat.: Lycoperdon pyriforme (pear-shaped puffball), Lycoperdon perlatum (gem-studded puffball), Lycoperdon molle, Vascellum pratense. Die jungen Boviste sind sehr schmackhaft. Sie dürfen nur verwendet werden, wenn sie innen weiss sind.

Eierschwamm. lat.: Cantharellus cibarius (chanterelle), Cantharellus lateritius (smooth chanterelle), Cantharellus subalbidus (white chanterelle). Von den verschiedenen Varianten an Eierschwämmen haben wir drei Sorten gefunden und verwendet. Sie sind nicht verbreitet, können aber plötzlich in grossen Mengen auftreten. Sie schmecken exzellent.

Gewürzpilz, lat.: Hydnum imbricatum (scaly tooth). Er hat einen würzigen Geschmack, den nicht alle mögen. Grosse Mengen davon lösen bei manchen Menschen Magenbeschwerden aus. Achtung, es gibt verwandte Pilze, die sehr bitter sind und einen Eintopf ungeniessbar machen können (z.B. Sarcodon fennicum).

Morchel schwarz, lat.: Morchella elata (black morel). Die exzellente schwarze Morchel wächst gerne auf alten Feuerstellen oder in Waldbrandgebieten.

Rotkappe, lat.: Leccinum aurantiacum (red-capped scaber stalk). Rotkappen sind sehr schmackhafte Pilze die vom Frühling bis zum späten Sommer wachsen. Sie sind recht verbreitet. Wir haben zusätzlich fünf verwandte, essbare Pilze gefunden: Leccinum insigne (aspen scaper stalk), Leccinum atrostipitatum (black-stemmed leccinum), Leccinum scabrum (common scaper stalk), Leccinum holopus, Leccinum americanum.

Schleimköpfe, lat.: Sillius spec. Es gibt viele verschiedene Schleimköpfe, von denen wir mehrere essbare Sorten gefunden haben. Nicht alle haben einen englischen Namen: Suillus borealis, Suillus granulatus (granulated boletus), Suillus placidus (white suillus), Suillus pallidiceps, Suillus albivelatus, Suillus previpes, Suillus albidipes, Suillus punktipes, Suillus americanus (chicken-fat suillus), Suillus tomentosus (tomentose suillus), Suillus intermedius, Suillus luteus (slippery jack), Suillus grevilei (larch bolete). Sie wachsen vom Frühling bis zum Herbst und sind schmackhaft. Auf ihren schleimigen Köpfen sammelt sich gerne Schmutz an, deshalb sind sie aufwendig zu reinigen.

Süsser Zahn, lat.: Hydnum repandum oder dentinum repantum (sweet tooth). Diesen Pilz haben wir selten gefunden. Er kann leicht bitter sein.

Bären- und Kammzahn, lat.: Hericium coralloides (bear's head tooth), Hericium ramosum (comb tooth). Diese Pilze fanden wir selten. Sie wachsen mit Vorliebe auf toten Pappelbäumen, können sehr gross werden und schmecken delikat.

Tiere

Amerikanischer Zander, lat.: Stizostedion vitreum (walleye). Ein beliebter Fisch in unserer Küche.

Eistaucher, lat.: gavia immer (common loon). Es gibt Tiere, die ich nicht jage. Der Eistaucher gehört dazu.

Entenvögel, lat.: Anatidae (ducks). Uns sind viele verschiedene Wasservögel aus der Familie der Enten begegnet z.B.: Anas platyrhynchos (mallard), Anas diazi (mexican duck), Anas acuta (pintail), Anas crecca (green-winged teal), Anas cyanoptera (cinnamon teal), Bucephala clangula (common goleneye), Aythya marila (greater scaup). Wir haben sie selten gejagt. Sie sind für Anfänger schwer zu treffen und bei solchen Versuchen verliert man schnell ein paar Pfeile.

Felchen, lat.: Coregonus clupeaformis (lake whitefish). Eher seltener Gast auf unserem Menüplan und deshalb umso beliebter.

Flussperlmuschel, lat.: Margaritifera margaritana (river mussel). In den Seen und Flüssen sind Muscheln auffindbar. Die Muschelbänke kommen an leicht fliessendem Wasser und bei den Ein- und Ausflüssen von Seen vor. Meistens muss man zum Sammeln vorsichtig unter Wasser tauchen, damit sie nicht im aufgewirbelten Sand verschwinden. An einem guten Platz können mehrere hundert Muscheln stecken. Ihre Tarnung ist gut. Es braucht ein geübtes Auge, um lebendige Muscheln zu entdecken. Leere Schalen machen auf Muschelvorkommen aufmerksam. Die Muscheln schmecken gut, sind jedoch zäher als Salzwassermuscheln. Sie sind eine leckere Abwechslung.

Forellenbarsch, lat.: Micropterus
salmoides (largemouth bass). Fische, die wir manchmal in den Flüssen gefangen haben. Eine leckere Abwechslung im täglichen Fischmenü.

Hase, lat.: Lepus variabilis (hare). Hasen können mit Schlingen gefangen oder mit dem Pfeilbogen gejagt werden. Es gibt hasenreiche Jahre und solche, in denen man keinem Hasen begegnet. Die Hasenfallen werden manchmal von Bären geplündert. Beim kontrollieren der Fallen ist also Vorsicht geboten.

Hechte, lat.: Esox lucius (northern pike). Hechte sind in dieser Umgebung sehr verbreitet und einfach zu fangen. Sie machten unseren Hauptfischfang aus.

Hühner, lat.: Dendragapus canadensis (spruce grouse), Bonasa umbellus (ruffed grouse), Lagopus mutus (rock ptarmigan), Tympanuchus phasianellus (sharp-tailed grouse). Die Hühner sind recht verbreitet und schmecken gut. Sie sind ausgezeichnet getarnt durch ihr Federkleid.

Kanadische Seeforelle, lat.: Salvelinus namaycush (lake trouts). Forellen sind weniger häufig als Hechte und etwas schwieriger zu fangen. Ein ausgezeichneter Fisch.

Pelikan, lat.: Pelecanus erythrorhynchos (white pelican). Auf Pelikankolonien trifft man ab und zu. Wir haben sie nicht gejagt. Uns wurde gesagt, dass sie stark nach Fisch schmecken und an Lebertran erinnern. Sie sind wunderbar anzuschauen.

Wildgans, lat.: Branta canadensis (canada goose), Branta bernicla (black brant). Gänse sind sehr aufmerksam, tarnen sich raffiniert und sind schwer anzuschleichen. Sie schmecken delikat.

Fitzgerald Crain, Dr. phil. Dozent für Psychologie am Institut
für Spezielle Pädagogik und Psychologie der Universität Basel

Nachwort zu: Monika Flückiger; Die Wildnis in mir

Mit Drogenabhängigen in den Wäldern Kanadas

Meine Auseinandersetzung mit der Erlebnispädagogik begann 1985. Ich erinnere mich an eine erste Informationsveranstaltung in Basel, als das Projekt TREK vorgestellt wurde. Gibt es nicht, so der Referent, eine Gruppe schwierigster Jugendlicher, für die sich eine herkömmliche Massnahme wie die Heimerziehung als ungeeignet erwiesen hat? Was, wenn man junge, sozial auffällige Menschen für mehrere Monate in eine unwegsame Wildnis hineinstellt, aus der sie nicht entweichen können? Wird nicht ihr Überlebenswille Kräfte der Anpassung und des sozialen Lernens frei machen? Muss die Erfahrung einer Grenzsituation nicht automatisch zu tiefgreifenden Persönlichkeitsveränderungen führen? Von meinen Erfahrungen als Erziehungsberater in verschiedenen Institutionen sowie aus theoretischen Überlegungen war ich skeptisch, obwohl ich die Möglichkeit, ein innovatives Jugendhilfeprojekt durchzuführen, begrüsste. Ich regte an, das erste Projekt von 1986 wissenschaftlich begleiten zu lassen. Zusammen mit Studierenden unseres Instituts war ich auch für die Begleituntersuchungen der folgenden zwei Projekte von 1988 und 1990 verantwortlich.

Die Zusammenarbeit zwischen den Teams der wissenschaftlichen Begleitung und TREK verlief weitgehend konstruktiv, was nicht selbstverständlich ist - vor allem deshalb nicht, weil Praxis und Forschung von unterschiedlichen theoretischen Voraussetzungen ausgingen. Das Konzept von TREK 86 lautete: Im vier Monate dauernden Aufenthalt in der kanadischen Wildnis werden wichtige Lernerfahrungen möglich, da das eigene Verhalten immer sofort und unvermittelt beantwortet wird: von der Natur und von der Gruppe. Natur und Gruppe wurden als die wesentlichen Lernfelder definiert. Die Erwachsenen sollten diese Lernerfahrungen vermitteln, sie sollten Sicherheit geben und sie sollten - wiederum in einem lerntheoretischen Sinn - als Vorbilder und Modelle dienen, an denen sich die Jugendlichen orientieren.

TREK 86 bewährte sich in der Wildnis, nicht aber in der Zeit danach. Die Erfolge während der Erlebnisphase (eine Zunahme an Selbstvertrauen, realistischere Zukunftsperspektiven, eine bessere Anpassung an die Gruppe, mehr Rücksichtnahme auf andere und so weiter) konnten nach Kanada nur in einzelnen Fällen umgesetzt werden. Nur in wenigen Fällen bildete TREK eine wirkliche Zäsur. Bei den meisten Jugendlichen misslang die berufliche und soziale Integration. Die Verantwortlichen hatten offensichtlich zu sehr auf die intensive Grenzerfahrung und die Lernerfahrungen in der Wildnis gesetzt. Die Schwierigkeiten, mit denen die Jugendlichen nach Kanada konfrontiert waren, hatten sie unterschätzt. Dem Kulturschock war zu wenig Beachtung geschenkt worden, und man hatte zu wenig daran gedacht, wie sehr sich die Jugendlichen nach dem erfolgreichen Wildnisaufenthalt überschätzen könnten. Die Verantwortlichen hatten auch die oft pathogenen familiären Beziehungsmuster, in die die Jugendlichen auch nach Kanada weiter verstrickt blieben, zu wenig beachtet.

Bei den folgenden TREK-Projekten von 1988 und 1990 bezog man die Angehörigen in Planung und Zielformulierung vermehrt ein. Vor allem plante man im Anschluss an die Erlebnisphase eine Anschlussphase in einer Institution - einem Jugendheim, einer sozialpädagogischen Wohngruppe oder einem Lehrlingsheim. TREK wurde noch professioneller vorbereitet und durchgeführt, die Wildnisphase konnte wiederum in beiden Fällen als erfolgreich bezeichnet werden. Aber die Erfolge danach blieben auch jetzt weitgehend aus. In vielen Fällen ging die delinquente Karriere weiter. Der Kontakt zur Drogenszene wurde in vielen Fällen wieder, manchmal verstärkt, aufgenommen. Von einer wirklichen Zäsur, von einer längerfristigen Bewährung im Alltag konnte kaum gesprochen werden.

Mich selbst hatte dies nicht überrascht. Ich hatte von Anfang an die These vertreten, dass es neben den Lernfeldern "Gruppe" und "Natur" eine Ebene gab, die aus meiner theoretisch begründeten Sicht und auch aus meiner Erfahrung als Praxisberater in Schul- und Kinderheimen wesentlich wichtiger und vor allem grundlegender war: die Ebene der Beziehung zu den Erwachsenen.

Meine theoretische Ausgangslage ist die moderne Psychoanalyse. Die Psychoanalyse als Theorie des Menschen ist eine Theorie der Entwicklung: sie betont, dass wir eine Geschichte haben. Diese (oft unbewusste) Geschichte bestimmt unser gegenwärtiges Leben mit. Die Psychoanalyse geht davon aus, dass wir uns in und durch Beziehungen zu wichtigen anderen Menschen entwickeln und dass wir uns in und durch Beziehungen auch verändern. Eine psychoanalytische Sozialpädagogik beschreibt die verschiedenen Abwehrstrategien, die erziehungsschwierige Kinder und Jugendliche entwickelt haben, um Beziehungen auf Distanz zu halten und Veränderung zu verhindern. Der Wunsch nach Nähe, Zuwendung und Anerkennung wird, da er in der Vergangenheit oft enttäuscht wurde, abgewehrt. Die Erwachsenen werden dazu provoziert, mit Strafe und Ablehnung zu reagieren, oder es kommt zu verschiedenen Formen der Scheinanpassung. Gerade in der Pubertät und in der Adoleszenz ist die Arbeit mit Jugendlichen ausserordentlich schwierig, da sie sich in einer besonders labilen Lebensphase befinden, und Nähe und Intimität für sie in besonderem Mass bedrohlich sind. Wie schwierig eine vertiefte Auseinandersetzung mit dissozialen Jugendlichen ist, lässt sich daran ablesen, dass die durchschnittliche Aufenthaltsdauer in den Jugendheimen von Basel-Stadt und Basel-Landschaft zwischen 1986 und 1994 zum Teil weniger als ein Jahr betrug - und dies in Heimen und Wohngruppen ohne Durchgangscharakter.

Von einem psychoanalytischen Gesichtspunkt aus kann die Wildnis als idealer Ort für eine vertiefte Auseinandersetzung zwischen Erwachsenen und Jugendlichen bezeichnet werden. Wenn ich davon ausgehe, dass der Wunsch nach Zuwendung und Anerkennung zumindest latent vorhanden ist, durch verschiedene Abwehrstrategien aber zurückgehalten und "unbewusst gemacht" wird, dann bietet die Wildnis eine besondere Chance. Ist es denn möglich, die verschiedenen Abwehrstrategien über eine so lange Zeit, bei einem so intensiven und alltäglichen Zusammenleben und bei einem so hohen Mass an gegenseitiger Abhängigkeit durchzuhalten? Ist es nicht wahrscheinlich, dass die Erwachsenen irgendwann für die Jugendlichen sehr wichtig werden, und dass es auch zu Prozessen kommt, die die Psychoanalyse mit dem Begriff der Übertragung beschrieben hat?

Wenn das so ist, dann muss der Beziehungsaspekt in einem Wildnisprojekt äusserst subtil gehandhabt werden - denn es handelt sich immer nur um eine Beziehung auf Zeit. Es ist nicht an den Erwachsenen, sich emotional von den Jugendlichen nähren zu lassen. Man muss sich bewusst sein, dass es auch zu einer Idealisierung der Erwachsenen kommen kann. Wenn das aber so ist, dann muss der Beendigung der Beziehung oder, wie die Psychoanalyse sagt, der Trauerarbeit grosse Beachtung geschenkt werden. Die Idealisierungen müssen sukzessive abgebaut werden. Ein abrupter Abbruch, bei dem man sich am Flughafen gegenseitig verabschiedet, kann als tiefe Kränkung und Wiederholung alter Verlassenheitserfahrungen erlebt werden.

Die wissenschaftliche Begleitung der drei TREK-Projekte sowie die Wirkungsanalysen, die zwei[1] respektive vier[2] Jahre später durchgeführt wurden, brachten empirische Belege für die verschiedenen Hypothesen. Die Jugendlichen hatten die Erwachsenen als viel wichtiger erlebt, als dies im Konzept vorgesehen war. Sie bezeichneten sie als Vaterfiguren, sie sprachen von einer Familie, die man zusammen gebildet habe. Es wurde offensichtlich, wieviel wichtiger die Erwachsenen als

[1] TREK 88 und TREK 90
[2] TREK 86

die anderen Gruppenmitglieder gewesen waren. Die ehemaligen Teilnehmer betonten, wie schwierig und manchmal katastrophal der abrupte Abbruch dieser wichtigen Beziehungen für sie gewesen war, und wie sehr sie in ein Loch gefallen waren. Sie zeigten eine ausgeprägte Tendenz, die Zeit in Kanada zu idealisieren und den Alltag in der Schweiz abzuwerten - eine Einstellung, die ihnen die Anpassung an einen oft schwierigen Alltag zusätzlich erschwerte.

Das von Monika Flückiger in diesem Buch beschriebene Projekt BigTrail war eine direkte Fortsetzung von TREK. Gleichzeitig nahm das Team von BigTrail die Kritik an TREK auf. BigTrail stellte den Aspekt der Beziehung zwischen Erwachsenen und Jugendlichen ins Zentrum ihrer Arbeit. Mehr Zeit war eingeplant, um eine Beziehung aufzubauen. Viel mehr Zeit war eingeplant, um die Beziehung wieder aufzulösen. Wieder brachten die Interviews mit den Jugendlichen einen Beleg dafür, wie wichtig die Beziehungen zu den beiden Leiterinnen und dem Leiter gewesen waren. Die Interviews belegten jedoch auch, dass es gelungen war, die Beziehung, die immer als eine "Beziehung auf Zeit" definiert war, auf eine konstruktive Art aufzulösen. BigTrail bot schliesslich ein Anschlussprogramm unter dem Dach des gleichen Vereins an. Wo TREK 86 sich auf ein viermonatiges Intensivprogramm beschränkt hatte, umfasste BigTrail einen Zeitraum von 15 Monaten.

Die Begleituntersuchung und verschiedene Nachbefragungen ein bis zwei Jahre nach dem Projektende zeichneten ein sehr viel positiveres Bild als im Fall von TREK. Natürlich waren die verschiedenen Projekte sehr verschieden. Der Drogenkonsum war im Fall von TREK 86 ein Symptom unter anderen gewesen, im Fall von BigTrail 94 handelte es sich ausschliesslich um suchtabhängige junge Menschen. TREK hatte sich auf männliche Jugendliche beschränkt, BigTrail wurde koedukativ geführt. Die Umstände in Kanada (Wetter, Nahrungssituation und so weiter) waren unterschiedlich, und unterschiedlich war die Zusammensetzung der Leitungsteams und der Jugendlichen. Aber eine quantitative Analyse war auch gar nicht mein Ziel. Wir untersuchten mit qualitativen Methoden die Entwicklung der Teilnehmerinnen und Teilnehmer, und dies immer auf dem Hintergrund ihrer Lebenswelt, ihrer Geschichte und des jeweiligen Projektes. Diese Daten interpretierten wir auf dem Hintergrund eines theoretischen Modells.

Welches waren die Faktoren, die für die Entwicklung der Teilnehmerinnen und Teilnehmer bedeutsam waren? Wir haben die folgenden "Wirkfaktoren" herausgearbeitet:

1. Das Konzept. Noch so gute und professionelle Arbeit vermag wenig, wenn das Konzept der Zielsetzung nicht angepasst ist. Das Konzept von BigTrail war aus der Sicht der Begleituntersuchung optimal. Es enthielt einen ersten Teil (Aufenthalt in einem abgelegenen Bauernhof in der Schweiz, Reise mit dem Fahrrad an den Ort der Abreise), in dem die Beziehung zu den Jugendlichen aufgenommen werden konnte. In diesen ersten Wochen konnten die Jugendlichen ihre Scheinanpassung und oberflächliche Kooperation aufgeben, und der Widerstand gegen die Erwachsenen und gegen die "Therapie" konnte offen ausgedrückt werden. Die Wildnisphase ermöglichte eine andere Form von Beziehung: Intimität, die Hoffnung auf Zuwendung und Anerkennung und eine gewisse Idealisierung der Erwachsenen konnten zugelassen werden. Das Konzept enthielt eine längere Phase der Rückkehr in die Zivilisation (Farmphase, Reise mit dem Schiff zurück nach Europa, die letzten Wochen in der Schweiz), in der es darum ging, die in der Wildnis gemachten Erfahrungen und Fortschritte im Alltag zu überprüfen und die Beziehung zu den Erwachsenen langsam wieder aufzulösen. Schliesslich bot das Konzept auch ein mehrmonatiges Anschlussprogramm unter dem Dach des gleichen Vereins an. Dieser Projektteil berücksichtigte die Tatsache, dass kein junger Mann und keine junge Frau aus der Wildnis als "neuer Mensch" zurückkehrt. Die Jugendlichen brauchen bei ihrem Einstieg in den Alltag, bei der Neuplanung ihrer beruflichen und sozialen Zukunft und bei der Auseinandersetzung mit ihren Angehörigen kompetente Unterstützung.

2. Der Faktor Glück spielt in erlebnispädagogischen Projekten immer eine Rolle. Im Fall von BigTrail 94 gab es keine Unfälle, die Begegnungen mit Bären verliefen ungefährlich und niemand wurde ernstlich krank.

3. Die Homogenität des Leitungsteams war ein weiterer wesentlicher Wirkfaktor. Das Team betonte, dass sie überhaupt keine Energien in Fragen der Zusammenarbeit investieren mussten. Sie bezeichneten sich als kompaktes Team, das allen Spaltungsbemühungen der Jugendlichen problemlos widerstanden habe. Das Team verstand sich sehr gut untereinander und konnte sich in den schwierigen ersten Monaten gegenseitig stützen und "emotional nähren". Zugleich war das Team nicht kompakt in dem Sinn, dass es als eine Art undifferenzierte Einheit aufgetreten wäre. Die Jugendlichen nahmen nicht nur den guten Teamzusammenhalt zur Kenntnis, sie erlebten die Erwachsenen auch unterschiedlich in ihrer Persönlichkeit und professionellen Rolle.

4. Der Homogenität des Teams entsprach als weiterer Wirkfaktor ihre pädagogische Kompetenz, für mich der wesentlichste Faktor für das Gelingen der ersten (Erlebnis-)phase von Big Trail 94. Zur Kompetenz gehört das Interesse an der Aufgabe, die Freude an einem Projekt, von dessen Ausgang man sich einiges erhofft, von dem man aber nie sicher sein kann, ob es tatsächlich so herauskommt, wie man es geplant hat. Das bedeutet nicht zuletzt: Sozialpädagoginnen oder Sozialpädagogen müssen warten und eventuellen Widerstand von Seiten der Jugendlichen aushalten können. Sie müssen die verschiedenen schwierigen Verhaltensweisen der Jugendlichen auch als Therapiewiderstand interpretieren können. Sie müssen es aushalten, dass sie immer wieder in eine Bestrafungsfalle hineinmanövriert werden, dass sie lange nicht an die Jugendlichen herankommen, oder dass sie mit abwertender Arroganz konfrontiert sind. Das Team muss in der Lage sein, an die tiefsitzenden Bedürfnisse der Jugendlichen nach Zuwendung und Anerkennung zu glauben. Es ist wichtig, dass diese Grundeinstellung den Jugendlichen gegenüber durchgehalten wird, auch wenn es vielleicht gar nie zu einem Umschwung in ihrer Einstellung den Erwachsenen gegenüber kommt. Das Team von BigTrail 94 erfüllte diese Zielsetzungen.

5. Die Konfrontation mit der Alltagsrealität in Kanada war ein weiterer Wirkfaktor. Diese Zeit ermöglichte es den Jugendlichen, ihr Verhalten im Alltag zu überprüfen. Sie konnten feststellen, wie sehr sie sich in der Wildnis verändert hatten, aber sie mussten auch die Feststellung machen, dass sie nicht als neue Menschen aus der Wildnis in die Zivilisation zurückgekehrt waren. Sie wurden konfrontiert mit ihren weiterexistierenden Schwächen. Auch konnte mit der Farmphase einer unrealistischen Idealisierung von Kanada entgegengewirkt werden.

6. Wichtig war auch die Phase der Trauerarbeit und der Ablösung. Intensive Beziehungen, wie sie in einem solchen Projekt aufgebaut werden, können nicht durch vereinzelte Gespräche und Abschiedsrituale allein aufgelöst werden. Die Beendigung einer intensiven und zugleich professionellen Beziehung braucht Zeit, und die Trauer muss auch ein Thema sein dürfen. Dazu braucht es auch die Bereitschaft der Erwachsenen, ihre eigene Trauer anzunehmen. Die letzte Phase des ersten Projektteils wurde vom Team mit Geschick und Einfühlungsvermögen gestaltet.

7. Es brauchte lange, bis sich aus einer heterogenen Anzahl von Individuen eine Gruppe gebildet hatte, die sich durch ein gewisses Mass an gegenseitiger Anerkennung und Solidarität auszeichnete. Die in sich oft zerstrittene und manchmal nur gegen die Erwachsenen einige Gruppe fand nach etwa drei Monaten zu einem anderen Muster des Zusammenlebens. Ich vermute, dass es der Gruppe in der Folge gelang, verschiedene Funktionen von den Erwachsenen zu übernehmen (Geborgenheit, Sicherheit und gegenseitige Anerkennung vermitteln). Als wir BigTrail in der Abschlussphase besuchten, fanden wir eine gut funktionierende Gruppe vor. Dies hat es den einzelnen Jugendlichen ermöglicht, mit dem Abschied von den Erwachsenen besser fertigzuwerden.

8. Es brauchte nach der Erlebnisphase ein längeres Anschlussprogramm, in dem die Erfahrungen in der Wildnis auf den Alltag in der Schweiz bezogen werden konnten. Es ist ein Irrtum zu glauben, ein Jugendlicher oder eine Jugendliche stehe nach einem viermonatigen Auslandaufenthalt an einem vollständig anderen Ort. Alte Verhaltensmuster treten wieder auf. Manchmal müssen alte Geschichten aufgearbeitet werden, Schulden müssen zurückgezahlt werden, ein verpatzter Schulabschluss muss nachgeholt werden. In vielen Fällen werden die Jugendlichen mit den familiären Verstrickungen, Abhängigkeiten und familiären Aufträgen konfrontiert, wobei sie auf die Unterstützung durch das Team der Anschlussphase in hohem Mass angewiesen sind.

Zurück an den Anfangspunkt 1985. Dieses Jahr markiert nicht den Beginn der Erlebnispädagogik in der Schweiz - schon einige Jahre zuvor hatten erlebnispädagogische Projekte in der Schweiz Fuss gefasst. Aber es markiert doch so etwas wie den Beginn einer Hochkonjunktur erlebnispädagogischer Arbeit. Ich erinnere mich an die Tagungen in Rüschlikon bei Zürich (1991) oder in Luzern (1993). Es herrschte damals eine Aufbruchstimmung. Es wurde viel Zeit und viel Energie in die Erlebnispädagogik investiert. Die Arbeit wurde zunehmend professioneller - und die Entwicklung von TREK zu BigTrail ist ein Beleg für diese Entwicklung.

Der Hochkonjunktur ist in den letzten Jahren eine rechte Rezession gefolgt. Es wird immer schwieriger, Langzeitprojekte durchzuführen - denn Langzeitprojekte sind teuer. Wie im Bereich der Psychotherapie lässt sich eine Tendenz zu technokratischeren, kürzeren und damit billigeren Methoden beobachten. BigTrail 94 markiert für mich einen wichtigen Punkt in der Entwicklung, in der die Erlebnispädagogik zunehmend wegkam vom Bild einer Massnahme, die mit Begriffen wie Abenteuer oder Grenzerfahrung verknüpft sind. Erlebnispädagogik wurde zu einem Beispiel für eine intensive, alltägliche und beharrliche Arbeit in einem erfolgversprechenden Setting. Die Dokumentation eines solchen Prozesses ist wichtig. Sie macht über den Bereich der Erlebnispädagogik hinaus deutlich, worauf es in der Arbeit mit sozial auffälligen Kindern und Jugendlichen ankommt.

Literatur

AMESBERGER G. (1992). Persönlichkeitsentwicklung durch Outdoor-Aktivitäten? Untersuchung zur Persönlichkeitsentwicklung und Realitätsbewältigung bei sozial Benachteiligten. (Afra Verlag, Frankfurt).

ANTONS K. (1992). Praxis der Gruppendynamik. Übungen und Techniken. (Verlag für Psychologie, Göttingen).

BANGE D. u.a. (1995). Auch Indianer kennen Schmerz. Sexuelle Gewalt gegen Jungen. (KiWi Verlag, Köln).

BEDACHT A. u.a. (1992). Erlebnispädagogik: Mode, Methode oder mehr? Tagungsdokument des Forums Erlebnispädagogik. (Verlag Dr.J.Sandmann, München)

BENJAMIN J. (1990). Die Fesseln der Liebe. Psychoanalyse, Feminismus und das Probelm der Macht. Stromfeld / Roter Stern Verlag, Basel).

BRESS H. (1994). Erlebnispädagogik und ökologische Bildung. (Luchterhand Verlag, Neuwied).

BUZEK G. (1991). Das grosse Buch der Überlebenstechniken. Orac Verlag, Zürich).

CSIKSZENTMIHALYI M. (1992). Flow, das Geheimnis des Glücks. (Ernst Klett Verlag, Stuttgart).

CRAIN F. (1996). Bericht der wissenschaftlichen Begleituntersuchungen BigTrail und Tectona. Institut für spez. Pädagogik und Psychologie der Universität Basel. Unveröffentlicher Bericht.

CRAIN F. (1997). BigTrail: Der Beziehungsaspekt steht im Zentrum. Unveröffentliches Manuskript.

DOBLER-MIKOLA A. (1996). Therapieerfolg - was verstehen wir darunter? VI. Symposium des Forschungsverbundes stationärer Suchttherapie, 29. Juni 1995. (Herausgeber: Institut für Suchtforschung ISF, Konradstrasse 32, 8005 Zürich).

GENNEP VAN A. (1986). Übergangsriten. (Campus Verlag, Frankfurt).

GLÜCKS E. u.a. (1994). Geschlechtsbezogene Pädagogik. (Votum Verlag, Münster).

GUDJONS H. (1992). Spielbuch Interaktionserziehung. (Julius Klinkhardt Verlag, Heilbrunn).

HECKMAIR B. MICHL W. (1994). Erleben und Lernen. (Lucherhand Verlag, Neuwied).

HEINEMANN E. u.a. (1992). Gewalttätige Kinder. Psychoanalyse und Pädagogik in Schule, Heim und Therapie. (Fischer Taschenbuch Verlag, Frankfurt).

HELLINGER B. (1994). Ordnungen der Liebe. Auer Verlag, Heidelberg).

HERMAN J. L. (1993). Die Narben der Gewalt. Traumatische Erfahrungen verstehen und überwinden. (Kindler Verlag, München).

HOBERG G. (1991). Training und Unterricht. (Ernst Klett Verlag, Stuttgart).

JOHNSON D. u.a. (1995). Plants of the Western Boreal Forest. (Lone Pine Publishing, Edmonton, Alberta, Canada V6E 1X5).

KAMMERMANN R. u.a. (1995). Tectona 1/94 und BigTrail 94. Eine wissenschaftliche Begleituntersuchung zweier erlebnispädagogischer Projekte. Unveröffentliche Diplomarbeit am Institut für spezielle Pädagogik und Psychologie der Universität Basel.

KRESZMEIER A. H. (1994). Das Schiff Noah. Dokumente einer therapeutischen Reise. (Publcation PN°1 Verlag, Bibliothek der Provinz A-3970 Weitra).

RAMIN G. (1993). Inzest und sexueller Missbrauch. Beratung und Therapie, ein Handbuch. (Junfermann Verlag, Paderborn).

REINERS A. (1993). Praktische Erlebnispädagogik. Neue Sammlung motivierender Interaktionsspiele. (Verlag Dr. J. Sandmann, Alling).

SCHEERER S. u.a. (1989). Drogen und Drogenpolitik. Ein Handbuch. Campus Verlag, Frankfurt).

SCHEERER S. (1995). Special: Sucht. (Rowolt Verlag, Hamburg).

SCHÖBERL K. (1994). Traumlos. Sexuelle Gewalt an Jungen. (Uwe Freund Verlag, München).

SOMMERFELD P. (1993). Erlebnispädagogisches Handeln. (Juventa Verlag, Weinheim und München).

STEWART I. (1990). Die Transaktionsanalyse. Herder Verlag, Freiburg).

VOPEL K. W. (1994). Aufgaben und Projekte, Band 4. (Iscopress Verlag, Salzhausen).

WEBER G. (Hrsg). (1993) Zweierlei Glück. Die systemische Psychotherapie Bert Hellingers. (Auer Verlag, Heidelberg).

WILLARD T. (1992). Edible and Medical Plants of the Rocky Mountains and Neighbouring Territories. (Calgary, Alberta, Canada T2N 3P5).